民政部一零一研究所　研创

总 主 编　刘　锋
总 顾 问　魏　坚
执行主编　王永阔　郑庆寰

“一带一路”沿线国家殡葬文化遗产名录和谱系

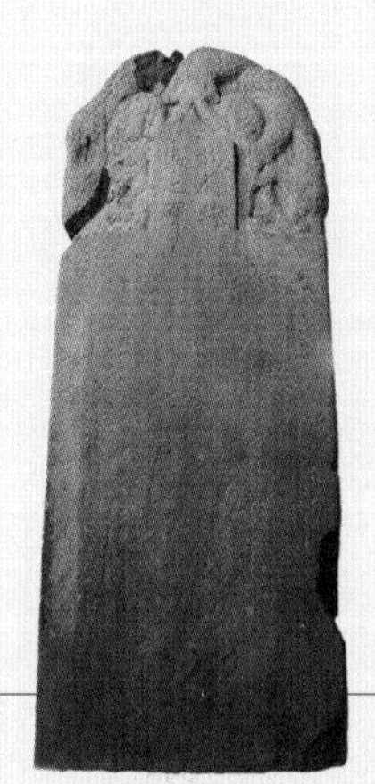

国外部分 · 北亚卷

本卷主编　魏　坚　　孙　危

社会科学文献出版社
SOCIAL SCIENCES ACADEMIC PRESS (CHINA)

“一带一路”沿线国家殡葬文化遗产名录和谱系（国外部分）编委会

总顾问 魏　坚

主　任 刘　锋

委　员 王建新　郑君雷　冯立君　王永阔　王颖超　郑庆寰

总主编 刘　锋

执行主编 王永阔　郑庆寰

“一带一路”沿线国家殡葬文化遗产名录和谱系（国外部分）编审办公室

主　任 王永阔

副主任 王颖超

成　员 胡道庆　张　赫　刘　洋　陈　昆

序

魏　坚

党的十九大报告指出，文化是一个国家、一个民族的灵魂。文化兴国运兴，文化强民族强。没有高度的文化自信，没有文化的繁荣兴盛，就没有中华民族伟大复兴。中国特色社会主义文化，源自于中华民族五千多年文明历史所孕育的中华优秀传统文化。中华优秀传统文化是中华民族的根和魂。习近平总书记强调，培育和弘扬社会主义核心价值观必须立足中华优秀传统文化，抛弃传统、丢掉根本，就等于割断了自己的精神命脉。

作为“四大文明”古国的中国，经过一个世纪的考古学研究，以一项项石破天惊的考古发现，实证了中华百万年人类史、一万年文化史和五千年文明史。作为世界的一部分，地处欧亚大陆东部、太平洋西岸的中国，在历史上与周边世界的关系，构成了我们认识自身历史地位与未来角色的重要因素。作为一个世界大国，中国有着广阔边疆所交接的周边地带，以及通过“丝绸之路”延伸辐射交流的诸多国家与地区，这在很大程度上影响了我们对周边与域外的理解。而博大精深的中华优秀传统文化是我们在世界文化激荡中站稳脚跟的根基。

殡葬文化是中国优秀传统文化的组成部分，中华殡葬传统文化内涵丰富的哲学思想、人文精神、价值理念、道德规范等，蕴藏着解决当代人类面临的难题的重要启示，应在不断汲取各民族文明养分中丰富和发展中华文化。"一带一路"沿线国家和地区也现存着大量殡葬文化遗产。开展"一带一路"沿线国家殡葬文化遗产名录和谱系研究，将填补殡葬文化建设方面的空白，为"一带一路"主题中增添殡葬领域文化内容，有利于开展亚洲文明对话，提升我国国际文化影响力。

作为落实共建"一带一路"倡议的具体举措，由民政部一零一研究所委托社会科学文献出版社组织专家学者，分别组建四个研究团队，负责"一带一路"沿线国家殡葬文化遗产名录和谱系国外部分北亚卷、中亚卷、东南亚及南亚卷和东北亚卷的编写工作。

习近平总书记强调要把"文物保护好、管理好，同时加强研究和利用，让历史说话，让文物说话"。通过搜集、翻译、整理"一带一路"沿线国家古代墓葬文化遗产的状况，以墓葬文化的概念入手，通过其葬式、葬俗和随葬品中包含的中国文化因素，展现出中华文明与"一带一路"沿线国家和地区的文化交流及其遗产面貌，让遗产和文物说话，为推进国家共建"一带一路"服务。

近年来，殡葬文化建设工作虽然取得了一定的成绩，但和党的十九大报告相关要求还有很大差距；在抢救与保护中华殡葬文化遗产、讲好中国殡葬故事等方面做得还不够。希望通过《"一带一路"沿线国家殡葬文化遗产名录和谱系（国外部分）》的编撰出版，使从事殡葬文化建设及丝绸之路考古及相关领域研究的专家学者，了解丝绸之路既是经贸往来的通道，也是思想文化传播的通道，更是古代不同人群交往交流交融的通道。我们要以更广阔的视角和考古成果实证中华民族共同体的形成与发展，树立正确的历史观和民族观，在推动中国殡葬文化建设和边疆考古发展的同时，深刻理解各历史时期边疆地区多民族融合、多宗教共存、多文化兼容的历史事实，真正促进不同地区的文明互鉴。

目　录

前　言

魏　坚　孙　危

2013 年 9 月和 10 月，中国国家主席习近平分别提出了建设“新丝绸之路经济带”和“21 世纪海上丝绸之路”的合作倡议。借助区域合作平台，“一带一路”旨在利用古代丝绸之路的历史符号，高举和平发展的旗帜，积极开展与沿线国家的经济合作伙伴关系，共同打造政治互信、经济融合、文化包容的利益共同体、命运共同体和责任共同体。2015 年 3 月，国家发改委、外交部和商务部联合发布了《推动共建丝绸之路经济带和 21 世纪海上丝绸之路的愿景与行动》，对“一带一路”倡议做了更为明确的阐释。

一

地处欧亚大陆草原地带的中国、蒙古国和俄罗斯，作为北亚地区的重要国家，不但有相互毗邻的地缘关系，也是历史上的友好近邻。进入 21 世纪，中俄蒙三国都处于重要的历史发展阶段，谋求共同发展是三国政府和人民最美好的愿景。面对历史发展的重要机遇，顺应经济文化发展的需求，2015 年 7 月，中俄蒙三国元首在俄罗斯乌法举行了重要会晤，批准了《中俄蒙发展三方合作中期路线图》。这一举措，为增进三国政治上的互信，推动区域经济合作，加强在国际和地区事务中的协调配合铺平了道路。

作为落实“一带一路”倡议的具体举措，2020 年 5 月 21 日，《“一带一路”沿线国家殡葬文化遗产名录和谱系（国外部分）》编撰出版项目协调会在社会科学文献出版社召开，项目责任单位民政部一零一研究所和中国人民大学历史学院、中央民族大学民族学与社会学学院、社会科学文献出版社等单位的相关领导、学者和编辑人员出席了会议。本次会议确定了本项课题的若干事项和要求：通过搜集、翻译、整理“一带一路”沿线 65 个国家古代墓葬文化遗产的状况，以墓葬文化的概念入手，通过其葬式、葬俗和随葬品中包含的中国文化因素，展现出中华文明与“一带一路”沿线国家和地区的文化交流及其遗产面貌，让遗产和文物说话，为推进国家“一带一路”发展倡议服务；依照区域划分组建几个团队，从中国周边国家入手，抓紧开展遗产名录的翻译和确认工作；共同商讨确定写作内容及框架，以距今 5000 年至公元 1911 年为时间范围，按年代、级别、族属选择当地有代表性的墓葬，每个墓葬辞条编写 2000~3000 字的谱系内容，每个区域拟最终出版一部 20 万字以上的成果。可以说，开展“一带一路”沿线国家殡葬文化遗产名录和文化谱系研究，将填补殡葬文化建设方面的空白，为“一带一路”主题增添殡葬领域文化内容，对于深入开展亚洲文明对话，提升中华文化的国际影响力，具有重大深远意义。

编写这套丛书的初衷，是响应我国共建“一带一路”的倡议，收集丝绸之路沿线历史上与中国文明因素相关的具有代表性的墓葬（高等级墓葬和一般平民墓葬均可），即在葬式、葬俗、随葬品中包含中国文化风格的墓葬材料。在内容选择上，可以包括在当地搜集到的资料及国内外已出版和公开发表的学术成果。

根据商定，每个词条的具体结构及撰写内容是：名称、位置、年代、解题四个方面。其中解题内容包括：首先，该墓葬或墓地整体情况的概述；其次，与中国文明因素相关的葬式、葬俗、随葬品的年代、来源、功能、外观含义的介绍等，并辅之以相应的图片和线图；再次，从人群交往、政治、社会、经贸交流乃至军事行动等方面进行概括性的对比分析，进而得出基本的结论，即强调中国文明与当地文明的互动。

词条中所有纪年均用公元纪年来表示，如公元前 2000~ 前 1500 年、公元 755~763 年；词条的注释均采用页下注，这样就不再列出参考文献。词条的最后注明该词条的编写者。

本卷所涉及的区域范围主要是北亚地区。关于北亚的范围，在不同时期和不同语境下的认知是有较大差异的。日本学者田村实造于 1956 年提出的观点是：以蒙古高原为中心，东边以兴安岭与中国东北地区相隔；西边以阿尔泰山与准噶尔地区为界，再与中亚大草原相连；南边是以阴山、祁连山、天山山脉与中国相接。[①] 实际上，站在今天的角度看，所谓北亚地区在很大程度上就是历史上的“草原丝绸之路”所途经的区域，而本卷中所收录的词条，大多也与“草原丝绸之路”的产生与发展相关，是欧亚草原地带中西文化交往、交流和交融的重要区域。在随后的词条编撰过程中我们发现，由于墓葬文化体现的关联性，有些文化面貌相近的墓葬遗存所在的位置，已经超出了我们原先划定的北亚范围，因此不得不将本卷涉及的北亚范围适度向西、向南进行了一定的拓展，以便完整展现本卷词条所体现的文化内涵。

这样，本卷词条最后确定所选择墓葬的区域范围是：首先，处于中国北方的蒙古国全境；其次，俄罗斯的亚洲部分，主要是指白令海峡以西，乌拉尔山以东，阿尔泰山、哈萨克斯坦以北的区域；再次，俄罗斯的北高加索及邻近地区，包括南俄草原、伏尔加河流域和中亚、巴尔干

① 吴思源：《“北亚视角”下的“亚洲”：读蔡长廷〈日本对北亚史的研究历程〉》，《兰州文理学院学报》2021 年第 6 期。

半岛的个别地点。所以，北亚卷词条所涵盖的区域为：蒙古国、俄罗斯远东地区、俄罗斯外贝加尔地区、俄罗斯南西伯利亚地区、俄罗斯西西伯利亚地区和北高加索及邻近地区。

二

在北亚卷所划分的六个区域当中，蒙古国的词条数量是最多的，计有 34 个。若论原因，不仅是由于该区域与中国的北方地区毗邻，另一个重要原因则是在蒙古高原诞生的一些古代民族，如匈奴、鲜卑、柔然、突厥和蒙古，是中国历史发展进程中非常重要的推手，他们在很大程度上左右了中国古代史的发展进程，而且那些与他们共存的中原王朝，也属于中国封建社会发展的几个繁荣阶段，如两汉、隋唐和辽金元时期。这些北方民族有的建立了地方性政权，如匈奴和吐谷浑等；有的则入主中原建立了王朝，如拓跋鲜卑建立的北魏政权就第一次将北方草原地带与中原农耕区置于统一政权统治之下；有的则最终统一了中国，如从辽代的“澶渊之盟”到金代的“淮河为界”，再到元朝的一统中华。中华民族共同体就是在中原与边疆不断的交流和融合之中发展壮大的。由此看来，无论是见于蒙古高原高勒毛都 1 号墓地的汉式马车和铜镜，还是巴彦诺尔墓中发现的具有浓郁唐风气韵的壁画和陶俑，抑或马穆陶勒盖墓中出土的铸有汉字的铜钱，都以实物的形式彰显了不同时期中国文化对蒙古高原的辐射，这些实物具体且鲜活，使中国文化变得不再抽象，因而也就诠释了考古学研究的价值所在。

还有一些词条反映的是近年来作为热点问题的考古新发现，因而具有不容忽视的学术价值。如艾尔根敖包墓地为我们重新审视拓跋鲜卑西迁南下的路线，并探究匈奴和鲜卑的融合提供了新的材料；布兰托尔姆墓葬的葬俗、随葬品及其所在位置，就鲜卑的迁徙路线提出了新的可能性；吉日嘎郎图海日罕岩洞墓，则可能对蒙古族源问题的研究具有一定的参考价值。

就蒙古国的考古发现而言，至少有两部译著应当提及，一部是普·巴·科诺瓦洛夫等著、陈弘法编译的《蒙古高原考古研究》(内蒙古人民出版社，2016)，另一部是D.策温道尔吉等著、潘玲等翻译的《蒙古考古》(上海古籍出版社，2019)。在《蒙古高原考古研究》一书所涉猎的内容中，与本卷收集的词条较为契合的有：方形墓、匈奴墓和腰饰牌等。但经过更细致的考量后会发现，实际上鹿石、石雕像和碑铭也或多或少地与殡葬文化遗产相关。这些认识会促使我们在今后的研究工作中去探寻上述遗存之间的有机联系，以推进学术研究的深度和广度。至于《蒙古考古》一书中，除了《蒙古高原考古研究》所涉及的殡葬文化遗产以外，还有赫列克苏尔与岩画这两类遗迹也应与殡葬文化遗产相关。关注这些已有的成果，一方面可以对这两类遗迹所具有的殡葬功能进行综合性研究，另一方面也可探究它们与中华文明之间所具有的某些联系，这或许能为我们今后的研究开拓一个新的方向。

说到蒙古高原的考古，对于本卷的主题——“一带一路”沿线国家殡葬文化遗产名录和谱系而言，还有一本很重要的书——《古代蒙古》(苏联Э.А.诺夫戈罗多娃著，苏联“科学”出版社东方文献总编辑部，1989)需要重点介绍一下：该书利用丰富的考古学资料，辅之以古人类学、民族学、碑铭学和文字记载材料，对蒙古地区古代(公元前3000年到公元前后)诸部族历史发展的基本规律进行了研究，对蒙古古代社会生活的各个侧面及其宗教观的最新研究成果进行了阐述，同时对蒙古境内的古代文化进行了描述。作者引用的俄、蒙、英、中、日等各种文字的文献资料，包括公开出版的专著和发表的文章、学术会议上宣读的论文等共863种。在写作本书的过程中，作者对这些文献资料进行了大量的分析和对比研究，同时作了认真的分类和断代。

正如我国著名的俄文翻译家陈弘法先生所言，包括蒙古国全境、我国内蒙古自治区全境以及东北之西部、新疆的北部等地区在内的广大地域，在苏联历史与考古论著中习惯上称为“中央亚细亚地区”，历史上曾是我国古代上起匈奴下迄蒙古的北方民族活动的地区，大漠南北遗留下的北方诸少数民族文化遗存是丰富而多彩的。因此，《古代蒙古》一书对于我国北方边疆民族地区的考古学研究、古代史研究的参考价值，也就不言而喻了。①但目前此书尚无完整的中译本，故我们希冀能在不远的将来出版该书的中译本，相信会对我国历史学与考古学的研究工作，起到极大的推动作用。

三

地处蒙古国北部及东西两侧的俄罗斯北亚地区，虽然地域辽阔，但与蒙古国数量众多、内涵丰富、时代跨度大的殡葬文化遗存的发现有着明显的差异。

其中俄罗斯远东地区收录的词条仅有一个，即克拉斯诺库罗夫卡墓地 M30。之所以如此，固然有编撰词条的时间较紧，我们未能充分查阅该地区的相关考古发现的原因，但也不能排除对于这里所做的考古工作乃至研究相对薄弱的可能。即便如此，从“克拉斯诺库罗夫卡墓地M30”词条中我们仍可以看出，该墓随葬的来自中国的钱币跨越了唐、金、明三个朝代，这或许能在一定程度上表明俄罗斯远东地区与中国内地之间联系的侧重阶段。就该地区而言，还需要指出的是，中、俄两国考古学家密切合作的必要性早已迫在眉睫，一系列的学术问题也只有借助协力合作方能得到有效解决，如旧石器时代晚期工业的形成、新石器时代农牧业生产经济的产生与传播、早期铁器时代文化间的联系，以及渤海国、辽金古城及东夏国遗存等相关问题。②

① 陈弘法：《〈古代蒙古〉简介》，《蒙古学资料与情报》1991 年第 1 期。

② H.A. 克柳耶夫：《中译本序言》，《19~20 世纪俄罗斯远东南部地区考古学：主要作者生平及著作目录索引》，文物出版社，2010。

俄罗斯外贝加尔地区收录的词条共有8个。该区域值得一提的是贝加尔斯卡耶31号墓地，该墓地的时代为青铜时代晚期到早期铁期时代。从目前已发掘的四座墓葬来看，其与北京延庆发现的玉皇庙墓地和内蒙古凉城县的毛庆沟墓地存在着一定的文化联系，见证了中国北方—蒙古高原冶金区内各种文化因素交织在一起的复杂面貌。近年来，由于我国学术界持续对匈奴考古和石板墓文化的关注，该地区的重要性得到凸显。以匈奴考古为例，本书收录的词条既有知名度较高的伊里莫瓦墓地、伊沃尔加墓地，也有我国学者知之甚少的阿尔科依塔墓地、努尔－图赫姆墓地、查拉姆墓地，其中阿尔科依塔墓地的年代为公元前1世纪～公元1世纪，在该墓地中发现了不止一处未成年人墓葬，研究者认为，从该墓地未成年人墓葬所反映出的葬仪与葬俗来看，匈奴未成年人墓葬存在不同的埋葬形式。而埋葬地点的选择、墓室的深度、墓葬的结构、地表标识物等多种因素，很可能取决于墓主人的性别、年龄和亲属关系等。努尔－图赫姆墓地中的圆形石圈墓的年代为匈奴时期，而M47中出土的规矩镜为我们探讨汉文化对匈奴北部边陲地区的影响提供了可供参考的资料。查拉姆墓地的时代属新莽时期，根据墓葬的内外构造，发掘者推测该墓地与匈奴帝国的最高社会阶层有关，而M7中发现的汉式马车、铜镜和漆器则昭示了匈奴上层贵族与汉朝之间存在的密切联系。

石板墓作为中央亚细亚东部地区古代居民遗留的一种最为普遍和独具特色的文化遗存，大约在18世纪初就引起了俄罗斯和蒙古国考古学者的注意，其后的考古发掘与研究一直没有中断，到20世纪末，经过发掘的石板墓数量已接近700座，而对这类文化遗存的相关研究也主要是由俄罗斯和蒙古国两国的考古学家来完成的。在俄罗斯考古学家A.Д.策比克塔洛夫所著、孙危翻译的《蒙古与外贝加尔地区的石板墓文化》（商务印书馆，2019）一书中，策比克塔洛夫认为，在石板墓文化分布的区域内，有来自中国东北地区的各种考古学文化传统。这方面的证据是石板墓文化中常见的三足陶器，苏联和俄罗斯学者将这种器物称为礼器。策比克塔洛夫最重要的成果体现在对赫列克苏尔一类遗存的研究上。对于其亲自发掘的乌勒兹特 6 号墓地，他明确指出石板墓叠压在赫列克苏尔的围墙之上，因而石板墓的年代要更晚一些。赫列克苏尔文化居民中平民阶层的墓葬广布于中央亚细亚地区，其在年代上早于石板墓遗存，应与石板墓不属于同一个考古学文化。因此，石板墓文化的年代应在公元前 10 世纪 ~ 公元前 3 世纪。毋庸讳言，《蒙古与外贝加尔地区的石板墓文化》一书，是对中央亚细亚地区青铜时代至早期铁器时代考古学文化进行的综合研究，是以往三个世纪以来关于石板墓文化独具特色的系统研究论著，并很可能成为对其他地区青铜时代至早期铁器时代考古学文化遗存进行研究的参照标尺。

俄罗斯南西伯利亚地区收录的词条有 18 个。这是我们需要关注的另一个重点区域。该区域收录的词条除了我国学界已较为熟悉的阿尔然墓葬、巴泽雷克墓葬、塔施提克文化墓葬和库德尔格突厥墓地以外，至少还有几点必须要提及。首先，乌斯季－卡门卡 2 号墓地 M1 的时代为公元前 2300 年 ~ 公元前 1700 年，该墓属切木尔切克文化，而后者是我国考古学者王博和常喜恩根据位于新疆阿勒泰地区的同名乡命名的，以往还曾被称为克尔木齐文化，我国学界对其的关注相对较少。因而我们希冀以乌斯季－卡门卡 2 号墓地 M1 词条的编撰为契机，推动学界对切木尔切克文化研究的深入，继而展开对新疆北部及周边地区新石器时代和青铜时代中西文化交流的全面探索。其次，亚罗曼 2 号墓地的价值在于，它使我们对匈奴时代的南西伯利亚地区考古学文化的认识更加明晰，而该墓地出土的来自中国的漆器、铜镜乃至带有中国龙头的青铜浮雕饰牌，均会给读者留下深刻的印象，进而使其对草原丝绸之路的重要性产生更加直观的理解。再次，科比内 M2 的发掘使我国学界对黠戛斯考古学文化的研究成为可能，特别是其考古学文化中所包含的唐文化因素，对于我们认识唐与黠戛斯的关系具有重要的学术价值。

就该地区而言，即便是我国学界早已熟知的那些考古发现，也会因此次集中收录的相关词条而使我们对其的认识更加全面和深入。如属安德罗诺沃文化的克特马诺沃墓地，该墓地出土文物数量众多，包含有关当地居民宗教、生业、文化和日常生活的丰富信息，分布范围跨越了从伏尔加河下游到叶尼塞河流域的欧亚草原地带，对古代历史文化的研究具有极为重要的价值。这里的出土文物，尤其是由黄金制成的耳环、戒指、吊坠、饰牌等个人珠宝饰品，在欧亚草原的青铜文化中并不常见。再如库尔根纳墓地，这处墓地是卡拉苏克文化时期最大的墓地之一，从其出土的青铜制品来看，以锡青铜为大宗，而青铜器中最具代表性的是刀柄首作环形、蘑菇形或兽头形的弯刀。至于所发现的铜锛、铜镜及装饰品，尤其是作为典型器物的曲柄青铜刀，都与中国北方的青铜器十分相似，表明了区域之间的交往和交流。又如属巴泽雷克文化的奇纳塔 2 号墓群的 M21 和 M31，这两座墓中都发现了中国漆器残迹，这表明早在张骞开辟丝绸之路之前，中原地区与阿尔泰地区就已有较为密切的物质文化交流了。

俄罗斯西西伯利亚地区收录的词条有 2 个。这其中除了我国学界已有一定认识的辛塔什塔青铜时代墓地以外，还有著名的季米里亚泽夫 1 号墓地。季米里亚泽夫 1 号墓地是西西伯利亚地区中世纪最具代表性的墓地之一，而其中的季米里亚泽夫 M1 则是公元 5~10 世纪西西伯利亚地区规模最大的墓葬。该墓地出土的来自中国的遗物主要是铜质的方孔圜钱，即“开元通宝”和上下打孔的“五铢”钱。就前者而言，俄罗斯学者认为，这些出现在西西伯利亚地区墓葬中的中国钱币，已不具有实际的货币功能，它们多半被用于装饰或者具有某种象征意义，但它们的出土有力地说明了当时丝绸之路贸易往来的兴盛。而后者在西西伯利亚地区发现的中国钱币中，占比在 30% 左右，很可能是由采购皮毛的粟特商人携带至此的。

四

北高加索及伏尔加河流域、南俄草原地区，以及邻近的巴尔干半岛和中亚东部地区，在历史上与北亚地区一直保持着密切的联系，同时也是丝绸之路的必经之地，所以我们将该区域作为一个区域来予以关注，所收录的词条共有 11 个。

北高加索地区地处欧亚两大洲的交界地带，除了我们已有所了解的迈科普文化墓葬以外，还有莫谢瓦亚·巴勒卡墓地和库拉 – 阿拉克斯文化墓葬。莫谢瓦亚·巴勒卡墓地出土的唐锦约有 100 片，多为素面的平纹绢，少数为有纹饰的绫。绫的纹饰很简单，大多为精致的菱形网格纹，还有玫瑰花、卷草纹和其他唐代的植物花纹。此外，还发现了一些汉文文书，包括账历和佛经残片，以及唐代中国常见的绢画残片、佛教旌幡和纸花工艺品等。这些遗物在北高加索地区的出现是非同寻常的，它们对于东西方文化交流，尤其是研究唐朝与拜占庭帝国之间的关系具有相当重要的价值。

伏尔加河流域与西西伯利亚地区毗邻，因而也是研究欧亚大陆民族迁徙的重要区域，这里的发现有塞伊玛墓地和颜那亚文化墓葬。虽有学者认为，发现于塞伊玛墓地的“塞伊玛式”青铜器曾影响中国商代后期文化的青铜工艺，但此说后被证实是错误的。不过我们仍不能忽视塞伊玛文化所体现出的文化交流性质，而例证则是在我国新疆和甘青地区发现的与“塞伊玛式”青铜器在形态上类似的同类遗物。至于颜那亚文化，在我国学界长期被称为竖穴墓文化，其文化交流色彩同样浓厚，该文化受到迈科普文化的强烈影响，东面与中亚的扎曼巴巴文化、南西伯利亚的阿凡纳谢沃文化存在着一定程度的相似性，西面则与特里波利耶 – 库库泰尼文化有着密切的联系。

南俄草原发现的主要有库利奥巴冢墓、以木椁墓为特征的墓葬和洛梅尼斯卡－波尔谢夫文化墓葬。其中洛梅尼斯卡－波尔谢夫墓葬体现出了佩彻涅格人的文化影响，而佩彻涅格人出现在南俄草原，与初唐时期突厥汗国的灭亡具有密切的联系。因而洛梅尼斯卡－波尔谢夫墓葬的出现，可视为东方对西方进行的一波类似多米诺骨牌效应式的冲击影响。

保加利亚的罗斯哈瓦－德拉加家 M2，位于巴尔干半岛，是本卷收录词条所处区域最西的一处。在这座属于萨尔马泰人的墓葬中，发现了一枚汉代玉剑璏，剑璏上雕刻有中国中原风格的神兽图案。这件玉剑璏可能在东汉时期由中原经中亚传入南俄草原后又辗转来到保加利亚。因而表明，在早期草原丝绸之路上，是游牧民作为传播者，将代表中原文明的物品远传至欧洲。

中亚地区的东北部与北亚的南西伯利亚、西西伯利亚地区毗邻，因而在这些区域发现的考古学文化往往具有很强的关联性，本卷收录的萨帕墓地和铁米尔苏－阿依纳布拉克－1 号墓地即属于此。发现于哈萨克斯坦东哈萨克斯坦省的萨帕墓地，为典型的阿凡纳谢沃文化墓葬，而该文化最早发现于南西伯利亚地区，属铜石并用时代文化。故萨帕墓地 M2 和近年我国新疆和布克赛尔县松树沟墓地 M16、M17 以及尼勒克县 Ⅲ M5 的发现和发掘，对确定阿凡纳谢沃人群从南西伯利亚戈尔诺－阿尔泰地区向西南环准噶尔盆地西缘扩散的路线，以及为我们研究阿凡纳谢沃人群与新疆铜石并用时代世居人群间的文化交流与融合，欧亚草原冶金技术的传播和生业模式的转变等一系列重要问题提供了有力的实物资料。

五

《“一带一路”沿线国家殡葬文化遗产名录和谱系（国外部分·北亚卷）》词条的收录和编撰，需要选取丝绸之路沿线多种语言文字的考古资料，所以相关的资料收集和翻译工作就显得尤为重要。

首先，就北亚卷所涉及的区域而言，该地区相当大的一部分属俄罗斯（包括十月革命前的俄国和苏联）的领土，自 19 世纪以来，俄国、苏联和俄罗斯的探险家、考察者和考古学家们在这里进行了大量的考古调查和发掘工作，并留下了数量惊人的考古简报和报告等基础资料，以及大量的论文和专著等研究成果。而这些资料和成果绝大部分都是以俄文写就，这是我国考古学界在对该区域进行学术研究时所必须面对的问题。因此，在对该区域相关外文考古资料的运用中，俄文资料确属重中之重。

其次，近年来我国考古机构赴境外进行考古工作渐呈上升趋势。据不完全统计，在境外丝绸之路沿线国家进行的考古研究主要有：2004~2019 年内蒙古文物考古研究所、内蒙古博物院同联合国教科文组织的国际游牧文明研究所（蒙古国）的考古调查与发掘项目、2017~2019 年中国人民大学北方民族考古研究所同蒙古国国家博物馆开展的艾尔根敖包墓地的考古发掘项目、2017~2019 年河南省文物考古研究院、洛阳市文物考古研究院同蒙古国乌兰巴托大学考古系开展的“古代北方游牧民族文化研究”联合考古发掘项目、自 2015 年开始持续数年的西北大学与乌兹别克斯坦科学院考古研究所等国外有关机构合作开展的“中亚西天山区域考古工作”项目、2015 年南京大学与俄罗斯阿尔泰国立大学合作开展的“阿尔泰山脉西侧青铜时代晚期聚落”考古项目、2016 年黑龙江大学与俄罗斯阿穆尔州文化遗产保护中心合作的“乌斯季·伊万诺夫卡河口遗址”钻探和发掘项目。自 2012 年起，中国社会科学院考古研究所与乌兹别克斯坦科学院考古研究所联合考古队已先后八次对明铁佩古城遗址进行了考古勘探和发掘工作。而仅 2019 年，除了前述合作项目继续实施以外，“中亚西天山区域考古工作”变得更加具体：乌尊谢尔卡拉卡特和德尔康墓地发掘、撒马尔罕撒扎干 M11–2 发掘项目、泰尔梅兹佛教遗址发掘项目、彭吉肯特萨拉兹姆遗址发掘项目、费尔干纳盆地调查项目等渐次展开。此外，陕西省考古研究院、中国国家博物馆、吉林大学等单位也都加入到了丝绸之路沿线国家的考古发掘项目中。我国参与丝绸之路沿线国家考古工作的所有专业人员，在具体发掘和研究过程中，必然要查阅并参考本区域以往的考古工作成果，这就必然会涉及大量的俄文考古发掘简报、报告及研究论著的阅读。

再次，在中国目前从事俄文考古资料中译的人士中，绝大多数为俄语专业出身，他们基本上未受过考古学的专业训练，特别是基本没有参加过考古调查和发掘工作，因而他们在翻译过程中面对较为专业的考古词汇时，或是无从对应，有的只能用音译法来处理；或是理解得不够全面，进而对译文的准确性产生了影响。这两种情况，无疑会使对大多不懂俄语的我国专业考古人士理解和认识这些俄文考古材料时产生困惑，进而得出错误的研究结论。

针对这样的现状，我们认为至少有两项工作亟须完成。

其一，尽快编纂一部较为专业的、中俄对照的文化遗产大辞典。在这部辞典中，一方面要能够基本涵盖世界各国各地区的重要考古发现，另一方面也要包括中国考古学的主要专业词汇，亦即有关各个时代的代表性遗址和墓葬、重要的遗迹和遗物，以及考古学研究的各种技术手段和方法，乃至文化遗产保护方面的词汇。这样对于我国考古工作者而言，不仅能使其在查阅俄文考古材料和研究成果的过程中有了较为专业的工具书，而且还能就很多重要的词条为他们提供翔实、全面的释文。换言之，通过查阅该辞典，能使我国的学者粗略地了解研究对象的学术史。

其二，集中翻译一批可以反映该区域重要考古成果的俄文学术论著，为今后我国的考古研究打下一个初步的基础。就本卷所涉及的北亚地区而言，结合目前我们所掌握的资料，初步遴选出以下 6 部考古学论著予以关注:《北亚与中央亚细亚地区考古论文集》(科学出版社西伯利亚分社，新西伯利亚，1975)、《北亚地区历史文化遗产研究论文集》(阿尔泰国立大学出版社，巴尔瑙尔，2001)、《民族考古学导论》(科学出版屋，鄂木斯克，2003)、《中央亚细亚地区游牧社会中的城市》(俄罗斯科学院西伯利亚分院布里亚特学术中心出版社，乌兰乌德，2004)、《中央亚细亚地区古代和中世纪的游牧民族学术研讨会论文集》（阿尔泰国立大学出版社，巴尔瑙尔、阿兹布卡，2008）和《北亚地区社会起源研究学术研讨会论文集》（伊尔库茨克国立技术大学出版社，伊尔库茨克，2009）。

北亚卷由中央民族大学民族学与社会学学院的魏坚教授和郑州大学历史学院的孙危教授担任主编，负责本卷前言撰写、所涉区域的划定、词条的遴选、编排次序的确定和词条文图内容的最后审定。参加本卷词条编撰的15名作者，都是近年来在北方民族考古、北亚涉外考古和岩画考古等领域涌现出来的优秀青年学者，他们基本都在从事北方地区各时段考古学研究，同时拥有较好的俄文、蒙文和英文等语言基础，并从事过一定数量的考古学术论著的翻译工作。他们是：中国人民大学历史学院在站博士后徐弛、广西民族大学民族研究中心副研究馆员肖波博士、内蒙古博物院研究馆员萨仁毕力格博士、副研究馆员、蒙古国国立大学在读博士生特日根巴彦尔、内蒙古大学历史与旅游文化学院讲师特尔巴依尔博士和戎天佑博士、吉林大学考古学院讲师权乾坤博士、莫斯科师范大学在读博士生黛吉、中山大学历史学系（珠海）在站博士后付承章、巴黎萨克莱大学在读博士生茆安然、中国农业博物馆常璐博士、中国人民大学历史学院在读博士生兰博和王晓丹、内蒙古师范大学历史文化学院讲师孟燕云博士、呼和浩特市文物保护与考古研究中心副研究馆员董萨日娜。

百年来中国近现代考古学的产生与发展，诸多重要的考古发现，深刻改变了国人对祖先和历史的认知，也向世界系统地揭示了源远流长、灿烂辉煌的中华5000年文明史。而构建中华文明起源和发展的历史脉络，梳理欧亚草原丝绸之路中西文化交流的实物证据，已经成为中国考古学的根本任务之一。

何以中国，因有边疆。边疆考古、丝绸之路考古已经成为中国考古学的重要组成部分。近些年来，中国边疆地区的考古发现和中国邻近地区的域外考古成果斐然，显示出边疆考古和中西文化交流考古在中国考古乃至世界考古中越来越重要的地位。许多重要的考古发现证明，边疆考古不但是维护国家统一和民族团结的重要手段，同时对探讨中华民族多元一体格局形成的历史进程具有重要意义。希望通过《“一带一路”沿线国家殡葬文化遗产名录和谱系（国外部分·北亚卷）》的编撰出版，使从事边疆考古和丝绸之路考古及相关领域研究的学者，以更广阔的视角审视中华民族共同体的形成与发展，将边疆考古研究作为切入点和着力点，以考古成果实证中华民族共同体形成的历史过程，推动树立正确的历史观、国家观和民族观，切实维护国家文化安全。同时还要树立世界眼光，促进国际性学术交流和文明互鉴，推动中国边疆考古事业的发展与进步，为建设有中国特色、中国风格、中国气派的边疆考古学科体系、学术体系和话语体系作出积极贡献。

一　蒙古国

1. 胡热戈壁 M1

【名称】胡热戈壁 M1（Хуурайговь）

【位置】蒙古国巴彦乌列盖省

【年代】公元前 29 世纪～公元前 26 世纪

【解题】

胡热戈壁 M1[①] 位于蒙古国巴彦乌列盖省乌兰胡斯苏木哈拉亚玛特河（Харямаатын гол）左岸一级台地上（北纬 49° 20.120′ 、东经 88° 42.754′ ）。自 2001 年开始，由 A.A. 科瓦列夫组织的圣彼得堡国立大学、圣彼得堡 Roerich 家族博物馆、蒙古国科学院历史研究所以及乌兰巴托大学等单位组成的“中亚考古”队在包括巴彦乌列盖省、科布多省在内的蒙古国阿尔泰地区进行了为期 7 年的田野考古调查和发掘工作，其中在巴彦乌列盖省发现了阿凡纳谢沃文化墓葬、切木尔切克文化墓葬以及其他青铜时代考古学

① Древнейшие европейцы в сердце Азии: чемурчекский культурный феномен. Часть I. Результаты исследований в Восточном Казахстане, на севере и юге Монгольского Алтая / Составитель и научный редактор А.А. Ковалев — СПб.:Изд-во ЛЕМА, 2014. — 186-198 с.

文化遗存。[①]

2004年由 A.A.科瓦列夫、У.额尔顿巴特领导的俄蒙联合考古队进行了考古发掘。该墓葬发掘者在2010年发表的文章中由于合并平面图时出现错误，因此发表了错误数据，之后在2014年出版的《亚洲心脏地带发现的最古老的欧罗巴人——切木尔切克文化现象》一书中纠正了之前的错误。

墓地表有圆形石封堆，封堆以石板侧立插入地面形成圆形石围圈，其内堆满石块，直径14米，高0.7米。墓室位于石堆中部下方，结构为圆角竖穴土坑，墓底葬有两人（一成年男性、一儿童），仰身屈肢，头朝东，人骨上盖有木条，发掘者认为该木质结构为马车。出土遗物有1把铜刀、1件铜锥、1枚骨镞、1件侈口卵形鼓腹圜底罐及木器残块等（图一至图四）。

图一　墓葬封堆

（引自 Древнейшие европейцы в сердце Азии: чемурчекский культурный феномен. Часть I. Результаты исследований в Восточном Казахстане, на севере и юге Монгольского Алтая / Составитель и научный редактор А.А. Ковалев — СПб.:Изд-воЛЕМА, 2014. — 192 с）

① Древнейшие европейцы в сердце Азии: чемурчекский культурный феномен. Часть I. Результаты исследований в Восточном Казахстане, на севере и юге Монгольского Алтая / Составитель и научный редактор А.А. Ковалев — СПб.:Изд-во ЛЕМА, 2014. — 186-198 с.

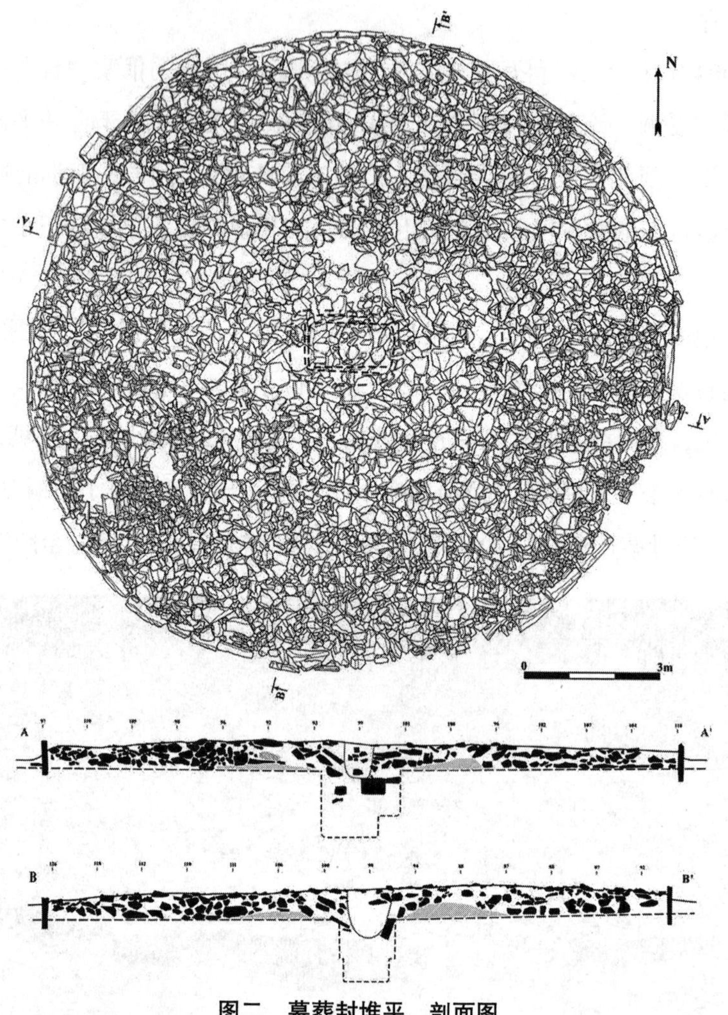

图二　墓葬封堆平、剖面图

（引自 Древнейшие европейцы в сердце Азии: чемурчекский культурный феномен. Часть I. Результаты исследований в Восточном Казахстане, на севере и юге Монгольского Алтая / Составитель и научный редактор А.А. Ковалев — СПб.:Изд-воЛЕМА, 2014. — 192 с）

从哈萨克斯坦东部、中国新疆北部以及蒙古国阿尔泰地区发现的阿凡纳谢沃文化墓葬来看，公元前 30 世纪前后分布于戈尔诺 - 阿尔泰地区的阿凡纳谢沃文化人群逐渐向西南、东南方向扩散到了哈萨克斯坦东部、中国新疆北部以及蒙古国阿尔泰地区。俄罗斯科学院物质文化史研究所

图三 M1墓底木结构和人骨

（引自 Древнейшие европейцы в сердце Азии: чемурчекский культурный феномен. Часть I. Результаты исследований в Восточном Казахстане, на севере и юге Монгольского Алтая / Составитель и научный редактор А.А. Ковалев — СПб.:Изд-воЛЕМА, 2014. — 195-196 с）

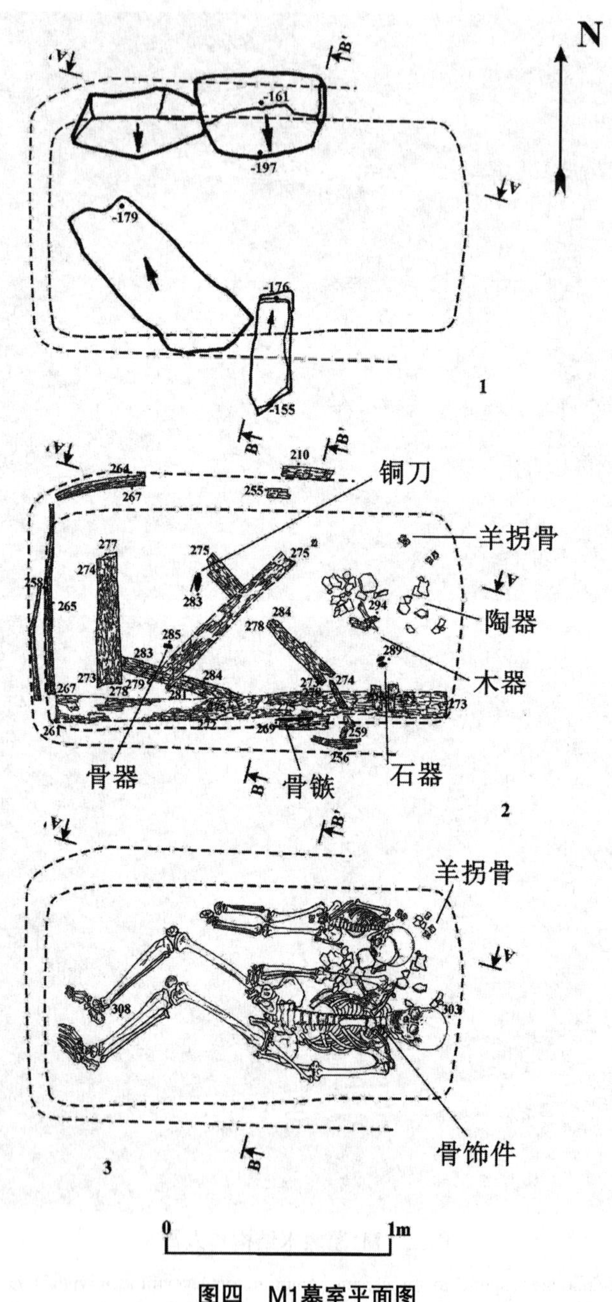

图四　M1墓室平面图

（引自 Древнейшие европейцы в сердце Азии: чемурчекский культурный феномен. Часть I. Результаты исследований в Восточном Казахстане, на севере и юге Монгольского Алтая / Составитель и научный редактор А.А. Ковалев — СПб.:Изд-воЛЕМА, 2014. — 194 с）

考古学家 A．B．帕列科夫（A.B.Поляков）分析中国新疆、蒙古国阿尔泰地区和乌兹别克斯坦发现的阿凡纳谢沃墓葬和相似的遗物后认为，阿凡纳谢沃文化的主要分布范围比较清楚，即使是在俄罗斯图瓦、中国新疆以及蒙古国阿尔泰等地区发现阿凡纳谢沃墓葬，那也只是零星发现的极个别现象，这些墓葬不能被视为阿凡纳谢沃文化的地方类型，因此暂时不应将阿凡纳谢沃文化的分布范围扩大至这些地区。[①]A.A. 科瓦列夫认为，公元前 2700~ 前 2500 年之间，带有阿凡纳谢沃文化因素的人群与其他文化共存，并留下了切木尔切克文化遗存。同时所获得的碳 14 测年数据也可证明，切木尔切克文化与阿凡纳谢沃文化进行了接触，证据则额尔齐斯河谷地区发现的切木尔切克文化遗迹中出现了阿凡纳谢沃文化的陶器。[②]

该墓地的发现和发掘填补了蒙古国阿尔泰地区铜石并用时代考古学文化的空白，同时对研究阿凡纳谢沃文化逐渐向西南、东南方向扩散至中国新疆和蒙古国阿尔泰地区提供了有力的实物史料。从墓葬建筑结构来看，地表以侧立石板插入地面形成圆形石圈，并用石块填满石圈，狭窄的竖穴土坑墓圹和随葬单个陶器等现象与戈尔诺－阿尔泰地区发现的阿凡纳谢沃墓葬相似，而与叶尼塞河流域发现的阿凡纳谢沃墓葬差别较大，因此可以认为，胡热戈壁 M1 是阿凡纳谢沃文化人群从戈尔诺－阿尔泰地区向东南翻过雪山至蒙古国阿尔泰地区后留下的遗迹。对出土木炭和人骨标本进行的碳 14 测年结果显示，该墓的时代为公元前 28~ 前 26 世纪之间（表一），这些文化因素和测年数据均与中国新疆和哈萨克斯坦东部地区发现的阿凡纳谢沃墓葬相同。（特尔巴依尔）

---

① Э.Б. Вадецкой, Н.Ф. Степановой, А.В.Поляков, *Свод памятников афанасьевской культуры*-Барнаул: АЗБУКА, 2014. - 380 с.

② А. А.Ковалев , Д.Эрдэнэбаатар, Афанасьевско-чемурчекская курганная группа Кургак гови (Хуурай говь) и вопросы внешних связей афанасьевской культуры[M]//Афанасьевский сборник. 2010: 91-108.

表一　巴彦乌列盖省乌兰胡斯苏木阿凡纳谢沃文化墓葬碳14测年数据

墓葬	标本号	标本	未校正绝对年代（BP）	Calib 68.2%（1-sig），（BC）	Calib 95.4%（2-sig），（BC）
胡热戈壁M1	Le-7219	人骨	4180 ± 100	2890~2620	3050~2459
	Le-7289	木炭	4110 ± 25	2850~2810；2740~2720；2700~2580	2870~2800；2760~2570
	Le-7290	木炭	4025 ± 50	2620~2470	2860~2810；2750~2720；2700~2450
	Le-7291	木炭	4140 ± 35	2870~2830；2820~2800；2760~2630	2880~2580
	Le-7292	木炭	4130 ± 40	2870~2800；2760~2620	2880~2580
	Le-7293	木头	4085 ± 30	2840~2810；2670~2570	2860~2800；2760~2720；2700~2560；2530~2490

资料来源：Древнейшие европейцы в сердце Азии: чемурческий культурный феномен. Часть I. Результаты исследований в Восточном Казахстане, на севере и юге Монгольского Алтая / Составитель и научный редактор А.А. Ковалев — СПб.:Изд-воЛЕМА, 2014. — 227с.

2. 呼和乌珠尔林都贵 -IM1[①]

【名称】呼和乌珠尔林都贵 –IM1（Хух удзуурийн дугуй-IM1）

【位置】蒙古国科布多省布尔干苏木

【年代】公元前 26 世纪～公元前 18 世纪

【解题】

该墓位于蒙古国科布多省布尔干苏木布尔干河北岸呼和乌珠尔林都贵，坐标为北纬 46° 05.60′、东经 91° 26.68′。2004 年，A.A. 科瓦列夫（A.A. Ковалев）、У. 额尔顿巴特（Д. Эрдэнэбаатар）在科布多省进行考古调查时首次发现，2008 年蒙古国科学院考古研究所在蒙古国阿尔泰地区进行历史文化普查时再次进行调查。2010 年特尔巴图首次对该墓进行了详细的报道，此文将与该墓相关的石人与中国新疆切木尔切克文化石人进行比较后认为，呼和乌珠尔林都贵 -IM1 切木尔切克文化墓葬。[②]2010 年圣彼得堡国立博物馆罗力齐家族研究所、国际蒙古学学会以及乌兰巴托大学组成的“中亚考古”队在 A.A. 科瓦列夫、У. 额尔顿巴特领导下发掘了 M2。

地表有圆形石封堆，直径 10 米，墓葬结构为在竖穴土坑内沿坑壁侧立围成西北—东南走向的半地面石室，之后沿露出于地面的石室堆砌石堆，石堆有内外两层，内层紧贴石室，石堆中部与石室石板高度相同，向外逐渐降低，外层堆砌在第一层北、东和南面边缘处，外层石堆外侧东北和西南可能还有石层，但已残缺不全，石堆平面呈圆角长方形，西北—东南向。由中部向四边逐渐变低，剖面呈梯形。墓坑深约 0.8 米，

---

① Древнейшие европейцы в сердце Азии: чемурческский культурный феномен. Часть I.Результаты исследований в Восточном Казахстане, на севере и юге Монгольского Алтая / Составитель и научный редактор А.А. Ковалев — СПб.: Изд-во ЛЕМА, 2014. — 310-342с.

② Ц. Турбат, Т. Батбаяр, Монгол Алтайгаас илруулсэн туруу тумурлугийнуеийнхун чулуут цогцолбор // Археологийн судлал. Т.（Ⅸ）XXIX，2010. Fasc. 8.T. 170–183.

石室尺寸为3.5×1.8米，高1.6米，墓向东西中轴线约北偏18°。石室顶部有石盖板，石板被移动过，有横向的也有纵向的，躺在石室和石堆上。石室外侧石堆底部宽度基本相同，约1.6×1.8米，西北侧比较平缓，宽2.5米。石室底部人骨已被盗扰，多个人骨遗骸残块遍布整个石室底部。石室内壁有红色赭石涂料彩绘图案，为一连串倒三角、网格、三角纹等。墓内葬有多人，石室东北壁下发现长条木架残块，断面直径4厘米，还出土1件石罐，石罐口沿处残缺（高8、直径12.7厘米），用圆形卵石制成，以及1根石棒，30个小石球（墓室西北角），后者直径在1.3~1.5厘米之间。

石人面朝南立于该墓以东约4.8米处。高1.5、宽0.45、厚0.26米。用长条灰黑色岩石打磨后雕刻出扁长的脸形，圆点眼、高大鼻梁、圆形高颧骨，下颌较尖，右手前臂放置于腹部，左手放置于右胸处，右手下雕刻出弓，整体像双手包怀直立状。

在蒙古国科布多省的布尔干、布音特和科布多苏木等地区的14个地点，共发掘了23座切木尔切克文化墓葬，其中4座墓东侧带有祭祀址，其余均无祭祀址。此外，根据蒙古国国立大学特尔巴图教授提供的信息，2021年7月中下旬在戈壁阿尔泰省托尼黑勒苏木夏达提恩别勒其尔（Тонхил сумын Шадатын бэлчир）发掘了一座祭祀遗址，遗址中立有两通切木尔切克石人，这是迄今所发现的切木尔切克文化遗迹中，位于最东南的一处。

切木尔切克文化[①]是由中国考古学家在中国新疆阿尔泰地区发现并以切木尔切克墓地命名的早期青铜时代考古学文化。该文化墓葬于1961

① 切木尔切克，原译作克尔木齐（图瓦语小河，蒙古语爱美、美丽之意），以克尔木齐（Kemtseg）河命名，位于阿勒泰市西南12公里处，后因地名标准化译为切木尔切克。参考1995年新疆维吾尔自治区测绘局编制《中华人民共和国新疆维吾尔自治区图集》；王博《切木尔切克文化初探》，西北大学文博学院编《考古文物研究——纪念西北大学考古专业成立四十周年文集（1956~1996）》，三秦出版社，1996，第285页。

年由新疆考古工作者在阿尔泰地区考古调查[①]时发现，1963 年在此墓地发掘了 32 座墓葬，发掘资料直到 1981 年才公布。[②]

长期以来，由于墓葬发掘数量和出土遗物均较少以及国内未进行针对性田野调查和发掘等原因，新疆地区的切木尔切克文化资料较为匮乏，这导致学者们在研究这一文化时，大多只能探讨其年代和起源等问题，而无法对其发展脉络进行分期。

近年来，随着配合基建项目的考古工作不断推进，新疆地区陆续发现了几处切木尔切克文化墓葬遗迹，蒙古国西部省份也发现并发掘了一批切木尔切克文化的墓葬遗迹，这些墓葬遗迹为切木尔切克文化的年代序列及分期提供了丰富的实物史料。据此，丛德新先生和贾伟明先生首次提出了“切木尔切克一期文化”的概念，他们认为以随葬圜底或尖底陶器为主的石围石棺墓葬遗迹、单独石棺墓葬遗迹基本属于切木尔切克一期文化，其绝对年代范围在公元前 2700~ 前 1800 年。虽然并未明确提及切木尔切克文化受到了阿凡纳谢沃文化的影响，但前者与后者的晚期有长达几百年的交错时代的论述，应该暗含了这一意思。[③]与此不同，邵会秋则认为切木尔切克文化可分为早、晚两个阶段，早段以圜底或尖底为主，石镞较多，铜器少见，不见平底；晚段为圜底器和平底器共存，并且有一定数量的铜器，年代范围在公元前 30 世纪中期到公元前 20 世纪中期。[④]

蒙古国科布多省的切木尔切克文化墓葬出土陶器和石容器以平底器为主，墓葬结构未发现长方形石围，封堆主要以半地面石室为中心堆砌石块而成，墓室也是沿墓坑壁侧立围成的石室，石室内以多人葬为主，

---

① 李征：《阿勒泰地区石人墓调查简报》，《文物》1962 年第 7、8 期。

② 易漫白：《新疆克尔木齐古墓群发掘简报》，《文物》1981 年第 1 期，第 23~32 页。

③ 丛德新、贾伟明：《切木尔切克墓地及其早期遗存的初步研究》，《庆祝张忠培先生八十岁论文集》，科学出版社，2014。

④ 邵会秋：《新疆史前时期文化格局的演进及其与周邻文化的关系》，科学出版社，2018，第 31 页。

因盗扰严重而无法确定其葬式。随葬遗物中均未发现尖底或圜底器，陶器少，石容器较多，墓葬东侧也立有石人，有些墓葬还发现有向东延伸出方形祭祀遗址等特点，均属于该文化晚期遗存，测年数据显示年代范围在公元前 23~ 前 18 世纪。[①]（特尔巴依尔）

图一　墓地全景

（引自 Древнейшие европейцы в сердце Азии: чемурчекский культурный феномен. Часть I. Результаты исследований в Восточном Казахстане, на севере и юге Монгольского Алтая / Составитель и научный редактор А.А. Ковалев — СПб.:Изд-воЛЕМА, 2014. — 320 с）

① Древнейшие европейцы в сердце Азии: чемурчекский культурный феномен. Часть I. Результаты исследований в Восточном Казахстане, на севере и юге Монгольского Алтая / Составитель и научный редактор А.А. Ковалев — СПб.: Изд-во ЛЕМА, 2014. — 393-396с.

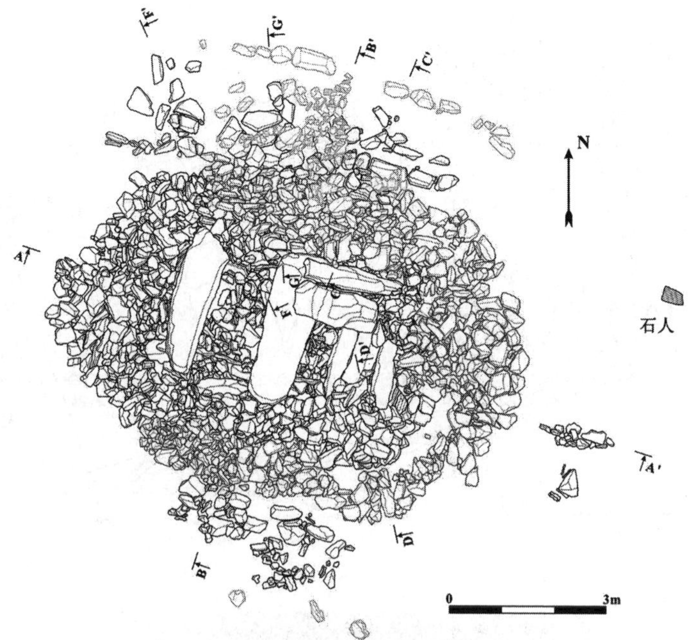

图二　封堆平面线图

（引自 Древнейшие европейцы в сердце Азии: чемурчекский культурный феномен. Часть I. Результаты исследований в Восточном Казахстане, на севере и юге Монгольского Алтая / Составитель и научный редактор А.А. Ковалев — СПб.:Изд-воЛЕМА, 2014. — 313с）

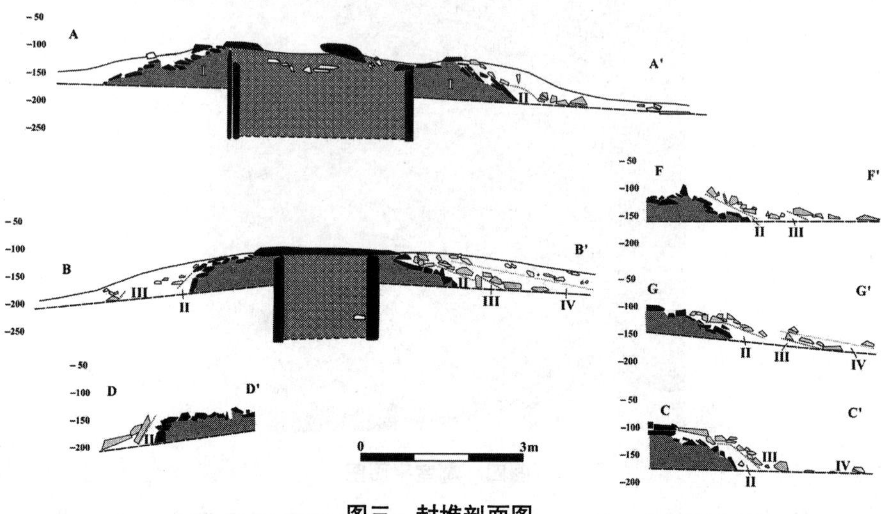

图三　封堆剖面图

（引自 Древнейшие европейцы в сердце Азии: чемурчекский культурный феномен. Часть I. Результаты исследований в Восточном Казахстане, на севере и юге Монгольского Алтая / Составитель и научный редактор А.А. Ковалев — СПб.:Изд-воЛЕМА, 2014. — 314с）

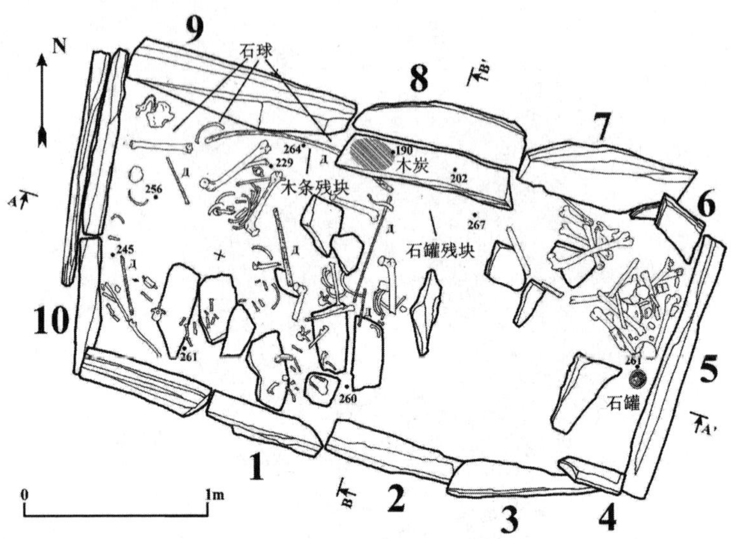

图四　墓室平面图

（引自 Древнейшие европейцы в сердце Азии: чемурчекский культурный феномен. Часть I. Результаты исследований в Восточном Казахстане, на севере и юге Монгольского Алтая / Составитель и научный редактор А.А. Ковалев — СПб.:Изд-воЛЕМА, 2014. — 329с）

图五–1　石人彩图

（引自 Древнейшие европейцы в сердце Азии: чемурчекский культурный феномен. Часть I. Результаты исследований в Восточном Казахстане, на севере и юге Монгольского Алтая / Составитель и научный редактор А.А. Ковалев — СПб.:Изд-воЛЕМА, 2014. — 338 с）

图五–2　石人手绘图

（引自 Древнейшие европейцы в сердце Азии: чемурчекский культурный феномен. Часть I. Результаты исследований в Восточном Казахстане, на севере и юге Монгольского Алтая / Составитель и научный редактор А.А. Ковалев — СПб.:Изд-воЛЕМА, 2014. — 339 с）

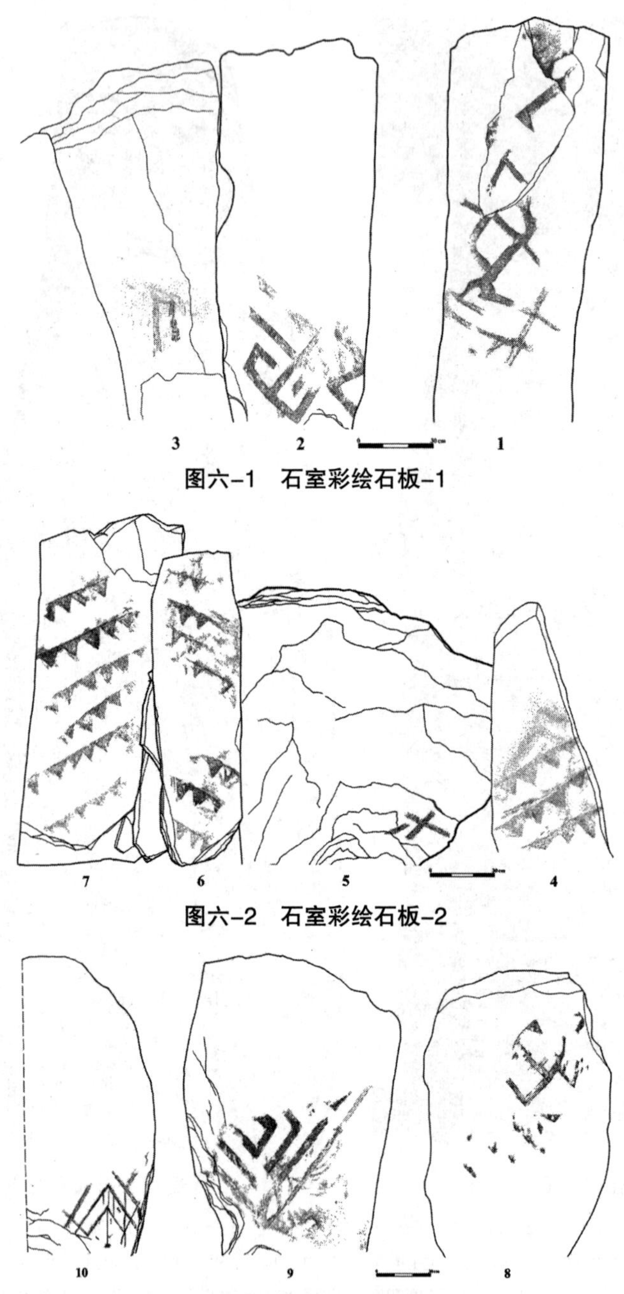

图六-1　石室彩绘石板-1

图六-2　石室彩绘石板-2

图六-3　石室彩绘石板-3

（引自 Древнейшие европейцы в сердце Азии: чемурчекский культурный феномен. Часть I. Результаты исследований в Восточном Казахстане, на севере и юге Монгольского Алтая / Составитель и научный редактор А.А. Ковалев — СПб.:Изд-воЛЕМА, 2014. — 335-337 с）

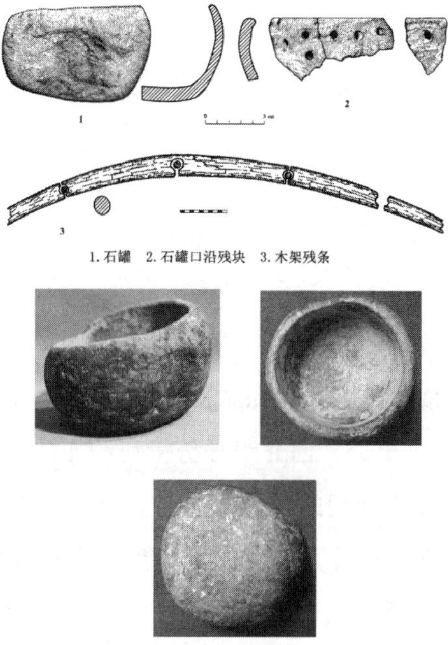

1. 石罐　2. 石罐口沿残块　3. 木架残条

石罐彩图

图七-1　出土遗物-1

（引自 Древнейшие европейцы в сердце Азии: чемурчекский культурный феномен. Часть I. Результаты исследований в Восточном Казахстане, на севере и юге Монгольского Алтая / Составитель и научный редактор А.А. Ковалев — СПб.:Изд-воЛЕМА, 2014. — 341 с）

石棒

石球

图七-2　出土遗物-2

（引自 Древнейшие европейцы в сердце Азии: чемурчекский культурный феномен. Часть I. Результаты исследований в Восточном Казахстане, на севере и юге Монгольского Алтая / Составитель и научный редактор А.А. Ковалев — СПб.:Изд-воЛЕМА, 2014. — 342 с）

3. 高勒毛都 1 号墓地

【名称】高勒毛都 1 号墓地

【位置】蒙古国后杭爱省海尔汗苏木（县）

【年代】公元前 1 世纪～公元 1 世纪

【解题】

高勒毛都 1 号墓地（Гол модны Хүннү булш）位于蒙古国后杭爱省海尔汗苏木东南 35 公里处，西北距呼努伊河约 4 公里。墓地东、南、北三面环绕松林，西面为开阔的呼努伊河谷。墓地所在的 6 个小区域内共有 490 余座墓葬，它们可分为南北向的大型方形墓和呈环状分布的圆形陪葬墓，有的墓旁有祭祀遗迹（图一）。目前，该墓地已发掘大型贵族墓 3 座，陪葬墓 55 座，祭祀遗址 3 处。

1956 年，高勒毛都墓地由蒙古国考古学家策·道尔吉苏荣首次发现，并发掘了其中的 26 座陪葬墓和 1 座贵族墓（M1 由于墓坑塌陷，因而发掘工作未能彻底完成），此次发掘收获公布于发掘者编写的《北匈奴》一书中。[①] 2000~2009 年，蒙古国与法国联合考古队在高勒毛都匈奴墓地发掘了 3 座贵族墓和 15 座陪葬墓，其中发掘清理的 3 座贵族墓分别是策·道尔吉苏荣未完成的 M1 及新发掘的 M20 和 M79。[②] 2014~2015 年，蒙古国与摩纳哥联合考古队调查了高勒毛都墓地，并发掘了墓地东南部甲字形墓 M61 周围的 14 座陪葬墓。[③]

该墓地甲字形墓规模较大，多分布于墓地的中心，其周围通常有一座或若干座陪葬墓。甲字形墓的墓穴以上都有高出地表的方形或梯形封堆，

① Ц. Доржсүрэн, Умард Хүннү (эртний судлалын шинжилгээ) // Studia Archaeologica. Tom. I, Fasc.5. УБ., 1961.

② Ч. Ерөөл-Эрдэнэ, Гол модны хүннү булшны судалгааны зарим үр дүн // Studia Archaeologica. Tom. Ⅱ（ⅩⅫ）, Fasc. 8. УБ., 2004, т. 76-109; Ч. Ерөөл-Эрдэнэ, Ж. Гантулга ,Умард хүннүгийн язгууртны нэгэн булшны судалгаа // Studia Archaeologica. Tom. ⅩⅩⅥ , Fasc.9. УБ., 2009, т. 149-189.

③ Ч. Ерөөл-Эрдэнэ, Хүннүгийн язгууртны оршуулгын дурсгалын судалгаа. УБ., 2015, т. 210.

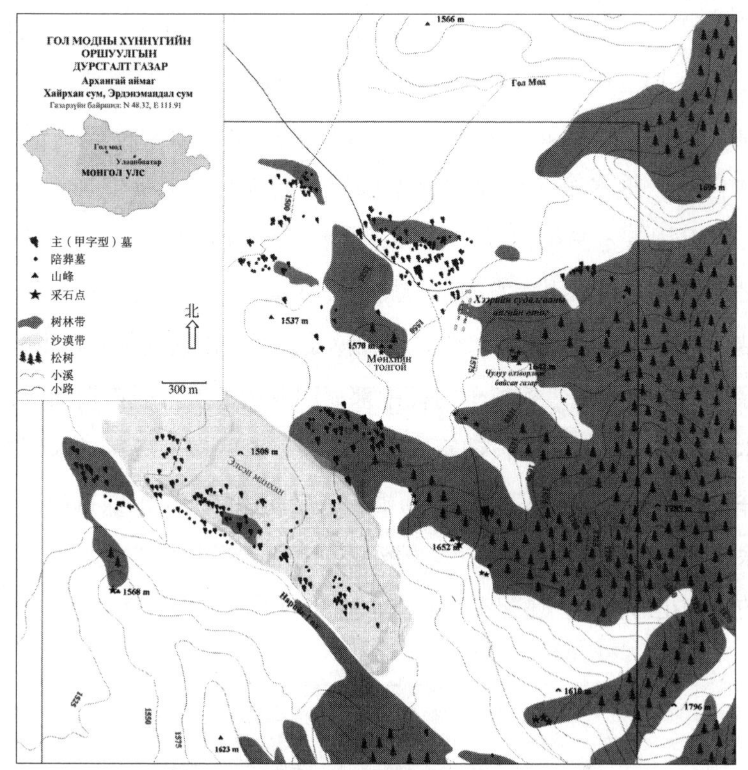

图一　高勒毛都1号墓地墓葬分布情况

（引自 Ч.Ерөөл-Эрдэнэ，Ж.Гантулга，Умард хүннүгиин язгууртны нэгэн булшны судалгаа // Studia Archaeologica. Tom. XXVI，Fasc.9. УБ., 2009，т.151）

形状、尺寸与墓穴基本重合，高度一般为 0.5~1.5 米。大多数情况下，沿土台的四边砌平铺的石板，从侧面看即为石围墙。在封堆的东南侧连接有长梯形墓道，从墓道与墓穴连接处向墓道的南端宽度逐渐变窄。与墓穴上的封堆一样，沿墓道的边缘在地表也砌有石墙，石墙内填土成台。其中墓道与墓穴连接处的土台高度与墓穴上的土台相同，土台和石墙的高度从北向南逐渐变矮，到墓道的南端达到最低点，并与墓穴开口处于同一水平高度。

M1 是该墓地已发掘的规模最大的甲字形墓葬，墓顶封堆呈梯形，北宽南窄，南北长 35 米，墓道长亦有 35 米，墓坑深达 17 米。M20 的规模仅次于 M1，墓道长 23 米，封土台宽 31.5~35 米，封土台外围用石板砌筑围墙，并在其四角有较大的立石。封堆之下为墓穴，呈斗形，深12米，墓室填土中交替分布成层的砂子和石块。墓道为斜坡式，上宽下窄，墓道与墓穴连接处与墓底之间有较大的高差（图二）。墓室底部置两重木椁、一重木棺。外椁用原木层层搭建而成，长440厘米，宽290厘米。内椁用方木垒砌而成，长345厘米，宽210厘米。由于腐朽严重，椁壁之间连接方式不明，发掘者根据未发现铁钉等连接物，推测其可能以榫卯结合。内、外椁共有同一个底板和椁盖，底板由横向的四块木板组成，其上涂抹一层白膏泥。棺位于内椁中部，四壁用五层木板连接而成，相邻两个木板用20~25厘米的长铁钉串连，棺头、脚两端木板夹在两侧棺板中间，并用15厘米长的铁钉钉接，而棺盖板之间用“冖”形铁钉连接，棺底板上涂抹有一层白膏泥（图三）。棺外装饰条形金箔组成的菱形格和镶嵌绿松石的四叶花形金饰，还配有铁芯青铜鎏金把手。

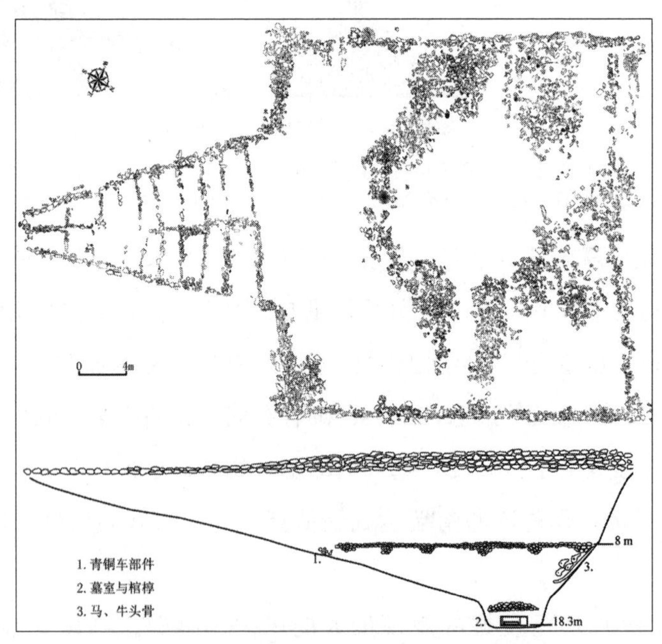

图二　高勒毛都1号墓地M20平、剖面图

（引自 Ч.Ерөөл-Эрдэнэ，Ж.Гантулга ,Умард хүннүгиин язгууртны нэгэн булшны судалгаа // Studia Archaeologica. Tom. XXVI，Fasc.9. УБ., 2009,т.173-174）

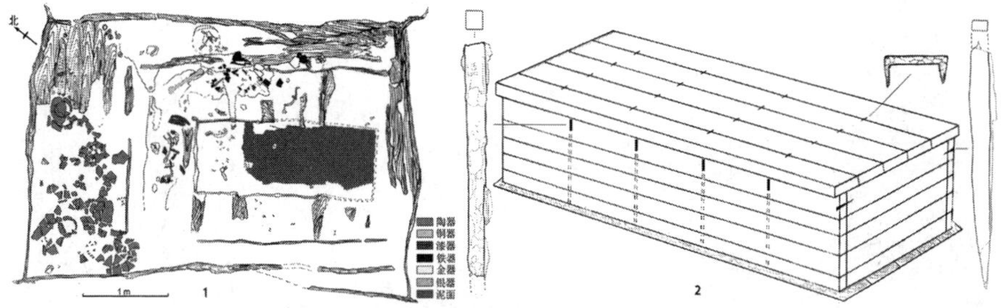

图三　高勒毛都1号墓地M20棺椁结构

1. 棺椁平面图　2. 棺结构复原图

（引自 Ч.Ерөөл-Эрдэнэ，Ж.Гантулга，Умард хүннүгиин язгууртны нэгэн булшны судалгаа // Studia Archaeologica. Tom. XXVI，Fasc.9. УБ., 2009,т.155,176）

M20 虽然曾被盗掘，但仍出土了 500 余件各类随葬品和殉牲。在墓穴填土中发现作为殉牲的 16 匹马和 1 头牛及 1 辆完整的汉式髹漆马车（图四）。墓室内的随葬品主要出自内、外椁之间的回廊及内椁与棺之间的空间内。类别有马衔、马镳、扣环、独角兽纹银饰件等马具（图五，1、2）；金耳环、镶绿松石的柿蒂形棺饰（图五，3）和水滴形金饰件、串珠、玉饰等装饰；三足铜鼎、带流铜壶、铜鍑、铜镜（图五，4）、铁盘、小口

图四　高勒毛都1号墓地M20出土汉式马车

（引自 Эрэгзэн Г.[ред], 2011, Хүннүгийн өв, Нүүдэлчдийн анхны төр-Хүннү гүрний соёл, УБ）

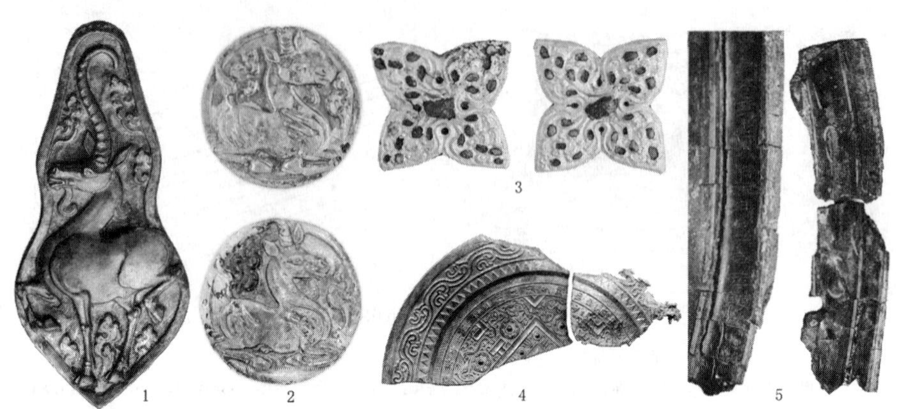

图五　高勒毛都1号墓地M20出土遗物

1. 葫芦形独角兽纹银饰件　2. 圆形独角兽纹银饰件　3. 镶松石柿蒂纹饰件
4. 铜镜　5. 铭文漆器残片

（1~4 引自 Эрэгзэн Г.[ред], 2011, Хүннүгийн өв, Нүүдэлчдийн анхны төр-Хүннү гүрний соёл, УБ；5 引自 Ch.Yeruul-Erdene，Ikue Otani，"The Chinese Inscription on the Lacquerware Unearthed from Tomb 20, Gol Mod Ⅰ Site, Mongolia," *Silk Road*, 2015,Vol. 13, p.105）

鼓腹陶罐、漆盘（图五，5）等生活用具和铁刀、铁镞、铁矛等武器。

上述随葬品之中，除了具有典型的匈奴风格遗物以外，还包括几件重要的汉文化因素遗物。其中刻有铭文的漆盘和铜镜为考订该墓主体年代提供了重要依据。前者的边缘刻有"［紵］黄釦尺五寸旋永始元年［供］工＝［武］造護臣［敬］□"一行铭文，根据"永始元年"（西汉成帝年号，公元前 16 年）纪年，可知此物的制造年代为西汉晚期；后者则为新莽至东汉早期流行的带花纹边缘的博局镜，据此可将 M20 断代为新莽至东汉早期。

高勒毛都墓地甲字形大墓的墓葬形制中也存在着一定的中原文化因素。如从墓道与墓穴底部存在较大高差可以看出，匈奴大型墓模仿的并非西汉时期的大型汉墓，而是战国时期的中原大墓，因为到西汉中期，大型汉墓的墓道底部与墓室底部的高差已经缩小到 20 厘米左右甚至连成一线。该墓棺椁形制结构与其他匈奴甲字形墓葬有所不同，但其整体风格与汉代流行的"带黄肠题凑"结构基本相似，体现了汉代棺椁制度在匈奴丧葬文化中的影响。虽然这些墓葬早期被盗掘，但出土的遗物为了解匈奴的墓葬习俗、经济、贸易、文化交流等提供了极其重要的实物材料。而出土的遗物中不仅有来自中原的汉代遗物，还可见源于中亚的一些文物，这对研究匈奴与中原汉王朝以及其他国家之间的文化交流是不可或缺的珍贵资料。（萨仁毕力格）

4. 高勒毛都 2 号墓地

【名称】高勒毛都 2 号墓地

【位置】蒙古国后杭爱省温都尔乌兰苏木

【年代】公元前 1 世纪～公元 1 世纪

【解题】

高勒毛都 2 号墓地（Гол мод Ⅱ）位于蒙古国后杭爱省温都尔乌兰（Өндөр-улаан）苏木境内，西距哈努伊（Хануй）河 12 公里，西北距高勒毛都 1 号墓地约 60 公里，地理坐标为东经 101° 13′，北纬 48° 00′，海拔高度 1800 米。墓地所处的环境被称为巴拉嘎森塔拉草原，故又名为巴拉嘎森塔拉墓地。2001 年，蒙古国科学院考古研究所与美国宾夕法尼亚大学等机构联合实施“哈努伊河谷”考古项目时首次发现。该墓地占地面积约 3.5 平方公里，共有 571 座墓葬，包括大型墓 104 座（其中带墓道的方形墓 95 座、带墓道的圆形墓 9 座），独立分布的中小型石圈墓 141 座，在大型墓的东、西两侧作为陪葬墓的中小型石圈墓 326 座。大型贵族墓中，最小的通长 8 米，最大的可达 83 米（M1）。陪葬墓呈弧形分布于甲字形墓的东侧或西侧，规格不等，独立的圆形墓规模略大于陪葬墓（图一）。

2002~2011 年，蒙古国乌兰巴托大学考古队对高勒毛都 2 号墓地 M1 及其陪葬墓进行了系统的考古发掘。[①]2017~2019 年，河南省文物考古

① B.K. Miller, F. Allard, D. Erdenebaatar, Ch. Lee, A Xiongnu Tomb Complex: Excavation at Gol Mod 2 Cemetery, Mongolia (2002-2005) // Mongolian Journal of Anthropology, Archaeology and Ethnology. Vol. 2, No. 2(271), УБ., 2006, т. 1-21；Д. Эрдэнэба атар, Т. Идэрхангаи, Э. Мижиддорж, Балгасын тал дахь Гол мод- Ⅱ -ын язгууртны Iбулшны 30-р дагуул булшны судалгааны үр дүнгээс // МУИС-ийн Улаанбаатарсургууль, Нийгмийн шинжлэх ухааны эрдэм шинжилгээний бичиг. No. 6(5) УБ., 2010, т. 68-81；Д. Эрдэнэбаатар, Н. Батболд, А. Францис, М. Брайн, Хүннүгийн булшнаас олдсон тамгатайшагай // Studia historica. Tom. XXXⅢ , Fasc. 17. УБ., 2003, т. 176-190；Д. Эрдэнэбаатар, Т. Идэрхангай, Э. Мижиддорж, С. Оргилбаяр, Н. Батболд, Б. Галбадрах, А. Маратхаан, Балгасан тал дахь Гол м од 2-ын Хүннүгийн язгууртны булшны судалгаа.УБ.,2015.

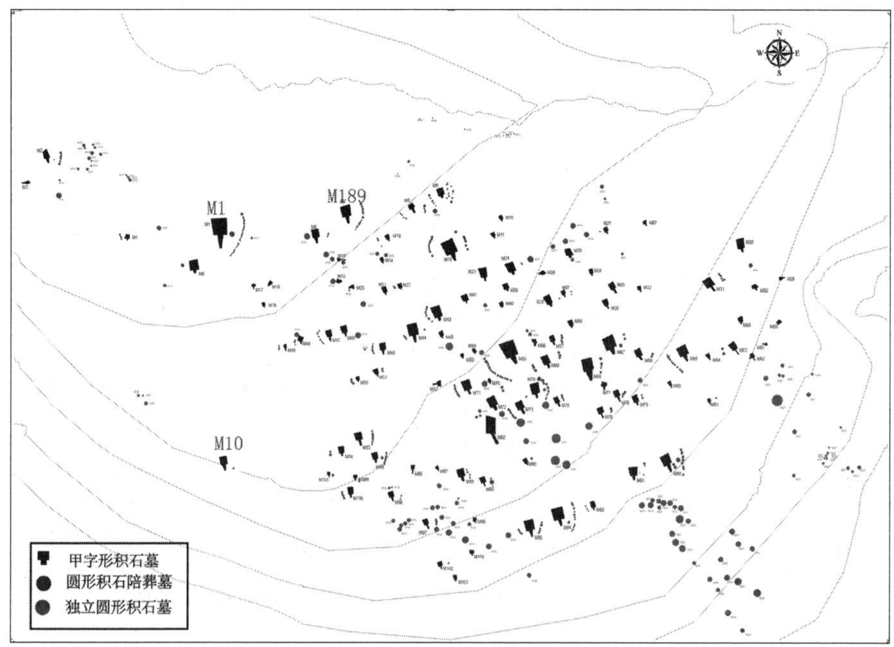

图一　高勒毛都2号墓地墓葬分布情况

（引自河南省文物考古研究院、洛阳市文物考古研究院、乌兰巴托大学考古学系《蒙古国后杭爱省高勒毛都 2 号墓地 2017~2019 年考古发掘简报》，《华夏考古》2021 年第 6 期）

研究院、洛阳市文物考古研究院与乌兰巴托大学联合实施“古代北方游牧民族文化研究”中蒙联合考古项目，再次对高勒毛都 2 号墓地开展考古发掘工作，先后发掘了甲字形墓 M189 及其 12 座陪葬墓和甲字形墓 M10。①

M1 是迄今发掘的规模最大的匈奴墓，该墓由甲字形主墓及其周边的 30 座圆形陪葬墓组成。主墓为一座南侧带一条梯形墓道的甲字形墓，其南北长约 55 米，东西宽约 24 米，土台中部有一条纵向横穿墓葬中部的矮石墙，在此石墙两侧各有 18 条横向平行的较深的石墙（图二）。墓

① 周立刚、任潇、聂凡:《高勒毛都 2 号墓地发掘记》，《大众考古》2018 年第 1 期；河南省文物考古研究院、洛阳市文物考古研究院、乌兰巴托大学考古学系:《蒙古国后杭爱省高勒毛都 2 号墓地 M189 陪葬墓发掘简报》，《华夏考古》2018 年第 2 期，第 34~44 页；河南省文物考古研究院、洛阳市文物考古研究院、乌兰巴托大学考古学系:《蒙古国后杭爱省高勒毛都 2 号墓地 2017~2019 年考古发掘简报》，《华夏考古》2021 年第 6 期，第 39~53 页。

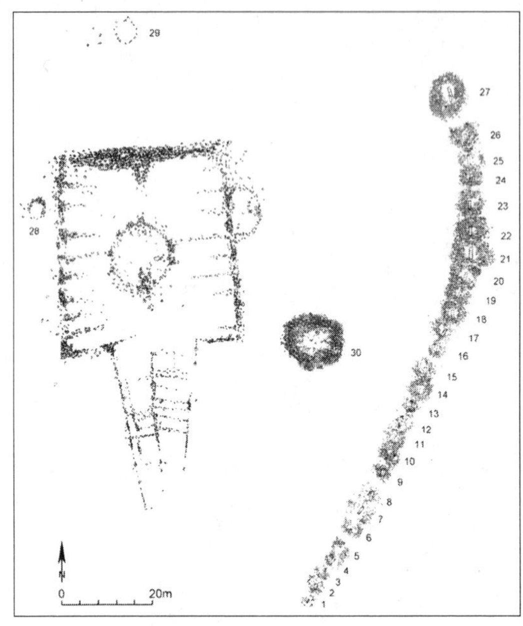

图二　高勒毛都2号墓地M1及其陪葬墓分布情况

（引自 Д.Эрдэнэбаатар, Т.Идэрхангай, Э.Мижиддорж, С.Оргилбаяр, Н.Батболд, Б.Галбадрах, А.Маратхаан, Балгасан тал дахь Гол мод 2-ын Хүннүгийн язгуууртны булшны судалгаа.УБ.,2015）

图三　高勒毛都2号墓地M1出土遗物

1. 玉璧　2. 汉式铜镜　3. 金马珂　4. 玻璃碗

（引自 Д.Эрдэнэбаатар, Т.Идэрхангай, Э.Мижиддорж, С.Оргилбаяр, Н.Батболд, Б.Галбадрах, А.Маратхаан, Балгасан тал дахь Гол мод 2-ын Хүннүгийн язгуууртны булшны судалгаа.УБ.,2015）

内有两重椁和一重棺，椁盖板上方放有 16~17 辆马车，棺外有金饰，残存的随葬品中有大型带附饰的汉式玉璧（图三，1）、铜镜（图三，2）、神兽纹圆形金马珂（图三，3）。陪葬墓 M12 中出土了一件来自罗马帝国的蓝色玻璃碗（图三，4）。M1 东侧的 30 座圆形陪葬墓呈弧形分布，墓葬规格自南向北逐渐变大。根据出土遗物可知，陪葬墓的南侧以儿童墓葬为主，由南向北逐渐开始出现成人墓。有学者推测这些小型墓可能是给大墓主人所建的陪葬墓或殉葬墓。

M189 位于墓地的西北部，西距 M1 的主墓约 280 米，由甲字形主墓（M189）及 12 座圆形陪葬墓（PM1~12）、1 处圆形石砌祭祀遗迹和 3 道石列祭祀遗迹等组成（图四）。M189 为甲字形积石墓，由墓道、墓室组成，方向 178° 。其中墓室北宽南窄，北边长 30 米，东、西边长 29 米，南边长 26 米；墓道口部平面长 19.5 米，北端宽 13 米，南端宽 5 米。墓室及墓道边缘有高出地面的石砌围墙，墙体所围的范围内填满沙石。墓葬地面石砌围墙南北长 50 米，石墙高度由墓室北部向南逐渐降低。墓室口大底小，四壁呈不规则斜坡状内收，至距离顶部 11.5 米处出现了木质棺椁，墓底距顶部 13.2 米。墓室底部南北长 6 米，东西宽 3.2 米。墓道底部呈斜坡状，北端最深处距墓顶 4.5 米，但未到墓室底部。葬具为两椁一棺，外椁南北长 4.2 米，东西宽 2.6 米。通过对痕迹的清理，确认木棺外髹红漆，盖板为多块木板以燕尾榫拼合而成。棺内底部先铺一层织物，其上铺一层带壳的黍，并夹杂少量的藜；上部再铺织物，复加一层带壳的黍和大量木屑，并夹杂碎炭屑和藜；最后再铺织物。这一堆积上部可能安放尸骨，但棺内未见任何人骨遗物，而在距离外椁东北角 1.5 米处发现一截人骨（下肢），根据牙齿和其他骨骼特征来判断，为一青年男性。

M189 的 12 座陪葬墓均为积石墓，大部分石块暴露于地表。中部由于扰动或者塌陷而形成圆形空白区域，因此石块整体分布呈圈状。积石规模整体从南向北变大，直径为 4~9 米，积石高出地表 0.1~0.5 米。积石下部为墓坑，各陪葬墓在积石下面暴露的墓口形状均不规则。葬具多为长方形单木棺，个别墓葬无葬具，人骨保存较差，葬式为仰身直肢。

M189 及其陪葬墓均已遭到不同程度的盗掘，但仍出土了较为丰富的随葬品。主墓椁室西北角放置 1 件大型陶瓮，东南角放置 1 件陶罐，均被压碎。在棺椁的不同位置发现了大量青铜器、金银器碎片，另外还有用动物毛发编织的绳索和发辫等。其中内外椁之间东南角应是集中放置随葬品之处，有一木箱仅残存底部。箱内器物皆残碎，可辨者有金饰、银饰、铜鍑、带兽面铺首的铜容器、带流铜容器、鎏金银龙、玉带钩、木耳杯、皮制马具等（图七）。另外，棺椁内还出土了大量包金铁棺饰、绿松石碎片、漆器残片等遗物。M189陪葬墓出土遗物数量较少，但种类比较丰富，有陶器、铁器、铜器、金器和银器等。

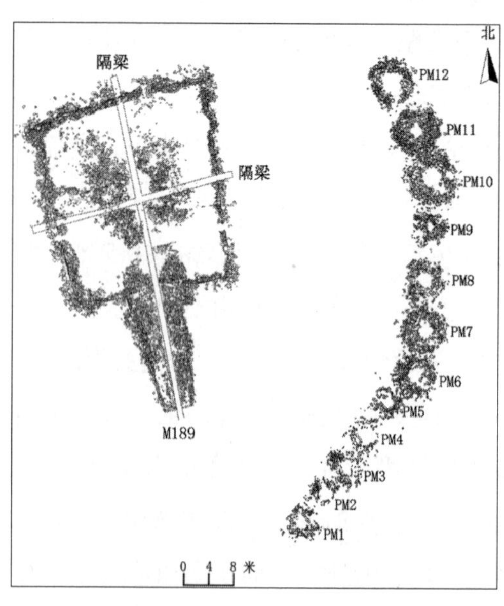

图四　高勒毛都2号墓地M189及其陪葬墓分布情况

（引自河南省文物考古研究院、洛阳市文物考古研究院、乌兰巴托大学考古学系《龙出漠北显华章：高勒毛都2号墓地中蒙联合考古记》，中州古籍出版社，2020）

M10位于墓地西部，由甲字形主墓（M10）和1座圆形陪葬墓（PM1）组成。其中M10由墓道、墓室组成，方向165°。墓道和墓室边缘有石墙环绕，墙体北高南低，外表平整，墙体围合范围内填充沙石。石砌围墙南北长13.3米；墓道位于南部，北宽2.5米，南宽1.5米，平面长3.4米，边缘用一层石块围砌，高约0.2米；墓室东西两面墙长10.3米，北墙宽9.2米，南墙宽5.6米，北边石墙最高0.7米（图五）。墓室填土中有1辆马车和16块马头骨（图六）。M10葬具为一棺一椁，均为木质长方形。椁内紧靠西壁中部有铁足铜鍑、陶罐和陶盆形器，棺椁结构已不明，仅存残迹。椁长2.7米，北宽1.5米，南宽1.4米，残高0.35米，外表未见装饰。椁内紧靠西壁中部有铁足铜鍑、陶罐和陶盆形器各1件，西北角另有大小陶罐各1件。根据骨骼特征，初步判断墓主为成年男性。人骨头部西侧有1件玉剑璏，头顶部有1枚金冠形饰，东北部有1枚银箍，躯干东侧有29件银马饰，银马饰外表有织物包裹。在椁室东南角有1件陶盆，因棺木位移而被挤碎。另外，在后期整理时，从提取出来的积压变形棺木残留物中还发现了6枚马形青铜饰件，个别附着有皮毛残迹。在棺的四角各发现1根长0.25米的铁棍，应为抬棺所用。随葬品有日用器、饰品和马饰等，质地有金、银、铜、陶和玉等，大部分保存完好（图七）。PM1位于M10墓道南端向东约10米处，地表石堆直径1.8米。木棺距离墓口1.4米，棺内发现1具人骨，头向北，足向南，仰身直肢葬式，未发现随葬品。

高勒毛都2号墓地已发掘的三座甲字形墓葬的年代集中在公元前1世纪至公元1世纪之间。其中M1出土的铜镜残片为东汉早期流行的星云纹镜，可见，M1的年代已经到东汉早期。由此推测，高勒毛都2号墓地的年代不可能早到公元前2世纪。根据出土遗物特征及测年数据，发掘者判断M189的年代为公元前49年至公元72年。而对M10内马骨和人骨的测年结果进行分析，该墓葬的下葬年代在公元66~130年。该墓地随葬品呈现出了多种文化特征，如陶器、铜鍑、独角兽装饰的马饰

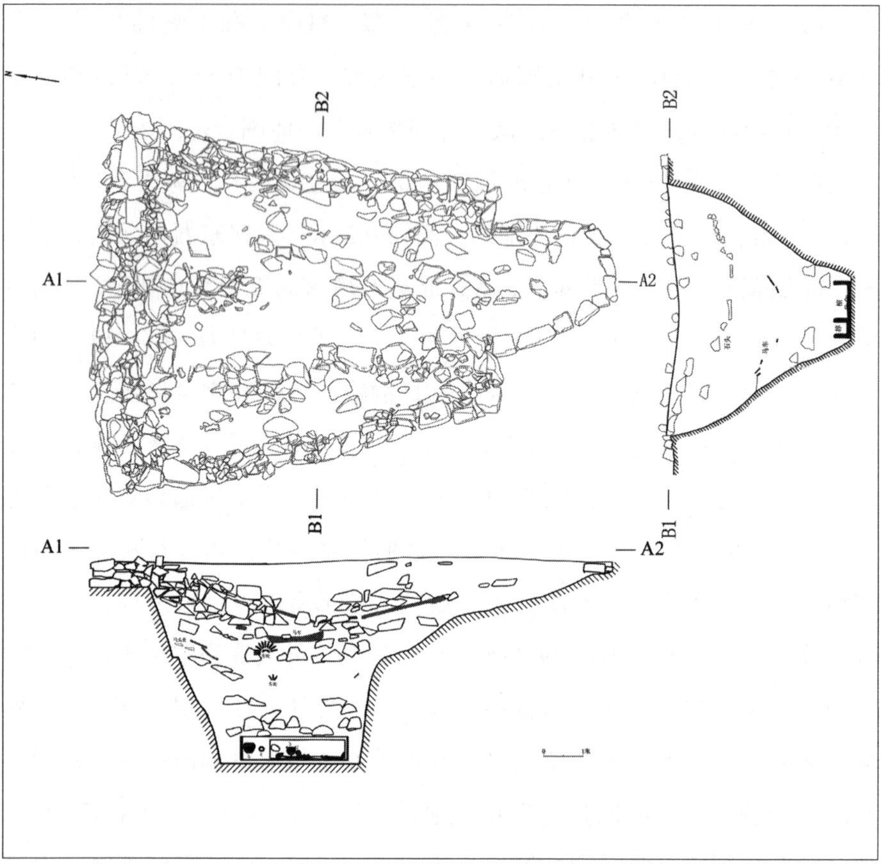

图五　高勒毛都2号墓地M10平、剖面图

（引自河南省文物考古研究院、洛阳市文物考古研究院、乌兰巴托大学考古学系《蒙古国后杭爱省高勒毛都 2 号墓地 2017~2019 年考古发掘简报》，《华夏考古》2021 年第 6 期）

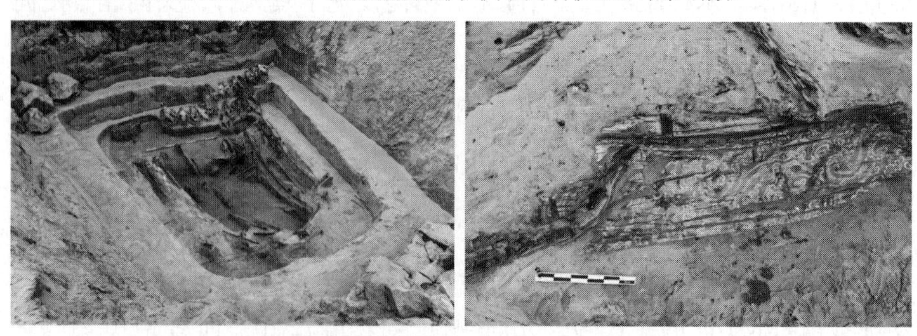

图六　高勒毛都2号墓地M10出土马头、马车及车厢彩绘

（引自河南省文物考古研究院、洛阳市文物考古研究院、乌兰巴托大学考古学系《蒙古国后杭爱省高勒毛都 2 号墓地 2017~2019 年考古发掘简报》，《华夏考古》2021 年第 6 期）

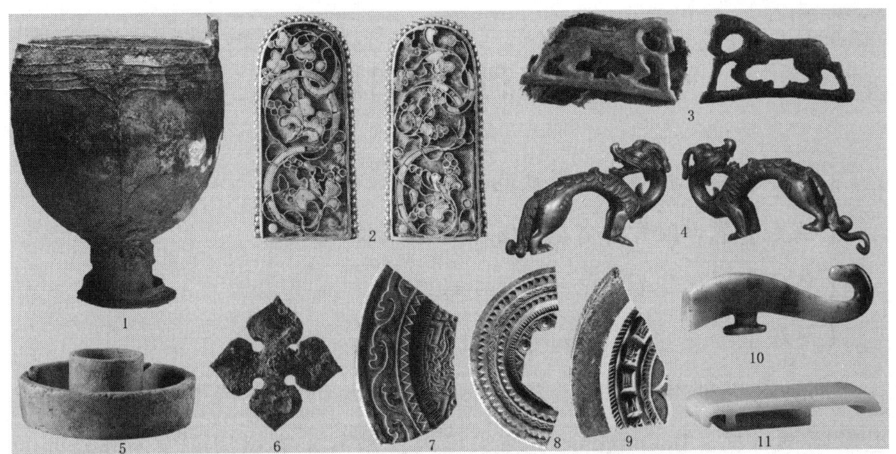

图七 高勒毛都2号墓地M10、M189主要出土遗物

1. 铜鍑 2. 金鉈尾 3. 马形铜饰件 4. 鎏金银龙 5. 陶灯 6. 四瓣花形棺饰 7~9. 铜镜 10. 玉带钩 11. 玉剑璏

（1、7~9 引自河南省文物考古研究院、洛阳市文物考古研究院、乌兰巴托大学考古学系《蒙古国后杭爱省高勒毛都 2 号墓地 M189 陪葬墓发掘简报》，《华夏考古》2018 年第 2 期；2~6、10、11 引自河南省文物考古研究院、洛阳市文物考古研究院、乌兰巴托大学考古学系《蒙古国后杭爱省高勒毛都 2 号墓地 2017~2019 年考古发掘简报》，《华夏考古》2021 年第 6 期）

都是草原文明的代表，漆木器和玉器则无疑是中原文明的成果，镶嵌绿松石的金银饰品明显具有西亚风格。这种现象在其他已发掘的同类墓葬中也普遍存在。说明匈奴在丝绸之路及欧亚大陆文明交流活动中扮演着重要角色，且当时欧亚大陆上广泛的文明交流也已经深刻影响了匈奴贵族阶层的丧葬习俗。

中国传世文献中记载，匈奴“好汉物”，即倾心于中原汉王朝的物质文明，以至于在战争时期双方仍然“尚乐关市，嗜汉财物，汉亦尚关市不绝以中之”。[①] 当然，在和亲交好时期，双方的联系应更为密切。从墓地规模、墓葬形制及出土遗物的等级看，高勒毛都 2 号墓地甲字形主墓的墓主人应该是身份显赫的匈奴贵族，甚至很有可能就是其最高统治者——单于。（萨仁毕力格）

① 《史记》卷一一〇《匈奴列传》，中华书局，1959，第 2905 页。

5. 都日利格那日斯墓地

【名称】都日利格那日斯墓地

【位置】蒙古国肯特省巴彦阿德日格苏木

【年代】公元前 1 世纪～公元 1 世纪

【解题】

都日利格那日斯墓地（Дуурлыг нарсны булш）位于蒙古国肯特省巴彦阿德日格（Баянадрага）苏木境内，坐落于鄂嫩河南岸 500 米处的都日利格那日斯松树林中。该墓地有约 300 座墓葬，是蒙古国境内目前发现的分布于最东的匈奴大型贵族墓地（图一）。

1974 年，赫 · 普尔列、德 · 策文道尔吉等学者在鄂嫩河流域进行考古调查时发现了都日利格那日斯墓地。1991~1992 年，蒙古国与日本“三河”联合考古队对该墓地进行了考古调查，并绘制了墓地的平面图，共确定了 191 座墓葬。[①]2006~2011 年，蒙古国与韩国“蒙－韩”联合考古队重新测绘和统计了都日利格那日斯墓地，发现各类墓葬 299 座，并发掘了 3 座甲字形贵族墓葬和 13 座小

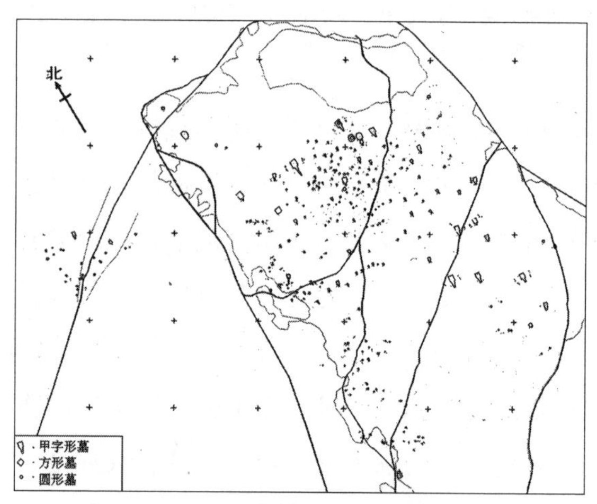

图一　都日利格那日斯墓地墓葬分布情况

（引自 Г.Эрэгзэн, П.Алдармөнх, Дуурлиг нарсны Хүннү булш // I. ШУА-ийн Археологийн хүрээлэн, МонголынҮндэсний музей, Солонгосын Үндэсний музей, 2011）

---

① Д. Цэвээндорж, Новые памятники Хуннской знати. Улан-Удэ, 1996, боть 3, тал 266-267；三宅俊彦、加藤真二:《关于蒙古国鄂嫩河中游地区的匈奴墓地调查》,《内蒙古文物考古》1996 年第 1、2 期。

型陪葬墓。[①] 2017~2019 年，“蒙 - 韩”联合考古队再次启动都日利格那日斯墓地的考古发掘工作，对墓地北侧的 M160 及其 4 座陪葬墓进行了发掘。[②]

图二　都日利格那日斯墓地的甲字形墓葬

左：M1　中：M2　右：M5

（引自 Эрэгзэн Г.[ред], 2011, Хүннүгийн өв, Нүүдэлчдийн анхны төр-Хүннү гүрний соёл, УБ）

2006~2011 年发掘的三座甲字形墓及陪葬墓均分布于墓地中部偏西处，其中 M1 整体呈甲字形，墓室顶部封堆略呈梯形，北部略宽，南部与墓道连接处略窄，距地表约 1~1.5 米。墓道位于墓室封堆南部，呈长梯形。封堆和墓道边缘有用石块垒砌的围墙，并在局部的外侧用大型石板做支护，封堆总长（包括墓道）55.5 米，北部宽 22 米，南部与墓道连接处宽 18 米（图二，左）。墓坑位于封堆的正下方，坑口面积小于封堆，长 21.5 米，宽 19.5 米。坑壁有 6 层台阶，逐层向下内收，墓底距墓顶深 15 米，

---

① Г. Эрэгзэн, Н. Батболд, Дуурлиг нарсны Хүннүгийн оршуулгын газрын булшны байрлал зүйнсудалгаа // Studia Archaeologica.Tom. XXXI , Fasc 13, УБ., 2010, т. 221-238；Г., Эрэгзэн Н. Батболд, Дуурлиг нарсны Хүннүгийн язгууртны 2-р булшны судалгааны заримүр дүн. “Хүннүгийн түүх, соёлын асуудлууд” эрдэм шинжилгээний хурал. УБ., 2010, т.24-34；Дуурлиг нарсны Хүнну булш // I, II. ШУА-ийн Археологийн хүрээлэн, МонголынҮндэсний музей, Солонгосын Үндэсний музей. Эрхлэн хэвлүүлсэн Г.Эрэгзэн,П.Алдармөнх. 2011, 2015；Г. Эрэгзэн, Хан Хэнтийн Хүннүгийн дурсгал // Дуурлиг нарс. Тусгай үзэсгэлэнгийн каталоги.Хэнтий, 2013.

② Г. Эрэгзэн, С. Энхболд, П. Алдармөнх, Э. Амарболд, Чу Сан ги, У Уэ жин, Ан Жэ пин. Хүрээт довын дурсгалт газар 2019 онд хийсэн археологийн хээрийн шинжилгээний үр дүн. – “Монголын археологи-2019”. Эрдэм шинжилгээний хурлын эмхэтгэл. – УБ., 2019. т. 369-374.

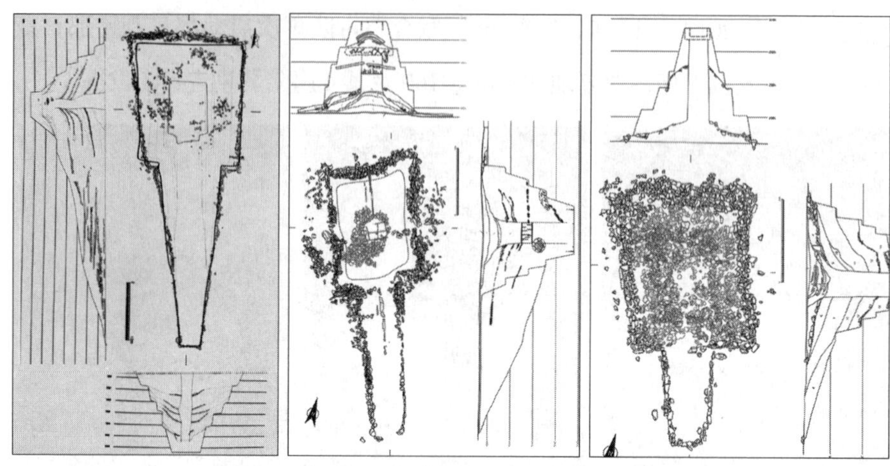

图三　都日利格那日斯墓地墓葬平、剖面图

左：M1　中：M2　右：M5

（1引自 Г.Эрэгзэн, П.Алдармөнх, Дуурлиг нарсны Хүннү булш // II. ШУА-ийн Археологийн хүрээлэн, МонголынҮндэсний музей, Солонгосын Үндэсний музей, 2015；2、3 引自 Г.Эрэгзэн, П.Алдармөнх, Дуурлиг нарсны Хүннү булш // I. ШУА-ийн Археологийн хүрээлэн, МонголынҮндэсний музей, Солонгосын Үндэсний музей, 2011）

墓坑填土中共铺设 5 个石块层，石块层之下发现了由灰烬、木炭、树枝和沙石等组成的铺层。墓道呈斜坡式，墓穴连接处距地表 10 米，墓道与墓室底部的高差约 5 米，即墓道未直接通到墓室地面（图三）。墓室中部置棺椁葬具，保存较差，据发掘者推测，椁有内外两层，外椁用 10 厘米宽的木头制成，长 4.7 米，宽 3.2 米，高 1.2~1.5 米；内椁位于外椁中部偏南，长 3.4 米，宽 2.6 米，内、外椁之间有 0.3~1 米宽的回廊。内椁中部置一棺，棺腐朽严重，长 2.1 米，头部宽 1 米，脚部宽 0.8 米，高 0.5 米。保存较好的东壁棺板外侧发现用金箔条带交叉形成的菱形格子图案，在菱形的中心部位装饰一朵四叶花纹金饰件。人骨保存较差，仅发现墓主人头骨和部分肢骨。M2 和 M5 形制结构与 M1 相似，但规模较小，属于中小型甲字形墓葬（图二，中、右）。另外，在 M1 周围还发掘了 11 座陪葬墓和独立的 2 座墓（M3 和 M4），这些陪葬墓地表为圆形或方形封石堆，墓穴为长方形竖穴土坑，多数有木棺葬具，个别墓葬木棺外有简易的石椁，墓主人头部朝向西北或东北，仰身直肢葬式（图四）。

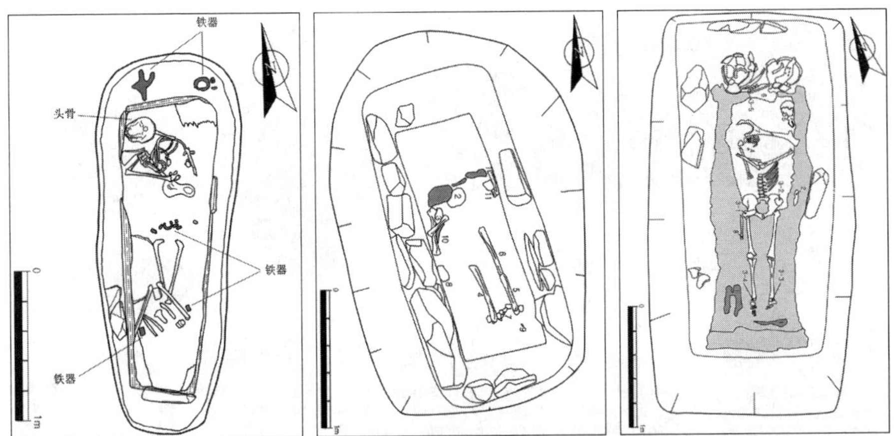

图四　都日利格那日斯墓地M1陪葬墓平面图

左：左侧 3 号陪葬墓　中：西侧 2 号陪葬墓　右：西侧 4 号陪葬墓

（引自 Г.Эрэгзэн, П.Алдармөнх, Дуурлиг нарсны Хүннү булш // II. ШУА-ийн Археологийн хүрээлэн, МонголынҮндэсний музей, Солонгосын Үндэсний музей, 2015）

都日利格那日斯墓地已发掘的墓葬多数被盗掘，但出土了较为丰富的遗物。其中，代表匈奴文化特征的器物有鼓腹小口陶罐（图五，2、3）、圈足双耳铜鍑和筒形双耳铜鍑（图五，5、6）、铜鎏金带饰、马具、野兽形宝石坠饰、马形装饰品（图五，11）等；代表中原汉文化的遗物有四叶花纹鎏金铁棺饰（图五，1）、陶灯（图五，4）、铁勺、木胎漆器及铜铺首（图五，7、8）、铜镜（图五，9）、透雕玉饰件（图五，12、13）、玉璧（图五，14、15）、马车等。除此之外，该墓地还出土了少量来自中亚和欧洲的舶来品，如宝石串珠、镂空金饰件（图五，10）等。上述棺板装饰中，金箔条带及菱形布局的装饰风格（有学者认为是模仿游牧民族毡帐的墙壁）是匈奴文化传统，而四叶花纹（又称柿蒂纹）鎏金铁花是战国秦汉时期比较流行的中原文化因素，这一点充分体现了中原文化因素在匈奴丧葬礼仪中的渗透及两种文化的结合与交融。镂空金饰件在其他匈奴墓葬中较为罕见，但中国广西合浦汉墓中曾出土相似器物，据学者研究，这种工艺起源于希腊，反映了匈奴与当时中原地区和西方的文化交流与贸易来往。

都日利格那日斯墓地的墓葬规模较大、出土遗物等级较高，从其地

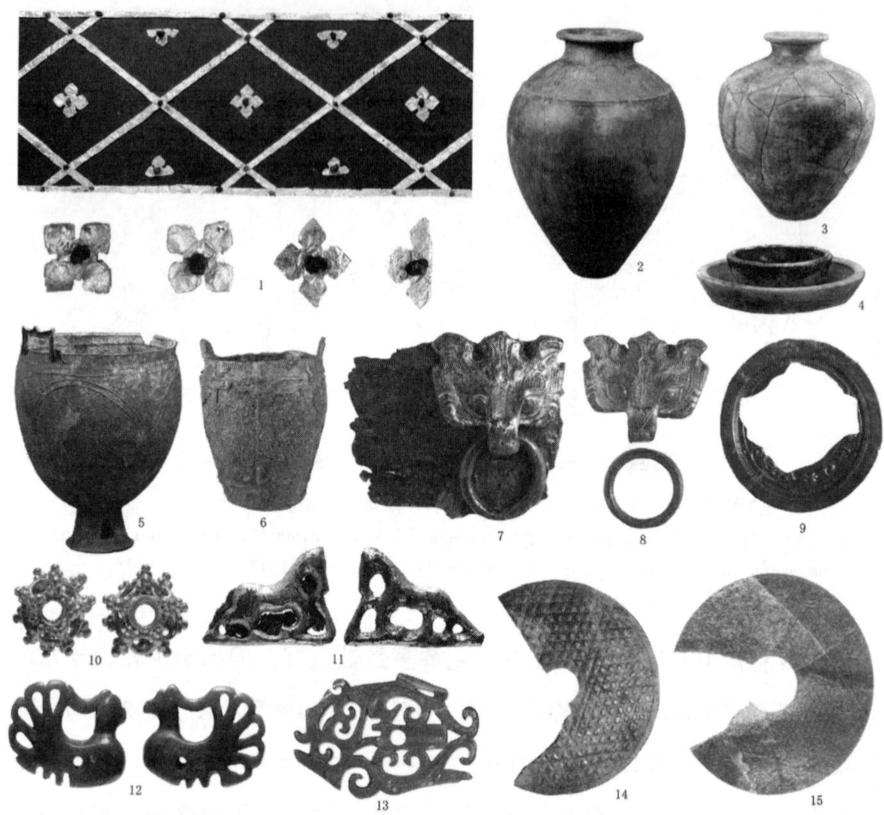

图五　都日利格那日斯墓地出土代表性遗物

1. 棺板金箔条带装饰及四叶花纹金饰件　2、3. 大型陶罐　4. 陶灯　5、6. 铜鍑　7、8. 漆器及铜铺首　9. 铜镜　10. 金饰件　11. 马形金饰件　12、13. 透雕玉饰件　14、15. 玉璧

（引自 Эрэгзэн Г.[ред], 2011, Хүннүгийн өв, Нүүдэлчдийн анхны төр-Хүннү гүрний соёл, УБ；Г.Эрэгзэн, П.Алдармөнх, Дуурлиг нарсны Хүннү булш // I. ШУА-ийн Археологийн хүрээлэн, МонголынҮндэсний музей, Солонгосын Үндэсний музей, 2011；Г.Эрэгзэн, П.Алдармөнх, Дуурлиг нарсны Хүннү булш // II. ШУА-ийн Археологийн хүрээлэн, МонголынҮндэсний музей, Солонгосын Үндэсний музей, 2015）

理位置看，该墓地应该属于匈奴单于或东部贵族的家族墓地。而 M3 出土的铜镜为西汉前期流行的蟠虺纹镜，是所有匈奴墓葬中发现的流行年代最早的铜镜。由此推测，该墓地开始时间有可能会早至西汉中期。与蒙古国中西部地区发现的大型匈奴墓葬相比，都日利格那日斯墓地的墓葬规格略小，但墓葬形制基本相同，同时在墓葬结构、丧葬习俗等方面体现出了鲜明的区域特色。（萨仁毕力格）

6. 塔黑勒腾浩特格尔墓地

【名称】塔黑勒腾浩特格尔墓地

【位置】蒙古国科布多省曼汗苏木

【年代】公元前1世纪～公元1世纪

【解题】

塔黑勒腾浩特格尔（Тахилтын хотгор）墓地位于蒙古国科布多省曼汗（Манхан）苏木境内，地处阿尔泰山脉东麓的荒沙盆地内，是蒙古国境内迄今发现的最西的匈奴贵族墓地，该墓地共有132座墓葬，其中已发掘的贵族墓3座，陪葬墓9座，祭祀遗址2处（图一）。

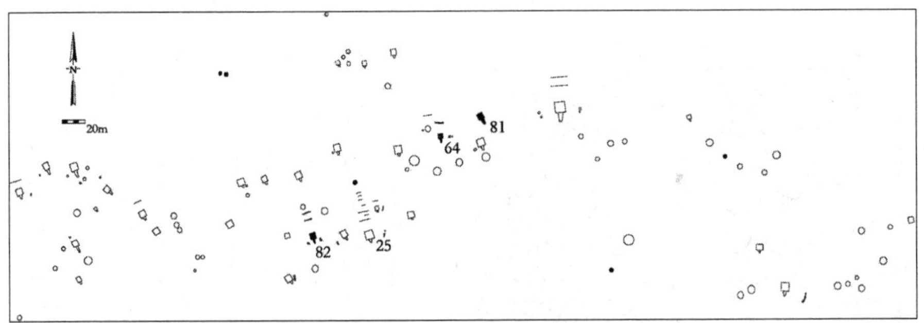

图一　塔黑勒腾浩特格尔墓地墓葬分布情况

（引自 Bryan K. Miller, Zhamsranzhav Baiarsaikhan, Tseveendorzh Egiimaa, Prokopii B.Konovalov, Judith Logan, Elite Xiongnu Burials at the Periphery: Tomb Complexes at Takhiltyn Khotogor, Mongolian Altai // Current Archaeological Research in Mongolia: Papers from the First International Conference on Archaeological Research in MongoliaІBonn, 2009）

1961年，策·道尔吉苏荣、B.B.沃尔科夫等人首次发现该墓地，并发掘了墓地北部1座甲字形墓和2座陪葬墓。① 1987~1990年，蒙古国考古学家德·那旺发掘了另外2座甲字形贵族墓。② 2006~2007年，

① В.В. Волков, Ц. Доржсүрэн, Ховд аймгийн Манхан сумын нутагт эртний судлалын малтлага,хайгуул хийсэн тухай // Археологийн судлал, УБ., 1963.

② Д. Наваан, Хүннүгийн өв соёл. УБ., 1999.

蒙古国国家博物馆与美国宾夕法尼亚大学联合考古队对塔黑勒腾浩特格尔墓地进行了调查和测绘，共统计出 132 座墓，并发掘了 1 座贵族墓（M64）、7 座陪葬墓及 2 座大型石头祭祀台。①

德·那旺发掘的 M1、M2 均为甲字形墓。M1 墓穴以上的石封堆长 16 米、宽 12 米，其东南有长方形墓道（图二，左）。距地表深 12 米处发现了棺椁。该墓早期被盗掘，人骨及随葬品已被扰动，出土有残车轮、圜底铜鍑、浅底铜盆、铁环、铁马衔、铁剑、铁刀以及 2 件陶器等（图三，1~8）。M2 形制与 M1 相似（图二，右），墓坑深约 11 米，人骨有被扰动的现象，墓主人为一年轻女性，出土有木车轮、伞车顶盖部件、带流铜壶、铜棒器、金耳环、铁马衔、马衔、带孔的骨器等（图三，9~17）。

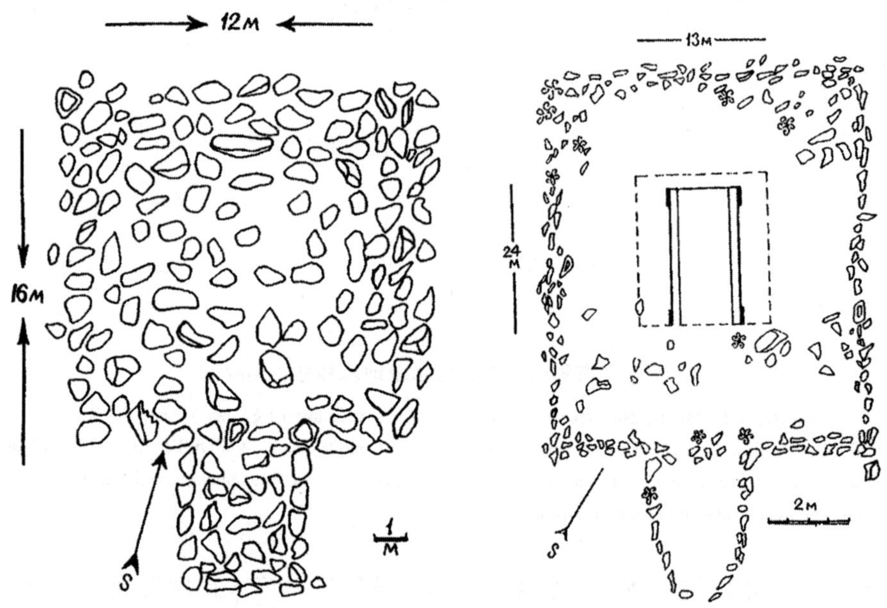

图二　塔黑勒腾浩特格尔墓地M1（左）、M2（右）平面图

（引自 Д. Наваан, Хүннүгийн өв соёл. УБ., 1999）

---

① Ж. Баярсайхан, Ц. Эгиймаа, Тахилтын хотгорын 64-р хүнүү булшны малтлага судалгааны үрдүн// Талын их эзэнт гүрэн - Хүннү. International symposium in celebration of the 10 anniversary of MON-SOL Project. National Museum of Korea. Seoul, 2008, pp. 186-201.

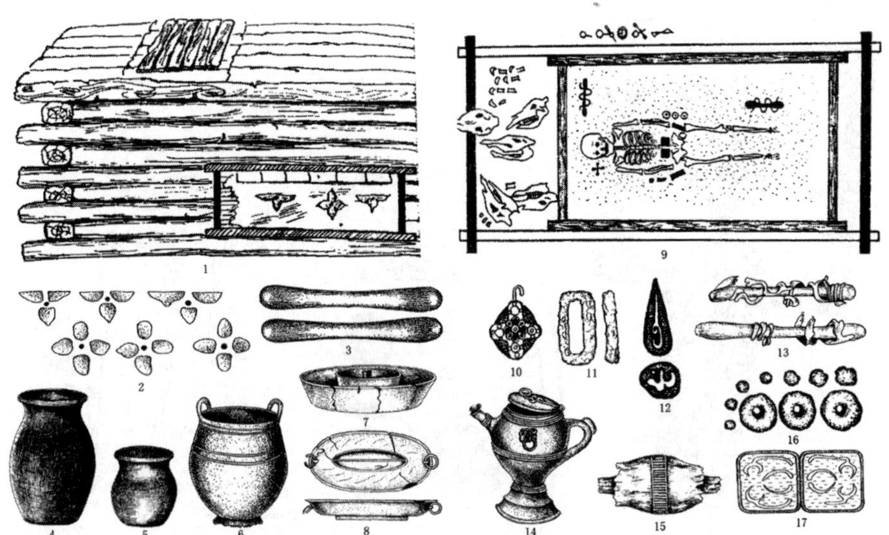

图三 塔黑勒腾浩特格尔墓地M1、M2棺椁结构与出土遗物

1.M1 木椁 2. 四叶花形铁棺饰 3. 铜棒器 4、5. 陶器 6. 铜鍑 7. 陶灯 8. 铜盘
9.M2 棺椁平面图 10. 饰件 11. 铁带銙 12. 饰件 13. 铜棒器 14. 带流铜壶 15. 车轮
16. 串珠 17. 牌饰（2~8：M1 出土；10~17：M2 出土）
（引自 Д. Наваан, Хүннүгийн өв соёл. УБ., 1999）

蒙美联合考古队发掘的 M64 位于该墓地的中部，其地表有土石混筑的方形封丘，边长约 8 米。封丘南边设长梯形墓道，墓道从入口处向内逐渐变宽，长 7.1、宽 1.75~3.3 米。封丘之下 5.3 米处发现了木棺，长 1.85、宽 0.65~0.70、高 0.5 米（图四，1~3）。因早期被盗掘，人骨遭到严重扰乱，仅剩下头骨和股骨。墓内出土了骨筷、漆盘残片、铁勺、日月形金棺饰、水滴形骨坠饰、石珠及扇贝形石质品等（图四，4~8）。该墓出土的人骨经鉴定表明墓主人为一名 35~40 岁的女性，具有北亚蒙古人种的特点，且更接近中亚匈奴人的体质特征。M64 的东侧有两座陪葬墓，呈东西向分布，地表仅见稀疏的封石堆，原始形状可能受扰动而被破坏。两座陪葬墓均为竖穴土坑墓，以石块垒砌的围墙为葬具。墓主人头向西北，仰身，腿微弯曲。经人骨鉴定，这两座墓的墓主人均为青少年。

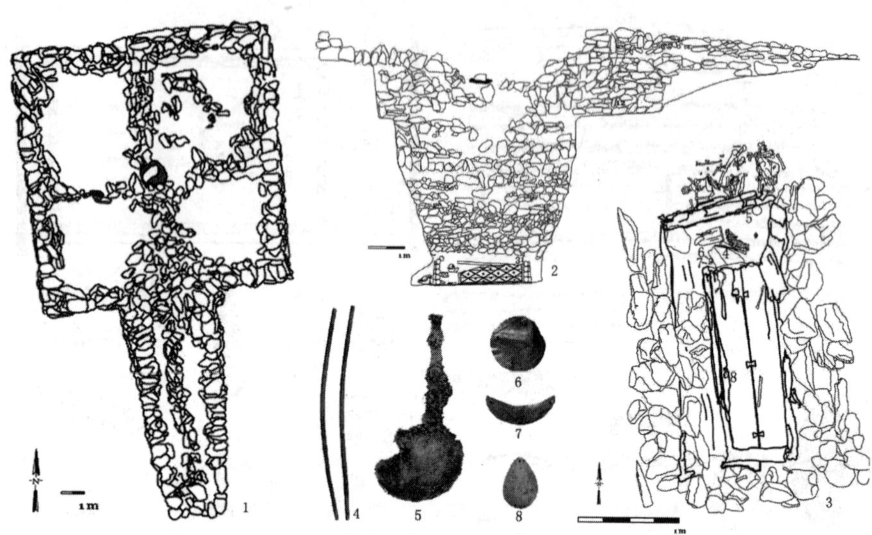

图四　塔黑勒腾浩特格尔墓地M64形制及出土遗物

1. 墓葬封堆平面图　2. 墓葬剖面图　3. 棺椁结构　4. 骨筷　5. 铁勺
6、7. 日月形金棺饰　8. 骨坠饰

（引自 Ж.Баярсайхан, Ц.Эгиймаа, Тахилтын хотгорын 64-р хүнүү булшны малтлага судалгааны үрдүн// Талын их эзэнт гүрэн - Хүнну. International symposium in celebration of the 10 anniversary of MONSOL Project.National Museum of Korea. Seoul, 2008, pp. 186-201）

有些学者通过出土遗物特征认为该墓地的年代可能在东汉前期，而根据其分布位置判断应该是匈奴“右方王将”的氏族墓地。① 该墓地所发现的“黄肠题凑”式棺椁形制及四瓣花形棺饰件、陶灯、铜盘、带流铜壶等器物特征蕴含了浓厚的中原汉文化因素，体现了匈奴右部与中原汉王朝之间的文化联系。（萨仁毕力格）

① 马健：《匈奴葬仪的考古学探索——兼论欧亚草原东部文化交流》，兰州大学出版社，2011，第 193 页。

7. 塔米尔乌兰和硕墓地

【名称】塔米尔乌兰和硕墓地

【位置】蒙古国后杭爱省乌贵诺尔苏木

【年代】公元前 1 世纪～公元 1 世纪

【解题】

塔米尔乌兰和硕（Тамирын улаан хошуу）墓地位于蒙古国后杭爱省乌贵诺尔（Өгийнуур）苏木以北 24 公里处塔米尔河北岸的塔米尔乌兰和硕山西侧山谷中。墓地面积约 22 万平方米，在一条东西向自然冲沟的两侧，共有 400 座匈奴时期的墓葬，其中沟东侧有 68 座，其余大部分分布于沟的西侧（图一）。

2000 年，蒙古国学者扎・巴特赛罕首次发现该墓地，并发掘了其中的 15 座墓葬。[①] 2005 年，在丝绸之路基金会的资助下，美国加州大学与蒙古国国家博物馆学者组成的联合考古队又发掘了 5 座墓葬。[②] 2013~2019 年，蒙古国与法国组成联合考古队实施"塔米尔"科研项目，在该墓地共发掘 40 余座墓葬，发现了西域风格的陶器、新莽至东汉早期流行的铜镜等遗物。[③] 至此，冲沟东侧的 68 座墓葬已全部发掘。2021 年，蒙古国学者策・图尔巴特领导的考古队在蒙古银行的资助下实施"塔米尔河流域匈奴宝藏"科研项目，在冲沟西侧发掘了 3 座

① З. Батсайхан, Хүннү (Археологи, угсаатны зүй, түүх). УБ., 2002; З. Батсайхан, Тамирын Улаан хошуунд хүннү булш малтан судалсан тухай // Studia Archaeologica. Tom. XXXIV, Fasc. 17. УБ., 2014, т. 221.

② D.E.Pursel, K.C.Spur, Archaeological Investigations of Xiongnu Sites in the Tamir River Valley: Results of the 2005 Joint American-Mongolian Expedition to Tamiryn ulaan khoshuu, Ogii nuur, Arkhangai aimag, Mongolia // The Silk Road. Vol. 4/1, 2006, pp. 20-32.

③ Монгол-Францын археологийн нээлтүүд: Хорин жилийн хамтын ажиллагаа. Эрхлэн хэвлүүлсэн (Ц.Төрбат), П.Х.Жискар. – УБ., 2015.; Ц.Төрбат, Б.Эрдэнэ, Тамирын улаан хошуунд 2009 онд ажилласан хээрийн судалгааны үр дүн., Монголын археологи-2019., УБ. 308-313.

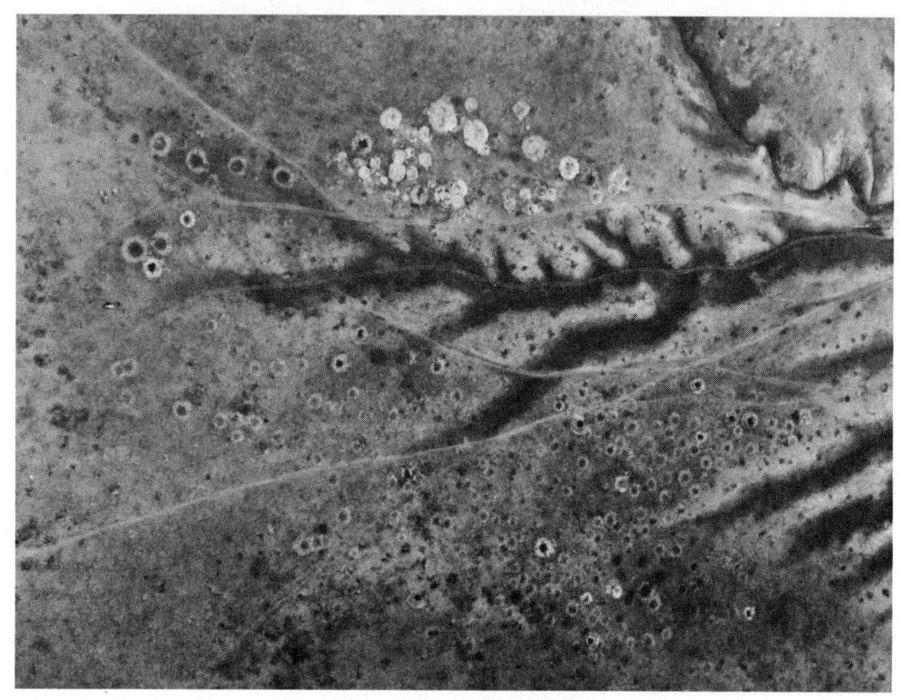

图一　塔米尔乌兰和硕匈奴墓地航拍图（上为东）

（萨仁毕力格拍摄）

墓葬。①

塔米尔乌兰和硕墓地墓葬的地表结构可分为圆形石圈和无规则石堆两种类型，直径 5~17 米不等。有的墓葬封石堆东侧立有较高的石块。封石堆下面为墓坑，多为竖穴土坑，东南—西北向，尺寸 1×2 米至 4×5 米不等，但墓坑多数规模较大。墓坑的深度取决于石封堆的大小，大型封堆的墓室深度可达 5~6 米。已发掘的墓葬多数有木棺，有的木棺外侧还有一周用石块组成的石框（石椁），也有少数墓葬未发现葬具，有的墓葬棺底铺有毛毯，棺板外侧有四瓣花形铁棺饰。丧葬习俗方面，该墓地与其他匈奴墓葬具有较大的差异，最值得关注的是墓主人头向西南，这与通常西北向的典型匈奴墓葬葬式不同。另外，该墓地的极少数墓中

① Ц.Төрбат, Б.Эрдэнэ, Ц.Цэлхагарав, “Тамирын голын Хүннүгийн эрднэс” төслийн малтлага судалгааны ажлын товч үр дүн., Монголын археологи-2021., УБ. 101-104.

发现了殉牲，蒙古国与美国联合考古队发掘的M201封石堆之下发现马骨与铁环（应为马具），M97墓坑头部专门留出放置殉牲的头箱，其内发现了陶罐、铜鍑等容器及作为殉牲的动物骨骼（图二、图三）。

图二 塔米尔乌兰和硕M97

图三 塔米尔乌兰和硕M97殉牲

（图二、图三引自 Эрэгзэн Г.[ред], 2011, Хүннүгийн өв, Нүүдэлчдийн анхны төр-Хүннү гүрний соёл, УБ）

随葬品一般置于棺外两侧和脚端，根据用途可分为生活用品、武器、马具、装饰品等几大类。[①] 生活用品主要有陶罐、陶灯、铜鍑、铜镜、铜钱、漆容器等。陶罐有灰陶小口矮颈鼓腹罐（图四，1）和夹砂大口筒形罐两种典型器，此外，还发现了一批匈奴文化中罕见的特殊类型陶器。其中M28出土的双连罐由两件小口矮颈鼓腹罐连接而成，虽然单件陶器的器型和纹饰具有匈奴陶器风格，但是两者腹部相连，肩部有一个弧形的把手也将两件陶罐连接，这种类型的陶器在匈奴墓葬中属首次发现（图四，2）。同墓出土的另一件较为特殊的陶器是一件背水壶，黄褐色夹砂陶，口部位于器身一侧（图四，3）。M2出土的一件高领瓶质地为灰陶，颈部细长，周围饰三周弦纹，鼓腹，平底，通体饰竖向的研光暗纹（图四，4）。陶灯均为圆形平底灯，可分为有无灯柱两类（图四，5、6）。铜鍑与其他匈奴墓葬所出此类器物相似，包括圈足带耳鍑和平底鍑两种类型（图四，7、8）。铜镜出土多件，均为汉镜。其中M100出有

① 该墓地后来发掘出土的绝大部分遗物资料尚未正式发表。

图四　塔米尔乌兰和硕墓地出土遗物

1. 陶罐　2. 双连罐　3. 背水壶　4. 高领瓶　5、6. 陶灯　7、8. 铜鍑
9、10. 铜镜　11. 铜钱　12. 铜印　13. 镶宝石金饰件
（引自 Эрэгзэн Г.[ред], 2011, Хүннүгийн өв, Нүүдэлчдийн анхны төр-Хүннү гүрний соёл, УБ; Ц.Төрбат. Монголын Археологийн Өв_Монголын Эртний Шавар Сав. УБ. 2016）

一件完整的规矩镜，直径 10 厘米（图四，9），M109 出土了一件规矩镜的两块残片，镜面中区外侧铭文为“不知老渴饮玉泉饥食枣浮游”12 字（图四，10）。该墓地发现的铜钱属西汉时期的五铢钱，M201 共出土 10 枚，“五”字交笔较直，应为武帝时期铸造（图四，11）。M6 出土了一枚铜印章，章面正方形，顶部有一串，印文不明（图四，12）。该墓地出土的金银器较少，主要有镶宝石的金饰件（图四，13）等。

塔米尔乌兰和硕墓地 M28 的碳 14 测年数据显示为距今 2020 ± 30 年，校正后的年代为公元前 107 年至公元 59 年（2сигма，95%）。从出土的汉武帝时期五铢钱看，该墓地年代上限应在西汉中期以后。所出的两面规矩镜与洛阳烧沟汉墓出土的此类汉镜相似，其流行年代为新莽至东汉早期。[①] 该墓地墓葬数量较多，形成时间可能较长，根据测年数

① 马健:《匈奴葬仪的考古学探索——兼论欧亚草原东部文化交流》，兰州大学出版社，2011，第 67 页。

据和出土器物来判断，年代约为公元前1世纪后半叶至公元1世纪前半叶，即相当于西汉晚期至东汉前期。该墓地的出土遗物十分丰富且独具特色，不仅有典型匈奴风格的器物及来自中原地区的物品，还发现了许多中亚因素的遗物。其中，M28出土的口部位于侧面的背水壶与典型匈奴陶器风格截然不同，据研究者考证，中亚哈萨克斯坦和乌兹别克斯坦之间的边境地区发现的康居文化遗存中出土过许多类似器物。[①]而据《汉书·西域传》所载，匈奴强盛时期还控制着西域，这一时期的康居曾经“东羁事匈奴”。[②]至西汉晚期，匈奴与康居人仍保持着密切联系。呼韩耶单于的“妻父”乌禅幕为康居与乌孙之间小国之人，后辅佐呼韩耶成就大业。塔米尔乌兰和硕墓地墓主人的头部均为东南朝向，这种丧葬方式与典型匈奴墓存在着很大差异，因而不排除有一部分西域人士在匈奴腹地生存，他们把康居及周围国家的文化带到了这里。总之，塔米尔乌兰和硕墓地在丧葬习俗和出土遗物方面存在着多种文化因素，充分体现了匈奴与中原汉王朝以及西域国家之间的文化交流与贸易来往。（萨仁毕力格）

---

① Ц.特尔巴图：《匈奴与康居：复原被遗忘的历史——以塔米尔乌兰浩硕28号墓出土的陶器为例》，特尔巴依尔译，《北方民族考古》第8辑，科学出版社，2019，第270~286页。

② 《汉书》卷九六上《西域传上》，中华书局，1962，第3892页。

8. 布尔罕陶勒盖墓地

【名称】布尔罕陶勒盖墓地

【位置】蒙古国布尔干省呼塔格温都尔苏木

【年代】公元前 1 世纪~公元 1 世纪

【解题】

布尔罕陶勒盖（Бурхан толгой）墓地位于蒙古国布尔干省呼塔格温都尔（Хутга-Өндөр）苏木境内，地处色楞格河支流额金河东岸一个名为布尔罕陶勒盖的小山头东南宽敞的坡地上。1991 年，蒙古国学者扎·巴图赛罕、乌·额尔顿巴特等首次发现。1992~1994 年，为配合额金河大型水电站基本建设项目，扎·巴图赛罕主持发掘了 14 座墓葬。[①]1996 年，蒙古国－美国联合考古队又发掘了 4 座墓葬。1994~1999 年，蒙古国科学院考古研究所与法国波尔多大学学者组成的蒙法联合考古队发掘了 85 座墓葬。[②]至此，该墓地所有墓葬已全部发掘，是蒙古国境内唯一一处全面发掘的匈奴墓地。

该墓地可分为五个区域，共有 103 座墓葬，其中 95 座地表有圆环形石封堆，8 座地表无明显标志。石封圈的直径为 3~11 米，大多数为 5~7 米。地表封石堆有圆圈形和椭圆形等形制，但清理表土后发现不少方形和多边形的外部结构（图二，1、2）。M37、M37A 和 M38、M38A 封石堆中部下面发现两个相连的方形围墙，这是匈奴墓葬外部结构方面较为特殊的形制（图二，3、4）。墓坑多为长方形，有的墓坑内有填石，葬具有石棺、石椁内置木棺、石椁内置木椁和木棺以及木质棺椁等多种类型。墓主人多为仰身直肢葬，头部向北或西北，多数墓葬头部有头箱，

---

① З. Батсайхан, Хүннү (Археологи, угсаатны зүй, түүх). УБ., 2002.

② Ц. Төрбат, Ч. Амартүвшин, У. Эрдэнэбат, Эгийн голын сав нутаг дахь археологийн дурсгалууд (Хүрлийн үеэс Монголын үе). УБ., 2003.

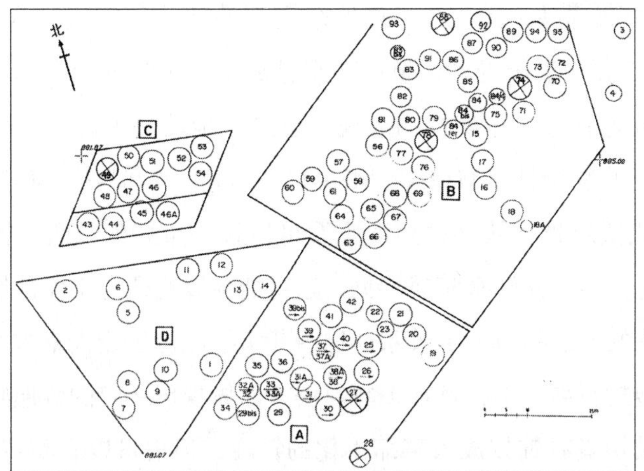

图一 布尔罕陶勒盖墓地墓葬分布情况

［引自 Ц.Төрбат, Ч.Амартүвшин, У.Эрдэнэбат, Эгийн голын сав нутаг дахь археологийн дурсгалууд (Хүрлийн үеэс Монголын үе). УБ., 2003］

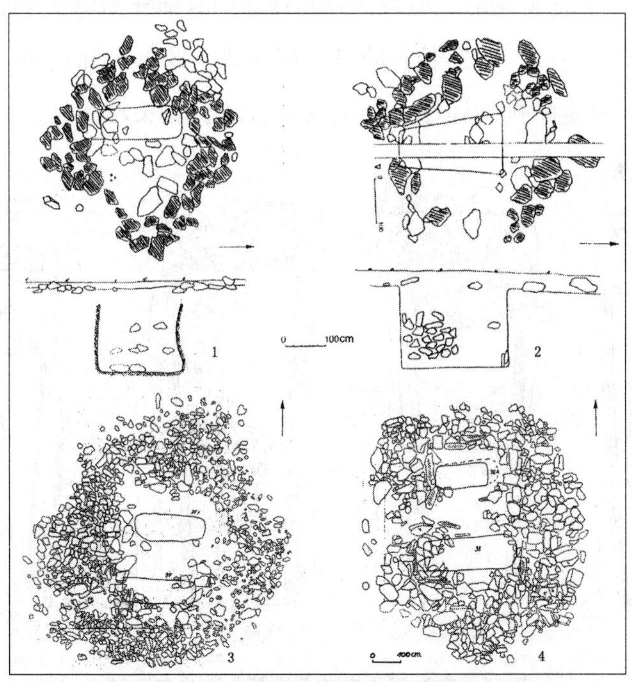

图二 布尔罕陶勒盖墓地墓葬形制

1.M3 2.M6 3.M37 与 M37A 4.M38 与 M38A

［引自 Ц.Төрбат, Ч.Амартүвшин, У.Эрдэнэбат, Эгийн голын сав нутаг дахь археологийн дурсгалууд (Хүрлийн үеэс Монголын үе). УБ., 2003］

内有殉牲和随葬品（图三）。墓地东南部的部分墓葬墓主人头向为东，该墓地 M95 葬式为俯身葬，墓向向东且墓主人头骨置于脚部。这些情况不仅是匈奴埋葬方式多样性的表现，也进一步反映了匈奴内部民族成分和文化传统的复杂性。M18A、M83-1、M83-2、M83-3、M83-4、M93A 等墓发现儿童尸骨，从某种角度来看可以说是重要的发现。因为一个墓地发现如此之多的儿童墓实属罕见，这可能与以往研究工作范围的局限性和发掘方法的不成熟有一定关系。这些儿童墓或位于成人墓葬旁，或独立分布于小型封石堆之下，且在丧葬习俗方面体现出一定的普遍特征。儿童墓的内部结构具有匈奴成人墓缩小化的特征，但也可以看到特殊的一面。譬如，有些儿童墓的棺椁用石板来砌筑，造型独特。

在布尔罕陶勒盖墓地出土的殉牲中，有 9 具完整的动物骨骼，其中 2 具为山羊，7 具为绵羊。另外，有些墓葬中有随葬动物某个部位骨骼的情况，主要有头骨、下颌骨、肋骨、尾椎骨、蹄骨等和皮革。这些殉牲的骨骼也有一定的排列顺序，如动物头骨放置在头箱深处，方向与墓主

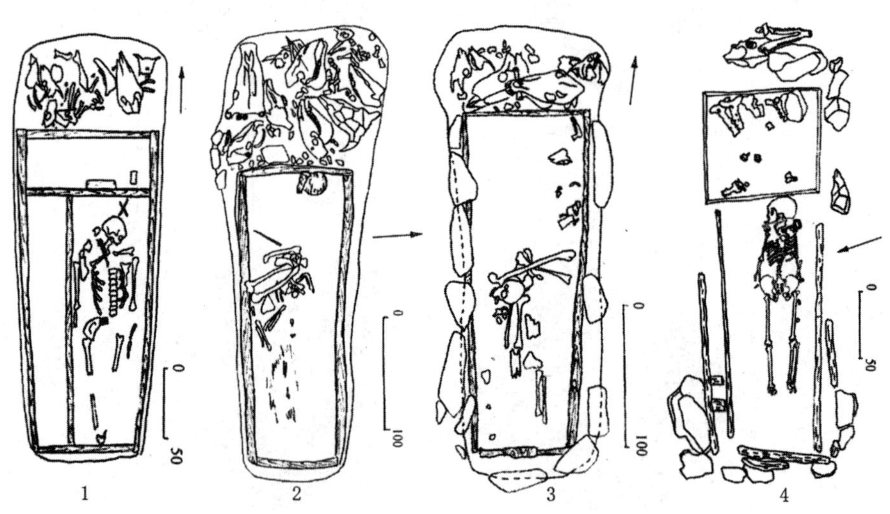

图三　布尔罕陶勒盖墓地墓葬葬式与殉牲

1.M15　2.M18　3.M19　4.M27

［引自 Ц.Төрбат, Ч.Амартүвшин, У.Эрдэнэбат, Эгийн голын сав нутаг дахь археологийн дурсгалууд (Хүрлийн үеэс Монголын үе). УБ., 2003］

方向保持一致，其下放置肋骨，有时颈椎骨紧接肋骨，蹄骨一般放在头骨的前后等（图三）。此外还发现了几座有殉狗现象的墓，而比较特殊的是，M60 的殉狗出自墓坑东南角特制的石框内。

布尔罕陶勒盖墓地的出土遗物丰富，包括陶器、铜鍑、马具、弓弭、镞、带饰、铜镜、仿照汉式的陶灶等（图四），其中陶器共有 41 件，M63 和 M95 出土了铜鍑，M73 出土了一件铁质鍑，竖立式耳、圈足底座，外部特征与铜鍑完全相同。共有 18 座墓出土了骨筷，另外有的墓中出土了勺形和烟斗形骨簪；有三座墓葬出土了漆器，器型为耳杯和碗，这些器皿应该是通过贸易、交换或馈赠从汉地流传到匈奴，由此可见，当时匈奴和汉地之间的贸易交流范围较为广泛。M1、M17、M19、M33A、M36、M39、M71、M75、M93 等墓葬出土了铜镜，均为汉式镜，包括规矩镜、昭明镜、四夔四乳纹镜等；而出土的多件四瓣花形棺饰，有铁质和桦树皮两种，这些花形泡钉钉在棺壁上用来固定棺壁上的丝绸等纺织品。但这些花形泡钉不仅有固定纺织品的作用，还可能蕴含着四个方向的寓意。如中原汉地墓葬中也出土了这种铁泡饰，所以这一习俗可能是从汉地传入匈奴的。可根据墓主人的身份地位用金、铜、铁、桦树皮等不同材质来制作各种花形饰件。

布尔罕陶勒盖墓地是蒙古国境内首次全面发掘的匈奴中小型墓地，根据新莽至东汉早期流行的宽素平缘的昭明镜推测，该墓地相对年代为西汉晚期至东汉前期。除了丰富的随葬品之外，在该墓地中还发现了大量反映匈奴丧葬习俗、人种特征及与周邻文化之间交流等方面的新资料。其中漆器、铜镜、骨筷、四瓣花形棺饰等遗物充分说明了中原汉文化对匈奴文化的影响。（萨仁毕力格）

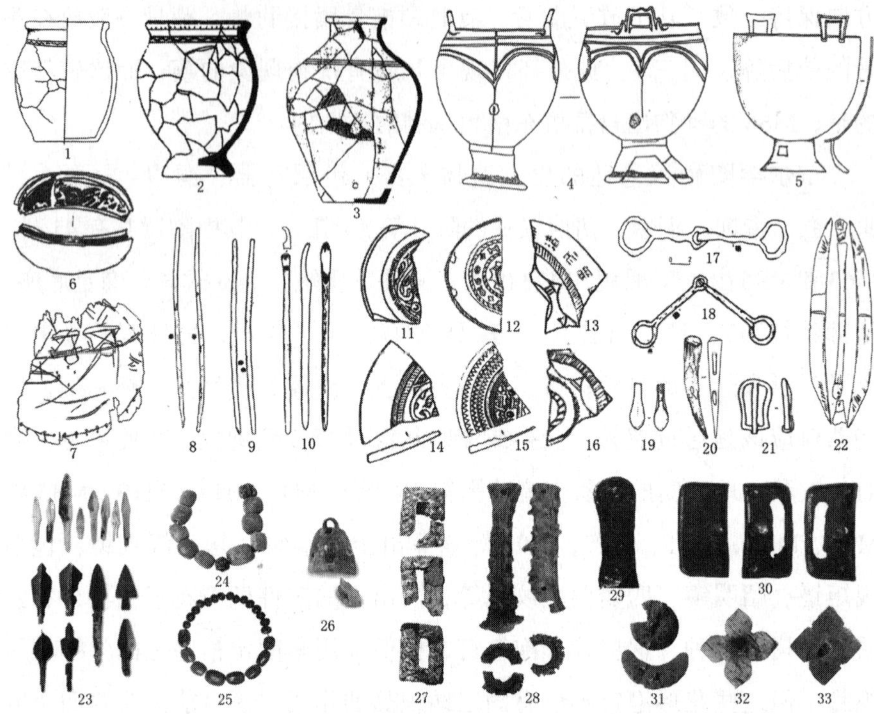

图四　布尔罕陶勒盖墓地出土遗物

1~3. 陶器　4、5. 铜鍑　6. 漆耳杯　7. 桦树皮器　8、9. 骨筷　10. 骨簪　11~16. 铜镜
17、18. 铁马衔　19. 勺形带饰　20. 骨马镳　21. 带扣　22. 骨弓弭　23. 箭镞　24. 琥珀串珠
25. 玻璃琥珀项链　26. 小铃铛　27. 镶珊瑚松石蛇纹金带饰　28. 鹿角带扣与环
29、30. 铁带扣　31. 日月形铁棺饰　32. 桦树皮棺饰　33. 四瓣花形铁棺饰

［1~22 引自 Ц.Төрбат, Ч.Амартүвшин, У.Эрдэнэбат, Эгийн голын сав нутаг дахь археологийн дурсгалууд (Хүрлийн үеэс Монголын үе). УБ., 2003；23~33 引自 Эрэгзэн Г.[ред], 2011, Хүннүгийн өв, Нүүдэлчдийн анхны төр-Хүннү гүрний соёл, УБ］

9. 呼都根陶勒盖墓地

【名称】呼都根陶勒盖墓地

【位置】蒙古国后杭爱省巴特澄格勒苏木

【年代】公元前 1 世纪～公元 1 世纪

【解题】

呼都根陶勒盖（Худгын толгой）墓地位于蒙古国后杭爱省巴特澄格勒（Батцэнгэл）苏木巴彦乌拉巴嘎（村）西北 30 公里处，南距大塔米尔河 10 公里，其北侧有一座名为呼都根陶勒盖的小山头，墓地因此而得名。1981 年，蒙古国与苏联联合考察队的德・那旺、В.В.沃尔科夫、П.Б.科诺瓦洛夫等学者发现该墓地，并先后发掘了 10 座墓葬。[①]1987 年，蒙古国与匈牙利联合考古队又发掘了 2 座墓葬，[②]2001 年蒙古国和韩国联合考古队发掘了 4 座墓葬[③]。

呼都根陶勒盖墓地南面谷地较为平敞，北面和东北面被高山所环绕。墓地共有 300 余座中小型石圈墓，从北向南成排并成群分布（图一）。位于西南和北部的墓葬规模较大，从很远就能看到其上的封石堆。但是一些小墓只用小块石头堆成封石堆，石头伸出地面，形成圆形。通常墓葬的封石堆为圆形，但有的小墓是长方形。大墓的封石堆的直径为 20~25 米，中等墓葬为 10~15 米，小墓为 3~5 米（图二）。

该墓地的墓葬多为竖穴土坑，坑内用大小不同的石块来填充，墓坑深 1~5 米，有的墓距墓口以下约 1 米处起二层台，较小的墓的墓坑二层台距墓口只有 0.1~0.2 米，有的墓在坑底部铺一层细沙土。葬具有单一

---

① Д. Наваан, 1980-1983 оны МЗТСХЭ-ийн эрдэм шинжилгээний тайлангууд.

② Д. Цэвээндорж, И. Эрдэли, Худгийн толгой, Наймаа толгой, Солби уулын хүннү булш // Studia Historica. Tom. XXIV, Fasc. 11. УБ., 1990, т. 105-129.

③ “Худгийн толгойн хүннүгийн үеийн булш”.-Монгол-солонгосын хатарсан эрдэм шинжилгээний судалгааны тайлан Ⅱ. СҮМ, МҮТМ,ШУА-ийн ТХ.,2004 он.

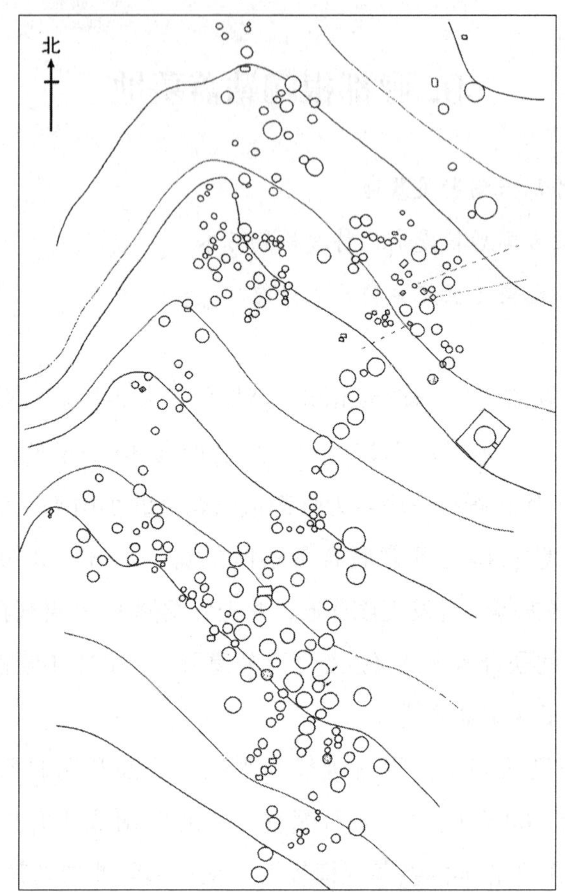

图一　呼都根陶勒盖墓地墓葬分布

（根据 The National Museum of Korea et al., “Hunnu Tombs at Hudgiin Tolgoi in Mongolia,” *Research Report on Korean-Mongolian Joint Expedition in Mongolia* Ⅲ , 2003,p.25 图 6 改绘）

的木棺、单一的石椁和石椁内置木棺三种类型，有的墓无葬具。2001 年蒙韩联合考古队发掘了位于墓地东部的 4 座墓，其中 M1 的封石堆较大，属于该墓地的大型墓，直径 11 米，高 0.7 米。墓坑呈圆角长方形，长 3.5 米，宽 2 米，距地表深 3.6 米，有生土二层台。墓坑底部纵向摆放两根垫木，其上放置木棺，棺外有用石块垒起的功能性石椁。木棺长 2 米，宽 1 米，高 0.5 米。棺板外侧涂红黑色漆，绘云纹图案。墓主人尸骨被扰动，头向东南，仰身直肢体葬，经鉴定身高为 1.74 米，为

图二 呼都根陶勒盖墓地远景（自东北向西南拍摄）

（中蒙联合考古队 2005 年拍摄）

一名 30~35 岁欧罗巴人种男性。M4 位于 M1 西侧，地表标识的封堆较为稀疏，且规模较小，直径 3.5~4.5 米，墓坑呈圆角长方形，口部长 2 米，宽 1.1 米。墓坑 1.1 米深处出现石板墓顶盖，其下发现一重木棺葬具，腐朽严重，长 1.5 米，宽 0.4 米，高 0.3 米。人骨保存较差，葬式与 M1 相似，墓主人为一 7 岁左右的男孩。M4 与 M1 毗邻，可能属于后者的陪葬墓。M2 和 M3 规模略小于 M1，属中型墓，M2 有石椁内置木棺，而 M3 无葬具。

呼都根陶勒盖墓地的墓内殉牲现象与其他匈奴墓葬相似，一般在陶

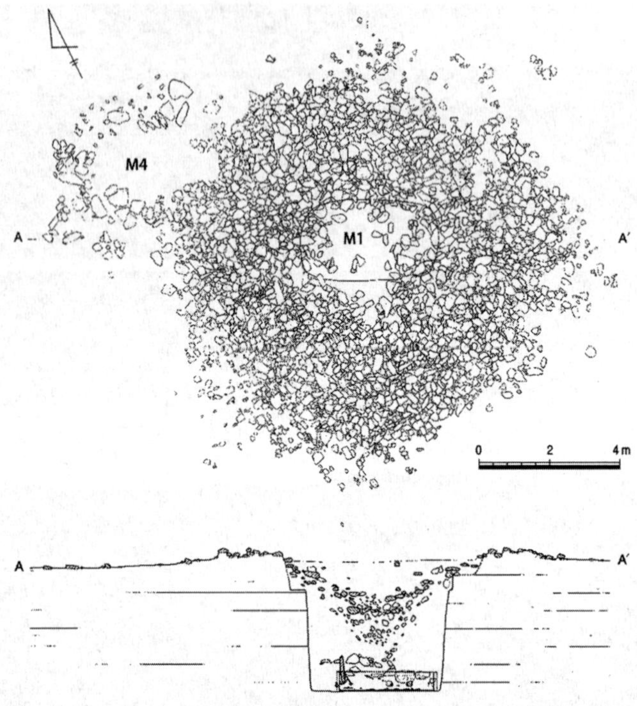

图三　呼都根陶勒盖墓地M1、M4平、剖面图

（根据 The National Museum of Korea et al., "Hunnu Tombs at Hudgiin Tolgoi in Mongolia," *Research Report on Korean-Mongolian Joint Expedition in Mongolia* Ⅲ, 2003,p.29 图 7 改绘）

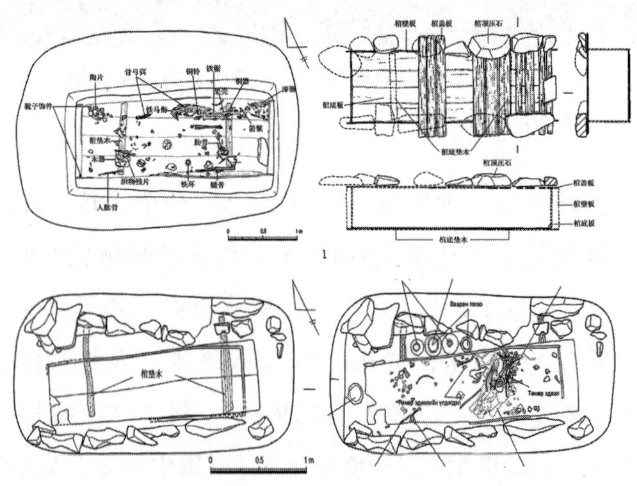

图四　呼都根陶勒盖墓地M1、M2棺椁结构

（引自 The National Museum of Korea et al., "Hunnu Tombs at Hudgiin Tolgoi in Mongolia," *Research Report on Korean-Mongolian Joint Expedition in Mongolia* Ⅲ, 2003）

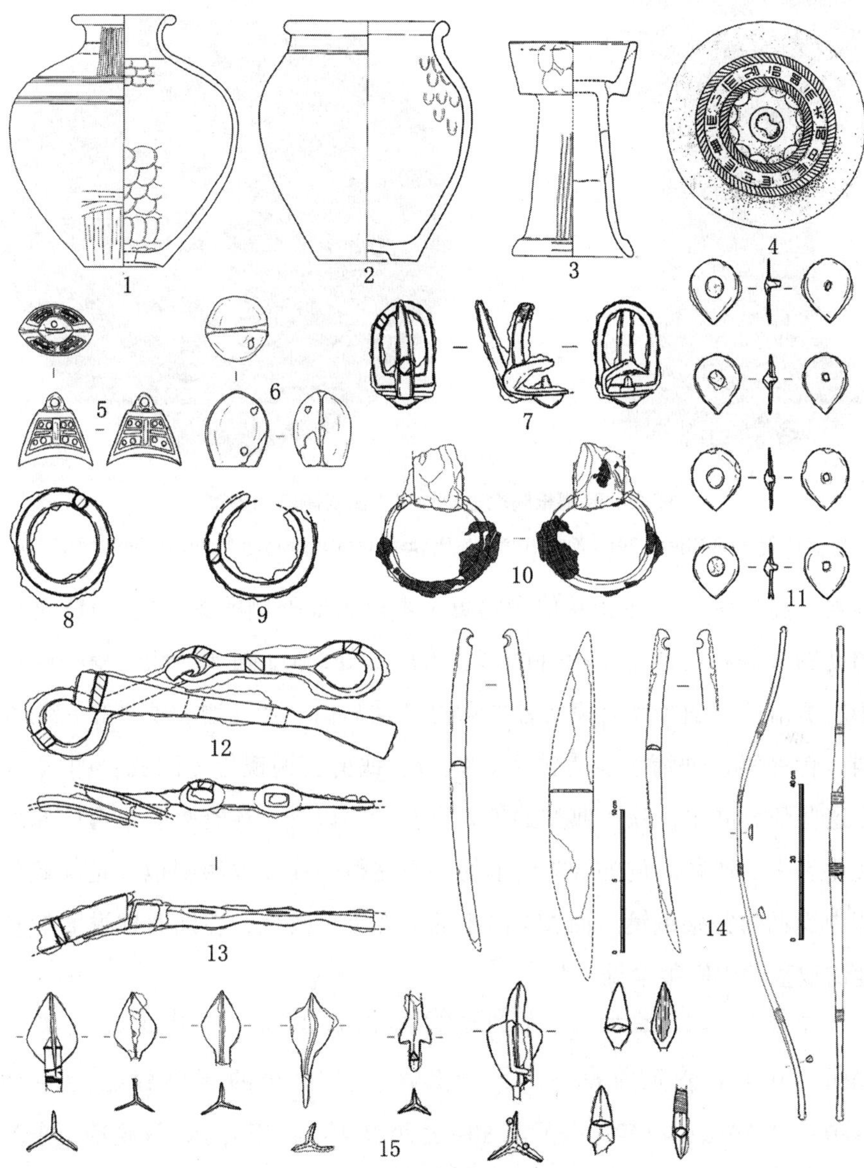

图五 呼都根陶勒盖墓地的出土遗物

1、2. 陶罐 3. 陶灯 4. 铜镜 5、6. 铜铃 7. 带扣 8~10. 铁环
11. 铜带饰 12. 铜马衔 13. 铜马镳 14. 弓弭及复原 15. 箭镞

（引自 The National Museum of Korea et al., "Hunnu Tombs at Hudgiin Tolgoi in Mongolia," *Research Report on Korean-Mongolian Joint Expedition in Mongolia* Ⅲ, 2003）

图六　呼都根陶勒盖墓地出土汉式陶灯和铜镜

（引自 Эрэгзэн Г.[ред], 2011, Хүннүгийн өв, Нүүдэлчдийн анхны төр-Хүннү гүрний соёл, УБ）

容器内盛放殉牲，并和其他食物置于木棺头部外侧的头箱内，M4 殉牲的动物骨骼和陶器置于棺外的墓主人脚部处，M2 随葬的陶器呈一排置于左侧棺外。随葬品有陶容器、陶灯、铁马衔、铁马镳、铁带扣、铜铃铛、骨弓弭、铁箭镞、骨箭镞、铁刀、铁剪、铜镜等（图五、图六）。在这些随葬品中，除了典型的匈奴风格遗物以外，还有一些具有中原汉文化因素的遗物。例如 M2 出土的一面完整的连弧纹昭明镜，是匈奴墓葬中少见的完整铜镜。而 M1 出土的 1 件豆形陶灯，在同时期漠北的其他匈奴墓葬中则很罕见。①

呼都根陶勒盖墓地 M1 的棺板测年数据显示，其年代为距今 2060 ± 40 年（公元前 60 年），而墓内出土木炭的测年数据为距今 1980 ± 40~1910 ± 40 年（公元前 80~ 公元 35 年），相当于西汉晚期至东汉前期。M2、M3 的年代略早于 M1，约在公元前 2~ 前 1 世纪，相当于西汉早、中期。该墓地的墓葬数量较多，其形成和延续时间较长，综合墓葬分布

① 马健：《匈奴葬仪的考古学探索——兼论欧亚草原东部文化交流》，兰州大学出版社，2011，第 61~63 页。

特征、出土遗物及测年数据等因素来判断，该墓地的年代应该在西汉早期至东汉早期。根据体质人类学的鉴定结果，M1 的墓主人为一 30~35 岁的欧罗巴人种男性，说明该地区人群成分复杂，这进一步说明了匈奴国家联盟形成的多元性。另外，随葬品中有不少中原文化因素的遗物，体现了汉文化对该地区物质文化和丧葬习俗的影响。（萨仁毕力格）

10. 莫林陶勒盖墓地

【名称】莫林陶勒盖墓地

【位置】蒙古国中央省阿勒坦布拉格苏木

【年代】公元前1世纪～公元1世纪

【解题】

莫林陶勒盖（Морин толгойн булш）墓地也称图林海尔罕墓地，位于蒙古国中央省阿勒坦布拉格（Алтанбулаг）苏木境内土拉河北岸谷地。墓地北侧的山头称为莫林陶勒盖，此处有120座方形石板墓，3通鹿石，24座匈奴墓，墓地三面环山，即莫林陶勒盖山将之围绕，向西约1公里处可见土拉河。1975年，苏联学者 В.В.斯维尼恩发掘了其中的1座墓。1983年，蒙古国–苏联历史项目青铜至早期铁器时代考古分队发掘了2座匈奴墓与多座方形石板墓。①1989年，以德·策文道尔吉、И.额尔德耶利、П.Б.科诺瓦洛夫等为首的蒙古国–苏联–匈牙利联合考古队发掘了4座墓。②2000年，蒙古国与韩国联合实施"蒙–韩"科研项目，在此墓地发掘了1座墓。③

① Д. Цэвээндорж, Хүнnү судлалын тойм. – Монголын Морин толгойн хүннүгийн үеийн булш. Монгол-Солонгосын хамтарсан эрдэм шинжилгээ судалгааны тайлан. Солонгосын Үндэсний Музей, Монголын Үндэсний Түүхийн Музей, ШУА-ийн Түүхийн Хүрээлэн, 2001, т. 249.

② Д. Цэвээндорж, Морин толгойн булшнаас олдсон хэл хуур. – Шинжлэх Ухааны Академийн Мэдээ, 1990, №3, т. 72-80.

③ Солонгосын Үндэсний Музей, Монголын Үндэсний Түүхийн Музей, ШУА-ийн Түүхийн Хүрээлэн,Монголын Морин толгойн хүннүгийн үеийн булш. – Монгол-Солонгосын хамтарсан эрдэм шинжилгээний судалгааны тайлан Ⅱ. 2001.

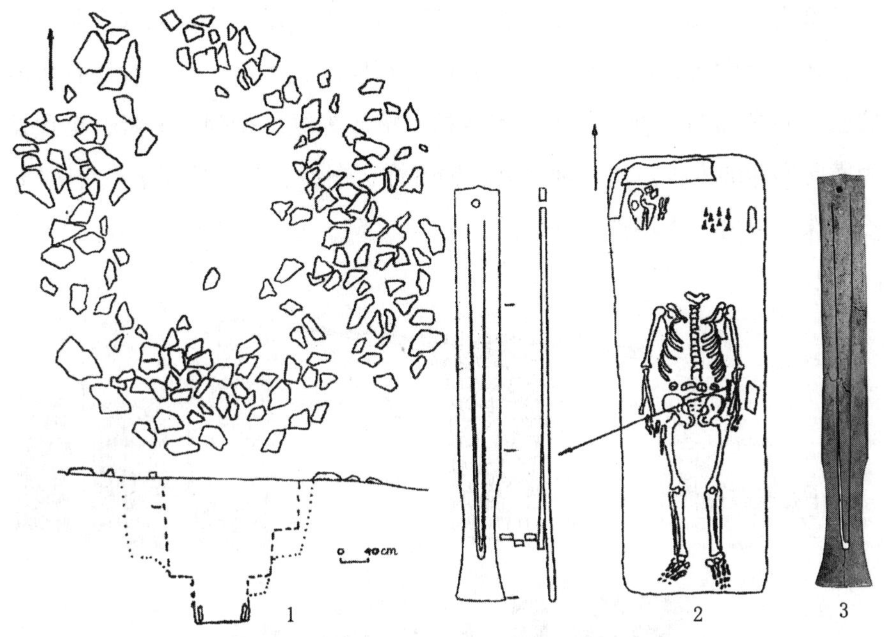

图一 莫林陶勒盖墓地M1墓葬形制及出土口弦琴

1. 墓葬平、剖面图 2. 葬式与殉牲 3. 口弦琴

（引自Д.Цэвээндорж, Морин толгойн булшнаас олдсон хэл хуур. – Шинжлэх Ухааны Академийн Мэдээ, 1990, №3）

莫林陶勒盖墓地的墓葬位于整个遗址群的最北侧，自东北向西南排列。墓葬地表为圆圈形封石堆，大小不等，直径 2~14 米。从已发掘的墓葬来看，封石堆之下为竖穴土坑，深 1~7 米，坑内用石块来填充，有的墓的墓坑内设生土二层台。葬具有单一石椁、单一木棺和石椁内木棺三种类型，墓主人头部朝北或西北，仰身直肢葬。M1 封石堆直径 4 米，墓坑内设三层生土台阶，有单一石椁葬具，墓坑内北侧有一马头殉牲，墓主人头骨上半部不见，其余骨架保存较好。该墓形制简单、随葬品较少，值得一提的是，墓主人左侧腰部出土一件骨质口弦琴，在匈奴墓葬中非常罕见（图一）。M4 无葬具，距封石堆下深 2.6 米处发现了人骨，头朝北，左侧斜卧，双腿略曲。① 根据该墓出土的随葬品和牲畜骨骼等，

① Д. Цэвээндорж, Морин толгойн булшнаас олдсон хэл хуур. – Шинжлэх Ухааны Академийн Мэдээ, 1990, №3, т. 72-80.

可知墓主人可能为一名高龄女性。M20 地表封石堆略小，墓穴为竖穴土坑，无生土台阶，坑内填满石块，坑底石椁内置木棺。石椁为用石块沿坑壁一周垒起的石框，其内放置木棺，棺底为纵向排列的木板，棺顶盖为横向排列的木板。出土随葬品有铜带饰、铜镜、羊距骨、旱獭骨坠饰、石串珠、骨勺、木柄铁刀等（图二）。

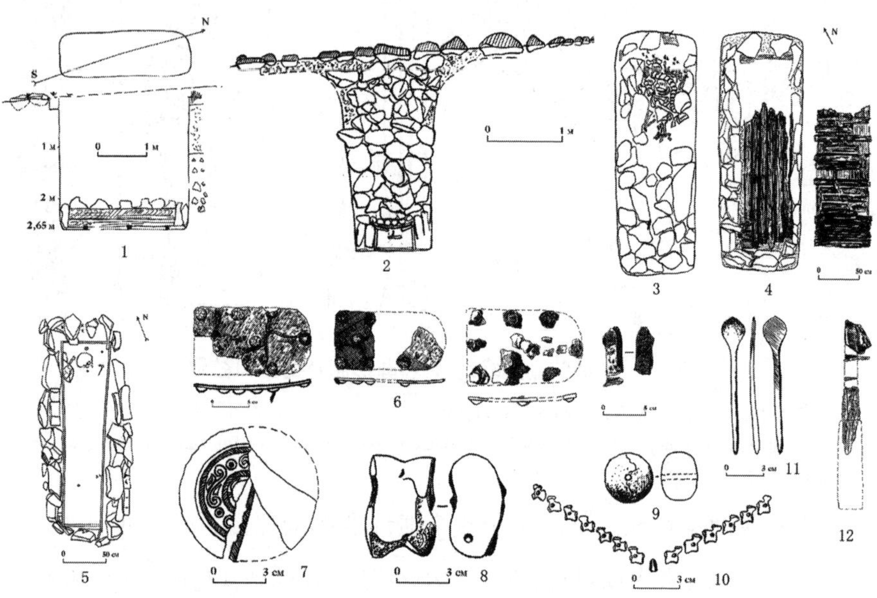

图二　莫林陶勒盖墓地M20墓葬形制及出土遗物

1、2. 平、剖面图　3~5. 墓坑及葬具形制　6. 铜带饰　7. 铜镜　8. 羊距骨
9. 石串珠　10. 旱獭骨坠饰　11. 骨勺　12. 木柄铁刀

（引自Д.Цэвээндорж, Морин толгойн булшнаас олдсон хэл хуур. – Шинжлэх Ухааны Академийн Мэдээ, 1990, №3）

蒙古国与韩国联合考古队发掘的 M5 是该墓地最大的一座墓，其地表为圆圈形封石堆，直径 14 米，封石堆南部两角各立一块长石条。墓室为竖穴土坑，坑壁呈长方形阶梯状，坑内填满了石块。墓坑深 5 米，其两侧设三层台阶。墓坑内置薄木板制成的棺具，木棺顶部的盖板置于最下面的一层台阶上（图三，1~3）。棺具侧板一周用细薄铁箍围成网格状，在其交会处用花形泡钉来装饰。棺内发现一具 40 岁以上男性和一具 30

岁左右女性的尸骨，墓主骨架保存较好。在墓坑西南角出土了一具狗骨，狗骨头下垫石，头部朝北，左侧卧屈肢。随葬品有陶罐、铜镜、骨簪、骨簧、木碗、桦树皮容器等（图三，4~9）。

M5 出土人骨和棺木碳 14 测年数据显示，其年代为公元前 75 年至公元 100 年。该墓出土了一面四神规矩镜，其流行年代为西汉晚期至东汉早期。而 M20 出土的四乳四虺镜主要流行于西汉中晚期至新莽时期。结合测年数据和出土遗物来判断，可知该墓的年代为公元前 1 世纪末至公元 1 世纪初。莫林陶勒盖墓地的规模较小，墓葬数量也不多，但是其与青铜时代石板墓共存的分布特征、三层生土台阶的墓葬形制及一些出土遗物方面存在一定的特殊性。M2 出土的骨质口弦琴在俄罗斯南西伯利亚和阿尔泰地区匈奴 - 萨尔马泰时期的墓葬中出土过，而在中国北方地区春秋战国时期的遗迹中也有发现，有学者考证此类器物可能源自夏

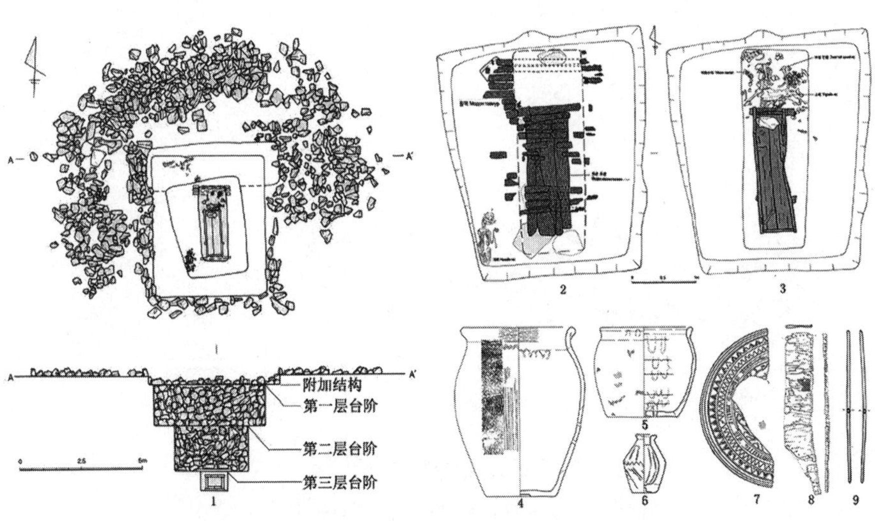

图三　莫林陶勒盖墓地M5墓葬形制及出土遗物

1. 平、剖面图　2、3. 葬具与殉牲　4~6. 陶器　7. 铜镜　8. 桦树皮器　9. 骨筷

（引自 Солонгосын Үндэсний Музей, Монголын Үндэсний Түүхийн Музей, ШУА-ийн Түүхийн Хүрээлэн,Монголын Морин толгойн хүннүгийн үеийн булш. – Монгол-Солонгосын хамтарсан эрдэм шинжилгээний судалгааны тайлан II. 2001）

家店上层文化。[①]最近，陕西神木石峁遗址出土了大量口弦琴（口簧），研究者认为石峁遗址所在的中国北方河套地区是世界口簧的发源地，是中国北方文化因素沿欧亚草原向西、向北产生影响与互动的重要实证之一。[②]（萨仁毕力格）

① 策·图尔巴特:《考古发现的舌头琴与欧亚大陆东部的古代游牧文化》，乌日古木勒译，《铜仁学院学报》2018 年第 8 期。

② 孙周勇:《陕西神木石峁遗址出土口簧研究》，《文物》2020 年第 1 期，第 52 页。

11. 诺彦乌拉墓地

【名称】诺彦乌拉墓地

【位置】蒙古国中央省色楞格河畔诺彦乌拉山

【年代】公元前 1 世纪 ~ 公元 1 世纪

【解题】

墓地分布于苏珠克特、珠鲁木特和古德吉尔特 3 个谷口。1924~1925 年苏联考古学家 П.К. 科兹洛夫首次发掘，1927 年、1954~1957 年蒙古考古学家继续发掘。共发现 200 多座墓，已发掘的不到十分之一。2006~2011 年，俄罗斯考古学家娜塔莉亚 · 波罗西玛克（Natalia Polosmak）率领俄蒙联合考古队在苏珠克特发掘了 M31、M20、M11 三座墓葬。

大型墓葬经发掘的有 10 余座，结构复杂。地表有方形封冢，面积最大的为 35 × 35 米。墓室呈方形，四面有台阶，南面有墓道，长 10~22.5 米。墓底铺有圆木，其上用圆木建两重椁室，圆木盖顶。内椁中置木棺。墓底铺有毡毯，椁壁挂有织物。内外椁之间放置随葬品。

大墓均被盗掘。出土遗物有典型的匈奴用具，包括铜鍑、车马具、木桌、动物纹银饰牌、带花纹的金箔及丝织的衣服鞋帽等。也有汉代文物，如铜灯、铜壶、花草纹铜镜，织有“仙境”“皇”等汉字的织锦及有“建平五年蜀郡西工造”等 67 个汉字铭文的漆耳杯，表明汉与匈奴关系十分密切。墓内普遍随葬发辫，最多的一墓出 85 条。还有来自安息、大夏和小亚细亚的毛织品。在某些大墓的两侧发现祭祀坑，出土灰、炭、烧焦的木头及少量的畜骨、黑胎陶片、铁器和漆器残块。普通墓葬为土坑竖穴墓，有圆形封冢，直径 13~17 米，有的墓内仅见陶器，有的随葬铁制的镞、衔、镳、灯，铜制的铃、鍑、壶，以及漆器和丝织品。

大型墓系匈奴单于或贵族之墓。墓内丰富的随葬品，为研究匈奴的历史文化、社会生活及汉匈关系、东西交通等提供了珍贵的实物资料。

典型墓为M6，该墓亦名上游墓，位于诺彦山苏珠克图谷口外东部墓葬群中心偏北处，1924~1925年由康德拉梯耶夫（С.А. Кондратьев）主持发掘。封冢系由石块和土混合砌筑而成，平面呈甲字形。墓圹上部的封堆平面呈方形，边长24.5米，北边高1.62米，南边高1.95米；与其南边相接的墓道上方的封堆平面呈梯形，长22.5米，北端宽9.25米。封堆中央向下凹陷呈漏斗状，直径8.57米，深2.04米。此外还有5处祭祀坑，其中东侧3处，西侧2处。祭祀坑距封堆24米，彼此间隔3米。祭祀坑直径2.5~4米，中央处均有一个直径2~3、深0.2~0.5米的凹坑。其中5号祭祀坑在深0.8米处发现了一些马腿骨和一块磨石，在深2.25米处出土一块穿孔的铁皮；6号祭祀坑南部发现一些粗制黑陶片、铁皮、漆器残件以及几块羊腿骨；7号祭祀坑内深1.5米处出土一组成套的马镳和马衔，深1.7米处出土一枚以燧石为铃芯的生铁铃铛；8号祭祀坑内出土一些粗制黑陶残片和铁器残片；9号祭祀坑内西南角出土一件黑色大型陶器。

墓圹底部铺设一层木底板，底板由20根原木拼成。底板上置两重木椁和一重木棺。外椁长5.34米，宽3.96米，高1.98米。侧壁由7根厚17厘米的木头拼合而成。盖板由20根厚15厘米的原木组成，盖板下有3根截面15×17厘米的大梁。盖板下大梁与底板之间有6根木柱来支撑。内椁长3.31米，宽2.23米，高1.66米。侧壁由6根厚17厘米的木头组成。盖板由13根厚13厘米的原木组成。内椁盖板由1根截面13×15厘米的大梁来支撑，盖板下大梁与底板之间由2根木柱来支撑。内椁盖板上铺有一块毡毯，毡毯上缝着丝织物。木棺则由厚6~8厘米的木板拼合而成，每块木板长约2.29米，宽0.9米。侧板和底板均由2块木板拼合而成，盖板由3块木板拼合而成。棺板上有髹漆彩绘的痕迹。木板之间接缝处以搭边“细腰榫”榫合，在细腰榫之间另加长条形铁箍加固，铁箍两端用铁铆钉钉在棺板上。侧板与挡板之间以“透榫”榫合。侧板、挡板与底板、盖板之间以“穿榫”榫合，并加钉直角形铁箍。

该墓出土的随葬品位于墓圹、外回廊、内回廊和棺内，主要有马具、武器、毛毯、丝织品、陶器、发辫、牌饰等。（黛吉）

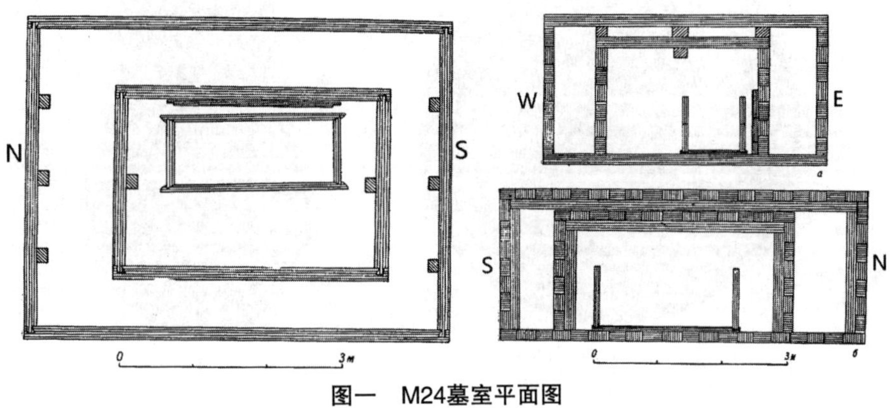

图一　M24墓室平面图

（引自 С. И. 鲁金科《匈奴文化与诺彦乌拉巨冢》，孙危译，马健校注，中华书局，2012）

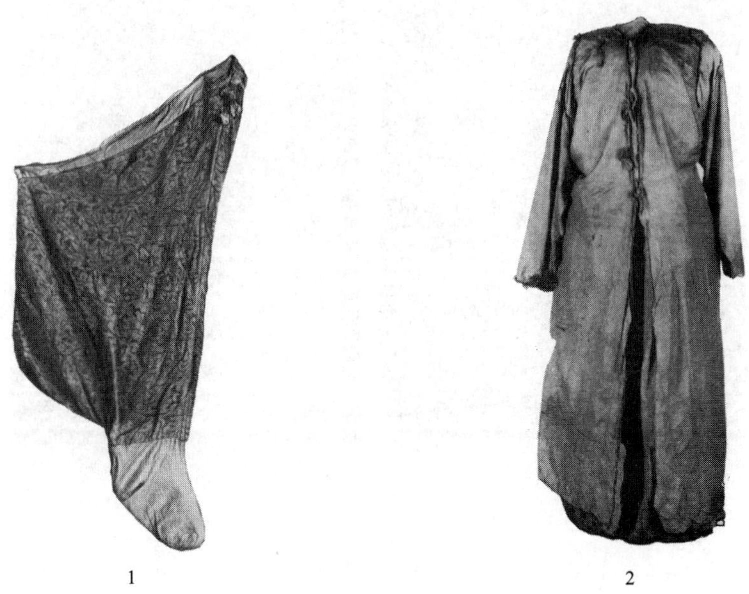

1　　　　2

3　　4

5　　6

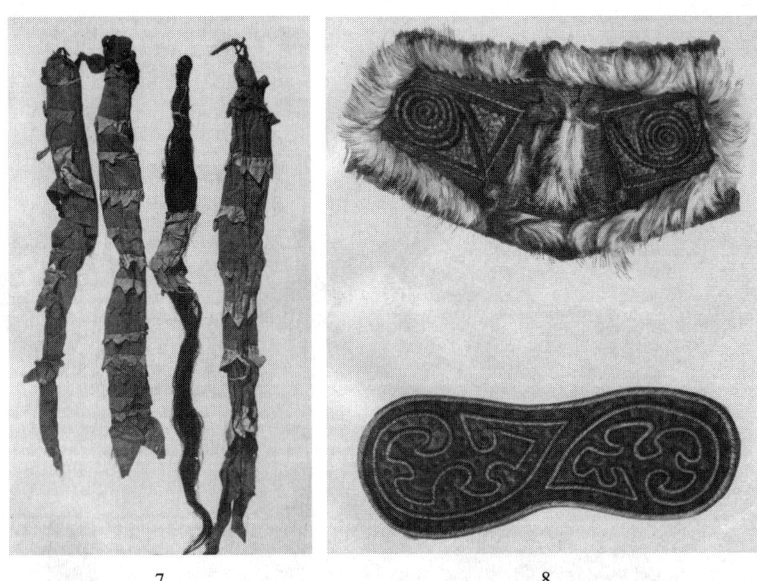

图二　诺彦乌拉墓地M6出土的随葬品

1. 汉式丝绸裤　2. 丝绸长袍　3、4. 牌饰　5、6. 毛毯　7. 发辫　8. 头饰和鞋垫

（引自 С. И. 鲁金科《匈奴文化与诺彦乌拉巨冢》，孙危译，马健校注，中华书局，2012）

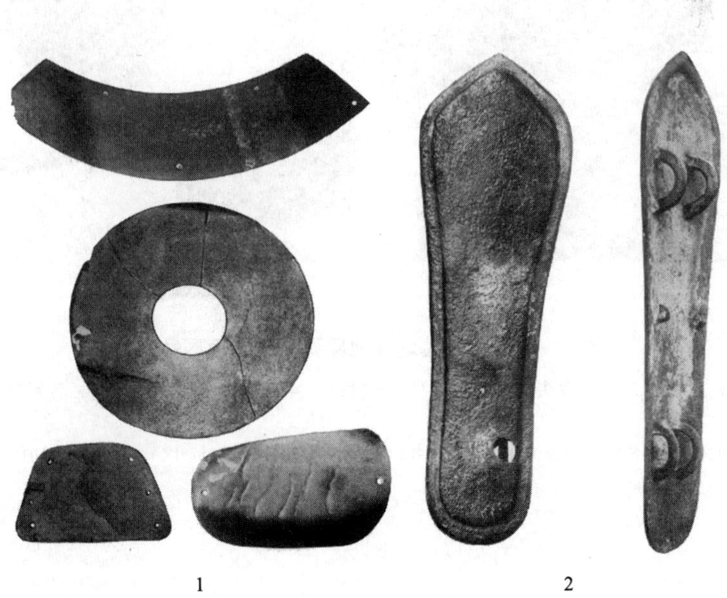

3

4　　5

图三　诺彦乌拉墓地其他墓葬出土的随葬品

1. 玉器（M1）2. 青铜辔头（M25）3. 耳杯（M23）4. 人物肖像画（M25）5. 青铜镜、青铜壶和青铜灯（M25）

（引自 С. И. 鲁金科《匈奴文化与诺彦乌拉巨冢》，孙危译，马健校注，中华书局，2012）

图四　诺彦乌拉墓地出土的汉式车

（引自 http://old.archaeology.nsc.ru/ru/otdel/metal/metal13pict.aspx?ID=6）

图五　2006 年发掘的M20

（首次出土汉式车的伞盖出处，https://scfh.ru/chapters/istoriya-formirovaniya-kollektsii-kharakteristika-pamyatnika/）

12. 艾尔根敖包墓地

【名称】艾尔根敖包墓地

【位置】蒙古国鄂尔浑省额尔登特市吉尔嘎朗图苏木

【年代】公元前 50 年～公元 150 年

【解题】

艾尔根敖包墓地位于蒙古国鄂尔浑省吉尔嘎朗图苏木东南约 7 公里处的小霍谢特（Hushuut）山梁东南侧，西北距额尔登特（Erdenet）市 32 公里，东南距乌兰巴托（Ulaanbaatar）210 公里。小霍谢特山梁为东北—西南走向，南部由五座相连的低矮山峰组成，最高峰顶部有当地牧民祭拜天地的敖包，被称为“艾尔根敖包”（Airagiin ovoo），墓地即以此命名。地理坐标为北纬 49° 00.7936′，东经 104° 30.7630′，海拔高度为 1060~1090 米。

2008 年，在蒙古国进行的文化遗存普查工作中，该墓地首次被发现。2014~2017 年，蒙古国国家博物馆和鄂尔浑省政府连续进行了四年的考古发掘，共发掘不同类型的墓葬 13 座。2016 年，在蒙古国召开的“第二届中蒙俄联合岩画科考与论坛”学术研讨会上，蒙古国国家博物馆考古与人类学部部长奥德巴托尔研究员介绍了这处墓地的发掘收获，参会的中国人民大学北方民族考古研究所所长、历史学院教授魏坚在讨论中指出：这批墓葬的斜坡式墓道竖洞室墓与竖穴土坑横洞室墓的形制特点，与中国内蒙古乌兰察布市察右中旗七郎山的鲜卑墓群颇有相似之处，出土的陶器、桦树皮器亦带有明显的鲜卑文化因素，极有可能与鲜卑西迁南下有关。2017 年，蒙古国国家博物馆苏和巴托尔馆长与奥德巴托尔主任一行，赴中国人民大学就双方联合考古的相关事宜进行了商谈并达成了共识。2018~2019 年暑期，在中方领队魏坚教授和蒙方领队奥德巴托尔研究员的指导下，双方联合进行了两期考古发掘和田野调查工作。

艾尔根敖包墓地沿着冲沟和坡梁分为三个区域，目前共发现墓葬90余座（图一）。根据墓葬地表石封堆的形制特征，可将其分为方形和圆形两大类：方形石框墓规模较大，一般为带有围沟和斜坡墓道的洞室墓，主要分布在Ⅰ区和Ⅲ区，约占墓葬总数的38%；圆形封堆墓规模较小，以竖穴土坑墓为主，此外还有竖穴横洞室墓和竖穴竖洞室墓，主要分布在Ⅰ区和Ⅱ区，约占墓葬总数的62%。2018~2019年中蒙双方联合发掘的墓葬共8座，编号为AGM40、AGM76、AGM93、AGM14、AGM14A、AGM45、AGM96和AGM97。

就斜坡墓道洞室墓而言，该类墓葬封堆平面呈“凸”字形，周边多挖有排水的围沟，斜坡墓道较长，一般在10米以上，且均以木棺为葬

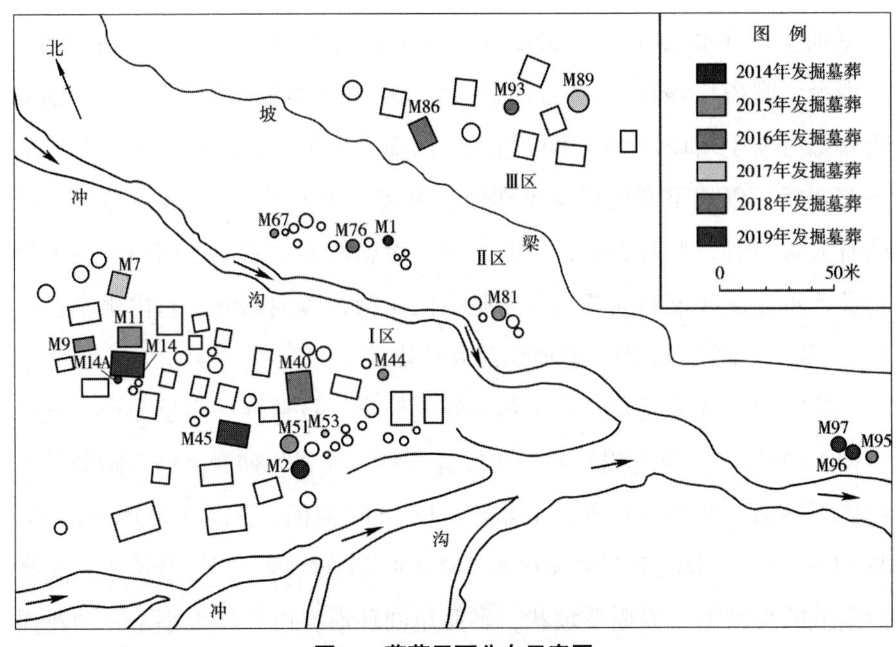

图一　墓葬平面分布示意图

（引自中国人民大学北方民族考古研究所、蒙古国国家博物馆《蒙古国吉尔嘎朗图苏木艾尔根敖包墓地2018~2019年发掘简报》，《考古》2021年第11期）

具，葬式为仰身直肢，随葬品有陶器、漆器、铜器、骨器、木器等。以M45为例，其位于Ⅰ区中部偏南，东南距M51约16米。根据构造可将其分为地上和地下两部分。地上部分为封堆和围沟，地下部分为墓道和墓室。封堆轮廓呈"凸"字形，内侧为填土（图二，右）。"凸"字形封堆西半部平面略呈方形，西侧边长7.70米，南北两侧边长均为7.60米，东侧边中部遭破坏；凸出的东半部平面呈长方形，东侧边长5米，南北两侧均长3米。封石各边残存高度不一，约0.35~1.28米。盗洞位于封堆中部，打破墓室（图三）。围沟位于石封堆外侧，平面呈东向未封口的长方形，南、北边长约19米，西边长约16米。东边在墓道处不相连，分为南北两段，南段长约6.8米，北段长约6.7米。斜壁，圜底，宽1.9~2.2米，深0.55~0.6米。墓道位于墓葬东部正中位置，壁较直，底部较平整，长约12米，宽1.1~1.2米，方向140° 。墓室位于墓道末端，墓口有封门石，高1.10米（图四，左）。封门石内侧立有5根木桩。墓室平面呈圆角长方形，长3.93米，宽1.35~1.42米。墓室顶部呈弧形，东南侧已遭盗墓者破坏，残高1.87米。墓室中部放置两具木棺，因墓室遭盗掘时发生坍塌，西侧木棺被埋，因而未受盗扰，保存较好。东侧木棺遭盗扰，仅残留有底板及少部分侧板和盖板（图四，右）。西侧木棺内有人骨一具，仰身直肢，头向东南，面朝西南。东侧木棺残留的人骨朽蚀严重，从残痕判断该人骨亦是头向东南，脚向西北。墓内出土有陶器、铜器、漆器、木器、丝麻织品和珠饰等。

就竖穴土坑墓而言，该类墓葬规模较小，石封堆平面呈圆形，直径多在10米以下。墓葬以简易的木棺为葬具，葬式为仰身直肢，随葬品有陶器、铜器、铁器、骨器、木器等。以M97为例，其位于Ⅱ区东南部，与M96相邻，由地上石封堆和地下墓圹两部分构成。封堆修筑于东北高西南低的缓坡上，表面呈坡状，平面呈圆环形，由一层大小不一的花岗岩平铺而成，外径为7.8米，高0.14~0.45米（图五）。墓口位于封堆中部，平面呈圆角长方形，竖穴土坑，直壁平底，长2.8米，宽1.18~1.45

图二　左：M45发掘前环境（东南→西北）；右：M45发掘区航拍（上为西北）

（中国人民大学北方民族考古研究所工作人员拍摄）

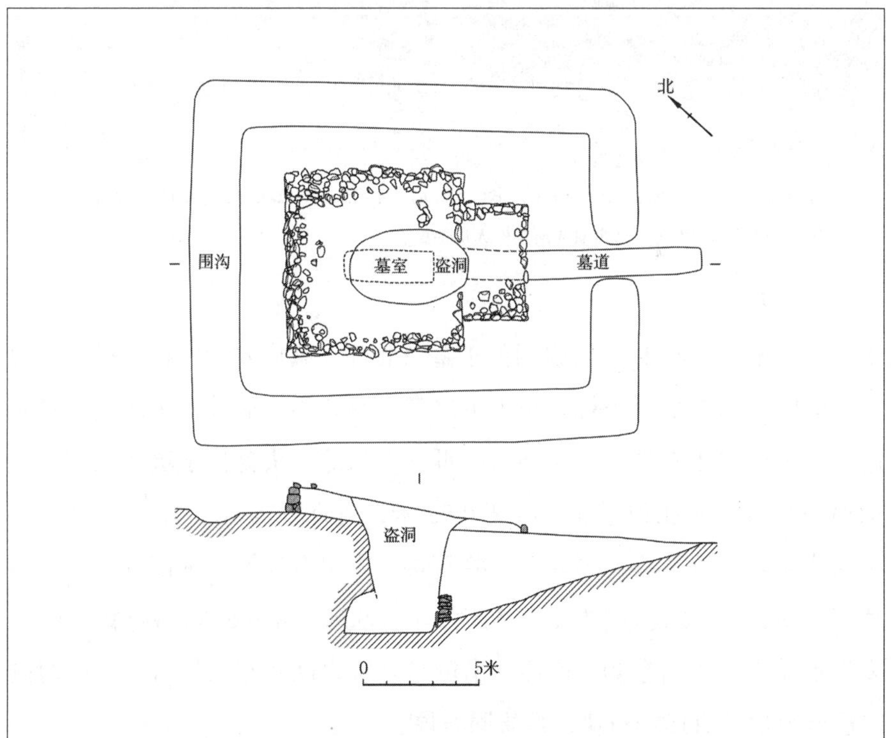

图三　M45平、剖面图

（引自中国人民大学北方民族考古研究所、蒙古国国家博物馆《蒙古国吉尔嘎朗图苏木艾尔根敖包墓地 2018~2019 年发掘简报》，《考古》2021 年第 11 期）

图四　左：M45墓口封门石（东南→西北）；右：M45墓室（东南→西北）

（中国人民大学北方民族考古研究所工作人员拍摄）

米，深 3 米，方向 15°。盗洞位于墓口北部。墓底安置木棺一具，其内人骨的胫骨以上部分被扰动至木棺北部，葬式为直肢葬，头向北，脚向南。木棺内出土有珠饰、骨簪、弓弭、带扣等。头龛位于坑底北部，平面略呈半圆形，弧顶平底，口宽 0.95 米，进深 0.64 米，高 0.65 米。木棺与头龛之间以及头龛内置有一些石块，出土有铁镞、木箭杆、陶器残片等（图五）。葬具为木棺，已朽烂，长 1.9 米，宽 0.6 米，残高 0.35 米，未发现盖板。木棺东侧、西侧、南侧与墓壁之间存有二层台，东西两侧二层台上摆放有成排石块，性质同石椁。

总体而言，大部分墓葬早期已被盗扰，各墓随葬品的数量不等，共出土文物 70 多件，以铁器、铜器、陶器和珠饰较为常见，多为日用品和装饰品，也存在部分模型明器。出土的侈口罐（图六，4）与内蒙古准格尔

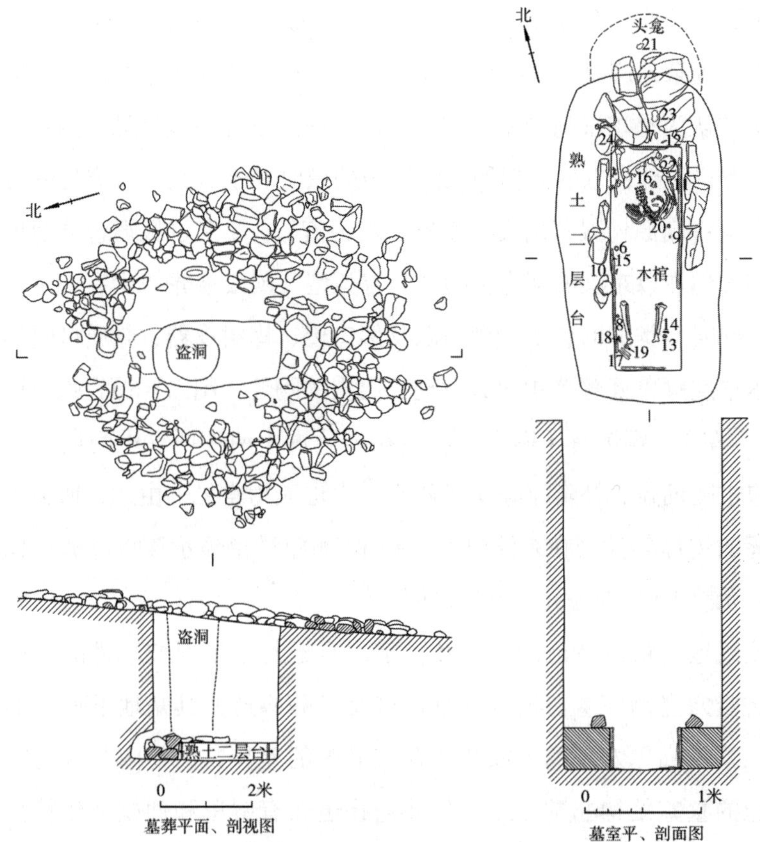

图五　M97平面、剖面、剖视图

1、4. 陶片　2. 铁钉　3. 铁刀　5. 耳杯形骨器　6、8. 铜环　7、21. 铁镞　9、15. 琥珀串珠　10、12. 木箭杆　11. 骨簪　13、19. 铜带扣　14、18. 铜饰件　16、22. 玻璃串珠　17. 骨弓弭　20. 铁带扣　23. 铁器　24. 陶器底（1-5 墓坑扰土中）

（引自中国人民大学北方民族考古研究所、蒙古国国家博物馆《蒙古国吉尔嘎朗图苏木艾尔根敖包墓地 2018~2019 年发掘简报》，《考古》2021 年第 11 期）

旗大饭铺 M1:1 陶罐[①]的形制相近，出土的高领陶壶（图六，1）与陕西神木大保当汉代城址和墓葬的 B 型罐[②]形制相似，此类高领陶壶在准格尔旗

① 内蒙古文物考古研究所、伊克昭盟文物工作站:《内蒙古准格尔煤田黑岱沟矿区文物普查述要》，《考古》1990 年第 1 期。

② 陕西省考古研究所、榆林市文物管理委员会办公室:《神木大保当——汉代城址与墓葬考古报告》，科学出版社，2001。

大饭铺、二里半[①]等墓地也有发现。近年来，有学者研究认为，大饭铺和二里半两处墓地应是东汉时期匈奴人的墓葬，[②]其出土的束颈陶罐（即高领陶壶）被认为是东汉前期蒙古和外贝加尔匈奴墓葬中最常见的陶器形制之一。[③]陶器底部带有的方形印戳、器表的弦纹和水波纹、颈肩处的研光暗纹等在蒙古高原匈奴墓出土的陶器上较为流行。[④]艾尔根敖包墓地出土的骨筷和骨勺在以东汉前期为主的“苏吉类型”匈奴墓葬[⑤]中有几乎一样的遗物；同时，类似的骨筷、骨勺以及侈口罐、桦树皮器、骨质弓弭等在扎赉诺尔早期鲜卑墓葬[⑥]中也有发现；出土的陶灶（图六，6）、蛇形铜带钩（图七，左）、铜铺首（图七，右）在内蒙古中南部西汉中晚期至东汉初年的包尔陶勒盖、补隆淖等汉代墓葬[⑦]中也较为常见。由此，研究人员推断墓葬的主体年代当在东汉时期。碳 14 测年结果显示该批墓葬年代范围也在公元前 50 年至公元 150 年之间。[⑧]

该墓地内最具特征的是“凸”字形石框封堆带斜坡墓道的竖洞室墓和土坑竖穴竖洞室墓、横洞室墓，这类墓葬构造尤其是地下墓室部分与目前在蒙古高原发现的匈奴墓葬存在显著的差异，而与内蒙古七郎山鲜卑墓地的墓室结构非常一致。随葬遗物也兼有鲜卑和匈奴文化特征，并有一定的汉文化因素，圆形石封堆竖穴土坑墓从形制到丧葬习俗都与漠北的匈奴墓接近。结合墓葬的地理位置、文化特征和出土遗物等，初步推断艾尔根敖包墓群与史书中匈奴为东汉大败西迁后“余种留者尚有十余万落，皆自号鲜卑”的记载较为吻合，若做进一步推论，其可能是七

---

① 魏坚主编《内蒙古地区鲜卑墓葬的发现与研究》，科学出版社，2004。

② 乔梁：《匈奴遗存的发现与研究》，《庆祝张忠培先生七十岁论文集》，科学出版社，2004；《鄂尔多斯的鲜卑遗存》，《鄂尔多斯青铜器国际学术研讨会论文集》，科学出版社，2009。

③ 潘玲：《对部分与鲜卑相关遗存年代的再探讨》，《边疆考古研究》第 13 辑，科学出版社，2013。

④ 马健：《匈奴葬仪的考古学探索——兼论欧亚草原东部文化交流》，兰州大学出版社，2011。

⑤ 潘玲：《伊沃尔加城址和墓地及相关匈奴考古问题研究》，科学出版社，2007。

⑥ 内蒙古文物考古研究所：《扎赉诺尔古墓群 1986 年清理发掘报告》，《内蒙古文物考古文集》第 1 辑，中国大百科全书出版社，1994。

⑦ 魏坚编著《内蒙古中南部汉代墓葬》，中国大百科全书出版社，1998。

⑧ 北京大学考古文博学院碳 14 实验室检测并提供信息。

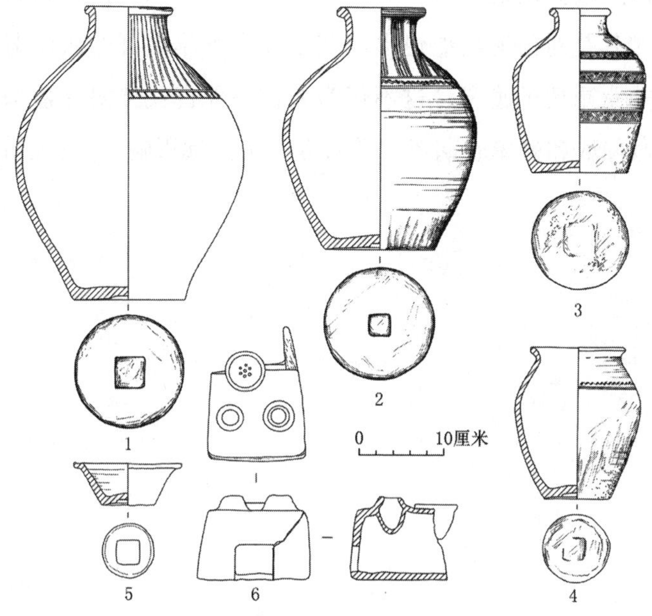

图六　出土陶器

1~3. 壶（M45 ： 3~5） 4. 罐（M93 ： 1） 5. 碗（M14 ： 3） 6. 灶（M40 ： 2）

（引自中国人民大学北方民族考古研究所、蒙古国国家博物馆《蒙古国吉尔嘎朗图苏木艾尔根敖包墓地 2018~2019 年发掘简报》，《考古》2021 年第 11 期）

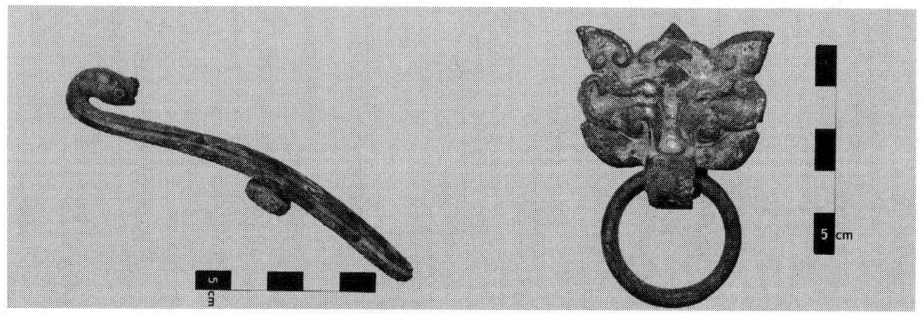

图七　蛇形铜带钩和鎏金铜铺首

（中国人民大学北方民族考古研究所工作人员拍摄）

郎山鲜卑人群的前身。

艾尔根敖包墓地的发掘，对我们研究蒙古高原古代民族的迁徙和文化交融，尤其是对研究匈奴退出漠北草原，鲜卑人群的西迁南下及民族融合具有非常重要的意义，这不仅为蒙古高原古代史研究增添了新的内容，也将对匈奴和鲜卑时期考古学研究产生深远影响。（戎天佑）

13. 布兰托尔姆墓

【名称】布兰托尔姆墓

【位置】蒙古国南戈壁省汗博格达苏木巴彦巴嘎地区布兰托尔姆

【年代】公元 2 世纪～公元 4 世纪

【解题】

该墓位于蒙古国南戈壁省汗博格达苏木巴彦巴嘎地区的布兰托尔姆，哈尔扎根峡谷（хоолой）中部，地理坐标为北纬 43° 25′ 41.9″，东经 107° 33′ 13.0″（图一）。蒙古国社会科学院考古研究所于 2010 年对其进行

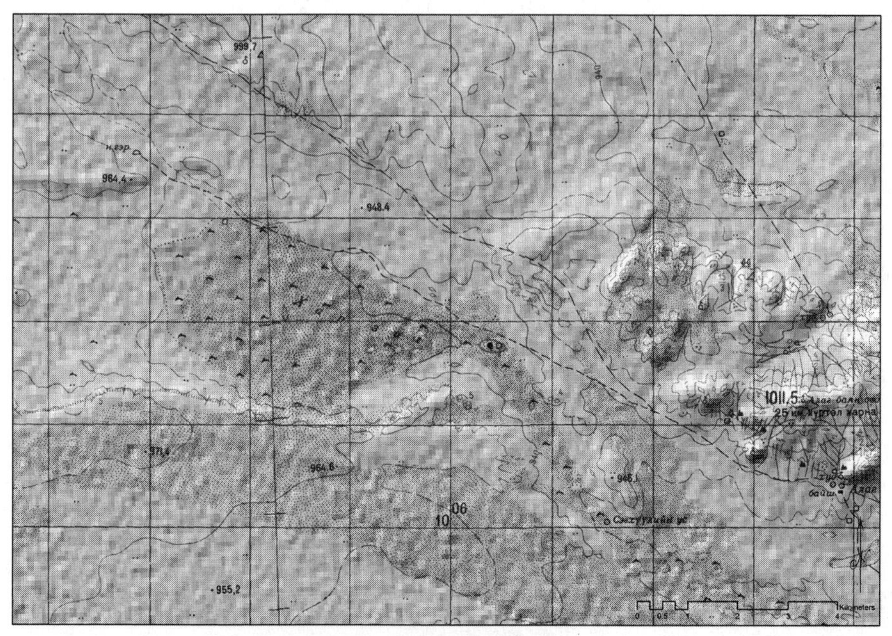

图一　地理位置示意图

（引自 Ч. 阿穆尔图布欣、О. 巴图朝日格等《布兰托尔姆墓葬》，特尔巴依尔译，《北方民族考古》第 11 辑，科学出版社，2021，第 333 页，图一）

了抢救性发掘。[①]墓葬无封堆，大部分裸露于地表，曾遭到较严重的破坏。

该墓为竖穴土坑墓，葬具为梯形木棺，长 150、头宽 50、脚宽 30、高 15~20 厘米。墓主先被包裹在毛毡里，后葬于木棺中。未发现木棺的底部，墓主身下可能垫了皮革物（图二）。单人葬，葬式为仰身直肢，头向西北，墓主上臂紧贴身体，手腕处微弯曲放置于盆骨之上，脚骨缺失，人骨整体保存情况不好，腐蚀严重。墓主头部左右两侧随葬 2 件陶器，颈部发现铁制泡状装饰品和石坠饰 3 件，腰部发现铁泡饰 3 件，在左手附近发现了 1 件薄铁片。

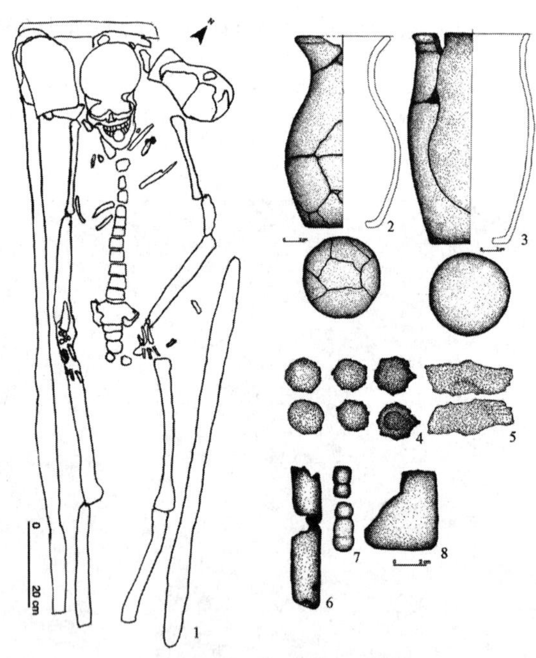

图二　墓葬平面图及出土器物

1. 墓葬平面图　2、3. 陶罐　4. 铁泡饰　5. 铁刀残片　6、7. 石珠　8. 石坠饰

（引自 Ч. 阿穆尔图布欣、О. 巴图朝日格等《布兰托尔姆墓葬》，特尔巴依尔译，《北方民族考古》第 11 辑，第 334 页，图二）

① Ч. 阿穆尔图布欣、О. 巴图朝日格等《布兰托尔姆墓葬》，特尔巴依尔译，《北方民族考古》第 11 辑，科学出版社，2021。

出土的随葬品有石器、陶器和铁器等。其中石器为石坠饰，已断裂成两块，一端尖部断裂缺失，纵身有穿孔，材质为绿松石，长 1.1、宽 0.5、孔径 0.3 厘米（图二，6）。还有青蓝色珠，已断裂成两块，表面磨制成竹节形，共有 5 节，纵身有穿孔，材质为玻璃。长 1.4、孔径 0.1 厘米（图二，7）。另有一件为方形，一端残缺，材质为绿松石，长 1.3、宽 1.3、厚 0.3 厘米（图二，8）。陶器为陶罐，1 号陶罐位于墓主头部左侧，敞口，圆唇，长颈，溜肩，鼓腹斜收平底。青灰色，素面，内壁为黑色。碎裂成多块，无轮制痕迹。高 12、底径 7.7、壁厚 0.5 厘米（图二，2）。2 号陶罐位于墓主头部右侧，微敞口，圆唇，直颈，微鼓腹斜收平底，口沿下有 3 个穿孔。青灰色，素面，无轮制痕迹。直径 0.4 厘米（图二，3）。铁器有铁泡饰和铁片。前者为圆拱形，直径分别为 1.7、1.9、2.4 厘米（图二，4）。后者严重腐朽，已破裂成多块残块。长 5.2、宽 2、厚 0.4 厘米（图二，5）。

根据美国亚利桑那大学民族研究所实验室的碳 14 测年结果，该墓葬的年代在距今 1805 ± 49 年，树轮校正后的绝对年代为公元 80~340 年（图三）。发掘者推测该墓葬的年代约属公元 2~4 世纪，按蒙古国编年史可以认为其属于匈奴晚期至鲜卑时期。

据发掘者推测，墓主为一青少年，出土的铁片位于墓主左手手指处，因此推测可能是握在手上的铁刀，而发现于腰部的铁泡饰可能为腰带饰，从腰带饰和铁刀判断墓主应为男性。该墓位于戈壁梭梭树树林和容易积水的低洼地，与大多数游牧民族对墓地的选择有很大差异，即游牧民族通常选择山阳面半山腰或山梁处来安葬死者。此外随葬的青蓝色坠饰从其质地来看，应为当地产物，与常见于蒙古国南戈壁省汗博格达苏木境内奥尤陶鲁盖附近的绿松石相似，所以该墓可能为生活在该地区的居民墓葬，故发掘者推测距此不远处可能有一个墓地。

根据目前的考古发现来看，布兰托尔姆墓与中国境内发现的鲜卑时期墓葬有一定的相似之处。首先，该墓出土的串状竹节形青蓝色石坠饰，在内蒙古地区的鲜卑墓葬中普遍出现，如乌兰察布三道湾鲜卑墓地 M23

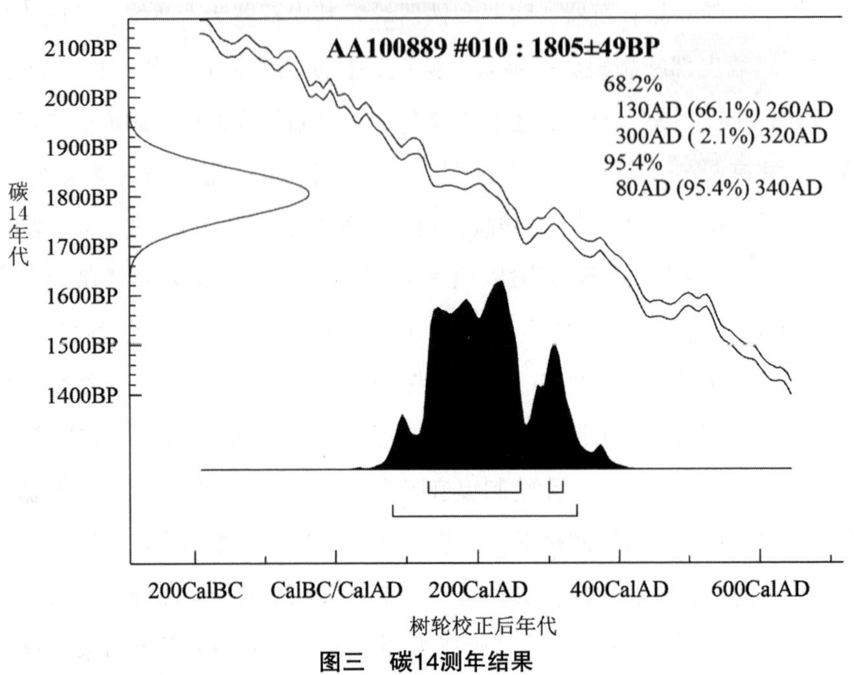

图三　碳14测年结果

（引自 Ч. 阿穆尔图布欣、O. 巴图朝日格等《布兰托尔姆墓葬》，特尔巴依尔译，《北方民族考古》第 11 辑，第 335 页，图三）

也出土过类似石制品。[①] 该墓出土的铁泡饰，在内蒙古商都东大井墓地 M1、M8 发现过类似的铜质遗物。[②] 而从该墓出土的两件陶器来看，陶罐敞口、鼓腹等整体形制特征与中国北方或东北地区发现的陶器比较相似。2 号陶罐的形制与东大井墓地 M6、兴和叭沟墓地 M1 和包头吴家圪旦墓地 M1 出土的陶罐相似。[③] 另外，尽管分布在中国北方和东北地区的鲜卑时期遗存在墓葬结构、随葬遗物等方面确实存在着一定的差异，但就整体而言，布兰托尔姆墓与中国境内发现的鲜卑时期墓葬具有更多的相似性，例如竖穴土坑形制、仰身直肢葬式，木棺的形制为头宽脚窄，以及死者头部附近随葬陶器的习俗等。（常璐）

---

① 魏坚主编《内蒙古地区鲜卑墓葬的发现与研究》，科学出版社，2004，第 28 页。

② 魏坚主编《内蒙古地区鲜卑墓葬的发现与研究》，第 61、79 页。

③ 魏坚主编《内蒙古地区鲜卑墓葬的发现与研究》，第 72、115、194 页。

14. 布古特陵

【名称】布古特陵（突厥佗钵可汗陵）

【位置】蒙古国后杭爱省巴颜察干河谷

【年代】公元6世纪

【解题】

布古特陵位于蒙古国北塔米尔河的支流巴颜察干河（Bain Tsagaan Gol）的河谷地带，1956年由蒙古学者策·道尔吉苏荣（Ts. Dorjsuren）发现。其为东北—西南向，面朝东北。建于一夯土台基上，台基长35米，宽16米，高0.5米。台基分三层，石围石堆墓位于其中后部，直径10米，高0.7米。石围石堆的结构是：先以石板围砌成一长方形石框，其中再堆石。在夯土台基东南侧中部有一缺口，为陵园入口。夯土台基前还有一排立石（即杀人石），共270余块。夯土台基东南有一石碑，立于龟趺之上。石碑的四侧均刻有铭文。发现时碑和龟趺几乎全部埋于地下，只有石碑上方一部分暴露在地表上。碑附近还发现柱洞、六根木柱以及大量瓦当、建筑残片，说明原来建有汉式碑亭。①

石碑的碑额呈半圆形，残存部分是狼的前半身的雕刻。石碑两侧的四肢为狼爪，为表现突厥王族——阿史那家族图腾的母狼浮雕，中间碑额处疑似刻有孩童的形状。碑身为长方形，宽72厘米，厚19~19.8厘米。正面和背面刻粟特文，粟特文碑铭显示，这是突厥佗钵可汗的墓葬。正面19行，背面残甚，约22行，两个侧面各5行。字迹漫漶26行。碑正面还有一小段婆罗谜（Brahmī）字母梵文佛经。碑底为龟趺，通高44、通长123厘米。龟的形制具有突厥汗国早期的特征，如龟背下方有一道

① 陈凌：《突厥汗国与欧亚文化交流的考古学研究》，上海古籍出版社，2013，第18~23页。

凹槽，龟头和龟身较短。[①]

据布古特碑载，佗钵可汗统治时期，漠北地区佛教盛行，而佛教在漠北的传播和发展与佗钵可汗有密不可分的关系。552年，突厥布民可汗推翻柔然统治，在漠北建立突厥汗国。但突厥人并未承袭柔然崇奉佛教的传统。《周书·突厥传》载，突厥人“敬日之所出”“拜祭天神”。直到佗钵可汗在位时，“周、齐争结姻好，倾府藏以事之”。他与中原王朝交往十分密切，并受到来自北齐的高僧惠琳影响，崇信佛教，他“躬自斋戒，绕塔行道，恨不生内地”。[②]实际上，当时在突厥汗国内进行佛教宣传活动的不光是惠琳一人。这期间还有犍陀罗国高僧阇那崛多（Jingupat）。由于北周武帝于建德三年（574）开始禁止佛教，他本打算途经突厥汗国回国，但由于佗钵可汗的请求，便留在突厥地区十余年，并在这里传播佛教。这时北齐僧人宝暹等十一人于武平六年（575）从印度取经归来，携“梵经二百六十部”到达突厥。之后由于听说北周灭北齐并毁坏佛法，所以决定暂留突厥，并和阇那崛多一起，对他们带回的佛经进行了编目工作。后又听到隋灭北周，佛法再兴时才于开皇元年（581）回国。[③]

在布古特碑中，有一系列铭文可以与史料互证。布古特碑中有“摩诃特勤”一词为佗钵可汗信佛后的法号，说明他是一位信仰佛教的突厥可汗。[④]此外，碑文中还有“他于是传旨建造一座新寺院”的字样，而

① 刘文锁:《蒙古国境内突厥遗迹的调查》,《丝绸之路上的考古、宗教与历史》，文物出版社，2011，第166~167页。

② 《隋书》卷八四《突厥传》，中华书局，1973，第1865页。

③ 耿世民:《佛教在古代新疆和突厥、回鹘人中的传播》,《新疆大学学报》1978年第2期，第72页。文本见《续高僧传》卷二《阇那崛多传》:“路出甘州北由突厥。阇梨智贤还西灭度。崛多及以和上。乃为突厥所留。未久之间和上迁化。只影孤寄莫知所安。赖以北狄君民颇弘福利。因斯飘寓。随方利物。有齐僧宝暹、道邃、僧昙等十人。以武平六年。相结同行，采经西域。往返七载，将事东归。凡获梵本二百六十部。行至突厥。俄属齐亡。亦投彼国。”中华书局，2014，第39页。

④ 林梅村:《布古特所出粟特文突厥可汗纪功碑考》,《民族研究》1994年第2期，第67页。

所云新寺院当因宝暹等大批僧人入突厥而兴建。[①] 布古特碑的背面还有一系列婆罗谜文，这些婆罗谜文铭文应出自前文提到的犍陀罗国高僧阇那崛多之手。[②]（徐弛）

图一　布古特碑（车车尔勒格博物馆藏，徐弛摄）

①　前揭《布古特所出粟特文突厥可汗纪功碑考》，第 68 页。最近，吉田丰利用最新的布古特碑 3D 扫描照片，将“摩诃”译为“莫何”。建寺一句，吉田丰译为“可汗下令，为他的王父建一大寺（或陵墓？）”。见吉田丰《布古特碑粟特语部分再考》，王丁译，《中山大学学报》2020 年第 2 期，第 105~115 页。

②　护雅夫:《古代游牧帝国》，东京，1976，第 217 页；转引自前揭《布古特所出粟特文突厥可汗纪功碑考》，第 68 页。

图二　布古特碑上的粟特文（徐弛摄）

15. 伊德尔陵

【名称】伊德尔陵（突厥土门可汗陵）

【位置】蒙古国扎布汗省陶松曾格勒苏木县城东南

【年代】公元6世纪～公元7世纪

【解题】

伊德尔陵（the memorial at Ider）位于陶松曾格勒苏木（Toson Tsengel Soum）县城东南40多公里、策楚乌赫郭勒墓地东北8.9公里，处在伊德尔河（Ider）流域的一片较为开阔的河谷平地上。1976年苏联考古学者沃伊托夫（B.E.Войтов）进行过发掘，是一处突厥墓地。

地面上现存的遗迹主要有封堆、壕沟、碑址、土垣、“杀人石”阵等。其中封堆为圆丘形（覆钵形），由石块堆成，直径16.1米，最高处约1.2米。在封堆前方，发现了灰色筒瓦和板瓦等建筑遗物，但残破严重。封堆东北方向是“杀人石”阵等遗迹。

石碑，大致立于原址，尚存龟趺，遗留于距封堆6.8米处。龟趺以花岗岩制作，龟头部分已残。残长92厘米。背部的长方形碑槽长44、宽23、深30厘米，在口部以下20厘米处凿出一个阶梯状的小槽。

立石在碑的前方（东方），共有2列，与“杀人石”阵平行，两列的间距为5米，至土垣处止。有的石面上似有刻画。土垣与壕沟呈长方形，围绕封堆、碑、两列平行立石，长55.4、宽30米。土垣宽约0.5米。其外侧是一条宽而浅的壕沟，宽7.8米，最深处约0.8米，可看出是当年营建时为堆土垣而挖出的。“杀人石”阵从土垣处开始，排列于中轴线上，为单列，向东北方向延伸，长 308 米，共有 210 块立石。[①]

伊德尔陵龟趺的形制与布古特碑具有相似的特征，即在龟背以下有一道宽凹槽。其原始位置，应是树立于封堆前方，即朝向"杀人石"阵的方向，并介于封堆与石阵间——在封堆正中与石阵所处的墓葬中轴线上。这也是因为石阵的朝向多为东方，所以这座石碑原先的朝向也应是东方，即日出方向。而原先立碑的位置，很可能与唐墓的情况相似，即位于陵台前方的神道上，并介于石像阵与陵园门之间。从龟趺的形制来看，显系仿中国式碑或由汉人工匠所镌造，年代可能与布古特碑相接近，即可能在第二突厥汗国时期（682~744）之前。[②]1999 年，日蒙联合调查团在此发现了一块刻有几个如尼文的屋顶瓦片，为后世在此祭祀时制造，读为 il^2l^2k，可能为"伊利可汗"这一名称的一部分。在汉文史料中，"伊利可汗"这个头衔是土门可汗在 552 年登上最高权力宝座后所采用的。因此，伊德尔陵应是第一突厥汗国创始人土门可汗的墓葬。[③]

第一突厥汗国时的突厥贵族墓葬虽然与中原墓葬非常相似，但突厥人没有盲目地照搬中原地区的丧葬形式，而是用粟特文和婆罗谜文字取代了中国的常规碑文（汉文）。除了石碑之外，布古特的建筑装饰也传达了强烈的"中国"味道，这可以从带有兽面纹的残片和数百块具有中国风格的瓦当中看出。由此可见，早期突厥汗国出于自身的目的，吸收了来自中国上层社会的代表性元素。然而，正如粟特文和婆罗谜文碑文所表明的，突厥的贵族们也有意识地改变了一些中国的传统范式。[④]佗

---

① 刘文锁测量数据为长 314 米，共 205 块立石，沃伊托夫测量数据为长 308 米，210 块立石。见刘文锁《蒙古国境内突厥遗迹的调查》，《丝绸之路上的考古、宗教与历史》，文物出版社，2011，第 169~171 页；B.E.Войтов, *Древнетюркский пантеон и модель мироздания в культово-поминальных памятниках Монголии Ⅵ - Ⅷ вв*, Москва, 1996, pp.28-29。

② B.E.Войтов, *Древнетюркский пантеон и модель мироздания в культово-поминальных памятниках Монголии Ⅵ - Ⅷ вв*, Москва, 1996, p.28.

③ 林俊雄『ユーラシアの石人』東京：雄山閣、2005、82 頁。

④ Sören Stark, "Luxurious Necessities: Some Observations on Foreign Commodities and Nomadic Polities in Central Asia in the Sixth to Ninth Centuries," *Complexity of Interaction along the Eurasian Steppe Zone in the First Millennium AD.*, pp.477-481.

钵在位时，与中原王朝交往十分密切，“周、齐争结姻好，倾府藏以事之”。①他还受到来自北齐的高僧惠琳的影响，崇信佛教，导致他“躬自斋戒，绕塔行道，恨不生内地”。②因此，其墓中出现了许多来自中原的元素可谓合情合理。而土门可汗陵出现汉式元素的原因，则更可能是因为他与中原王朝（西魏—北周、北齐）交往密切。（徐弛）

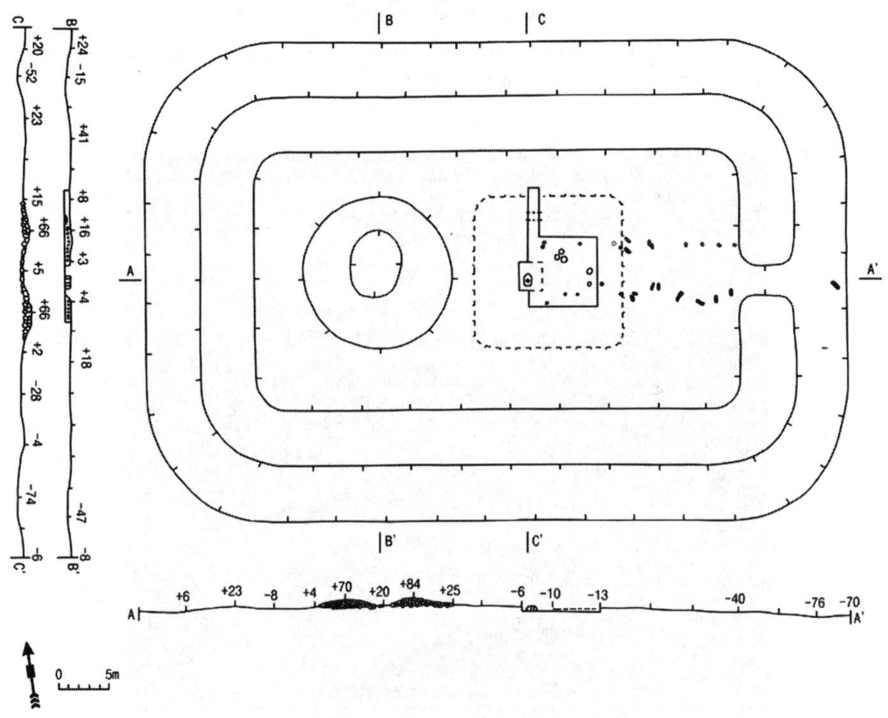

图一 伊德尔陵平面图

（引自 B.E.Войтов, *Древнетюркский пантеон и модель мироздания в культово-поминальных памятниках Монголии Ⅵ - Ⅷ вв*, Москва, 1996）

① 《隋书》卷八四《突厥传》，中华书局，1973，第 1865 页。

② 《隋书》卷八四《突厥传》，第 1865 页。

图二　伊德尔陵龟趺

（引自 *Монгол нутаг дахь түүх, соёлын үл хөдлөх дурсгал. хі дэвтэр. Завхан аймаг*, Улаанбаатар, 2017）

图三　伊德尔陵及杀人石

（引自 *Монгол нутаг дахь түүх, соёлын үл хөдлөх дурсгал. хі дэвтэр. Завхан аймаг*, Улаанбаатар, 2017）

表一　布古特陵与伊德尔陵基本情况对比

	布古特陵	伊德尔陵
封堆	直径10米	直径16.1米
墓园大小	长35米，宽16米	长55.4米，宽30米
石碑与龟趺	汉式，上有粟特文与婆罗谜文，宽72厘米，厚19~19.8厘米；龟趺通高44、通长123厘米	汉式，仅存龟趺，与布古特碑形制相似，通过龟趺上的碑槽可知石碑宽44、厚23厘米；龟趺残长92厘米
汉式建筑	有	有
杀人石	270余块	210块
墓园立石	一列，即杀人石列	另有两列，似有刻画

资料来源：刘文锁《蒙古国境内突厥遗迹的调查》,《丝绸之路上的考古、宗教与历史》，第169~171 页；B.E.Войтов, *Древнетюркский пантеон и модель мироздания в культово-поминальных памятниках Монголии Ⅵ - Ⅷ вв*, Москва, 1996, p.28；陈凌《突厥汗国与欧亚文化交流的考古学研究》，上海古籍出版社，2013，第 18~23 页。

16. 贡布尔地突厥墓

【名称】贡布尔地突厥墓

【位置】蒙古国肯特省德力格尔汗县巴彦孟和苏木

【年代】公元 6 世纪～公元 8 世纪

【解题】

该墓位于肯特省德力格尔汗县巴彦孟和苏木边界的贡布尔地－额赫小盆地的边缘 150 米处。地理坐标为北纬 46° 58′ 279″，东经 109° 29′ 12″。其最外围为土围墙，墙体宽 2~3.7 米，面积为 41 × 32 米，围墙内侧有梯形环壕，为 32 × 16 米的剖面，环壕开口宽约 2.5 米，底宽约 0.5 米，深 1.5~2 米。壕内有 25.4 米宽的祭祀区，东侧设门，门内侧有 8.5 × 5.4 米的建筑台基，初步判断为享殿。此外，还有较低的封土堆、三块祭祀石板、头部以及手臂残缺的 2 个石人，根据这些特征来判断，贡布尔地突厥墓应为第二突厥汗国时期的贵族墓葬。

2018 年，蒙古国国家博物馆与国际突厥学院联合考古队对该墓进行了发掘，发现 1 具完整的小牲畜（可能是羊）骨架，2 块马颌骨，1 块马头骨，以及大量的板瓦、筒瓦及瓦当。此外还对疑似墓园门址的区域进行了试掘，在探方 P6 中发现 55 件瓦当和筒瓦残件，P7 中发现 219 件瓦当及板瓦残件。探方 R8 发掘至 31 厘米处发现 182 件瓦当及板瓦残片。说明除了以往认知的献殿、碑亭之外，第二突厥汗国贵族墓葬的门址亦为汉式建筑。

贡布尔地一号石人由灰色花岗岩制作而成。高 81 厘米，宽 61 厘米，厚 30 厘米。石人整体呈盘坐状，右手持杯，贴于胸前，左手放在左侧膝盖处。衣领、衣襟及腰带雕刻得非常明显。腰带宽 3.5 厘米，带饰上雕刻的图案已模糊不清。贡布尔地二号石人与一号类似，但保存状况较差。

三块石围栏石板上分别雕刻有一对宝相花纹，石板上下用双直线雕刻出空间，内饰缠枝纹。直线间距为 12 厘米，双线间距为 3 厘米。而石板里侧只刻了粗糙的几条线纹。这类宝相花纹为唐朝常见纹样，可能为唐朝工匠制作。

贡布尔地突厥贵族墓葬的发掘，为我们了解第二突厥汗国时期贵族墓葬提供了最新资料，展示了盛唐时期唐与突厥间极为密切的交流往来。（董萨日娜）

图一 贡布尔地突厥贵族墓葬石人

（引自 Олон улсын Түрэг академи, Монголын үндэсний музейн хамтарсан «Гүнбүрд» тахилын онгон цогцолборт гүйцэтгэсэн археологийн хээрийн судалгааны ангийн 2019 оны товч тайлан, *Алтаистика, түркология, моңголистика*, 1/2020, Нур-Султан, p.15）

图二 贡布尔地突厥贵族墓葬宝相花纹石围栏

（引自 Олон улсын Түрэг академи, Монголын үндэсний музейн хамтарсан «Гүнбүрд» тахилын онгон цогцолборт гүйцэтгэсэн археологийн хээрийн судалгааны ангийн 2019 оны товч тайлан, *Алтаистика, түркология, моңголистика*, 1/2020, Нур-Султан, p.16）

图三　贡布尔地突厥贵族墓葬航拍图

（引自 Олон улсын Түрэг академи, Монголын үндэсний музейн хамтарсан «Гүнбүрд» тахилын онгон цогцолборт гүйцэтгэсэн археологийн хээрийн судалгааны ангийн 2019 оны товч тайлан, *Алтаистика, түркология, моңғолистика*, 1/2020, Нур-Султан, р.13）

17. 努尔肯 - 卡德突厥岩墓

【名称】努尔肯 - 卡德突厥岩墓

【位置】蒙古国科布多省扎尔加兰特·海尔汗山脉

【年代】公元 6 世纪～公元 8 世纪

【解题】

该墓位于蒙古国科布多省扎尔加兰特·海尔汗（Zhargalant Khairkhan）山脉中哈尔湖东南处厄姆诺赫山谷西侧，据 GPS 测量海拔高度约 1866 米。2008 年，一名牧羊人放牧时在山峰上偶然发现了这处墓葬，随后蒙古国考古学家对其进行了发掘。

岩墓入口非常狭小，洞口尺寸为 86×60 厘米。洞室内部空间仅能容纳一人，东南角落之间宽度为 280 厘米，南侧宽度为 82~100 厘米，中央宽度为 80~130 厘米，北侧宽度为 35~50 厘米，高度为 75~95 厘米。

墓主为仰身直肢葬，其头骨可能由于进入洞室的动物侵扰而脱离原位置，发现于洞穴的北部，面朝东，整体保存完好，左额骨上有一个被锐器造成的创口，尺寸为 3.6×2 厘米。根据骨架和牙齿的磨损情况来判断，为一名 20~25 岁的男子，身高 166.7 厘米。其左腿胫骨的外侧发现了一枚骨制带扣，右前臂右侧发现木制马鞍的碎片、骨质碎片与八字形的铁制品，在右手西侧约 10 厘米处出土了一枚青铜戒指、带有皮带残余的圆形铁器及腰带残件，头部附近有一件木制乐器。洞室中另有铁刃、箭杆和箭头等随葬品，但由于发现者在探查时进行了移动，已不在原位。总体来说，此岩墓中出土物遗物的风格与蒙古国各地发现的突厥遗物风格相近。其中木制乐器带有马头装饰和动物图案，被认为是目前蒙古国境内出土最早的马头琴实物，而乐器上镌刻的突厥如尼字母则进一步为墓主族属的判定提供了确凿证据。

在墓主右肩处发现了一片黄色丝织品残片，其上可见四个垂直书写的汉字，笔触优美，但由于墨迹褪色而难以完全辨识，仅有第二个字可确定为“宜”。北京大学陈凌教授在释读后认为这四个字可能出自北宋韩维的作品，但年代与其他出土文物测年相冲突，故仍需进一步研究。（茆安然）

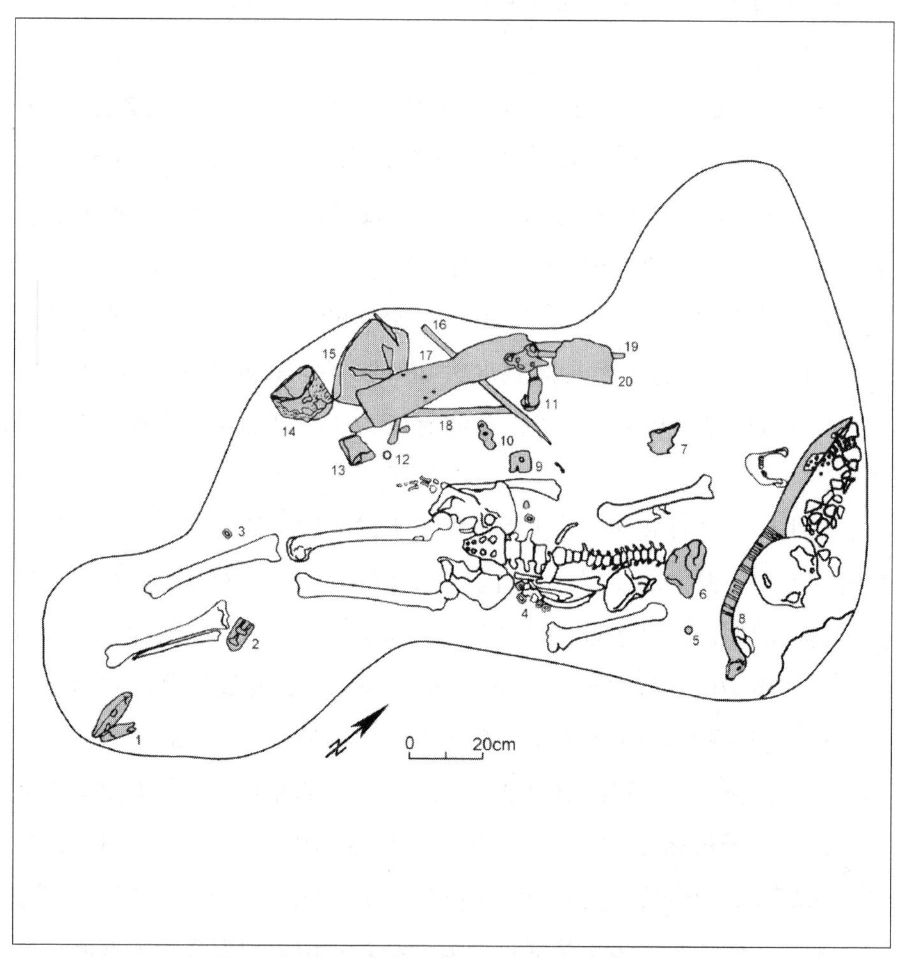

图一　努尔肯–卡德岩墓墓主遗骨与随葬品位置

（引自 T. Törbat, D. Batsükh, J. Bemmann, T. O. Höllmann & P. Zieme, “A Rock Tomb of the Ancient Turkic Period in the Zhargalant Khairkhan Mountains, Khovd Aimag, with the Oldest Preserved Horse-head Fiddle in Mongolia–A Preliminary Report,” *Current Archaeological Research in Mongolia*, Bonn, 2009，pp. 365-383）

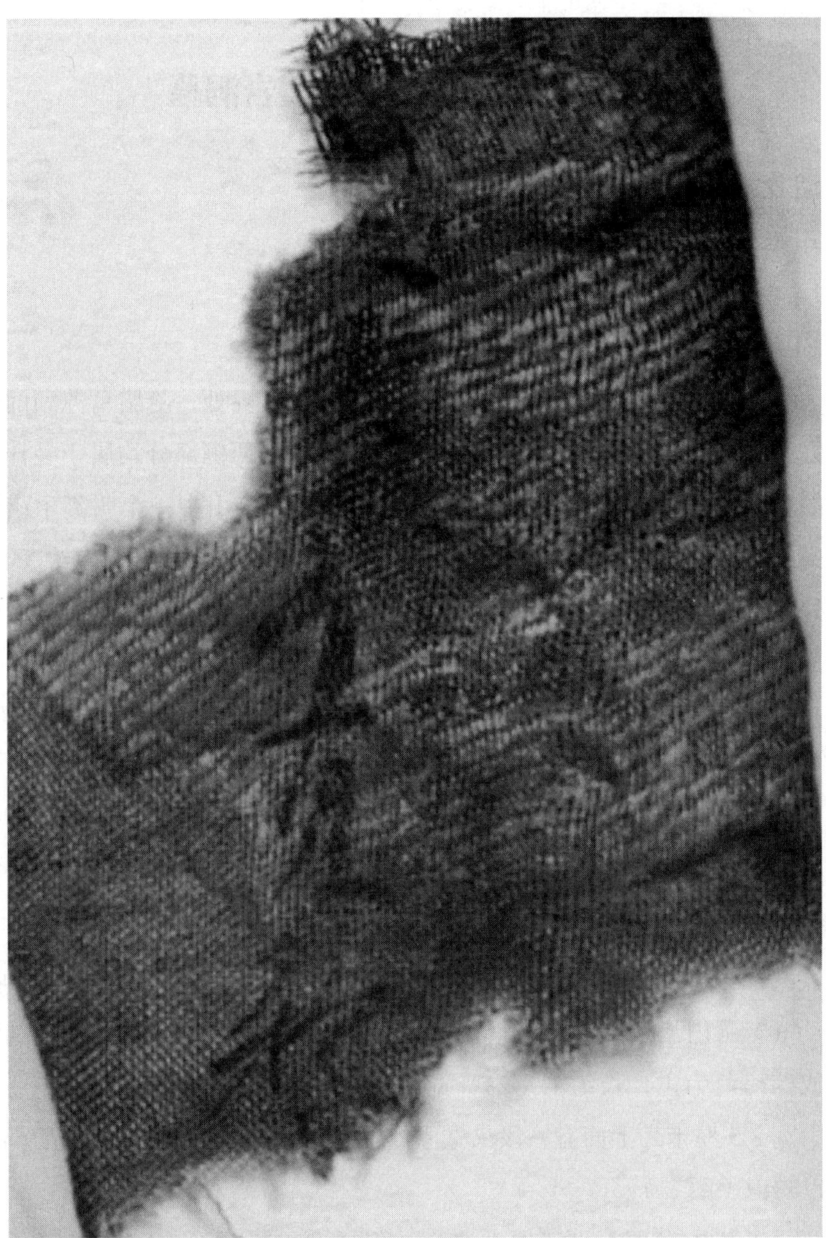

图二　努尔肯–卡德岩墓出土带汉字的丝织物残片

（引自 T. Törbat, D. Batsükh, J. Bemmann, T. O. Höllmann & P. Zieme, "A Rock Tomb of the Ancient Turkic Period in the Zhargalant Khairkhan Mountains, Khovd Aimag, with the Oldest Preserved Horse-head Fiddle in Mongolia–A Preliminary Report," *Current Archaeological Research in Mongolia*, Bonn, 2009，pp. 365-383）

18. 吉日嘎郎图海日罕岩洞墓

【名称】吉日嘎郎图海日罕岩洞墓

【位置】蒙古国科布多省曼汗苏木

【年代】公元6世纪～公元8世纪

【解题】

蒙古国科布多省曼汗苏木和钱德曼苏木的交界处，哈腊乌苏湖的东南方有一座叫吉日嘎郎图海日罕的圣山。该山的西侧部分均属于曼汗苏木的辖地。2008年5月，当地牧民N.丹达尔在该山中一个叫额木诺黑阿姆的山谷里发现了一处岩洞墓。① 该墓位于曼汗苏木中心东南约35公里处，岩洞所在位置海拔高度为1866米。②

考古队员们得到消息，赶赴岩洞墓所在地点时，发现已有人盗扰过墓内的尸骨及随葬品。在发掘清理过程中发现，除头骨、右侧肱骨、左侧桡骨、踝骨略有移位以外，其余骨骼均在原位。可见，尸骨原本为头朝东北方向的仰身直肢葬，双腿并拢，双臂在身体的两侧呈平伸状。人的头骨则置于北侧洞底处，可能是野生动物在洞内进行活动所致（图一）。

该岩洞墓中出土的随葬品包括丝织物、武器、马具、饰件、乐器等。

（1）洞内出土约50件看似服饰残片的布、丝绸等织物残件，以明黄或棕褐色为主，长约1.7~23、宽约0.2~8厘米。此外，还发现一件长15、宽8.5厘米，上面有一段汉文墨书文字的绸缎残片。墨书字迹潦草，难以辨识（图二）。

（2）墓中发现不少武器类遗物，包括木弓（图三，1）、箭筒（图

---

① С. Хүрэлсүх, *Хадны оршуулгын судалгааны зарим асуудал*. УБ., 2012. т.20.

② Д. Батсүх, Т. Батбаяр, Жаргалант хайрханы хадны оршуула // Талын морытон дайчдын өвсоёл: Ⅶ-ⅩⅣ зууны Монголын хадны оршуулгын шилмнл хэрэглэгбэхүүн. УБ., 2014. т.210.

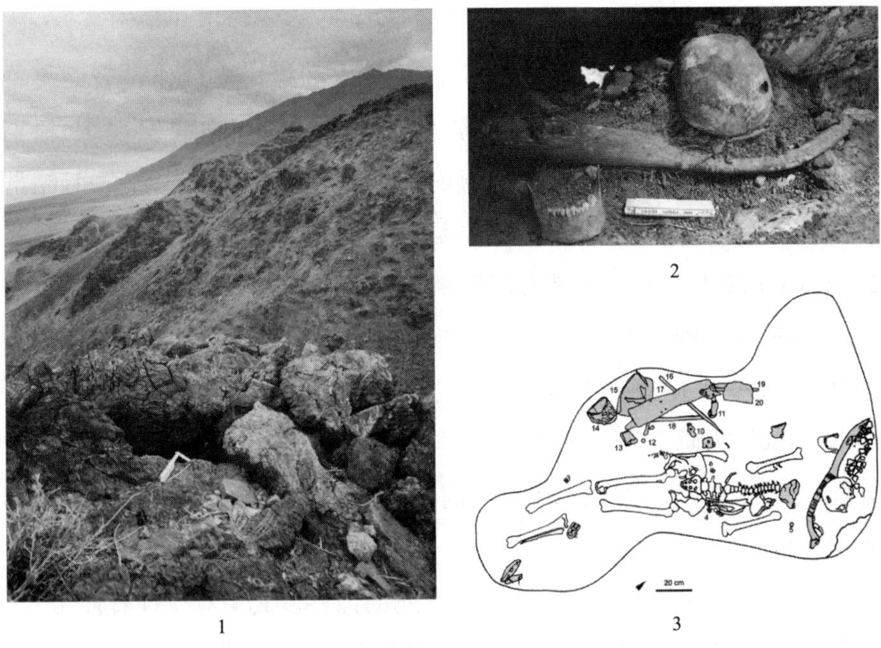

1　　　　　　　　2　　　　　　　　3

图一　吉日嘎郎图海日罕岩洞墓

1. 岩洞墓洞口处　2. 洞内散乱的人骨及箜篌等随葬品　3. 清理发掘情况平面图

（引自 Д. Батсүх, Т. Батбаяр, Жаргалант хайрханы хадны оршуула // Талын морьтон дайчдын өв соёл: Ⅶ-Ⅹ Ⅳ зууны Монголын хадны оршуулгын шилмнл хэрэглэгбэхүүн. УБ., 2014. т.208,213,211）

1　　　　　　　　2

图二　有汉文墨书的丝织品残片

1. 丝织品残片　2. 丝织品上的墨书文字

（引自 Д. Батсүх, Т. Батбаяр, Жаргалант хайрханы хадны оршуула // Талын морьтон дайчдын өв соёл: Ⅶ-ⅩⅣ зууны Монголын хадны оршуулгын шилмнл хэрэглэгбэхүүн. УБ., 2014. т.215, 215）

三，2）、羽箭（图三，3）、铁箭镞（图三，4）、铠甲片（图三，5）、铁剑（图三，6）等。其中，有一件用桦木和桦树皮制作，表面裹饰皮革的箭筒。长 87.5、宽 25、厚 10.2 厘米。箭筒内共发现 23 根羽箭，箭头朝上置于筒盖处。因洞内气候条件适宜，不少箭的羽翎部分亦保存完好。箭有两类：一类是有三股羽翎的箭，长 77.3、直径 0.83~1.05 厘米；另一类是有四股羽翎的箭，长 69.5、直径 0.73~0.95 厘米。铁箭镞则均为三翼式长铤镞，长 7.9~15 厘米。弓有 1 件，为木质，用桦树皮来包裹，长 134、宽 12、厚 4 厘米。铠甲片共出 4 片，均为铁质，甲片边缘处有匀称的穿孔，最大一片长 9.5、宽 4.4、厚 0.1 厘米，重 9.6 克。铁剑有 1 把，长 21.8、宽 1.9、厚 0.45 厘米。

（3）墓中还出土有一些铁质或骨质的饰件。其中有 1 件骨质带扣，长 7.7、宽 3.7、厚 1.5 厘米，其上有两个穿孔，扣舌位于其中一侧。另外，还发现很多形制各异的铁带扣、带钩等遗物。

（4）墓中出土的马具包括 2 件马鞍架、1 对马镫、1 把木马鞭（图四，5）以及一些马辔头上的节约饰件等（图四，3）。马鞍均为有着圆形鞍桥的大尾式马鞍。其中，一件有铁箍饰，保存相对完整，前鞍桥高 17、宽 31、厚 4.8 厘米，鞍板长 40、宽 14.2，厚 7.8 厘米（图四，1）；另一件则残损严重（图四，2）。铁马镫的上部有椭圆形的穿孔，镫长 15、宽 12.4、厚 6.1 厘米（图四，4）。

（5）岩洞墓中还出土有一件被蒙古国考古学界称为“阿尔泰雅托克”的乐器——箜篌（图六，1）。有趣的是该箜篌琴箱上不仅刻绘有看似岩画图像般的猎鹿纹图像（图六，2~3），而且上面还有一些如尼文刻记（图六，4~5）。这件箜篌长 72.3、宽 10.4、高 12.7 厘米。琴箱的中部有一个十字形的音孔，琴的头部像马头。俄罗斯巴泽雷克墓葬（图六，

6）以及中国新疆洋海墓地[①]（图六，7~8）、艾斯克霞尔南墓群[②]（图六，9）中均出土有箜篌。中国的新疆是东亚地区箜篌出土最多的区域，迄今为止共发现 23 件箜篌，这些箜篌的年代范围在青铜时代晚期至早期铁器时代之间。所以，俄罗斯巴泽雷克墓葬和蒙古国吉日嘎郎图海日罕岩洞墓等阿尔泰山地区发现的箜篌很可能与新疆地区有关联。[③]

另外，墓中还出土有一些骨角器、铁环、铁钉以及一些木质构件等。

此由可见，该岩洞墓所出遗物与突厥墓中的遗物非常相似。其中，有着突厥时期特定造型和椭圆形穿带孔的马镫、圆形鞍桥和大尾式鞍座的马鞍、骨带扣、铠甲片、木弓、铁刀、方形带饰和泡钉、有缺口的铜环以及桦树皮箭囊、弓箙和饰件等都表明该墓葬的年代应为突厥时期。特别是，根据墓中出土的箜篌上动物纹饰及如尼文刻记等分析，该墓葬的年代应在 6~8 世纪。墓葬出土箭箙上标本的碳 14 测年结果为公元 590~670 年，也与学者们的推测基本一致。（特日根巴彦尔）

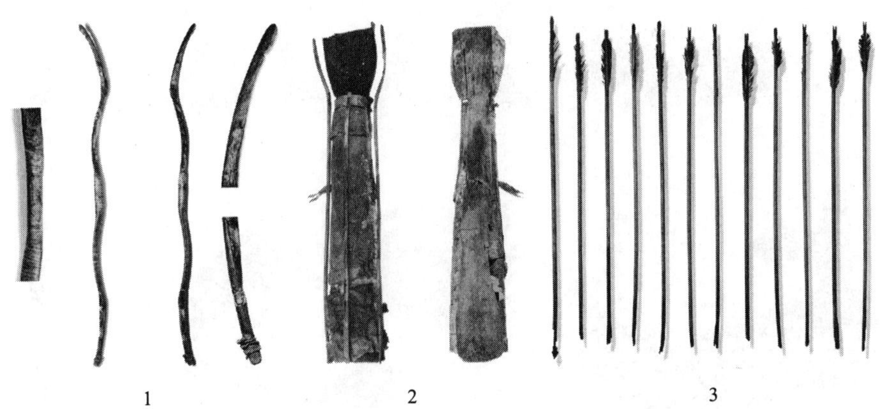

① 新疆维吾尔自治区文物局编《新疆维吾尔自治区第三次全国文物普查成果集成·吐鲁番地区卷》，科学出版社，2011，第 95 页。

② 新疆维吾尔自治区文物局编《新疆维吾尔自治区第三次全国文物普查成果集成·哈密地区卷》，科学出版社，2011，第 142 页。

③ 帕丽旦木·沙丁：《吐鲁番洋海墓地出土木器及用途研究》，《吐鲁番学研究》2020 年第 1 期，第 55 页。

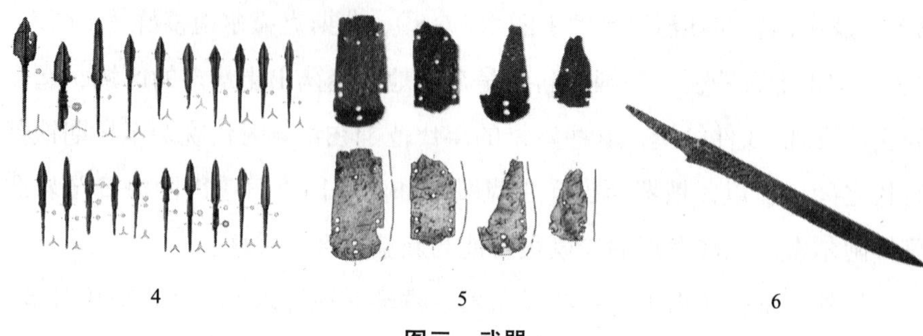

图三　武器

1. 木弓　2. 箭筒　3. 羽箭　4. 铁箭镞　5. 铠甲片　6. 铁剑

（引自Д. Батсүх, Т. Батбаяр, Жаргалант хайрханы хадны оршуула // Талын морытон дайчдын өв соёл: Ⅶ-ⅩⅣ зууны Монголын хадны оршуулгын шилмнл хэрэглэгбэхүүн. УБ., 2014. т.226-227, 217,222,224,231,234）

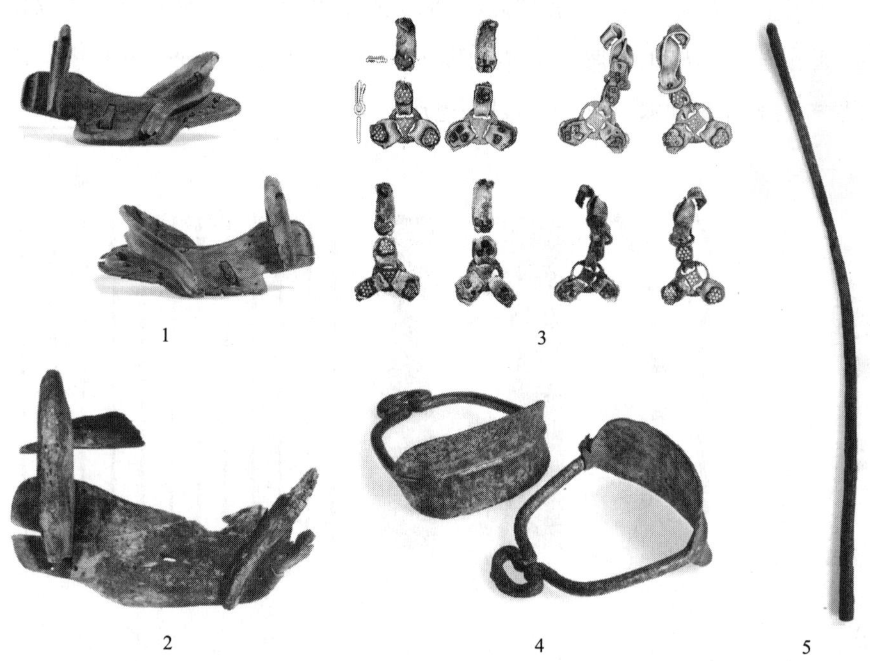

图四　马具

1. 铁饰木鞍架　2. 木鞍架残件　3. 节约饰辔头残件　4. 铁马镫　5. 木马鞭

（引自Д. Батсүх, Т. Батбаяр, Жаргалант хайрханы хадны оршуула // Талын морытон дайчдын өв соёл: Ⅶ-ⅩⅣ зууны Монголын хадны оршуулгын шилмнл хэрэглэгбэхүүн. УБ., 2014. т.228,230, 235,236,236）

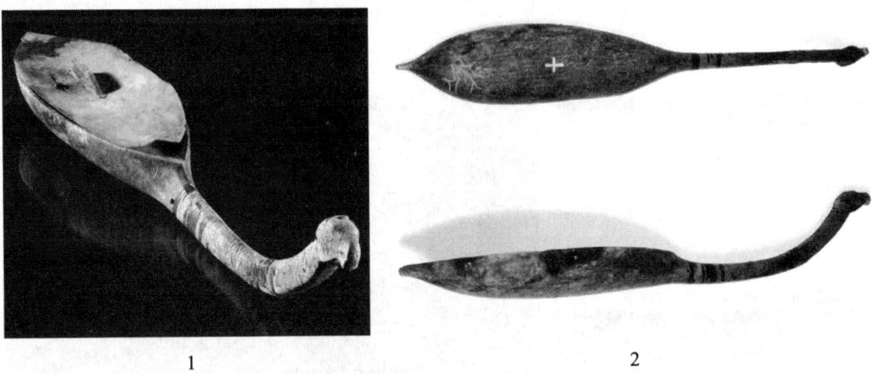
1　　2

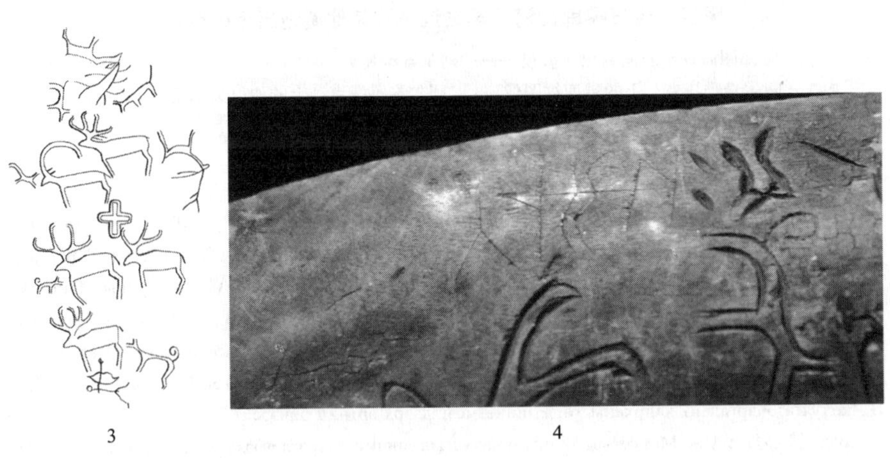
3　　4

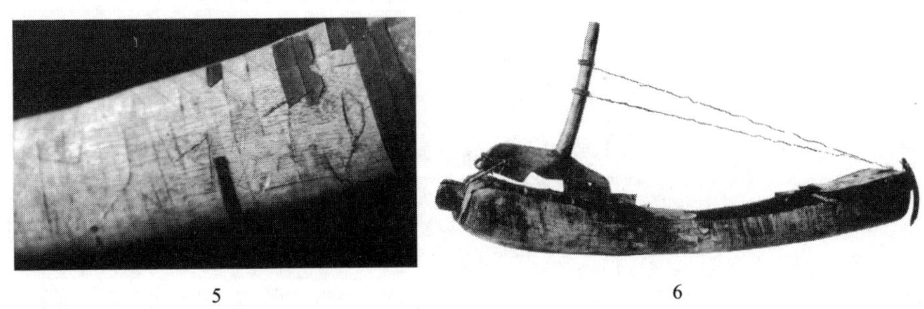
5　　6

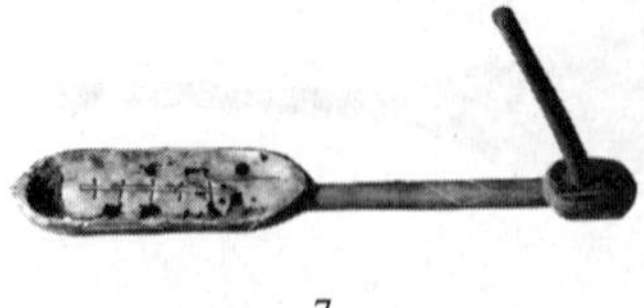

7

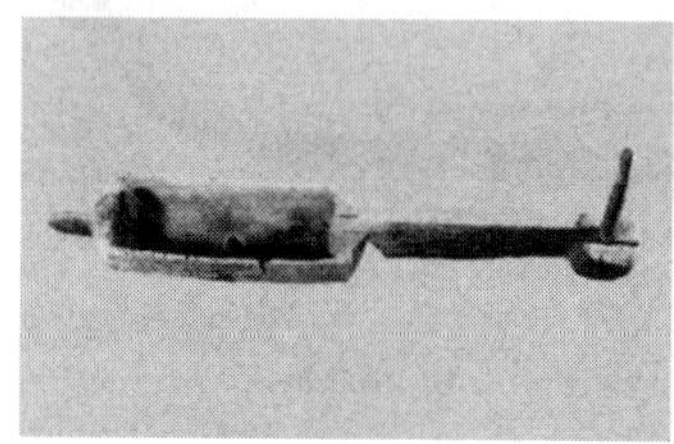

8

9

图五　吉日嘎郎图海日罕岩洞墓及其他墓地出土的箜篌

1. 吉日嘎郎图海日罕岩洞墓出土箜篌——“阿尔泰雅托克”

2~3. “阿尔泰雅托克”上的猎鹿纹图像　4. “阿尔泰雅托克”上的如尼文刻记一

5. “阿尔泰雅托克”上的如尼文刻记五　6. 俄罗斯巴泽雷克墓葬出土箜篌

7~8. 中国新疆洋海墓地出土箜篌

9. 中国新疆艾斯克霞尔南墓群出土箜篌

（图 1 引自 Ц. Төрбат, У. Эрдэнбат, Талын морьтон дайчдын өв соёл: Ⅶ - XIV зууны Монголын хадны оршуулгын шилмнл хэрэглэгбэхүүн. УБ., 2014. т.180。图 2 引自 Д. Батсүх, Т. Батбаяр, Жаргалант хайрханы хадны оршуула // Талын морьтон дайчдын өв соёл: Ⅶ - XIV зууны Монголын хадны оршуулгын шилмнл хэрэглэгбэхүүн. УБ., 2014. т.239。图 3、6~7 引自 Ц. Төрбат, Д. Батсүх, Т. Батбаяр, Жаргалант хайрханы хөгжмийнзэмсэг// Талын морьтон дайчдын өв соёл: Ⅶ - XIV зууны Монголын хадны оршуулгын шилмнл хэрэглэгбэхүүн. УБ., 2014. т.168,156,158。图 4~5 引自 Ц. Баттулга, Жаргалант хайрханы хөгжмийнзэмсэг дээрх эртний бичээс // Талын морьтон дайчдын өв соёл: Ⅶ - XIV зууны Монголын хадны оршуулгын шилмнл хэрэглэгбэхүүн. УБ., 2014. т.172,175。图 8 引自新疆维吾尔自治区文物局编《新疆维吾尔自治区第三次全国文物普查成果集成 · 吐鲁番地区卷》，科学出版社，2011，第 95 页。图 9 引自新疆维吾尔自治区文物局编《新疆维吾尔自治区第三次全国文物普查成果集成 · 哈密地区卷》，科学出版社，2011，第 142 页）

19. 巴彦诺尔壁画墓

【名称】巴彦诺尔壁画墓（Шороон бумбагар，Shoroon Bumbagar）

【位置】蒙古国布尔干省巴彦诺尔苏木东北约 14 公里处

【年代】647~679 年

【解题】

该墓位于蒙古国布尔干省巴彦诺尔苏木东北的乌兰和日木地区（北纬 47° 57′ 792″，东经 104° 30′ 887″），在乌兰巴托西北 295 公里，图勒河（Tuul Gol）南岸，海拔约 1000 米。中国学界通常将该墓称为“巴彦诺尔壁画墓”或“巴彦诺尔墓”，属唐朝遗迹，墓主可能为铁勒仆固部贵族、唐朝金微都督仆固歌滥拔延。该墓的发现对唐朝的羁縻府州研究有着极其重要的意义。2011 年，由蒙古国科学院历史研究所与哈萨克斯坦国立古米廖夫欧亚大学联合考古队发掘。该墓是一座按唐墓规制建造的大型壁画墓，墓内共发现具有唐代风格的壁画 40 余幅，陶俑、木俑 141 件，萨珊银币仿制品、拜占庭金币及仿制品共 40 余枚，各式金属器具 400 余件。但与一般唐墓规制不同的是，该墓没有出土墓志。据考古报告，该墓在被发掘时，保存极为完整。墓志并非被盗，而是在墓葬最初建造时就没有放入。

巴彦诺尔壁画墓地面隆起的封土堆为圆形夯土缓丘，高 4.2 米，底部直径 36 米。墓园四周围有方形夯土墙，南北长 200 米，东西宽 180 米。南墙开一门，门两旁有明显区别于园墙的一对较高的土堆。从土堆规模来看，园墙门楼原先应当很高。园墙墙壁四角比外墙略高，应有角楼一类的设施。园墙残高为 0.4~0.5 米，宽 2~3 米。园墙外有凹陷的壕沟痕迹，其宽度为 2~2.5 米。

墓道南北长 20.2 米，东西宽 1.8 米。墓道两侧壁上敷抹一层 0.5 厘米厚的黄土草拌泥，其上还涂抹一层白灰，然后再绘制壁画。过洞共有 4 个，为半椭圆形土洞，形制和大小基本相同。过道内壁涂有黄土草拌泥。天井有4个，为长方形竖井土坑，形制基本一致。在4号天井底部的东西两壁上有2个壁龛，内有陶俑。陶俑组合包括2件不带骑士的甲骑具装，陶马、陶狗、陶猪、陶驼、陶羊、陶鸡各1件，44件文官俑、36件站立风帽俑、14件侍女俑、11件骑马俑、4件骑马伎乐俑，共计117件。其中不带骑士的甲骑具装为唐墓中第一次发现。甬道位于4号天井与墓室之间，其内垒砌数层石块用来封堵墓门。门的左右两侧往南各有一个彩色泥俑，一个是狮子形态，一个带有鸟喙和偶蹄，墓门内两侧有两个天王俑。两个天王俑仅有树墩形踏板，脚下不踩小鬼和动物。此外，在该墓的主墓室中还发现了约20件木俑，包括女侍、胡人以及迦陵频伽、青龙、白虎、朱雀、玄武等神兽，还有马和水鸟等动物。

墓室西部铺有5厘米厚的木板，其上放置一具木棺。木棺可能有数层。因为被顶部塌陷的土所埋，已严重损坏。清理之后可见木棺长2.3米，南侧宽85厘米，北侧宽40厘米。外椁已不可见。棺椁均为木制，以榫卯结构来组装，并用铁钉进行固定。

木棺中有一个长80、宽35厘米的木匣。木匣里有一个丝绸袋，里面装着残碎的骨头。这明显是游牧民族火葬的葬俗。但根据蒙古考古学家的最新鉴定，这些骨头为羊骨。木匣表面覆盖着织金锦，虽然被塌陷的泥土所埋，但木匣的尺寸和形状仍很清楚。木匣右下角有1件带布绳的金扣，2件木头上镶嵌的金饰物。除木匣外，木棺中尚有两个丝绸袋：其中一个置于北侧，里面是金器；另一个置于南侧，装有金币。木棺周围还发现了陶器、木器、铁器和纺织品。墓室北侧有一个长方形木质供台，其上摆放各种供品，包括木雕的马、骆驼、车等。

巴彦诺尔墓的壁画绘于墓道东西两侧、墓道和天井北壁、天井东西两侧、龛壁侧面以及墓室内壁，共40余幅。除个别损毁外，基本保存完好。绘制壁画时，画师先把墓道和墓室的原生土壁用草拌泥打底，上涂一层白灰抹平，然后用红色、蓝色、黄色的天然颜料来绘制。

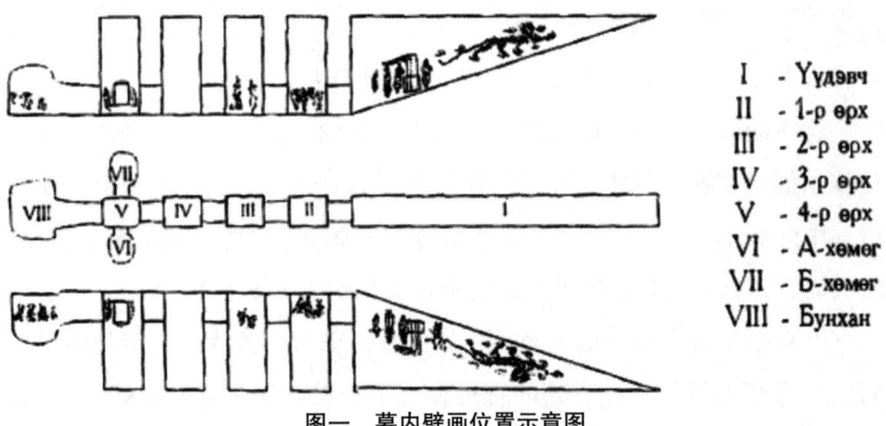

图一　墓内壁画位置示意图

（引自 А.Очир, Л.Эрдэнэболд, С. Харжаубай, Х.Жантегин, *Эртний Нүүдэлчдийн Бунхант Булшны Малтлага Судалгаа*, Улаанбаатар, 2013）

根据图一壁画分布位置并结合考古报告中对壁画内容的描述，列表如下（表一）。

表一　巴彦诺尔墓壁画分布与内容

壁画位置	壁画内容
Ⅰ-墓道东壁	青龙、人物列戟（4人，3杆列戟）
Ⅰ-墓道西壁	白虎、人物列戟（4人，3杆列戟）
Ⅰ-墓道北壁	庑殿式楼阁（上有一行人字形大雁）
Ⅱ-1号天井东壁	突厥人备马
Ⅱ-1号天井西壁	胡人备马
Ⅱ-1号天井北壁	莲花
Ⅲ-2号天井东壁	男侍、女侍各一位
Ⅲ-2号天井西壁	男装女子、女侍各一位
Ⅲ-2号天井北壁	兽面
Ⅳ-3号天井东壁	男侍、女侍各一位，以及一只犬
Ⅴ-4号天井东壁（龛壁侧墙）	男侍两位
Ⅴ-4号天井西壁（龛壁侧墙）	男侍两位
Ⅴ-4号天井北壁	庑殿式楼阁
墓室	树下人物屏风画（可见7幅，疑3男4女）

资料来源：А.Очир, Л.Эрдэнэболд, С. Харжаубай, Х.Жантегин, *Эртний Нүүдэлчдийн Бунхант Булшны Малтлага Судалгаа*, Улаанбаатар, 2013, pp.33-48.

墓中保存完整的壁画，属初唐时期关中地区贵族墓葬的壁画风格，为研究唐代的壁画和丧葬制度提供了重要材料。其中墓道壁画中的青龙白虎图案，是所有唐墓中最大的（图二）。墓室壁画中的列戟、文官等内容，则在一定程度上反映了唐代羁縻府州地区的现实状况。

就陶俑而言，其中的文官俑、站立风帽俑、侍女俑、骑马俑以及骑马伎乐俑是初唐时期唐墓中常见的随葬品（图三）；镇墓兽和天王俑是唐墓中的必备元素（图四）；而动物俑在唐墓中亦较为常见。至于木俑，侍女俑、四神俑则体现出了深刻的中原文化因素（图五）。

巴彦诺尔墓中出土的三梁冠（图六），被研究者认为与李勣墓出土的三梁进德冠类似。在唐朝的官员体系下，巴彦诺尔墓发现的三梁冠，意味着墓主人为三品以上的高级官员。但此三梁冠跟李勣墓出土的三梁冠相比，明显要小得多，其长 9.5 厘米，宽 4.5 厘米，高 7.2 厘米，材质为铜鎏金；簪导长 12.3 厘米，显然非成年人所用，而是为随葬之用。

使用木棺的葬俗同样遵循了唐朝的丧葬制度，即：“大唐制，诸葬不得以石为棺椁及石室。其棺椁皆不得雕镂彩画、施户牖栏槛，棺内又不得有金宝珠玉。”①

巴彦诺尔墓中出土了大量仿制的拜占庭金币，还出土了金指环等西方舶来品，为了解唐代漠北地区与西方国家的交流提供了新线索，对草原丝绸之路研究以及中外交流史具有重要意义。该墓葬中的壁画以及陶俑风格既与中原地区的唐墓类似，又别具一格，将不同地域的同类墓葬壁画及陶俑等出土文物进行比较，有助于推进中国艺术史相关领域的研究。

从巴彦诺尔墓的墓葬形制、规格来看，该墓依照唐朝墓葬规制建造，又根据封土、墓室、墓道、壁画上面的列戟等因素的规模来看，墓主人在唐代应身居高位。但与一般唐墓不同的是，该墓中还保存了诸多漠北草原族群的习俗，例如，丧葬方式并非传统意义上的土葬。墓室有一木棺，木棺内有一小木箱，内置火化后的羊骨，表明在尽量在不违背唐制的基础上，保留了本民族习俗。巴彦诺尔墓的发现，为这一时期唐朝统

① 《通典》卷八五《丧志三》，中华书局，1988，第 2299 页。

治下的羁縻制度研究以及漠北草原族群的研究提供了新的材料。

巴彦诺尔壁画墓的营建反映的是唐廷的意图，其目的是显示唐朝在漠北的权威和实力，为的是增进巴彦诺尔墓主人所属部落及参加葬礼的部落首领对唐朝的政治和文化认同。而墓中的精心设计则参考了墓主人家属的意见，体现了唐廷对当地首领及文化的尊重，其根本目的也是希望增进当地人对唐朝的政治认同。（徐弛）

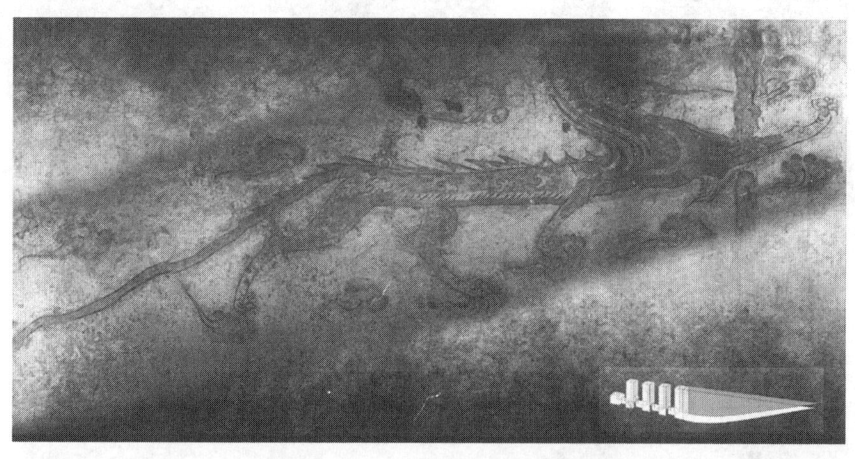

1

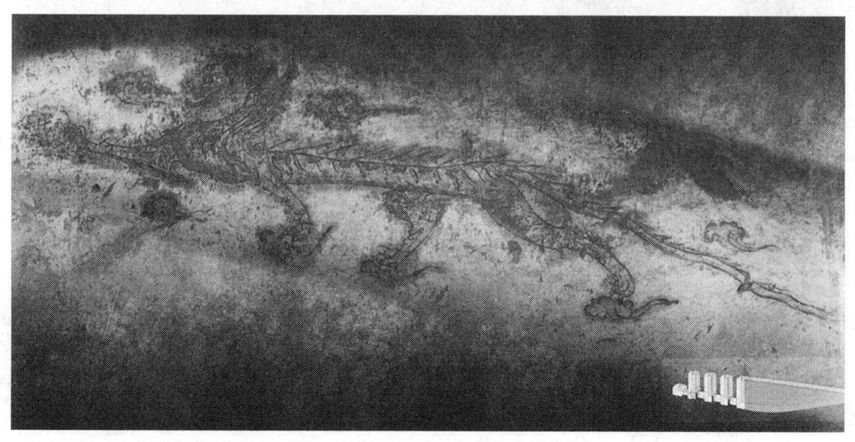

2

图二　墓道壁画

1. 东壁　2. 西壁

（引自阿·敖其尔、勒·额尔敦宝力道《蒙古国布尔干省巴彦诺尔突厥壁画墓的发掘》，萨仁毕力格译，《草原文物》2014 年第 1 期）

图三　巴彦诺尔壁画墓中的文官俑、风帽俑、侍女俑、骑马俑、骑马伎乐俑

（引自徐弛《蒙古国巴彦诺尔墓、仆固乙突墓中的随葬俑对比研究》,《草原文物》2021年第1期）

图四　巴彦诺尔壁画墓中的天王俑和镇墓兽

（引自徐弛《蒙古国巴彦诺尔墓、仆固乙突墓中的随葬俑对比研究》,《草原文物》2021年第1期）

1

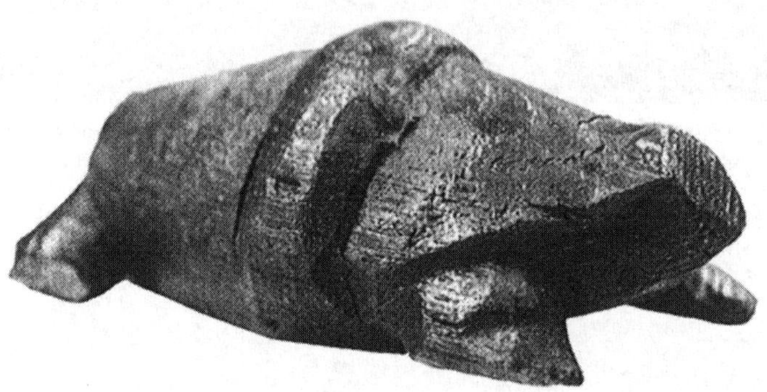

2

3

图五　巴彦诺尔壁画墓中的四神木俑

1. 白虎　2. 玄武　3. 青龙

（引自徐弛《蒙古国巴彦诺尔墓、仆固乙突墓中的随葬俑对比研究》，《草原文物》2021 年第 1 期）

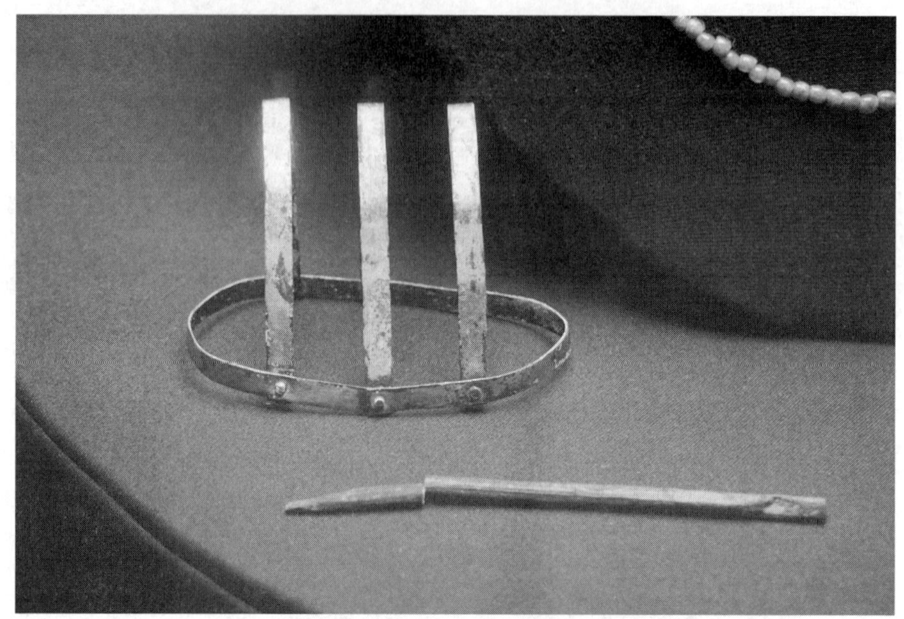

图六　三梁冠（巴彦诺尔墓出土，哈拉和林博物馆藏，徐弛摄）

20. 大唐安西阿史夫人墓

【名称】大唐安西阿史夫人墓

【位置】蒙古国后杭爱省哈拉巴勒嘎斯遗址附近

【年代】647~679 年

【解题】

该墓系唐朝在漠北羁縻统治时期的墓葬。1975 年，蒙古国后杭爱省的牧民巴勒丹（Ц.Балдан）在哈拉巴勒嘎斯（Хар Балгас，又名斡耳朵八里）宫城遗址西南方向，距城墙 500 米处的田地里，发现了一块写有汉字、题为《大唐安西阿史壁记》的石头。

这块石头长 32 厘米，宽 18.5 厘米，厚 5.2~6 厘米，材质为大理石。[①]1976 年 2 月，其被运送至蒙古国科学院历史研究所的仓库中存放。此后，考古学家和发现该物的牧民一起前往现场，但由于发现碑石后，农民继续在这里垦荒，因此无法确定准确的发现地点以及碑座等任何与之相关的文物。[②]日本学者石见清裕、森安孝夫对壁记做了录文并进行了全面详细的研究。他们认为该壁记与阿史夫人的墓葬有关，并凭借壁记的出土地点和内容，推测哈拉巴勒嘎斯遗址即唐代在漠北羁縻统治时期的瀚海（安北）都护府城。

录文如下：

大唐安西阿史　壁记

---

① 石見清裕・森安孝夫「大唐安西阿史夫人壁記の再読と歴史学的考察」『内陸アジア言語の研究』1998 年第 13 期、94 頁。

② Д. Цэвзэндорж, Уйгурын Хаант Улсын үеийн бичигтэй хөшөөд, *Studia Archeologica Instituti Historiae Academiae Scientiarum Mongoli,* Tom.XV, Fasc. 7, 1995, p.72. 转引自石見清裕・森安孝夫「大唐安西阿史夫人壁記の再読と歴史学的考察」『内陸アジア言語の研究』1998 年第 13 期、93 頁。

夫人　为造寝停之所，心玄万里。身住幽停，在于西门。三代王孙，到此他乡，无人知记。在身居家理治，處（处）外兢兢越有。夫人雍肃体调，雅志合方，招贤纳客，至性温柔，人皆钦仰。

贤夫，见任国之栋梁，武略居备，宿夜愜懈。已事一人，效之忠也。

时卯年三月　日，史氏立此寝停，镌石为记，永为不朽。[①]

该壁记外侧字体明显较大（图一），记载了阿史夫人丈夫的情况："贤夫，见任国之栋梁，武略居备，宿夜愜懈。已事一人，效之忠也。"可见壁记中记载其丈夫功绩的一面，更可能位于"寝停"（献殿）外侧，而记载阿史夫人的一面，很可能位于内侧。由于该壁记尺寸极小，故很难想象其会镶嵌到建筑墙壁内，而更像是镶嵌到建筑模型中的。

由此可以推测，该壁记很可能与汉唐时期墓葬内流行的石椁建筑有关。例如在西安出土的北周史君墓，墓中的石椁为中原建筑风格。而在石椁的椁门上方，写有汉文和粟特文的双语题刻，[②]可见初唐时期的壁记可能与墓葬有关，这与盛唐时期的厅壁记用途并不相同。但即便如此，该壁记的写作内容仍然有"褒美人材"的作用。

该壁记的发现，为我们研究唐代在漠北地区的羁縻统治及唐代"壁记"这一文体的起源、用途提供了重要的实物资料。（徐弛）

---

① 石見清裕・森安孝夫「大唐安西阿史夫人壁記の再読と歴史学的考察」『内陸アジア言語の研究』1998年第13期、95頁。

② 杨军凯、孙福喜:《西安市北周史君石椁墓》,《考古》2004年第7期，第39页。

图一　大唐安西阿史壁记

（引自 Батболд, Мартагдсан Пугу Аймаг, Улаанбаатар, 2017, p.38）

21. 唐朝佚名卢山都督墓

【名称】唐朝佚名卢山都督墓（又称博罗墓，the memorial of Boroo）

【位置】蒙古国色楞格省蔓达勒博罗河畔的溪谷

【年代】647~679 年

【解题】

1976 年，苏联和蒙古两国开展历史遗迹合作调查活动，次年发现该墓。关于墓碑被发现的信息刊登于 1977 年的苏联考古学年刊上《蒙古境内的铭文》一文中，文中介绍了如下内容：石碑的发现地；在石碑底部发现了为了安放在龟趺上的插口，碑石四面被打磨过；墓碑长宽高分别为 1.7、0.6、0.25 米；碑上共有 16 行铭文；碑的上部雕刻有突厥武士的面部。[①] 这个碑文与人面相结合的石碑，让我们想到突厥人死后“表木为茔，立屋其中，图画死者形仪及其生时所经战阵之状”[②] 的描写。

博罗墓园长 70、宽 40 米。墓园内的西部还发现了石围墓。墓园里面共有六个石围，各石围尺寸为 280×210×20 厘米，均只有一面有图案。此外，露出地面的石头由中央向四周扩散，还开有 20 厘米的洞。墓园内还发现了建筑遗迹，其上发现了类似布古特墓中出土的两种瓦。

在距墓园约 120 米处发现了保存完好的 12 尊杀人石，它们的间隔为 2.5 米。博罗墓园中还有一通唐碑（图一）。高 170 厘米，宽 60 厘米，厚 25 厘米，该石碑本应写有题目的碑额处，却雕刻了一个人面。铃木宏节认为，该碑在雕刻上突出人面，以人面为重点。[③] 铃木宏节释读了碑文，碑文显示，该墓主人为唐朝在漠北的羁縻府州时期首任铁勒思结部卢山都督乌碎之子“安公”，即第二任卢山都督。

---

① 铃木宏节「唐の羈縻支配と九姓鉄勒の思結部」『内陸アジア言語の研究』第 30 辑、2015、229 ～ 230 頁。

② 《隋书》卷八四《突厥传》，中华书局，1973，第 1864 页。

③ 铃木宏节「唐の羈縻支配と九姓鉄勒の思結部」『内陸アジア言語の研究』第 30 辑、2015、243 頁。

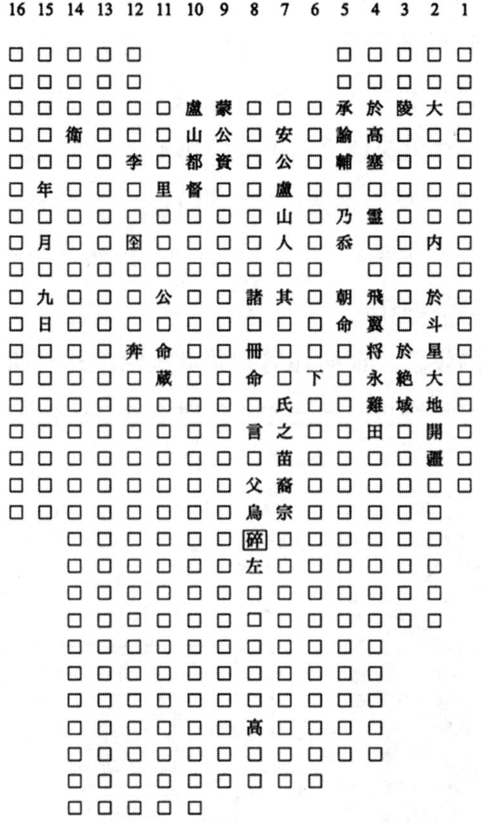

图一　卢山都督墓碑录文（铃木宏节释读）

（引自鈴木宏節「唐の羈縻支配と九姓鉄勒の思結部」『内陸アジア言語の研究』第 30 輯、2015、232 頁）

根据碑文，该墓当属唐朝羁縻府州时期的墓葬，但没有按照唐墓规制来建造。没有封土，也没有天井、墓道与墓室。墓园围有园墙，园墙开口处即为墓园入口，巴拉巴拉石（Balbal）从入口处一直向外延伸。墓园内分为前、中、后三部分，墓园中轴线上前树一方汉文书写的唐式石碑，正对墓园入口；中为祭祀建筑，后为石围墓（图三）。

唐朝在思结部的辖境树立一块石碑，并修建汉式建筑，与修筑唐朝式墓葬相比，成本要更为低廉，基本没有对思结部的丧葬方式产生影响。在草原上立碑，是中原王朝影响草原族群的一种重要方式，石碑在草原上历经千年而不倒，在中原王朝的统治者看来，可以起到持续增进草原族群对中原王朝认同的作用。《阙特勤碑》汉文部分记载：“且特勤，可汗之弟也，可汗，犹朕之子也。父子之义，既在敦崇；兄弟之亲，得无连类。俱为子爱，再感深情。是用故制作丰碑，发挥遐囗，使千古之下，休光日新。”①可见，唐玄宗撰此碑的目的之一，就是让后人能够永久记住突厥和唐朝的友好关系。卢山都督的碑文虽然已经残缺，但唐朝应该也期待过它发挥类似的作用。

此外，该墓的发现，证明在唐朝羁縻统治漠北时期（647~679），铁勒思结部的卢山都督府当位于蒙古国色楞格省蔓达勒博罗河畔。（徐弛）

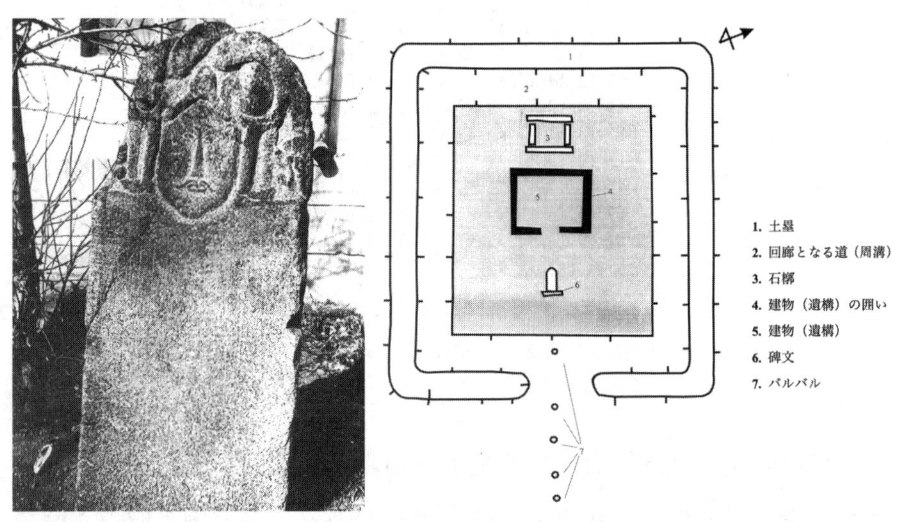

图二　博罗墓墓碑　　**图三　博罗墓墓园（铃木宏节制图）**

（图二、图三引自鈴木宏節「唐の羈縻支配と九姓鉄勒の思結部」『内陸アジア言語の研究』第30輯、2015、228頁）

① 岑仲勉:《突厥集史》，中华书局，1958，第828页。

22. 仆固乙突墓

【名称】仆固乙突墓

【位置】蒙古国中央省扎马尔县的土拉河北岸

【年代】678 年

【解题】

该墓是唐朝在漠北羁縻统治时期的墓葬，墓主人是唐代第三任金微都督、铁勒仆固部首领仆固乙突。

墓园园墙为南北长 108、东西宽 87 米的长方形；封土直径约 20 米，高 5 米。墓葬主体为带斜坡墓道的土洞墓，有三个过洞和三个天井。一对壁龛位于第二个天井的两侧。在第三个天井下面发现了仆固乙突的墓志。墓室长 3.6、宽 3.5 米，墓室两侧有两个天王俑和两个镇墓兽，墓室中还发现了 40 多个木俑，形象有侍从、马、骆驼、鱼、迦陵频伽、鸟等。[①]

仆固乙突墓中的陶俑主要发现于墓道两侧的壁龛中。共有 54 件风帽俑，其中 A 龛有 25 件，B 龛有 29 件；14 件骑马俑，包括风帽骑马俑和胡人骑马俑两种，其中 A 龛 5 件，B 龛 9 件；另外，A 龛内还发现了 3 件襆头男侍俑。而在墓室两侧，有两个天王俑和两个镇墓兽，共有 75 件陶俑，加上主墓室发现的 47 件木俑，总计 122 件[②]。此外，在仆固乙突

---

① 对仆固乙突墓的介绍，主要参考 А.Очир, С.В.Данилов, Л.Эрдэнэболд, Ц.Цэрэндорж, *Эртний Нүүдэлчдийн Бунхант Булшны Малтлага, Судалгаа: Төв Аймгийн Заамар Сумын Шороон Бумбагарын Малтлагын Тайлан*, Улаанбаатар, 2013；东潮《蒙古国境内的两座突厥墓——乌兰克热姆墓和仆固乙突墓》，筱原典生译，《北方民族考古》第 3 辑，科学出版社，2016，第 31~43 页；Jonathan Karam Skaff, "The Tomb of Pugu Yitu (635–678) in Mongolia: Tang-Turkic Diplomacy and Ritual," *Competing Narratives between Nomadic People and Their Sedentary Neighbours*, Algyő, 2019。

② А.Очир, С.В.Данилов, Л.Эрдэнэболд, Ц.Цэрэндорж, *Эртний Нүүдэлчдийн Бунхант Булшны Малтлага, Судалгаа: Төв Аймгийн Заамар Сумын Шороон Бумбагарын Малтлагын Тайлан*, Улаанбаатар, 2013, p.34.

图一　仆固乙突墓侍女俑（徐弛摄）

墓中还出土了木棺、丝绸残块和破碎的“开元通宝”钱币，均属唐朝之物。

该墓的墓志为青石质，方形，边长74厘米，有盖。志盖为盝顶，篆刻“大唐金微都督仆固府君墓志”12字（图三）。墓志刻楷书，28行，满行31字，共774字（图四）。后蒙古国考古学者又在附近牧民砌水井的石头中发现了仆固乙突墓碑的残块，上面清晰地刻有“乙突”二字。

仆固乙突墓的发现，对考证7世纪漠北铁勒居地的具体位置有重要意义。贞观二十年（646），唐太宗在漠北置六府七州，以回纥部为瀚海府，多览葛为燕然府，仆骨为金微府，拔野古为幽陵府，同罗为龟林府，思结为卢山府，浑部为皋兰州，斛萨为高阙州，阿跌为鸡田州，契苾为榆溪州，跌结为鸡鹿州，阿布思为蹛林州，白霫为置颜州，以结骨为坚昆府，其北骨利干为玄阙州，东北俱罗勃为烛龙州。[①] 仆固乙突墓的发现，为漠北铁勒诸部落的居地位置考证提供了新线索，使我们能够更加准确地了解漠北各部的具体位置。此外，在仆固乙突墓附近的和日木·登吉古城中出土了唐代瓦当，这说明该古城应为唐代在漠北羁縻统治时期的金微都督府。该墓的发现，有力证明了太宗至高宗时期，唐朝对漠北地区进行了较为有效的羁縻统治。（徐弛）

① 《旧唐书》卷一九五《回纥传》，中华书局，1975，第5196页；又见《资治通鉴》卷一九八，唐太宗贞观二十一年正月丙申，中华书局，2011，第6244页。

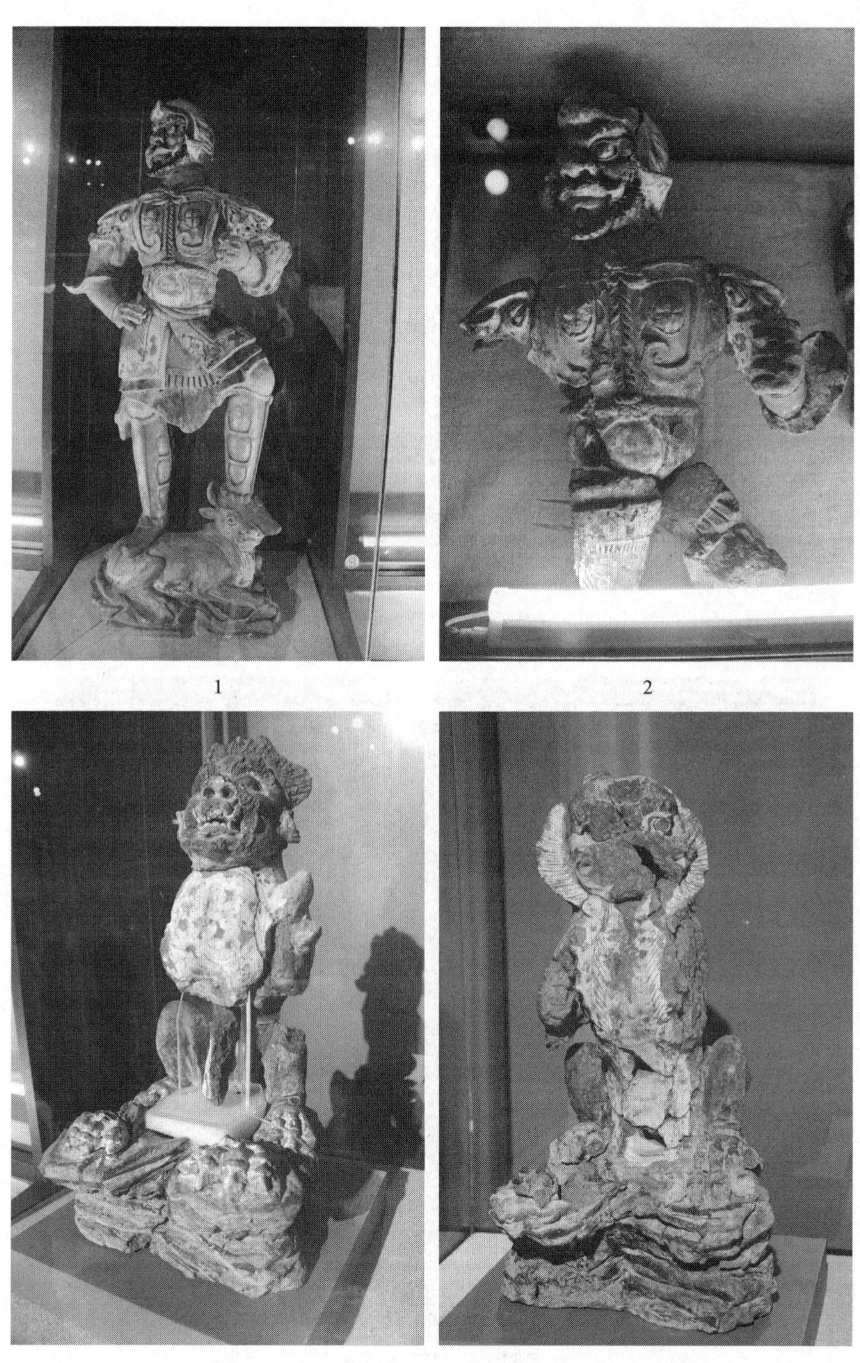

1 2 3 4

图二 仆固乙突墓中的天王俑和镇墓兽（扎纳巴扎尔博物馆藏，徐弛摄）

图三　仆固乙突墓墓志盖

（引自 Батболд, Мартагдсан Пугу Аймаг, Улаанбаатар, 2017, p.42）

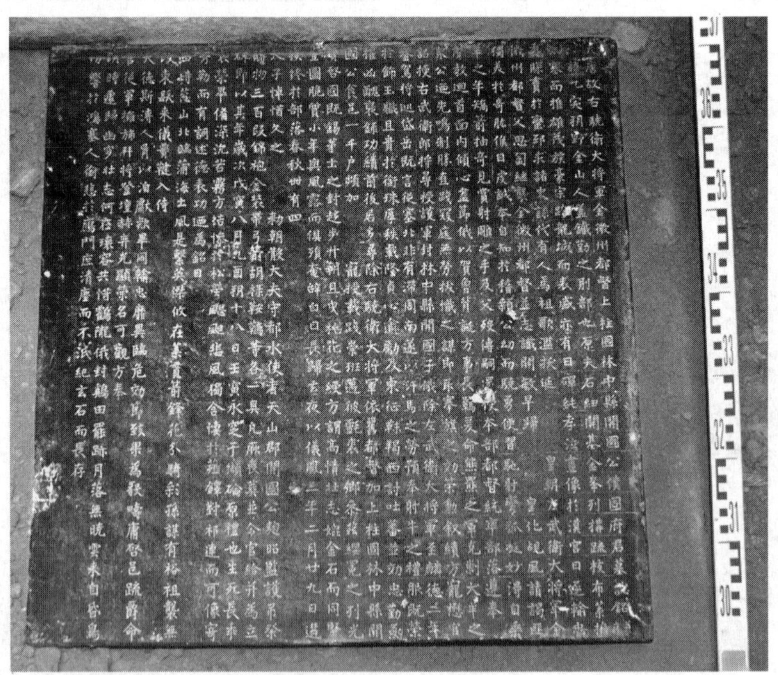

图四　仆固乙突墓墓志

（引自杨富学《蒙古国新出土仆固墓志研究》,《文物》2014 年第 5 期）

图五　仆固乙突墓航拍图（徐弛摄）

23. 翁古特墓

【名称】翁古特墓

【位置】蒙古国中央省阿拉坦宝拉格县呼斯坦瑙鲁野马保护区内

【年代】公元 7 世纪

【解题】

该墓由石围墓、石人、神道和杀人石阵组成。石围墓的每片石板只有一面有线刻，为用直线或交叉的斜线刻画。而石人的位置，即位于第二突厥汗国其他墓葬中汉式石碑的位置。翁古特墓（Ungot Grave）的杀人石阵长达 2.1 公里，共计 552 个，是蒙古国最长的杀人石阵。①

该墓的神道并非属唐朝风格的石像，而是草原石人。其风格古拙，共有 32 尊。沃伊托夫曾对该墓进行过发掘，根据他的测量，翁古特墓的墓园长 60 米，宽 40 米，其石围墓长约 1.5 米，宽约 1 米，呈东南—西北走向。在石围墓附近还发现了瓦当等建筑构件，说明存在献殿一类的中原式建筑。此外，还发现了一个石狮和一个石羊。

20 世纪 70 年代末进行的考古发掘表明，翁古特墓包括了两个不同时期的墓葬。鉴于石人与石狮、石羊的风格完全不同，可推测石狮、石羊可能是在第二次营建时放上去的。沃伊托夫认为，这处墓地可能是薛延陀夷男可汗的陵寝。②但据中文史料记载，夷男可汗建牙于都斤山，而该墓地位于土拉河流域，与于都斤山相距甚远，因此，关于该墓地的主人，仍有待进一步研究。

就整体风格而言，翁古特墓与第二突厥汗国时期的墓葬较为相似，但前者的雕像明显更为古拙，应为第二突厥汗国初期或更早时期的墓葬，对应的时期应为初唐阶段。墓中的石狮、石羊均为中原风格，与唐代贵

---

① 翁古特墓的英文名称和具体数据来自墓葬内树立的介绍展板。

② В.Е. Войтов, *Древнетюркский пантеон и модель мироздания в культово-поминальных памятниках Монголии Ⅵ - Ⅷ вв*, Москва, 1996, p.31.

族墓葬前的石狮、石羊类似，显然受到中原丧葬仪式的影响，说明此时漠北地区与唐廷交流密切。（徐弛）

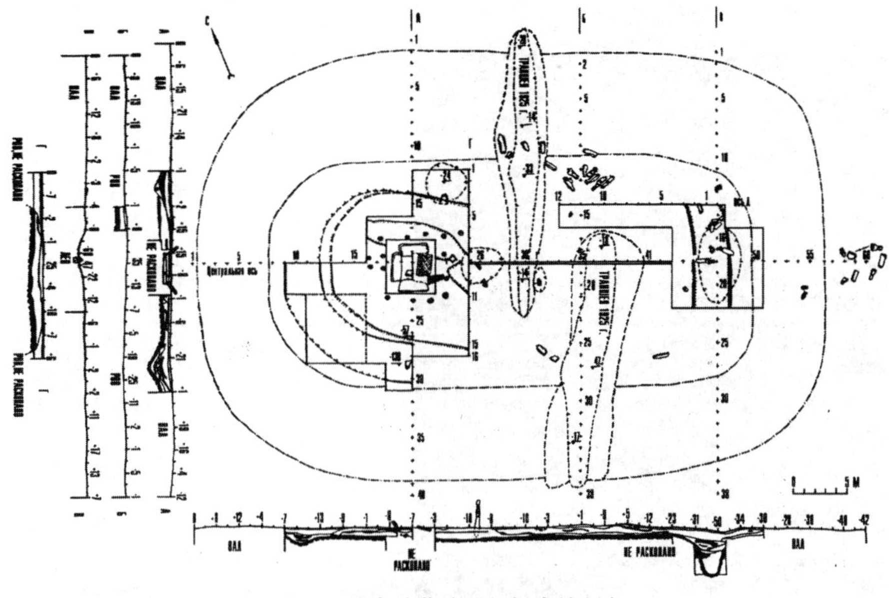

图一　翁古特墓（沃伊托夫绘制）

（引自 В.Е.Войтов, *Древнетюркский пантеон и модель мироздания в культово-поминальных памятниках Монголии VI-VIII вв*, Москва, 1996, p.39）

图二　翁古特墓石狮（徐弛摄）

图三　翁古特墓石羊（徐弛摄）

图四　翁古特墓石人（徐弛摄）

图五　翁古特墓（徐弛摄）

图六　翁古特墓杀人石列（徐弛摄）

24. 西沃图 - 乌兰墓

【名称】西沃图 - 乌兰墓

【位置】蒙古国后杭爱省海日汗苏木境内

【年代】公元 7 世纪

【解题】

西沃图 - 乌兰墓位于蒙古国后杭爱省海日汗苏木境内呼尼河与哈尼河交汇处的一座山顶之上，山顶为一碎石堆成的大型高台基。有些学者根据该墓的形制结构、石碑上的刻文、石人形状等特征，认为其是第二突厥汗国可汗的祭祀性遗迹。①

2016~2019 年，考古人员对该墓分别进行了四次调查发掘，② 在发掘现场，笔者发现了两个印有羊形徽记的蹲坐石狮，其中一个徽记与阙特勤碑上的羊形徽记完全一致，为阿史那氏的徽记，另一个则十分相似。类似的石狮现存 7 个，经考古发掘，为陵寝四门门前的石狮。通过石狮上的徽记判断，这座墓葬应为突厥阿史那氏贵族的墓葬。

此外，台基前还排列有多个唐式石人、石羊等雕像。石人头部均失，双手抱于胸前，有的握杯，有的手持长柄状物，腰间佩剑，挂有荷包。笔

---

① 中国内蒙古自治区文物考古研究所、蒙古国游牧文化研究国际学院、蒙古国国家博物馆编《蒙古国古代游牧民族文化遗存考古调查报告（2005~2006 年）》，文物出版社，2008，第 180 页。

② 关于西沃图 - 乌兰突厥遗迹的考古报告和历次考察新发现，见 Zainolla Samashev, Damdinsurengiyn Tsevendorzh, Akan Onggaruly, Aidos Chotbayev, *Shivet Ulaan Ancient Turkic Cult and Memorial Complex*, Astana, 2016; Д. Қыдырәлі, Д. Цэвээндорж, А.Энхтөр, Н. Базылхан, К. Умиров, Н.Бөгенбаев,С. Далантай, Ц. Буянхишиг, Н. Мөнхбат, "Some Results of the Archaeological Excavations «Shiveet-Ulaan-2016, 2017»,"*Altaistics, Turcology, Mongolistics International Scientific Journal*,No.1, 2018, pp.9-29; Д. Кыдырәлі, Д. Цэвээндорж, А.Энхтөр, Н. Базылхан, Н.Бөгенбаев, С. Далантай, Ц. Буянхишиг, "Some Results of the Archaeological Excavations «Nomgon-2019»,"*Altaistics, Turcology, Mongolistics International Scientific Journal*, No.4, 2019, pp.10-27；Д. Кыдырәлі, Д. Цэвээндорж, А.Энхтөр, Н. Базылхан, Н.Бөгенбаев, С. Далантай, Ц. Буянхишиг, "Some Results of the Archaeological Excavations « Shiveet-Ulaan-2019»," *Altaistics, Turcology, Mongolistics International Scientific Journal*, No.4,2019, pp.28-49.

者还在遗址发现了一块无字碑，上面没有一个字，却刻满了漠北各部的徽记。该石碑的底座与其他墓葬极为不同，并非龟趺，而是一个长方体底座。此外还应指出的是，该墓建在山上，因此存在分层，通过石质楼梯连接。

2019 年，考古人员在高台基底下发现了人骨、马骨、制作粗糙的耳环、铁制箭头。①但马骨和人骨没有焚烧痕迹，耳环与毗伽可汗的耳环风格相差过大，且太过粗糙。

此外，这座墓葬的台基在蒙元时期被改造成为白塔。20 世纪初，白塔被毁，白塔上的多数砖石被周围牧民用于垒马厩、盖房屋，现仅存基座。在台基侧面，仍有残存的白色涂料。通过墓葬航拍图以及蒙古学者绘制的示意图来看，这个台基所处的位置当年应为献殿，但因建设白塔，建筑被毁。虽然尚未发现石围墓和献殿遗迹，但从现存唐式神道石人、石兽、石碑等文物来看，可以确定这是一座第二突厥汗国时期高等级贵族墓葬，甚至可能为可汗陵寝。

西沃图 – 乌兰墓的无字碑是这里发现的最神秘的一件遗物。将其与《唐会要》的诸蕃马印比对，可识别的有铁勒仆固部的徽记，以及回鹘汗国时期与磨延啜碑顶端一致的回鹘部徽记，这些徽记刻画得比较粗糙，并非专业刻工所刻。碑上虽然没有阿史那氏的山羊徽记，但有山羊徽记的疑似变体，与石兽上的山羊徽记有一些不同。根据研究，在不同时期，徽记会随着所属部落地位的变化而发生改变。②因此该石碑上的羊形徽记，代表的依然是阿史那氏，但其地位已不再是统治者了。这些细节都能证明，该碑在树立的时候是没有文字的，石碑上面的徽记应为第二突厥汗国之后刻画的，原本的石碑应该没有任何字样。

---

① Д. Кыдырәлі, Д. Цэвээндорж, А.Энхтөр, Н. Базылхан, Н.Бөгенбаев, С. Далантай, Ц. Буянхишиг, “Some Results of the Archaeological Excavations « Shiveet-Ulaan-2019»,”*Altaistics, Turcology, Mongolistics International Scientific Journal*, No.4, 2019, pp.28-49.

② G.Babayarov, A.Kubatin, “Byzantine Impact on the Iconography of Western Turkic Coinage,” *Acta Orientalia*, 2013, 66(1), pp.47-58.

图一　西沃图-乌兰墓石狮（徐弛摄）

图二　石狮上的羊形徽记（徐弛摄）　图三　西沃图-乌兰墓的无字碑（徐弛摄）

该墓范围内有很多人像，在1912年拍摄的照片里可以发现，这里还发现了胡人的头部石像以及束发人物头部石像，[①] 现已不存。这些人像应该不只是神道上的人像，还包括蕃臣像。无字碑与蕃臣像的配置，与乾

① 当时的探险家将胡人的头部放到女性石人的身体上合照，图片见Zainolla Samashev, Damdinsurengiyn Tsevendorzh, Akan Onggaruly, Aidos Chotbayev, *Shivet Ulaan Ancient Turkic Cult and Memorial Complex*, Astana, 2016, p.25。

陵极为相似。此外，该墓与漠北发现的所有墓葬都不相同，拥有四个门，每个门有两尊石狮，现存7件，与唐陵的配置完全一致。

乾陵的主人是李治和武则天，而与武则天关系最密切的可汗是第二突厥汗国的默啜可汗。当年默啜可汗四处扩张，实力强盛，因此西沃图-乌兰墓很可能为默啜可汗的陵寝，仿造乾陵的样式兴建。（徐弛）

图四　西沃图-乌兰墓航拍（张筱舟摄）

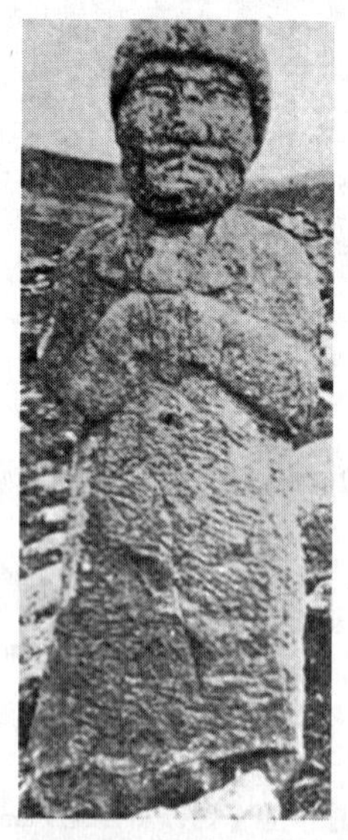

图五　西沃图-乌兰墓的胡人头部（G.I.Ramsted1912 年摄）

图六　西沃图-乌兰墓的石像头部

25. 诺姆贡墓

【名称】诺姆贡墓（颉跌利施可汗陵）

【位置】哈拉和林城东侧

【年代】约公元 7 世纪末～公元 8 世纪初

【解题】

诺姆贡（Nomgon）墓在哈拉和林城东侧，被大小诺姆贡山从东西两侧环抱，位于发现毗伽可汗碑与阙特勤碑的和硕柴达木遗址东南 65 公里。2019 年 7 月 1~30 日，蒙古国科学院考古研究所与哈萨克斯坦国际突厥学研究院对位于蒙古国后杭爱省哈厦图苏木境内的突厥汗国时期遗址诺姆贡（祭祀）综合体（Nomgon complex）[①] 进行了联合考古发掘。诺姆贡平原上的该遗址群于 2001 年由蒙古国著名考古学家恩和图尔（A. Enkhtor）教授首次发现，并绘制了总图。恩和图尔根据这处遗址的特征，将该（祭祀）综合体分为“Nomgon 1-10”。之后，敖其尔（A. Ochir）、敖德巴特（T. Odbaatar）、额尔敦宝力道（L. Erdenebold）、恩和巴雅尔（B. Ankhbayar）分别于 2007 年和 2012 年对这些建筑群进行了总体介绍。[②]

在这里，发掘者发现了十几处（祭祀）综合体，发掘了其中八处，分别命名为诺姆贡 1~8 号遗址。其中，诺姆贡 1 号与 2 号遗址应为同一处遗址（本文称为诺姆贡 1 号遗址），发现的遗物最多，包括石祭坛、石狮、石人坐像、刻有阿史那氏山羊徽记的杀人石等，与毗伽可汗、阙

---

① 目前，对这类遗址的性质一直有不少争议，蒙古国学者在发掘了许多类似遗迹后发现，这些看似墓葬的遗址实际上没有发现有关墓主人遗骸的任何痕迹，因此并非墓葬，他们将此称为突厥可汗－贵族（祭祀）综合体，但中国学者基于汉文史料记载，认为这类遗址即为突厥汗国贵族陵寝（墓葬），关于这一问题，笔者将另文研究。为行文方便，本文暂将其称为陵寝（墓葬）。

② А.Очир , Ц.Одбаатар , Л.Эрдэнэболд , Б. Анхбаяр, Номгоны түрэг дурсгалууд, *Nomadic Studies*, No.16, 2019. 转引自Д. Кыдырәлі, Д. Цэвээндорж, А.Энхтөр, Н. Базылхан, Н.Бөгенбаев, С. Далантай, Ц. Буянхишиг,“Some Results of the Archaeological Excavations «Nomgon-2019»,”*Altaistics, Turcology, Mongolistics International Scientific Journal*, No.4, 2019, p.12。

特勤墓（祭祀）综合体类似。考古人员于 2018 年调查发现的中间凿圆孔方形花岗岩石祭坛，[①] 说明该墓极有可能为可汗陵寝，此前只有毗伽可汗、阙特勤这两处墓地发现了这种巨型石刻。[②]

该墓长 60 米，宽 40 米。其外侧发现了一条围沟，围沟自西向东呈椭圆形。同时，从四处散落的板瓦、筒瓦可以看出墓地范围内的建筑基址曾经是一座有大门和封闭屋顶的建筑。[③]2022 年 8 月，发掘者在陵园前面发现了一块圆首石碑的上半部分以及一个石制龟趺。石碑的碑额上线刻有狼首龙身的蜷曲图案，正反两面刻有突厥如尼文 12 列，旁边一侧则刻有粟特文字。目前释读出了部分词语，如“Tengri（天）”“Turk（突厥）”“Kutlug（骨笃禄）”“Tumen（伊利可汗）”，和时代相关的文字有“丑年九月”。通过释读碑文，发掘者初步认为，该陵园是毗伽可汗（Bilge Khagan）和阙特勤（Kultegin）兄弟二人为其父颉跌利施可汗（阿史那·骨笃禄）（Kutluk Elteris Khagan）所建，颉跌利施可汗是第二突厥汗国的创立者（682~691 年为可汗）。该石碑被认为是目前发现的最早的突厥文石碑，首次出现了“突厥”这个词。[④] 该墓与其他第二突厥汗国贵族墓葬、陵寝类似，受到了唐朝贵族墓葬的显著影响，如神道上的石羊，陵前的石狮、碑亭、献殿等元素，均与同时代唐朝贵族墓葬类似。

开耀元年（681），裴行俭平定突厥阿史那伏念和阿史德温傅的反叛，余党骨咄禄（Qutluq）“乃啸亡散，保总材山（今陕西神木）[⑤]，又治黑沙城，有众五千，盗九姓畜马，稍强大，乃自立为可汗”，[⑥] 复兴了东

① Д. Кыдырәлі, Д. Цэвээндорж, А.Энхтөр, Н. Базылхан, Н.Бөгенбаев, С. Далантай, Ц. Буянхишиг, “Some Results of the Archaeological Excavations «Nomgon-2019»,”*Altaistics, Turcology, Mongolistics International Scientific Journal*, No.4, 2019, p.19.

② 陈凌:《突厥汗国与欧亚文化交流的考古学研究》，上海古籍出版社，2013，第 31~34 页。

③ Д. Кыдырәлі, Д. Цэвээндорж, А.Энхтөр, Н. Базылхан, Н.Бөгенбаев, С. Далантай, Ц. Буянхишиг, “Some Results of the Archaeological Excavations «Nomgon-2019»,”*Altaistics, Turcology, Mongolistics International Scientific Journal*, No.4, 2019, pp.10-27.

④ http://www.silkroads.org.cn/portal.php?mod=view&aid=61105。

⑤ 总材山位于何处，中外学者研究了百余年，众说纷纭。李锦绣考证认为，总材山位于麟州（今陕西神木）。见李锦绣《总材山考》，《欧亚学刊》新 7 辑，商务印书馆，2018，第 35~59 页。

⑥ 《新唐书》卷二一五上《突厥传》，中华书局，1975，第 6044 页。

突厥汗国。颉跌利施可汗作为第二突厥汗国的开国可汗，其陵寝形制开第二突厥汗国之先河，为后世阙特勤墓、毗伽可汗陵所继承。（徐驰）

图一　方形圆孔石祭坛

（引自 Д. Кыдырәлi, Д. Цэвээндорж, А.Энхтөр, Н. Базылхан, Н.Бөгенбаев, С. Далантай, Ц. Буянхишиг, "Some Results of the Archaeological Excavations «Nomgon-2019»," *Altaistics, Turcology, Mongolistics International Scientific Journal*, No.4, 2019）

图二　献殿内可汗坐像

（引自 Д. Кыдырәлi, Д. Цэвээндорж, А.Энхтөр, Н. Базылхан, Н.Бөгенбаев, С. Далантай, Ц. Буянхишиг, "Some Results of the Archaeological Excavations «Nomgon-2019»," *Altaistics, Turcology, Mongolistics International Scientific Journal*, No.4, 2019）

图三　新出土的颉跌利施可汗石碑

（引自 https://www.inform.kz/cn/article_a3970219）

图四　石碑碑文细节

（引自 http://www.silkroads.org.cn/portal.php?mod=view&aid=61105）

图五　诺姆贡墓的石狮

（引自Д. Кыдырәлі, Д. Цэвээндорж, А.Энхтөр, Н. Базылхан, Н.Бөгенбаев, С. Далантай, Ц. Буянхишиг, “Some Results of the Archaeological Excavations «Nomgon-2019»,” *Altaistics, Turcology, Mongolistics International Scientific Journal*, No.4, 2019）

图六　诺姆贡墓杀人石上的阿史那氏羊形徽记

（引自 http://www.silkroads.org.cn/portal.php?mod=view&aid=61105）

26. 阙特勤墓

【名称】阙特勤墓

【位置】蒙古国后杭爱省和硕柴达木盆地西南部

【年代】732 年

【解题】

该墓陵园呈东西向长方形，台基长 67.25 米，宽 28.85 米，上铺四方形砖坯。陵园外围以壕沟，深 2 米，开口宽大约 6 米，陵园有砖砌园墙。陵园开口于东面，开口处无壕沟。在陵园开口处立两排共计 169 块杀人石。杀人石面向东排列，最前面的两尊略做雕饰。陵园入口处有两尊大理石羊。入口处以西 8 米处有一大理石龟趺，长 2.25 米，上立阙特勤碑。

陵园内部中轴线为神道，两侧排列大理石石人像。现存一尊手持巾帕的女立像、一尊手持剑的男立像，还有两尊男跪像。陵庙位于陵园中部，地面为烧砖地基，烧砖为正方形，边长 13 厘米。从地面残存情况来看，原先陵庙呈正方形，边长 10.25 米。陵庙外墙抹灰泥，外侧还绘有红色花纹，并有龙纹泥塑，残存 16 根木柱及石础。

陵园内还有一座殿宇，也是东向开口。殿内有两尊坐像，一男一女，分别为阙特勤和其妻子的塑像。坐像前有一处凹坑，坑内埋有祭祀品和陶罐，包括阙特勤的头像。这处殿宇当为献殿，内有描绘阙特勤生平战阵之状的壁画。献殿后面有一方形花岗岩巨石祭坛，上部中间开一圆孔。祭坛西面有一大型石椁。石椁由四块大型雕花石板围成。①

阙特勤碑刻突厥文、汉文两种文字。1889 年，俄国伊尔库茨克地理学

---

① 陈凌：《突厥汗国与欧亚文化交流的考古学研究》，上海古籍出版社，2013，第 34~35 页。

会探险队的雅德林采夫发现了此碑，碑高 3.35 米，长 1.32 米，宽 0.46 米。1893 年，俄国驻华公使喀西尼（A. P. Cassini）伯爵将鄂尔浑碑调查报告——《蒙古古物图志》（圣彼得堡，1892 年）送至清政府总理各国事务衙门，请中国学者研究鄂尔浑碑铭的汉文。清末名儒沈曾植释读了其中三个唐代的汉文碑铭并作跋，因在蒙古故都——哈拉和林附近发现，而称“和林三唐碑”，[①] 分别为阙特勤碑、毗伽可汗碑和九姓回鹘可汗碑。另外，该碑的突厥文共 66 行，刻在碑的东面及南北两侧面上，其中东面有碑文 40 行，南北两面各有碑文 13 行。石碑东面上方还刻有突厥王族阿史那部的山羊徽记。

图一　阙特勤碑（和硕柴达木博物馆藏，徐弛摄）

阙特勤墓由唐朝官方建造，该墓的碑文为唐玄宗亲撰。唐玄宗派吊祭使张去逸赴漠北吊祭，以唐朝工匠为阙特勤建造陵墓并立碑。阙特勤墓体现了开元年间唐与突厥间的友好关系。阙特勤碑、献殿、各类石刻等均为唐代风格，可见突厥受唐代文化影响之深。（徐弛）

---

① 沈曾植的唐碑三跋《和林三唐碑跋》，最初刊于《亚洲学术杂志》第 2 期，1921，后收入《海日楼文集》，广东教育出版社，2019，第 127~136 页。1895 年拉德洛夫出版《蒙古古代突厥碑铭》第 3 册，以清驻俄公使 Shu King-cheng（许景澄，同治进士）的名义刊布了九姓回鹘可汗碑汉碑录文。不过据王国维介绍，和林三唐碑的释文实际是沈曾植之作。

图二　阙特勤石围栏（和硕柴达木博物馆藏，徐弛摄）

图三　阙特勤墓现状（徐弛摄）

图四　阙特勤头像（徐弛摄）

图五　阙特勤可敦头像残片（徐弛摄）

图六　阙特勤墓石人（徐弛摄）

27. 毗伽可汗陵

【名称】毗伽可汗陵

【位置】蒙古国后杭爱省和硕柴达木盆地西南部

【年代】735 年

【解题】

该墓的陵园呈长方形，长 90 米，宽 60 米，正东西向，面朝东方。陵园正东立有用突厥文和汉文书写的双语铭文石碑。石碑附近有毗伽可汗本人和其可敦的石像，以及一尊已经残损的石坐像和石狮。在不远处另有一尊立像，身侧佩有长剑。经过测量后可知，整个陵区的面积大约为 20 平方公里。毗伽可汗陵园四周垒筑方形土围垣，外面还环以壕沟。围垣系由从壕沟挖出来的土垒砌而成，长 72 米，宽 36 米。壕沟开挖在围垣以外 6 米处，宽 6 米，深 2 米。2003 年在壕沟北部发现一些带有印纹的大型陶罐的残片。

围垣和壕沟之间发现了 9 块残损的杀人石。其中 1 块杀人石的底座还保留在原地。这 9 块杀人石，有 2 块位于围垣的北部，且暴露在地表。在围垣东南角发现一块非常特殊的房瓦，该瓦正面用黑色绘有三个骑手捕猎一只奔驰动物的图案，此样式的瓦片为首次发现。

围垣内部可分为前、中、后三个区域。围垣地面都铺有边长 32 厘米的正方形砖块，砖下面铺有约 5 厘米厚的石灰。

壕沟和围垣在东面有一段开口，为陵园入口处。入口两侧各有一石羊雕像，头部均已残缺。石羊西 8 米处有 1 件粗线条雕凿的龟趺。龟趺头朝西，直对陵庙，但头部已残损，可能是其上所立的石碑仆倒时所致。龟趺的长宽高分别为 230、154 和 72 厘米，其下有大约 40 厘米厚的垫土，垫土四周铺砖。垫土之下还铺有一条散水沟，通向东面的壕沟。在龟趺周围还发现大量红灰夹砂陶瓦残片。瓦的一面还残留有石灰，另一面则带有红彩。这一现象说明，毗伽可汗碑也建有碑亭，并有相当程度的装饰。毗伽可汗碑破损严重，与龟趺分开两处。1889 年俄国伊尔库茨克地理学会探险队的雅德林采夫发现了该碑。

石碑用大理石制成，碑文为古突厥文和汉文写就，主要记述第二突厥汗国第三任可汗——毗伽可汗的事迹。毗伽可汗生于 684 年，为第二突厥汗国建立者颉跌利施可汗（骨咄禄）之子，名默棘连，在默啜可汗统治时期任左贤王，于开元四年（716）在其弟阙特勤的帮助下，推翻默啜可汗之子的汗位，即位为可汗。734 年，毗伽可汗去世，享年 51 岁。

毗伽可汗碑高 3.75 米，原石碑立在石龟背上，现已碎成几块。碑文共 71 行，东面 41 行，南北各 15 行，碑铭东面为古代突厥文，西面为汉文。毗伽可汗去世后，唐玄宗诏宗正李铨赴漠北为其吊祭、立庙，诏史官李融书其碑。此后，古突厥文由药利特勤撰写。值得注意的是，毗伽可汗碑的底座与石祭坛都正好位于整个陵园的中轴线上。以此中轴线为准正好把陵园分为南北两部分。

在毗伽可汗陵园的台基中还发现四个石础。在中轴线位置上，东距石碑 19 米、西距献殿遗址 4 米的地表以下 0.62 米发现一具完整的羊骨架。原发掘者推测这是祭祀毗伽可汗时留下的，但具体年代不得而知。

毗伽可汗陵园最西边有一巨型花岗岩，其长宽高分别为 240、228、130 厘米，中间凿圆孔。一般认为，该巨石是祭坛。巨石中间的圆孔未凿透，内有大量用于献祭的动物残骸，以及一些刻有突厥如尼文的小件石刻。清理了该巨型石刻周围地表后发现大量的炭灰和烧过的痕迹，此外还有一些马颅骨。

该祭坛以北 170 厘米处发现一个精美的石箱。该石箱由四块雕花石板围成，长 170 厘米，宽 130 厘米。这些石板都受到严重的破坏。石箱东面有一堆碎石，可能是从该箱中取出的。石箱中除了大量残骸和一些

图一 毗伽可汗碑（和硕柴达木博物馆藏，徐弛摄）

零星的动物骨头之外，没有任何发现。石箱周围铺砖，砖下铺有一层厚厚的石灰。石箱的底部嵌入石灰层中。我国学者陈凌认为，这具雕花石箱即毗伽可汗石棺。

毗伽可汗陵的献殿位于陵园中部，平面形状为正方形，边长16米。献殿夯土台基厚80~100厘米，台基上铺砖。在献殿下方发现一处金银器窖藏，内有数目惊人的遗物。藏宝箱长80厘米，宽40厘米，高30厘米。内有17种共1878件银制品、20种共78件黄金制品、6种共26件宝石和304个铜钉。其中最重要的发现是一件用黄丝绸包裹的金冠，由黄金锤揲而成，上面镶嵌红宝石。王冠正中是一只展翅的鸟。此外，还发现了两件镀金银鹿，鹿蹄下方铸成榫状，可知原置于某物之上。同时发现的还有11件金银容器，其中5件为黄金制品，6件为白银制品。其中一件银壶镶嵌有14块宝石。这些金银容器器形均较小，应该是明器而非实用器。在金银器中，数量最多的是八瓣花形银饰件，共计1822件。①

毗伽可汗陵体现了开元年间唐与突厥之间的友好关系，而具有中原风格的墓碑及各类石刻则表明，在第二突厥汗国时期，突厥受到唐朝文化的影响极深。（徐弛）

① 陈凌：《突厥汗国与欧亚文化交流的考古学研究》，上海古籍出版社，2013，第31~34页。

图二　毗伽可汗金冠（蒙古国国家博物馆藏，徐弛摄）

图三　毗伽可汗银鹿（蒙古国国家博物馆藏，徐弛摄）

图四　毗伽可汗银器（蒙古国国家博物馆藏，徐弛摄）

图五　毗伽可汗金器（蒙古国国家博物馆藏，徐弛摄）

28. 乌布尔哈布其勒墓地

【名称】乌布尔哈布其勒墓地 / 乌布尔哈布其勒三号四方形遗址

【位置】蒙古国后杭爱省浩腾特苏木乌兰朝鲁巴戈地区乌布尔哈布其勒山谷

【年代】公元 9 世纪初

【解题】

乌布尔哈布其勒墓地位于蒙古国后杭爱省浩腾特苏木乌兰朝鲁巴戈乌布尔哈布其勒山谷。2006 年 7~9 月，中蒙联合考古队对其中的三号四方形遗址进行了发掘，清理出石筑祭台与 1 座回鹘大型砖室墓，为深入研究蒙古高原回鹘社会的陵寝制度与民族风俗提供了一批翔实的实物资料。

“四方形遗址”，是学者根据其形制命名的遗址代称，这些四方形遗址在形制上有着共同的特征，一般成组分布于背山面河的山谷当中，东西向，外围围以方形围墙，设一小门（多设置于东墙），遗址中心位置为夯筑或砖石垒砌的方形祭台。浩腾特苏木乌兰朝鲁巴戈东南部杭爱山脉东麓的五座山谷之中共计发现 26 处四方形遗址，这五座山谷由南向北依次是：胡拉哈山谷、浑地壕赖山谷、乌布尔哈布其勒山谷、郝列克苏尔山谷、都根乌珠尔山谷。目前已发掘的四方形遗址有 6 处，其中 2 处位于乌布尔哈布其勒（Uvur Havtsaliin），分别发掘于 2006 年（三号遗址）和 2009 年（五号遗址）；2006~2007 年发掘了胡拉哈一号遗址；2007 年发掘了浑地壕赖（Khundiin Khooloi）三号遗址；2008 年发掘了浑地壕赖另两处四方形遗址（五号、六号）。三号四方形遗址所在的乌布尔哈布其勒山谷与浑地壕赖山谷相邻，位于其北侧，距离浩腾特苏木政府所在地约 20 公里，东南距离哈拉和林约 18 公里，该山谷是四方形遗址分布最多的山谷，共有 9 处（图一）。

图一　乌布尔哈布其勒山谷四方形遗址分布情况

［引自塔拉、恩和图布信主编《蒙古国浩腾特苏木乌布尔哈布其勒三号四方形遗址发掘报告（2006年）》，文物出版社，2008，图版一］

乌布尔哈布其勒三号四方形遗址位于乌布尔哈布其勒山谷的一处平缓的坡地上，四方形遗址平面呈长方形，坐西朝东，地势西高东低，由围墙、围沟、门道、享堂构成。四方形遗址的围墙较为宽矮，北墙长32.5米、宽5.3米，西墙长27.8米、宽6米，南墙长33.6米，东墙长28.4米、宽4.7米。墙高0.2~0.5米。围墙外面挖建围沟，门道位于东围墙中部。享堂建筑已经倒塌，只剩台基，由台体、栏墙组成。围墙平面呈长方形，倒塌堆积分布在墙基两侧①（图二）。

① 塔拉、恩和图布信主编《蒙古国浩腾特苏木乌布尔哈布其勒三号四方形遗址发掘报告（2006年）》，文物出版社，2008，第29页。

图二　乌布尔哈布其勒三号遗址全貌（由西南向东北拍摄）

［引自塔拉、恩和图布信主编《蒙古国浩腾特苏木乌布尔哈布其勒三号四方形遗址发掘报告（2006年）》，图版二］

发掘情况表明，四方形遗址内分布有墓葬，发现三个以上个体的人类下颌骨以及大量碎人骨。在倒塌的堆积中还出土了不同种类的遗物，有陶器、壁画、铁器、骨器等。其中陶器以夹砂灰陶为主，大多有刻划纹、模印纹，器型分陶罐、陶片、陶球等。遗址中出土了很多建筑构件，有砖块、筒瓦、板瓦、瓦当、脊兽。其中砖分素面砖、绳纹砖、菱形方格纹砖、手指印纹砖；瓦当饰莲蕾纹、莲瓣纹、莲籽纹（图三）。

三号四方形遗址的属性为墓地，是蒙古国考古学史上发现的首例回鹘砖室墓。遗址在修建时，先挖建墓道并砌筑墓室，然后建造台基及享堂，之后挖掘围沟并修建围墙（图四）。这种形状结构与位于蒙古国布尔干省赛汗苏木境内的回纥第二代可汗磨延啜祭祀遗址的结构接近。建筑构件与回鹘故都哈喇巴拉嘎斯城的同类遗物相似，部分砖块甚至有可能直接来自哈喇巴拉嘎斯城。

遗址内发现了砖室墓，而四方形遗址在地表形状上又类似于城池，

1. 莲蕾纹瓦当 [K7：1（242）]
Нүүр ваар (дугаар 242)

2. 莲蕾纹瓦当 [TXXXIII③：4（115）]
Нүүр ваар (хэсэг XXXIII，дугаар 115)

3. 莲蕾纹瓦当 [TXXXII③：3（107）]
Нүүр ваар (хэсэг XXXII，дугаар 107)

4. Ⅱ式莲籽纹瓦当 [TLI③：5（206）]
Нүүр ваар (хэсэг LI，дугаар 206)

图三　乌布尔哈布其勒三号遗址出土瓦当

［引自塔拉、恩和图布信主编《蒙古国浩腾特苏木乌布尔哈布其勒三号四方形遗址发掘报告（2006年）》，图版二二］

图四　乌布尔哈布其勒三号遗址砖穴墓

［引自塔拉、恩和图布信主编《蒙古国浩腾特苏木乌布尔哈布其勒三号四方形遗址发掘报告（2006 年）》，图版一二］

说明它是丧葬制度与城市制度的结合体，形制布局等方面与中国的古代皇族陵园有异曲同工之处。遗址的享堂可能属砖木结构的建筑，屋顶使用板瓦与筒瓦盖合，檐沿使用莲花纹或莲籽纹瓦当，享堂建筑用于祭拜，也有作为寝殿使用的可能性，虽然体量较小，但属于礼制建筑，规格等级较高，这与中国古代陵寝设朝拜祭祀的礼仪制度一致。建筑构件中最具代表性的是脊兽，发现的 7 件猴首形建筑构件，其双目和额发上刻凹线，耳边轮廓涂有红彩，造型夸张、生动立体（图五）。吻兽件是中国古代建筑屋脊上的重要装饰品，猴首形建筑构件很可能是正心檩上方或脊间交界处的垂兽。莲蕾纹、莲瓣纹、莲籽纹则是中国唐代瓦当的常见题材，可见三号四方形遗址的建筑形制明显受中原唐文化影响，唐式建筑构件的使用说明当时该地区与中原王朝存在着从意识形态到科学技术的广泛交流，甚至可能是在唐王朝派遣至当地的工匠的帮助完成的。①

① 塔拉、恩和图布信主编《蒙古国浩腾特苏木乌布尔哈布其勒三号四方形遗址发掘报告（2006 年）》，第 44~59 页。

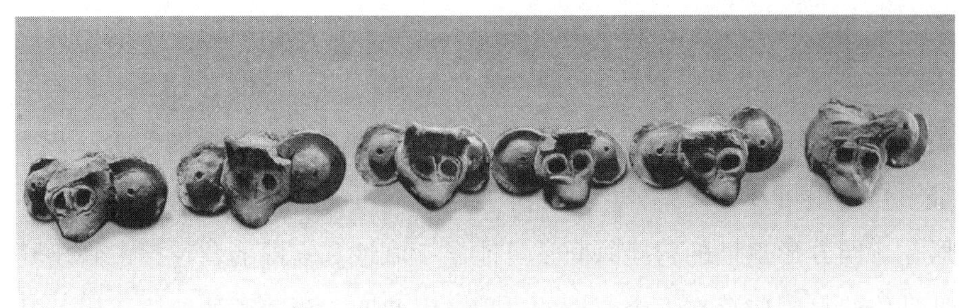

1. 建筑构件
Малтлагаас илэрсэн амьтны дүрст барилгын шавар чимэглэлүүд

2. 建筑构件 [TLX③：2（192）]
Амьтны дүрст барилгын шавар чимэглэлүүд

3. 建筑构件 [TLI③：4（213）]
Амьтны дүрст барилгын шавар чимэглэлүүд

图五　乌布尔哈布其勒三号遗址建筑构件

［引自塔拉、恩和图布信主编《蒙古国浩腾特苏木乌布尔哈布其勒三号四方形遗址发掘报告（2006年）》，图版二四］

回鹘到蒙元之前，只有回鹘、黠戛斯、契丹三大政权有能力修建四方形遗址这类规模的建筑，但因遗址所处的地理位置、墓葬结构以及遗存表现出的特征与黠戛斯、契丹传统不符，故遗址的族属应归于回鹘，年代相当于回鹘汗国时期（744~840）。[①] 回鹘政权建立之后，回鹘的各

① 昂哈巴雅尔：《蒙古国四方形遗址与回鹘贵族葬俗，祭祀遗址研究》，博士学位论文，内蒙古大学，2015。阿·奥其尔、策·奥德巴特尔、巴·昂哈巴雅尔等：《蒙古国发现的古代回鹘陵墓》，《西夏研究》2020年第2期。

位可汗相继筑起了一系列城池，其中最为著名的城市即是唐天宝年间骨力裴罗于鄂尔浑河畔建立的回鹘首都鄂尔都八里（Ordu Balik），此城现被称作“哈喇巴拉嘎斯”，意为“黑城”，是回鹘时期规模最大的古城遗址。自登里可汗（759~780 年在位）开始，回鹘贵族在城内营建宫殿并居住。四方形遗址的营建时间不可能早于城址和宫殿的营建，由修建城址到修建墓园应存在一个渐进的过程，因此四方形遗址的营建年代上限应当在 8 世纪后期。乌布尔哈布其勒三号四方形遗址和墓葬的营建技术娴熟，是四方形遗址群中比较成熟的建筑作品，其建造年代可能为 9 世纪初。[①]（王晓丹、常璐）

① 塔拉、恩和图布信主编《蒙古国浩腾特苏木乌布尔哈布其勒三号四方形遗址发掘报告（2006 年）》，第 55~59 页。

29. 胡拉哈一号墓园

【名称】胡拉哈一号墓园

【位置】蒙古国后杭爱省浩腾特苏木乌兰朝鲁巴戈地区乌布尔哈布其勒山谷

【年代】公元9世纪初

【解题】

蒙古国境内保存有众多四方形遗址，多见于鄂尔浑河谷，蒙古国与中国考古人员对靠近回鹘汗国首都哈拉巴拉哈逊的后杭爱省浩腾特苏木的四方形遗址进行了考古发掘，发掘了其中的六处四方形遗址，即乌布尔哈布其勒三、五号遗址，胡拉哈一号遗址，浑地壕赖三、五、六号遗址。①

胡拉哈山谷位于蒙古国中部的后杭爱省浩腾特苏木与前杭爱省哈拉和林苏木的交界地带，在行政区划上隶属浩腾特苏木乌兰朝鲁巴戈（图一）。山谷西北距浩腾特苏木20公里，东南距哈拉和林苏木13公里，向东距鄂尔浑河约4公里。一号墓园修建在胡拉哈山谷的坡地上，其方向与山谷走势基本一致，东北、西南两侧为自然冲沟（图二）。

胡拉哈山谷一号墓园的发掘工作持续进行了两年。2006年，中蒙联合考古队对一号墓园的围墙、门道、建筑倒塌堆积进行了局部清理，发现了1座漠北回鹘汗国时期的砖室墓（M9）和8座蒙元时期的墓葬（M1~M8）。2007年，考古队在墓园内清理出5座漠北回鹘汗国时期的砖室墓（M14~M18）和6座蒙元时期墓葬（M10~M13、M19、M20），在墓园外面清理了1座匈奴时期墓葬（M21）和3座蒙元时期的墓葬（M22~M24）。墓园建于回鹘汗国时期，由门道、围墙、台基式建筑、

① 阿·奥其尔、策·奥德巴特尔、巴·昂哈巴雅尔等:《蒙古国发现的古代回鹘陵墓》,《西夏研究》2020年第2期。

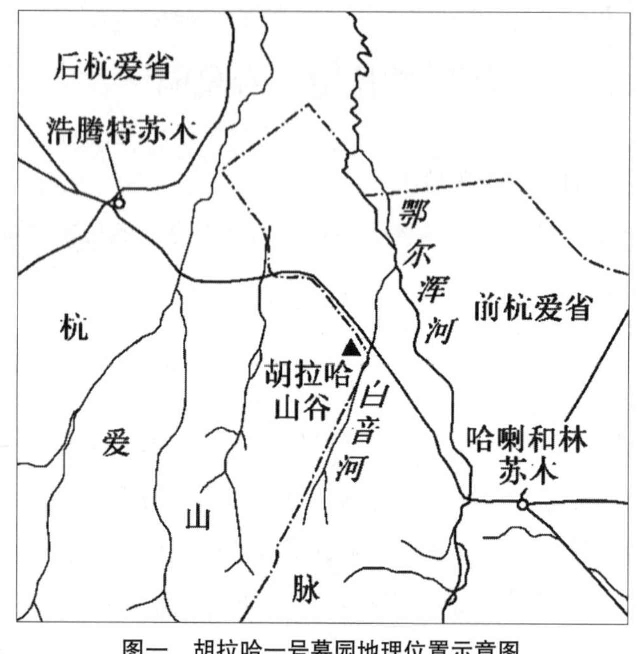

图一　胡拉哈一号墓园地理位置示意图

（引自塔拉、陈永志、宋国栋等《蒙古国后杭爱省浩腾特苏木胡拉哈山谷匈奴墓的发掘》，《考古》2009年第6期）

图二　胡拉哈一号墓园

（引自中国内蒙古自治区文物考古研究所、蒙古国游牧文化研究国际学院、蒙古国国家博物馆编《蒙古国后杭爱省浩腾特苏木胡拉哈一号墓园发掘报告》，文物出版社，2015，图版一二）

砖室墓构成，墓园内发现了金耳环、皮靴、如尼铭文骨弓柄附件、壁画等珍贵文物，应是回鹘高级贵族的家族墓园。

胡拉哈一号墓园平面为长方形，东南—西北长 41 米，东北—西南宽约 34 米，围墙已全部倒塌，轮廓较明显。门道宽约 3 米，设于南墙偏东处。位于墓园中央的建筑遭受人为破坏，现已倒塌。墓园西北部有一座建筑台基，台基西北、东南侧共有六座墓葬，东北围墙中有一条排水渠，遗迹均为墓园同期遗存，属回鹘汗国时期。此外，在墓园内还发现了两处篝火遗迹、储灰坑等。墓园内出土的遗物主要是建筑构件，同时还有少量陶器、铁器、玻璃器、白灰制品、壁画及动物骨骼。陶器主要有塔形器、罐、盆、钵等。建筑构件种类丰富，主要有长方形砖、正方形砖、三角形砖、斜边砖、台阶形砖和一些垂直折角的建筑构件，砖的颜色有青灰、灰黄、浅粉等，部分砖块的表面有刻画或印纹图案。墓园中发现的壁画部分涂红彩，部分绘花卉图案。

墓园内外共计发现墓葬 24 座，其中匈奴时期 1 座，回鹘汗国时期 6 座，蒙元时期 17 座。发掘者认为，一号墓园出土遗迹应分属四个历史时期，即匈奴时期、回鹘汗国时期、回鹘汗国灭亡初期、蒙元时期。匈奴时期墓葬地表有封石堆，墓坑为椭圆形，坑内有木棺，木棺外砌石，出土有骨镞、骨牌饰、陶罐、卜骨等随葬品，并殉葬有马骨、羊骨。回鹘时期墓葬多为砖室墓，单人葬，墓葬大部分被盗，随葬品较少，多数未见随葬品，个别墓葬随葬金耳环、皮靴、弓箭弓柄及箭柄。蒙元时期的墓葬形制以椭圆形土坑竖穴墓为主，部分儿童墓葬为洞室墓，地表均有石堆，椭圆形土坑竖穴墓一般都有木制的葬具，有长方形木棺或者分片式独木棺。

匈奴时期的典型墓葬是 M21（图三），规模较小，但出土遗物非常丰富，具有鲜明的时代和民族特点。相似的墓葬在蒙古国和俄罗斯外贝加尔地区多有发现，这类墓葬的地表通常有圆形的封丘，封丘中央因棺椁腐朽而下陷成凹坑。出土的大口深腹罐、圆头型骨弓弭、铜带扣、燕尾形分叉骨镞是常见的随葬遗物组合，属匈奴文化范畴。近些年来，我国学者对匈奴墓葬进行了分期研究，一般将与 M21 相同类型的墓葬归属到匈奴早期，即公元前 3 世纪至公元 1 世纪。蒙古境内匈奴墓通常成群成组出现，M21 作为单独墓葬出现的现象较为少见，匈奴墓地表堆砌石圈的营建方式与蒙古高原青铜时代到早期铁器时代的石板墓文化有许多相似之处，可见文化具有承袭关系①（图四、图五）。

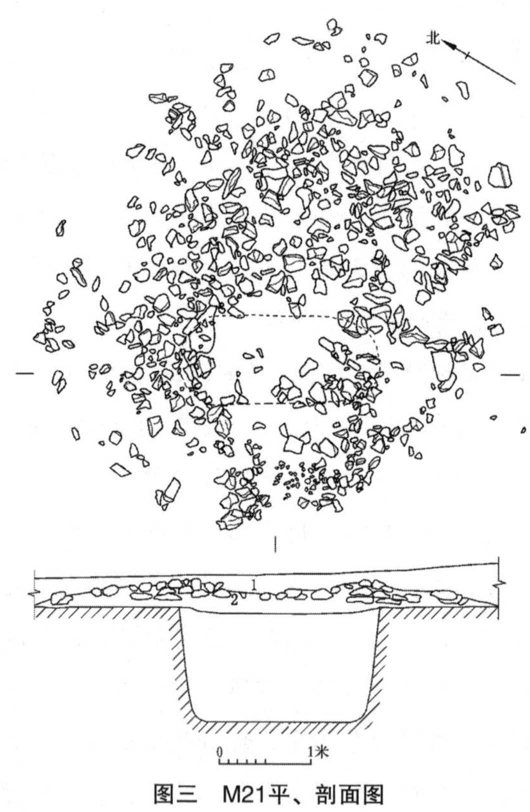

图三　M21平、剖面图

（引自塔拉、陈永志、宋国栋等《蒙古国后杭爱省浩腾特苏木胡拉哈山谷匈奴墓的发掘》，《考古》2009 年第 6 期）

① 中国内蒙古自治区文物考古研究所、蒙古国游牧文化研究国际学院、蒙古国国家博物馆编《蒙古国后杭爱省浩腾特苏木胡拉哈一号墓园发掘报告》，第 115 页。中国内蒙古自治区文物考古研究所、蒙古国游牧文化研究国际学院、蒙古国国家博物馆编《蒙古国古代游牧民族文化遗存考古调查报告（2005~2006 年）》，文物出版社，2008。

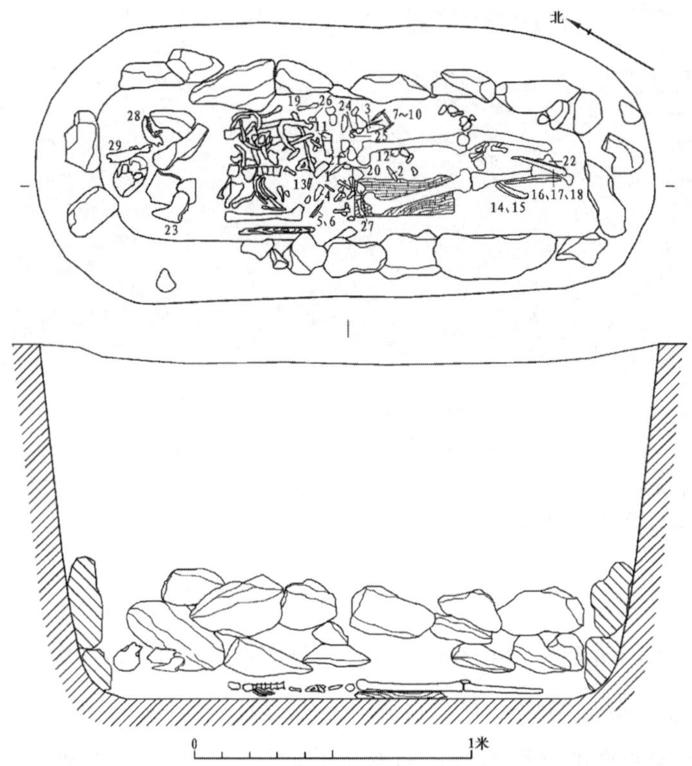

图四 M21墓室平、剖面图

（引自塔拉、陈永志、宋国栋等《蒙古国后杭爱省浩腾特苏木胡拉哈山谷匈奴墓的发掘》，《考古》2009 年第 6 期；中国内蒙古自治区文物考古研究所、蒙古国游牧文化研究国际学院、蒙古国国家博物馆编《蒙古国后杭爱省浩腾特苏木胡拉哈一号墓园发掘报告》，图版一八）

图五　M21出土骨牌饰（M21-11）

（引自中国内蒙古自治区文物考古研究所、蒙古国游牧文化研究国际学院、蒙古国国家博物馆编《蒙古国后杭爱省浩腾特苏木胡拉哈一号墓园发掘报告》，图版七〇）

回鹘汗国时期（744~840）的墓葬分布在一号墓园的建筑台基西北侧（M14、M16、M17）和东南侧（M9、M15、M18），这六座墓与一号墓园为同时期的共存遗迹。所有墓葬均用长方形砖块垒砌建造，墓葬方向基本与墓园方向一致。墓葬的规格基本上与年龄成正比，两座婴儿墓的规格最小。墓葬全部带有墓道，墓道多为阶梯形。大型墓葬均设甬道，甬道内填砖封堵。一号墓园显然是回鹘汗国时期的家族墓地，这六座墓墓主人相互间应具有亲缘关系。出土的部分遗物也具有回鹘汗国时期的风格特点。建筑倒塌堆积中出土了许多带纹饰的砖块，其中绳纹砖［TLXXXVIII③a:1（120）、TLXXV③a:11（75-4-9）］在回鹘时期比较常见，网格纹在突厥、回鹘时期非常流行（图六）。

此外，在一号墓园M14墓中出土的骨弓柄上发现了突厥如尼文，拉丁文转写为TONOZ，与回鹘汗国时期的《磨延啜碑》《故回鹘葛啜王子墓志》《苏吉碑》的写法完全相同，通过对比，中亚突厥人的《塔拉斯碑》或黠戛斯人的《叶尼塞碑》也有类似的书写形式，但由于浩腾特苏木墓葬的葬俗没有采用火葬、二次葬的形式，因此骨弓柄所在的M14墓

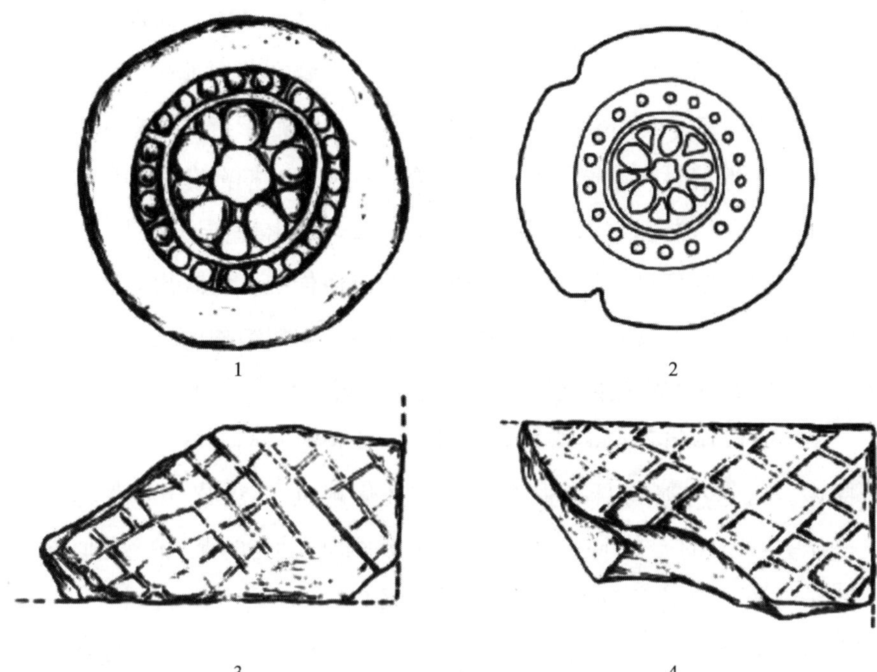

图六　瓦当与网格印纹砖

1、2. 瓦当　3、4. 网格印纹砖

（1、4. 乌布尔哈布其勒山谷三号遗址出土，2. 哈剌巴拉嘎斯古城出土，3. 胡拉哈山谷一号墓园出土）

（引自中国内蒙古自治区文物考古研究所、蒙古国游牧文化研究国际学院、蒙古国国家博物馆编《蒙古国后杭爱省浩腾特苏木胡拉哈一号墓园发掘报告》，第 118 页，图八四）

应属回鹘汗国时期的回鹘人墓葬。①经人骨检测研究后发现，胡拉哈一号墓园 M14 墓主与亚洲蒙古人种北亚类型接近，而 M16 墓主的体质特征具有欧洲人种和亚洲蒙古人种的混合特征，表明回鹘汗国在解体之前，就有多民族融合的趋势，进而奠定了回鹘人体质特征的基本格局，甚至可能对新疆地区民族的种族特征产生过重要影响。②

蒙元时期墓葬共 17 座，共同特点是地表有封石堆，随葬遗物较少。

① 包文胜、张久和:《蒙古国“四方形遗址”所属时代考——以出土器物上的两组突厥卢尼文字判定》,《内蒙古社会科学》(汉文版) 2016 年第 5 期。

② 中国内蒙古自治区文物考古研究所、蒙古国游牧文化研究国际学院、蒙古国国家博物馆编《蒙古国后杭爱省浩腾特苏木胡拉哈一号墓园发掘报告》，第 140~160 页。

M1~M7 的墓坑口部边缘上方放置较大的石块，M1~M3 墓坑两端分别放置一块巨石，用来标识墓坑的范围和方向。在蒙古草原地区，墓葬地表堆积石头堆，是草原环境下的一种特殊葬俗，有助于辨认墓葬位置，这种习俗早在青铜时代就已出现。胡拉哈山谷蒙元时期墓葬分为竖穴土坑和偏洞室两种。在鄂尔浑河流域，偏洞室墓最早出现在回鹘时期，胡拉哈山谷的偏洞室墓显然沿袭自回鹘时期的葬俗传统，反映出蒙元时期在当地仍生活着一些具有回鹘文化传统的民族。类似结构的蒙元时期墓葬在蒙古国中戈壁省阿拉格陶勒盖墓地也有发现。①

这一阶段还随葬独木棺和女性佩戴的罟罟冠、掐丝镶嵌金饰件、织金锦袍等，这些遗物具有强烈的蒙古文化特点。M8 出土一件以掐丝镶嵌工艺制成的金饰件（M8:35），应是罟罟冠上的装饰。类似的金饰件在内蒙古锡林郭勒盟蒙元文化博物馆也有收藏（共 11 件），这些金饰件造型优美，做工精巧，是蒙元时期金器制作技术的重要代表作品（图七）。M8 出土的金耳坠（M8:12）用金丝弯成，珍珠用金丝箍扎缠绕，相同造型的金耳坠在内蒙古四子王旗城卜子墓葬（SZIIM1:1、SZIIM2:2）、元上都城南砧子山南区墓葬（M30:19、M38C:1）中曾有出土，类似造型的铜耳坠在四子王旗城卜子墓葬（SZIIM9:1）、包头市达茂旗木胡儿索卜嘎墓群中也有出土，这些墓葬均属蒙元时期。②（常璐、王晓丹）

---

① 中国内蒙古自治区文物考古研究所、蒙古国游牧文化研究国际学院、蒙古国国家博物馆编《蒙古国后杭爱省浩腾特苏木胡拉哈一号墓园发掘报告》，第 121 页。

② 魏坚、李兴盛、谢寒光：《四子王旗城卜子古城及墓葬》，《内蒙古文物考古文集》第 2 辑，中国大百科全书出版社，1997。内蒙古文物考古研究所等：《元上都城南砧子山南区墓葬发掘报告》，《内蒙古文物考古文集》第 1 辑，中国大百科全书出版社，1994。魏坚、张海斌、王新宇：《达茂旗木胡儿索卜嘎墓群的清理发掘》，《内蒙古文物考古文集》第 2 辑。

2. M8 出土金纽扣
（左起：M8：1~M8：3、M8：36）

3. M8 出土金饰件（M8：35）

4. M8 出土金耳坠（M8：12）

图七　M8出土金饰

（引自中国内蒙古自治区文物考古研究所、蒙古国游牧文化研究国际学院、蒙古国国家博物馆编《蒙古国后杭爱省浩腾特苏木胡拉哈一号墓园发掘报告》，图版七九）

30. 都贵查黑尔岩洞墓

【名称】都贵查黑尔岩洞墓

【位置】蒙古国巴彦洪戈尔省巴彦查干苏木

【年代】公元 9 世纪末～公元 12 世纪中叶

【解题】

该岩洞墓位于蒙古国巴彦洪戈尔省巴彦查干苏木境内，位于苏木中心以西约 40 公里处①，一个叫都贵查黑尔的山中（图一，1）。在位于白色石灰岩山体中腰处的台地上山崖的底部，为洞口朝北的两个并列的小岩洞，海拔高度为 2253 米（图一，2）。据说当地的老人们一直都知道此山中有古物，所以总是禁止孩子们到那一带去放牧。1997 年，当地一位牧民在放羊过程中，在山巅岩阴处乘凉时无意中看到了这个岩洞墓。据说，当时两座岩洞墓中可以明显看到安葬有三个人，且安葬得较为隐秘。三个人均穿戴完整服饰，二人为成年男性，一个明显是儿童，均为干尸。遗憾的是此后该墓遭到盗墓贼的屡次侵扰，尸骨、葬具及随葬品残损严重。

2005 年，蒙古国科学院考古研究所 Ч. 阿木尔图布信教授率领的研究团队得到消息后，对该墓进行了清理，并将出土的部分服饰、武器、马鞍具等随葬品运回了乌兰巴托。

都贵查黑尔 I 号岩洞墓：洞口朝北，洞内空间东西长、南北窄。洞内空间宽 280、深 92、高 43 厘米（图一，3）。岩洞内有一具不完整干尸，为男性，其顶骨至股骨留存部分的长度为 118 厘米。尸骨的前臂和手上的部分皮肤保存完好，表皮上的汗腺孔依稀可见。其右手位于盆骨位置，左手下垂与躯体呈平行状。该墓被盗扰严重。据了解，被盗扰前在洞深

① 直线距离为 40.8 公里。

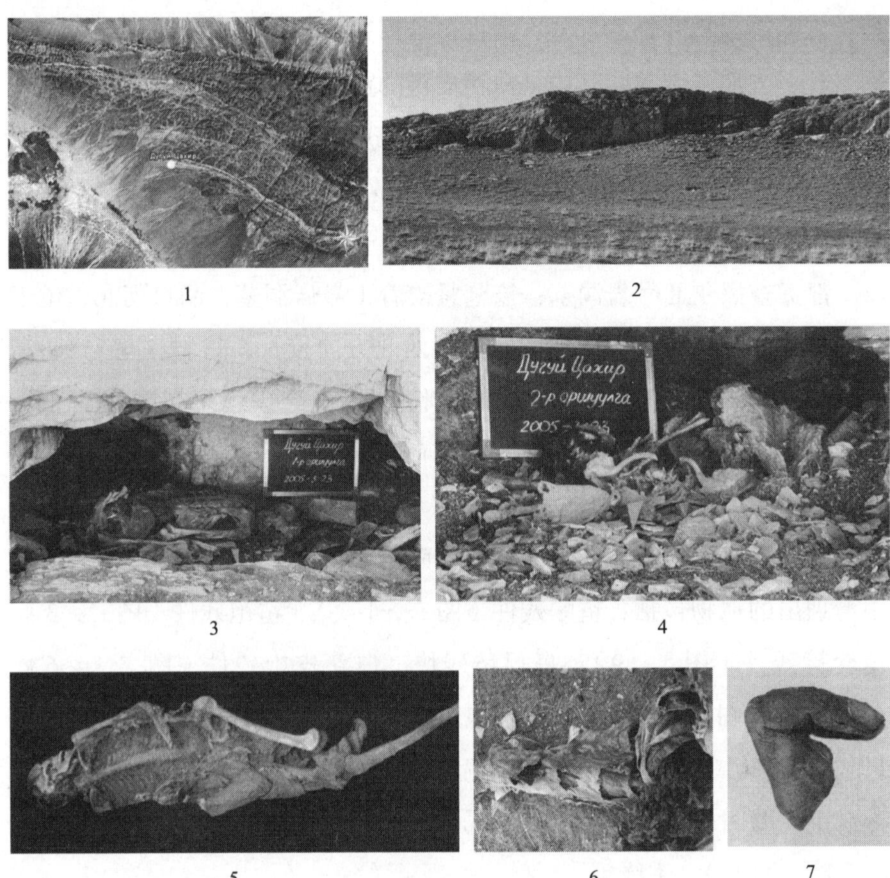

图一 都贵查黑尔岩洞墓

1. 墓葬遗存所在位置地貌特征 2. 都贵查黑尔山中岩洞墓所在山崖
3. 都贵查黑尔Ⅰ号岩洞墓（被盗扰后） 4. 都贵查黑尔Ⅱ号岩洞墓（被盗扰后）
5. 干尸的保存状况 6. 被盗墓者破坏的干尸 7. 带有指甲和皮肤的手指部分

[图1、5~7引自 У. Эрдэнэбат, Ч. Амартүвшин, Дугуй цахирын хадны оршуулга（Ⅹ-Ⅻ зуун). БЕМЬИ САН хэвлэлийн газар. УБ., 2010. т.133,136,137,137。图2~4引自 У. Эрдэнэбат, Ч. Амартүвшин, Дугуй цахирын хадны оршуулга // Талын морьтон дайчдын өв соёл: Ⅷ-ⅩⅣ зууны Монголын хадны оршуулгын шилмэл хэрэглэгбэхүүн. УБ., 2014. т.268,269,270]

处有一个像折叠的蒙古包哈那①状的葬具，其上是身着全套服饰的干尸。干尸呈仰身直肢状。尸体上方覆盖有碎石堆。岩洞墓中清理出的遗物包

① 蒙古包的木围壁，可收起，可展开。

括：麻绳镶边毡片饰、木碗、蒙古包哈那残件、白茬皮袍残件、皮毛衣物残件、皮质弓弦等。其中，白茬皮袍的前襟、袖子、下摆等处有带纹饰的黄色和绿色绸缎镶边，可见除了毡、皮毛等畜牧产品以外，来自中原的绸缎也在服饰的制作中有所使用。另外，墓葬中还出土有羊的椎骨、尾骨以及带着距骨的羊胫骨等。①

都贵查黑尔Ⅱ号岩洞墓：该墓紧挨着Ⅰ号岩洞墓，洞口朝北，位于其东侧 162 厘米处。洞内空间东南至西北方向较长，其洞口宽 172、高 66 厘米，洞内空间宽 250、深 150 厘米（图一，4）。该墓亦被盗扰严重，干尸摆放散乱。据人骨分析，原本应有两具尸骨，一具为成年男性（图一，5），另一具为 10~15 岁的儿童（图一，6~7）。据调查了解，墓内发现的干尸原本为身着全套服饰，外面用毡子包裹的状态。从该岩洞墓中清理出的遗物包括：毡帽残件（图二，1~2）、毡袍残件（图二，3）、毡套裤残件（图二，9）、裹尸毡残块、白茬皮袍残件（图二，4~6）、长筒皮靴（图二，10）、绸缎长袍（图二，7~8）、铁钩皮带饰（图二，11）、木弓（图三，1~2）、桦树皮箭筒（图三，3~4）、木马鞍（图四，1）、木马镫（图四，2）、带缰绳的铁马嚼（图四，3）、木马鞭（图四，4）、漆木碗（图五）、毛绳等。

蒙古国国立大学教授 У. 额尔顿巴特认为：都贵查黑尔岩洞墓中两具男性干尸保存有完好的发饰及服饰、武器、马鞍具等随葬品，这与 10~11 世纪契丹人的文化面貌较为相近，如绸缎镶边白茬皮袍、斜襟毡袍、毡帽、高鞡皮靴、套裤等服饰。其中，白茬皮袍的镶边绸缎有着精美的纹饰，套裤则高过膝盖，上端有捆绑系挂用的系绳。② 此类套裤在中国北方及东北地区一直沿用至近现代，在大兴安岭地区的鄂伦

① У. Эрдэнэбат, Ч. Амартүвшин, *Дугуй цахирын хадны оршуулга (X - XII зуун)*. БЕМЬИ САН хэвлэлийн газар. УБ., 2010. т.22-24.

② У. Эрдэнэбат, *Монголчууд:Талын нүүдэлчдийн уламжлал (Нэн эртэнээс XII зууны эхэн)*. МОНСУДАР хэвлэлийн газар. УБ., 2018. т.235.

春[①]、鄂温克[②]、达斡尔等民族的猎民中使用尤为普遍。考古学家们对都贵查黑尔岩洞墓中人骨做了测年，对相关器物做了碳 14 测年，测年结果与对该墓的分析结果基本一致。墓主人大致生活于 9 世纪末至 11 世纪初。[③]（特日根巴彦尔）

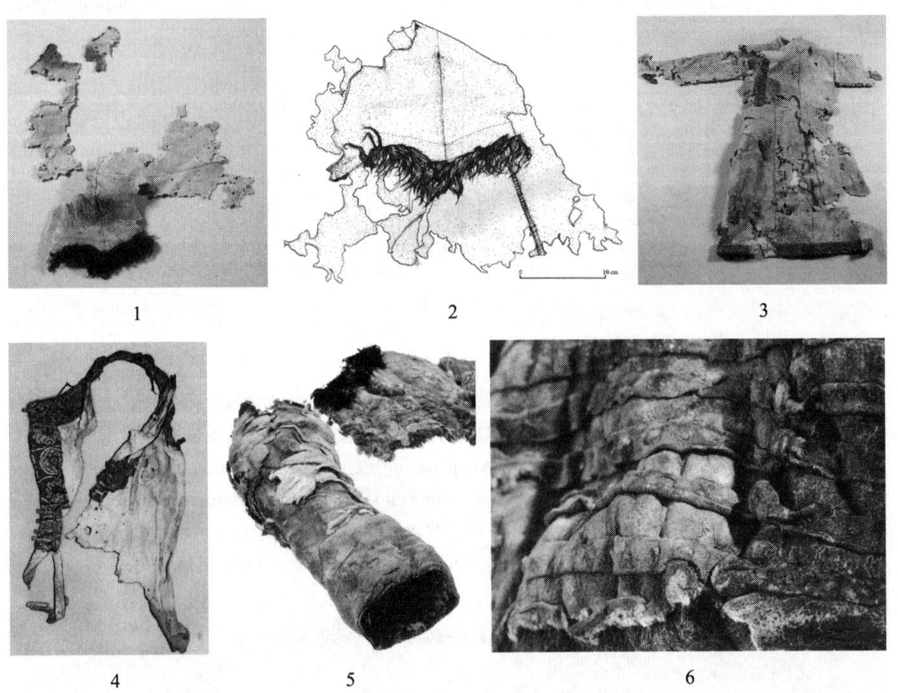

① 王巍、孟松林主编《呼伦贝尔民族文物考古大系·鄂伦春自治旗卷》，文物出版社，2014，第 84~85 页。

② 白丽民主编《鄂温克民族传统社会与文化》，科学出版社，2007，第 39 页。

③ У. Эрдэнэбат, Ч. Амартүвшин, *Дугуй цахирын хадны оршуулга (X-XII зуун)*. БЕМЬИ САН хэвлэлийн газар. УБ., 2010. т.67.

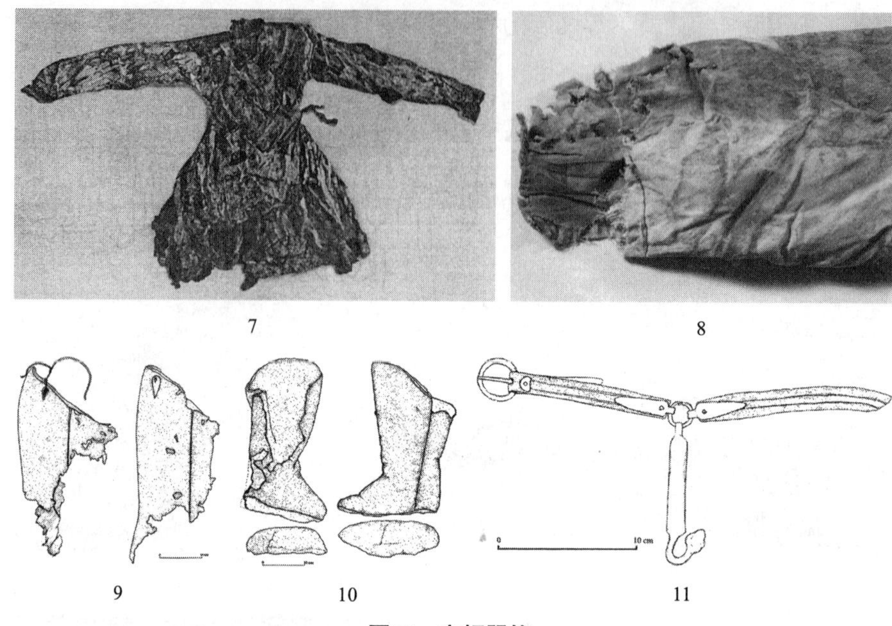

图二　衣帽服饰

1. 毡帽　2. 毡帽线图　3. 毡袍　4. 皮袍彩饰衣领部分残件　5. 羊皮袍残件　6. 羊皮袍局部
7. 绸缎长袍　8. 绸缎长袍局部　9. 毡套裤残件线图　10. 皮靴线图　11. 皮带饰

［图 1、3、5~6、8 引自 У. Эрдэнэбат, Ч. Амартүвшин, Дугуй цахирын хадны оршуулга // Талын морьтон дайчдын өв соёл: Ⅶ - ⅩⅣ зууны Монголын хадны оршуулгын шилмэл хэрэглэгбэхүүн. УБ., 2014. т.281,272,278,279,276。图 2、4、7、9~11 引自 У. Эрдэнэбат, Ч. Амартүвшин, Дугуй цахирын хадны оршуулга（Ⅹ-Ⅻ зуун). БЕМЬИ САН хэвлэлийн газар. УБ., 2010. т.138,147,142,155,153,152］

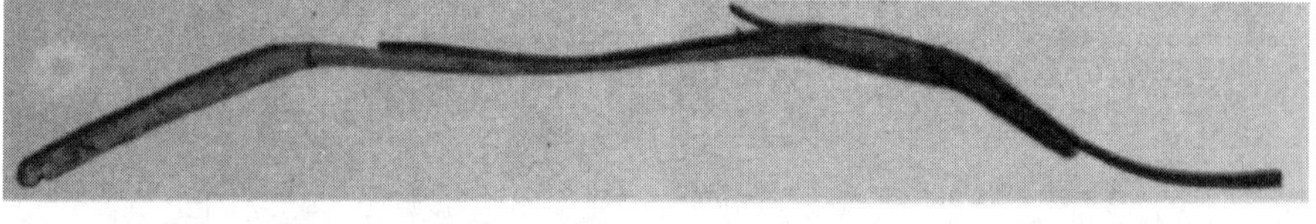

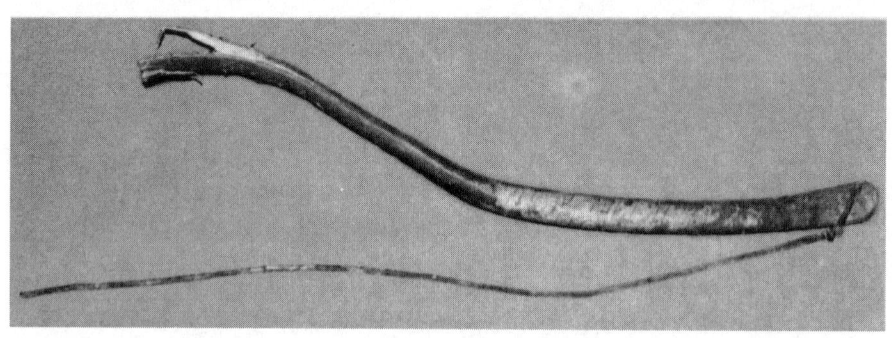

1

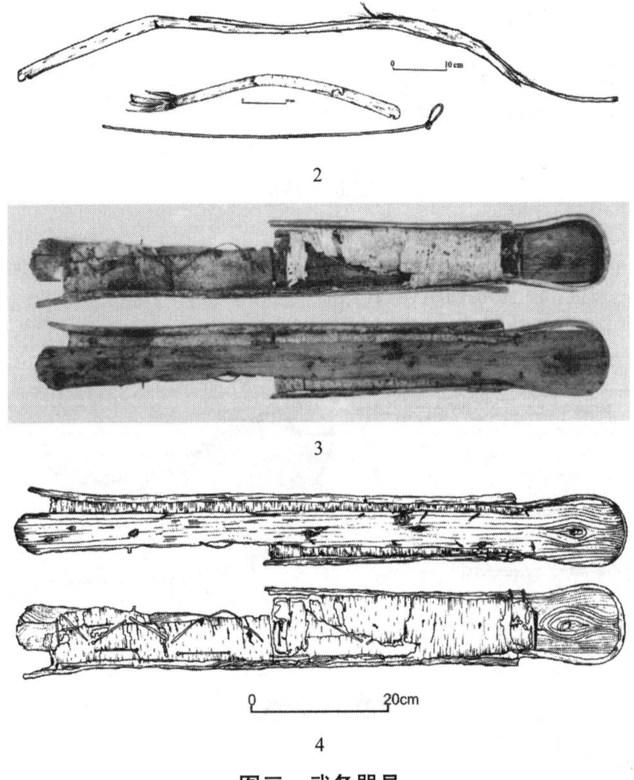

图三 武备器具

1. 木弓及残件 2. 弓及残件线图 3. 桦树皮箭筒 4. 箭筒线图

［引自 У. Эрдэнэбат, Ч. Амартүвшин, Дугуй цахирын хадны оршуулга (Ⅹ-Ⅻ зуун). БЕМЬИ САН хэвлэлийн газар. УБ., 2010. т.157,157,158,158］

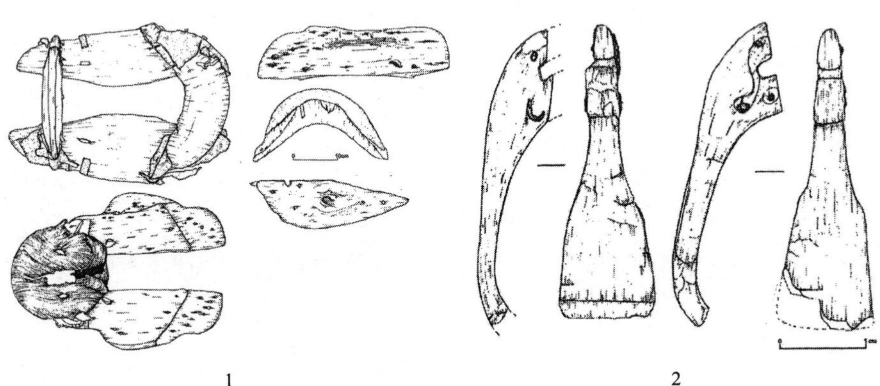

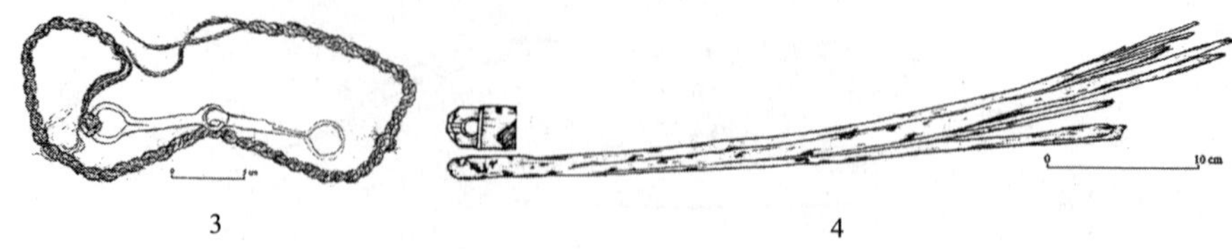

3　　4

图四　马具

1. 木鞍架　2. 木马镫　3. 铁马嚼及缰绳　4. 木马鞭

［引自 У. Эрдэнэбат, Ч. Амартүвшин, Дугуй цахирын хадны оршуулга (Ⅹ-Ⅻ зуун). БЕМЬИ САН хэвлэлийн газар. УБ., 2010. т.163,164,165,165］

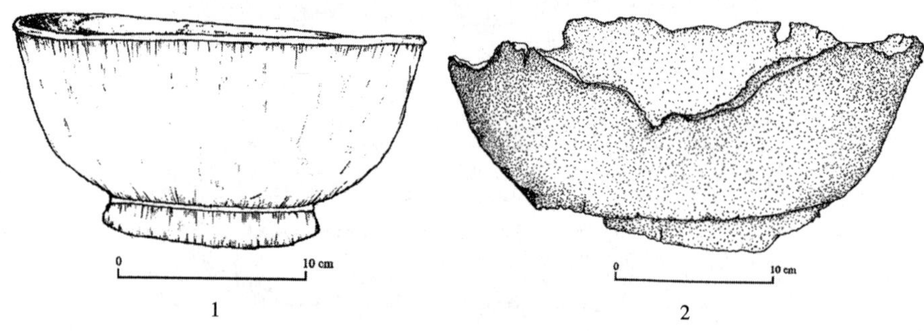

1　　2

图五　木碗

1. 素面木碗　2. 漆木碗残件

［引自 У. Эрдэнэбат, Ч. Амартүвшин, Дугуй цахирын хадны оршуулга (Ⅹ-Ⅻ зуун). БЕМЬИ САН хэвлэлийн газар. УБ., 2010. т.169,169］

31. 朝诺图乌拉岩洞墓

【名称】朝诺图乌拉岩洞墓

【位置】蒙古国科布多省布尔干苏木

【年代】公元10世纪～公元12世纪

【解题】

该岩洞墓位于蒙古国科布多省布尔干苏木境内。朝诺图乌拉，蒙古语意为“狼山”。当地牧民 П. 松堆在放牧过程中发现，并向当地政府报告。2008年，蒙古国学者 Д. 巴图苏赫、T. 巴图巴雅尔等在执行“蒙古阿尔泰山西部地区历史考古遗存 - Ⅱ”项目的过程中，专门到朝诺图乌拉岩洞墓所在地进行了抢救性发掘清理工作。

朝诺图乌拉岩洞墓的洞口朝南，所在山巅，地势较为险峻。洞口前方为悬崖峭壁，一般人很难轻易靠近，海拔高度为1359米。岩洞由三个相连的洞室组成，且洞口处仅能容纳一人出入。想要走进岩洞，首先要沿着一条长约4米，宽约0.4~0.5米的通道爬进去，可抵达第一个小洞室，此洞室长10米、宽0.5~0.65米、高1~1.1米。其西侧接连的是第二和第三洞室。第二洞室长2.6、宽1.2、高0.6~0.65米。第三洞室则是岩洞墓所在位置，其内部空间为长1.3、中部宽1.2、高0.6~0.65米（图一）。

考古工作者在清理发掘过程中发现了两具人骨。刚入洞室时发现洞内的人骨比较散乱，且夹杂一些可能是后来野生动物带入的动物皮毛、骨骼等。蒙古国科学院的古人类研究工作者在鉴定人骨标本后确定，洞内清理出的人骨属于两个不同个体。其中，一人身高160.5厘米左右，年龄在22~27岁，另一人身高161.2厘米左右，年龄在35~40岁，二人均为男性。

该岩洞墓中的随葬品包括：弓（图二，1）、箭、箭筒（图二，5）、

1

2

图一　朝诺图乌拉岩洞墓

1. 岩洞墓洞口处　2. 发掘清理前的洞内情况

（引自 Д. Батсүх, Т. Батбаяр, Чонот уулын хадны оршуулаг // Талын морьтон дайчдын өв соёл: Ⅶ-XIV зууны Монголын хадны оршуулгын шилмнл хэрэглэгбэхүүн. УБ., 2014. т.244,245）

铁箭镞（图二，4）、木鞘和木柄铁刀（图二，3）、铁带扣（图三，3）、铁带钩（图三，4~6）及一些木质和皮革类遗物残件。① 弓的保存状况良好，略有变形，其尺寸为：弓高 133、弓弣宽 2.1、弓臂厚 3.1 厘米。弓臂末端有刻纹图案，刻纹很像是岩画上表现的虎形象（图二，2）。箭筒的基本材质为木和桦树皮，局部有用动物的筋和角做的构件。箭筒长 61.3 厘米、底部面积 7.2×11.5 厘米、筒口为 4.4×4.6 厘米。箭筒内发现 3 支箭，羽翎缺失，箭长 70.9~79.3 厘米。另外，还发现三个铁箭镞，均为铤式镞，其中一个是三翼铁镞，通长 7.3、铤长 3.3 厘米（图二，4 左）；另外两个为菱形镞，大的通长 8.4、宽 2.1 厘米（图二，4 中），小的通长 5.7、宽 1.8 厘米（图二，4 右）。木柄铁刀长 16.2、宽 1.7、刀片厚 0.1、柄长 7.7 厘米，刀鞘长 20.4、宽 3.6、厚 1.5 厘米。两件铁带扣中，大的直径 3、厚 0.3、舌长 3.2 厘米（图三，3 左），小的直径 2.3、厚 0.2、舌长 1.8 厘米（图三，3 右）。铁带钩的形制各异，大小有别，其中扁挂钩长 3.8、宽 2、厚 0.5 厘米（图三，4），另外两个环圈挂钩一件长 5.6 厘米（图三，5），另一件长 9.7 厘米（图三，6）。

---

① С. Хүрэлсүх, *Хадны оршуулгын судалгааны зарим асуудал*. УБ., 2012. т.21.

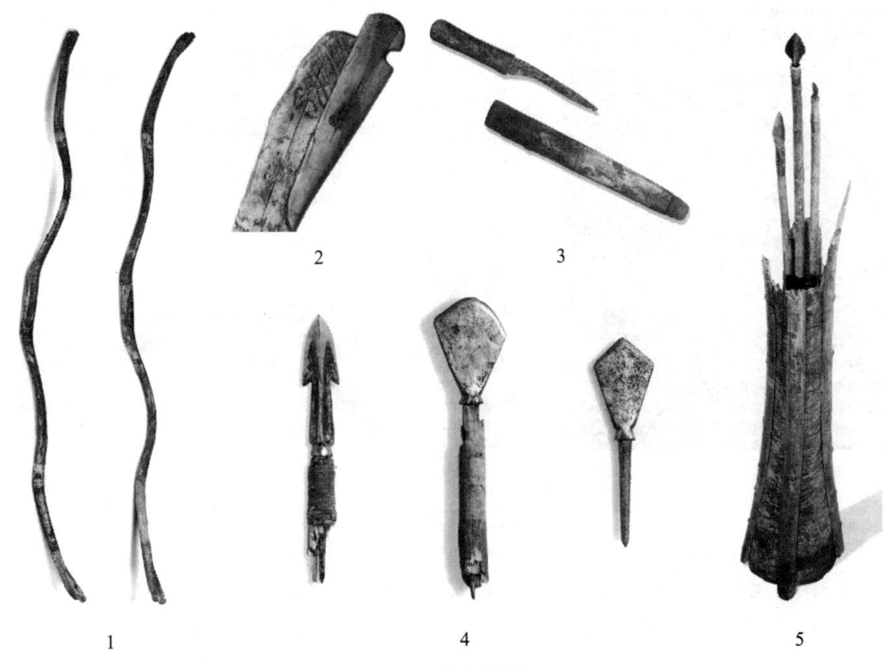

图二 武备器具

1. 木弓 2. 弓臂末端的刻纹图案 3. 木柄铁刀与木刀鞘 4. 铁箭镞 5. 箭筒和箭

（引自 Д. Батсүх, Т. Батбаяр, Чонот уулын хадны оршуулаг // Талын морьтон дайчдын өв соёл: Ⅶ-ⅩⅣ зууны Монголын хадны оршуулгын шилмнл хэрэглэгбэхүүн. УБ., 2014. т.246,246,255,250,247）

另外，有趣的是该岩洞墓中还出土了一件用鱼皮制作的小皮包，为掀盖式，整体呈长方形，盖子的前沿部分略呈如意形尖角状。皮包内有羊距骨、小皮口袋、皮绳及木别棍等物品（图三，1）。其中，羊距骨可能用于占卜、游戏或另有其他用途。其中，鱼皮包长 10、宽 10、厚 0.3 厘米；小皮口袋长 6.4、宽 2.7~4.8、厚 2.3 厘米；木别棍长 5.9、直径 0.6 厘米；羊距骨长 3.4、宽 2.2 厘米；皮绳长 6.4、宽 4.4 厘米。木别棍的用途不详。新疆维吾尔自治区和田地区洛浦县山普拉墓中出土过一些木制的绕线轴，但形制似乎与此物有一定区别。① 这种中部有凹缺、两

① 新疆维吾尔自治区博物馆编《古代西域服饰撷萃》，文物出版社，2010，第 63 页。

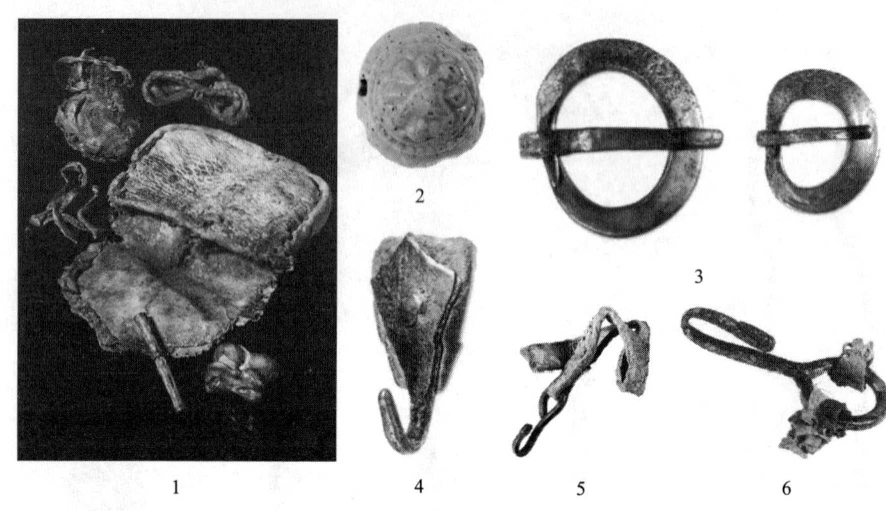

图三　其他随葬品

1. 鱼皮包及包内物品　2. 琉璃釉擦擦　3. 铁带扣　4~6. 皮系铁带钩

（引自 Д. Батсүх, Т. Батбаяр, Чонот уулын хадны оршуулаг // Талын морьтон дайчдын өв соёл: Ⅶ-ⅩⅣ зууны Монголын хадны оршуулгын шилмнл хэрэглэгбэхүүн. УБ., 2014. т.242,255,254,254,254,254）

边对称的木别棍在吉日嘎郎图海日罕岩洞墓中也有发现。[①]

此外，岩洞墓中还出土一枚青色的擦擦形琉璃珠，侧面有圆形穿孔，顶端略有尖角，尖角周围共有 8 个花瓣形纹饰，其外围则是一圈连珠纹饰。[②] 琉璃珠长 3、底径 2.6 厘米（图三，2）。

考古学家最初依据墓内随葬的小皮包、弓箭及铁镞等器物分析，认为该墓葬的年代应该在 6~14 世纪。蒙古国部分学者从岩洞墓中经常随葬出土武器的情况推测，很多在高山上的岩洞里安葬的都是在战争中去世的武士，因为在战争年代，没有太多的时间下葬，所以就在岩洞中匆匆安葬，随葬其随身携带的物件便是证明。（特日根巴彦尔）

① Д. Батсүх, Т. Батбаяр, Жаргалант хайрханы хадны оршуула // Талын морьтон дайчдын өвсоёл: Ⅶ-ⅩⅣ зууны Монголын хадны оршуулгын шилмнл хэрэглэгбэхүүн УБ., 2014. т.240.

② Д. Батсүх, Т. Батбаяр, Чонот уулын хадны оршуулаг // Талын морьтон дайчдын өв соёл: Ⅶ-ⅩⅣ зууны Монголын хадны оршуулгын шилмнл хэрэглэгбэхүүн УБ., 2014. т.246.

32. 那日图哈达岩洞墓

【名称】那日图哈达岩洞墓

【位置】蒙古国东戈壁省达兰扎尔嘎朗苏木

【年代】公元13世纪～公元14世纪

【解题】

蒙古国中南部戈壁地区发现的岩洞墓遗迹，相比西部的阿尔泰山和杭爱山地区要少一些。中南部戈壁地区发现的岩洞墓遗迹主要有：南戈壁省境内的查干哈囊岩洞墓、敖包图哈日岩洞墓、汗包格德岩洞墓、古尔班杰日德岩洞墓、哈日阿日嘎楞特岩洞墓，东戈壁省的赫楚乌拉岩洞墓、伊赫那日廷朝鲁岩洞墓等。①

那日图哈达岩洞墓位于蒙古国东戈壁省达兰扎尔嘎朗苏木境内。2005年，东戈壁省达兰扎尔嘎朗苏木"野盘羊研究"项目组成员Б.敖特根巴雅尔在那日图哈达山中调查时，突然看到一只盘羊从不远处较为隐秘的岩洞中一跃而出，受惊而逃。此时，多年的野外工作经验提醒他，岩洞中很可能有出生不久的小盘羊。他前往洞口处俯身探查，果不其然，洞内的确有一只小盘羊。但让他没有想到的是，洞内似乎还有一些像木板和皮革的遗物。他又试着往下挖了挖，很快便发现了木棺。随后，敖特根巴雅尔立即向当地政府部门报告了此事。②

2005年10月，蒙古国科学院考古研究所的考古学者С.呼日勒苏赫、Р.孟和图拉格等到岩洞墓所在地完成了抢救性发掘清理工作。洞口略呈三角形，朝南，高80、宽94厘米，海拔高度1163米左右。洞内空间东南至西北向较宽阔。安置墓主人的葬具为一件用整块皮革包裹的木棺（图一，2）。木棺略呈梯形，长172、高37厘米，棺首宽57、底部

① С. Хүрэлсүх, Хадны оршуулгын судалгааны зарим асуудал. УБ., 2012. т.8-30.

② С. Хүрэлсүх, Хадны оршуулгын судалгааны зарим асуудал. УБ., 2012. т.19-20.

宽 40 厘米。棺板为穿孔后用皮绳捆绑固定（图一，4）。墓主人头朝西北，尸体已变成干尸状，尸骨及随葬品未被扰动，保存完好（图一，3）。岩洞墓的洞口处用一些大块岩石特意遮蔽，以防止人兽进入（图一，1）。①

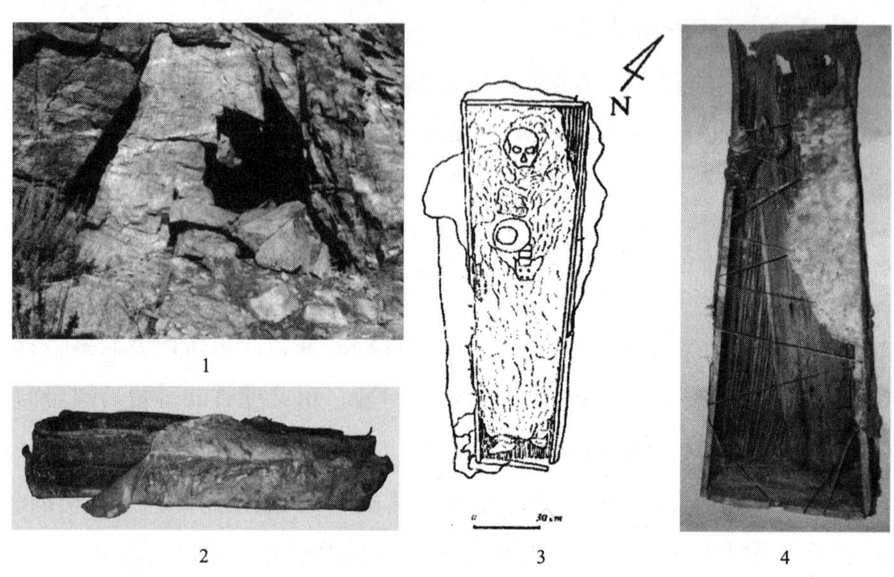

图一 那日图哈达岩洞墓

1. 岩洞墓洞口处 2. 裹皮墓棺 3. 木棺内部安葬情况 4. 清理后木棺内部状况

[图 1~2、4 引自 С.Хүрэлсүх, Хадны оршуулгын судалгааны зарим асуудал. УБ., 2012. т.100,108,107。图 3 引自 У.Эрдэнэбат, С.Хүрэлсүх, Нартын хадны оршуулга // Археологийн судлал (Studia Archaeologica). Tomus (Ⅳ) XXIV, УБ., 2007. т.396]

考古人员发现墓主人身着红色单袍（图三，2），并将一件衣袖向内侧叠放整齐的黄褐色长袍作为枕头置于头部下方（图三，1）。其中，红色单袍为斜襟右衽，窄袖，下摆处有多处叠皱，应为蒙元时期典型的辫线袍样式。② 辫线袍的衣襟部分用绿地金丝绣钱纹绸缎装饰（图三，5）。单袍长 132、两袖残长 158、下摆宽 101、袖口宽 11 厘米。叠放在头下的织锦长袍为斜襟左衽，宽袖，袖口收起，下摆宽大。其长 156、两袖残长 155、下摆残长 115、袖口宽 10.7 厘米。该长袍衣领处有一块有虎状猫科

① У. Эрдэнэбат, С. Хүрэлсүх, Нартын хадны оршуулга // Археологийн судлал (Studia Archaeologica). Tomus (Ⅳ) XXIV , УБ., 2007. т.332-333.

② 谢非、贺阳：《蒙元时期辫线袍功能性结构探讨》，《美术大观》2019 年第 9 期，第 106 页。

动物图案的织锦饰片（图三，6），袍身选用龙纹织锦（图三，3）、飞鸟纹织锦（图三，4）等。另外，还有一件兽皮长袍看似被子一样覆盖在尸体的最上面。皮袍长145、两袖宽222、下摆宽138、袖口宽11厘米（图四，1）。皮袍上有多个贴绣纹饰（图四，2）。墓主人的颈部有用黄绳串起的红色宝石项链（图二，3）、一对珍珠耳饰（图二，2）、木梳（图二，6）等。串珠项链共有7颗珠饰，红色的天然宝石形状各异，直径在0.7~1.8厘米之间。珍珠耳饰通长2.8、珍珠直径1厘米。木梳长12、宽8、厚1.5厘米。右侧肩部有罟罟冠套头部分的残件。其中，桦树皮制冠饰部分残高14.2厘米，冠筒上部尺寸为8.5×9.4厘米（图二，4）。在罟罟冠残件的旁边还发现了冠饰中用来安插捆绑羽毛类饰件的木托架及插件。木托架通长19、厚1.5、圆形托盘直径2.5厘米。棒形插件长9.5厘米（图二，5）。墓主人的胸部还发现一只向下扣着的木碗。木碗口沿处有一圈弦纹刻痕。碗高7.2、口径17、底径9、底高0.8厘米（图二，8）。碗的周围发现很多红、黄、褐等色的绸缎或布料残块。墓主人下身穿皮裤，皮裤在人的骨盆和腿部关节位置褶皱、残损严重（图四，3）。墓主人的腿部则套着贴饰镶边的长筒皮靴，靴高约33厘米（图四，4）。特别值得注意的是，该墓中还出土了一枚动物纹铜镜。考古人员将木棺抬出岩洞时，该铜镜从尸骨头部右上方滑落，所以铜镜的准确位置不详。铜镜直径9.2厘米，柄部残缺。铜镜边缘为宽平缘，宽0.5厘米。镜面的左侧部分是坐在树上的猴子，右侧则是伫立在树下观望着猴子的一对动物形象（图二，1）。另外，墓内还发现了一把木柄铁刀，通长17、宽2、柄长8.4厘米（图二，7）。[①]

蒙古国考古学家У.额尔顿巴特、С.呼日勒苏赫等，依据该岩洞墓所体现的葬仪及随葬器物的特点分析，认为那日图哈达岩洞墓是13~14世纪的蒙古人墓葬。[②]（特日根巴彦尔）

① У. Эрдэнэбат, С. Хүрэлсүх, Нартын хадны оршуулга // Археологийн судлал (Studia Archaeologica). Tomus (Ⅳ) XXIV, УБ., 2007. т.333-339.

② У. Эрдэнэбат, С. Хүрэлсүх, Нартын хадны оршуулга // Археологийн судлал (Studia Archaeologica). Tomus (Ⅳ) XXIV, УБ., 2007. т.339.

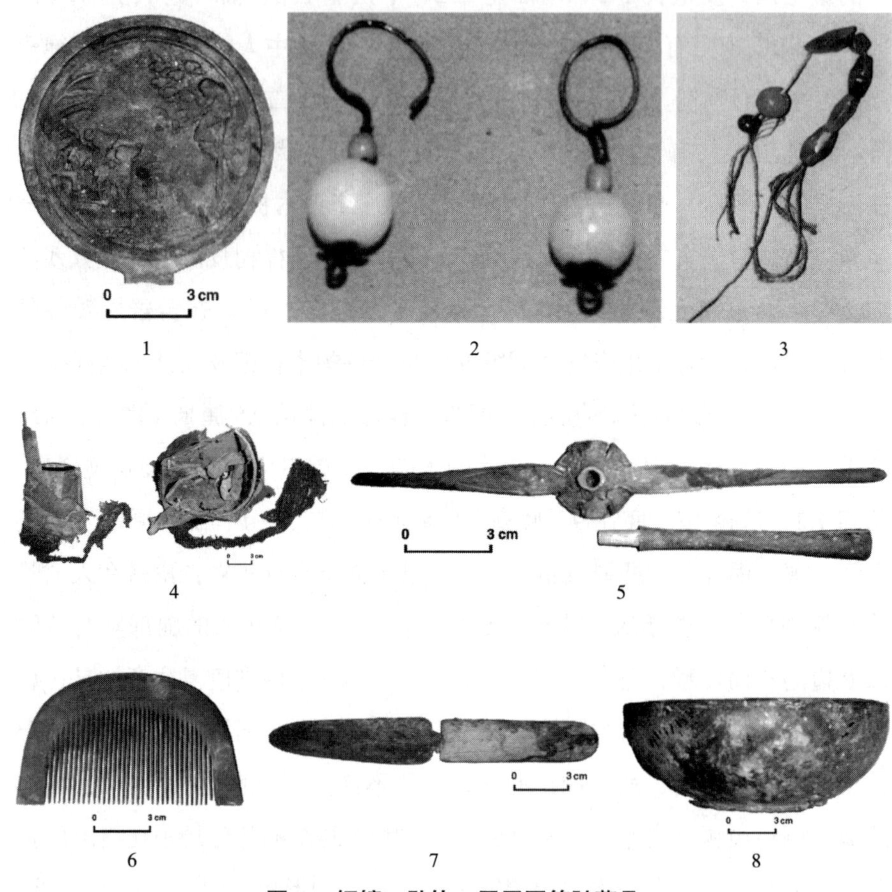

图二　铜镜、坠饰、罟罟冠等随葬品

1. 铜镜　2. 珍珠耳饰　3. 串珠项链　4. 罟罟冠残件　5. 罟罟冠安插羽饰木托架及插件　6. 木梳　7. 木柄铁刀　8. 木碗

［图 1、4~8 引自 У. Эрдэнэбат, С. Хүрэлсүх, Нартын хадны оршуулга // Археологийн судлал (Studia Archaeologica). Tomus（Ⅳ）ⅩⅩⅣ，УБ., 2007. т.358,357,358,358,359,359。图 2~3 引自 С. Хүрэлсүх, Хадны оршуулгын судалгааны зарим асуудал. УБ., 2012. т.124,124］

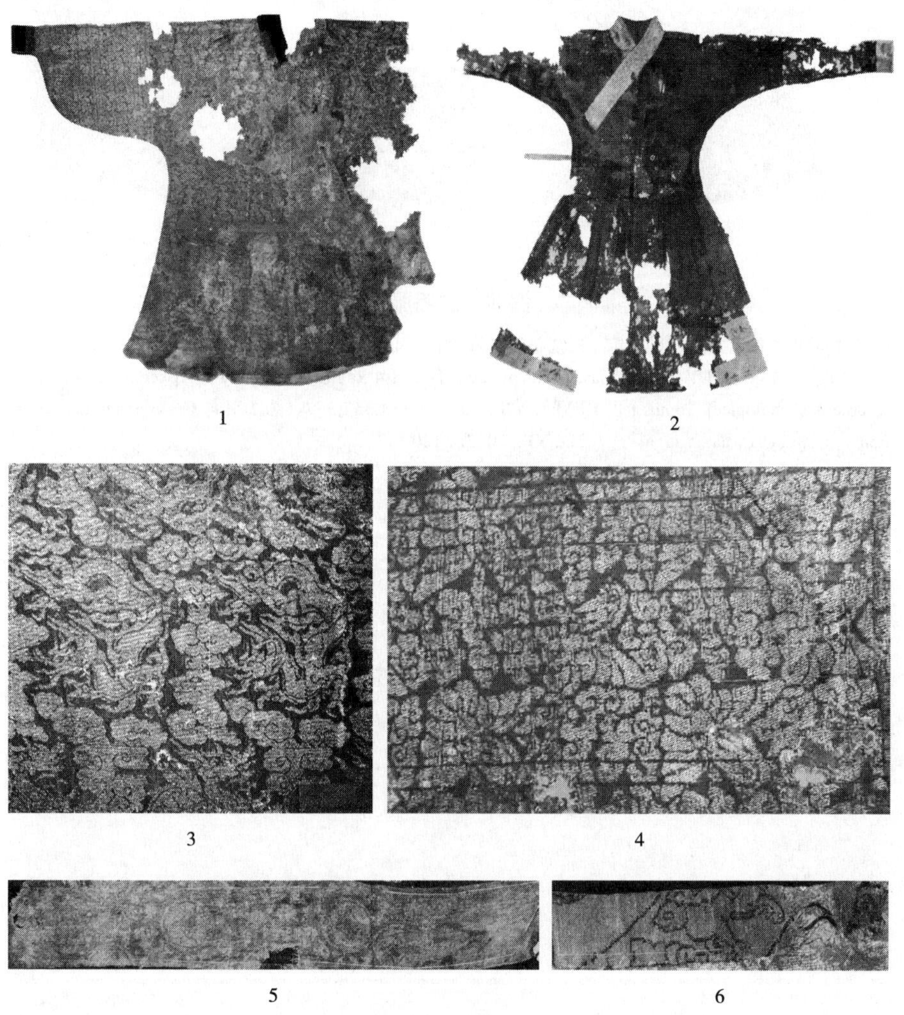

图三　丝织品

1. 左衽锦缎长袍　2. 右衽辫线袍　3. 龙纹织锦　4. 飞鸟纹织锦
5. 钱纹织锦　6. 长袍衣领上的动物图案

［图 1~5 引自 У. Эрдэнэбат, С. Хүрэлсүх, Нартын хадны оршуулга // Археологийн судлал (Studia Archaeologica). Tomus (Ⅳ) XXIV, УБ., 2007. т.354,356,355,355,356。图 6 引自 С. Хүрэлсүх, Хадны оршуулгын судалгааны зарим асуудал. УБ., 2012. т.121］

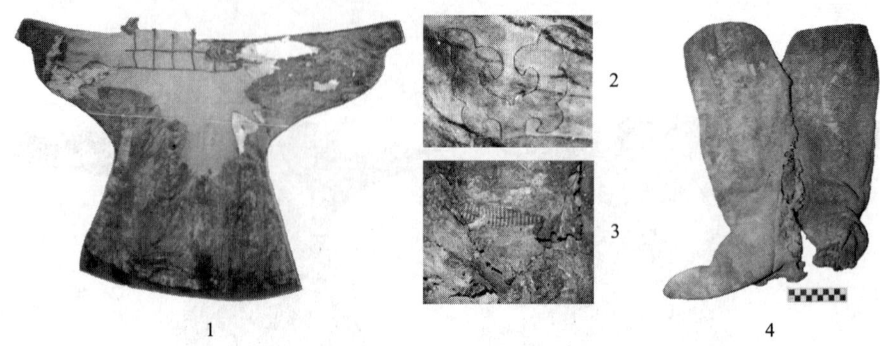

图四　皮毛服饰

1. 兽皮长袍　2. 皮袍贴绣饰　3. 皮裤残件和裤带　4. 长筒皮靴

［图 1、3~4 引自 У. Эрдэнэбат, С. Хүрэлсүх, Нартын хадны оршуулга // Археологийн судлал (Studia Archaeologica). Tomus（Ⅳ）XXIV, УБ., 2007. т.353,357,357。图 2 引自 С. Хүрэлсүх, Хадны оршуулгын судалгааны зарим асуудал. УБ., 2012. т.120］

33. 查干哈囊岩洞墓

【名称】查干哈囊岩洞墓

【位置】蒙古国南戈壁省诺彦苏木

【年代】公元 13 世纪 ~ 公元 15 世纪[①]

【解题】

中世纪时期蒙古人最典型的物质文化遗物是墓葬中出土的随葬品。除了较为普遍的石堆土葬墓，还有一些将逝者的遗体安葬在崇山峻岭中的岩洞或岩厦里的独特葬俗。[②]据墓葬所在位置的不同，可将其称作“岩洞墓”或“岩棚墓”等，为了概念的统一，本文借鉴丹达尔等部分中国学者的译名，将其统称为“岩洞墓”。[③]这些天然的岩洞或岩厦通常位于高山之巅或山腰上，岩洞中较为干燥，不易受雨水冲击，阳光不能直射的阴暗处，为墓主人遗体和随葬品的保存提供了有利条件。同其他墓葬不同的是，岩洞墓内的随葬品通常较为单一，以墓主人生前所使用的物品为主，武器、马具等较多，因此不少学者也将其命名为中世纪的“武士墓”。截止到 2014 年，蒙古国境内已发现和研究的岩洞墓遗迹就有 60 余处，[④]其中大部分发现于阿尔泰山及周边地区。

查干哈囊岩洞墓位于蒙古国南戈壁省诺彦苏木境内，苏木中心东北 7~8 公里处。岩洞所在位置海拔高度为 1928 米。1998 年，最初发现该岩洞墓的盗墓者洗劫并焚烧了墓葬。1999 年，当地警方得到报告后追缴

① 呼日勒苏和：《蒙古国境内岩洞墓研究》，丹达尔译，《草原文物》2015 年第 2 期，第 129 页。据此文，查干哈囊岩洞墓的人骨测年绝对年代为“595BP ± 54 / 1σ 1308-1403calAD / 2σ 1301-1410calAD”。另外，文中还提到“根据出土的冠帽、马靴、袍服、铜镜等遗物来判断查干哈囊……等墓葬均属于蒙元时期，即 13~14 世纪”。

② У. Эрдэнэбат, *Монголчууд:Талын нүүдэлчдийн уламжлал (Нэн эртэнээс XIIзууны эхэн)*. МОНСУДАР хэвлэлийн газар. УБ., 2018. т. 232.

③ 呼日勒苏和：《蒙古国境内岩洞墓研究》，丹达尔译，《草原文物》2015 年第 2 期，第 122 页。

④ Төрбат Ц· Удиртгал // Талын морьтон дайчдын өв соёл: Ⅶ-ⅩⅣ зууны Монголын хадны оршуулгын шилмнл хэрэглэгбэхүүн. УБ., 2014. т.17.

到头盖骨残片、帽子、皮靴、未烧尽的丝织品残片等，并将其转交给了蒙古国科学院历史研究所。2000年，У.额尔顿巴特、Ч.阿木尔图布信等到被盗毁的岩洞墓所在地完成了清理采集和调查采访工作。特别是收集到了一些岩洞墓附近焚烧后散落的相关遗物。①

该墓葬所在岩洞洞口朝南，洞内空间狭小，洞室长400、宽200、高130厘米。据了解，当时洞内尸骨的头部露出，其余部分均用微微泛红的黄色绸缎紧裹，头向朝东，安放在一个木架式的葬具里（图一）。

蒙古国的岩洞墓中发现的人骨、随葬品及葬具、葬俗等均有一定的独特之处，查干哈囊岩洞墓是其中的典型墓葬。岩洞墓的葬具主要包括板式木棺、木架以及蒙古包所用的哈那片等。木棺和木架外面有时还要包裹动物皮革。另外，有些人骨或干尸的外面明显有裹尸布或裹尸毡。

每个岩洞墓里的葬具和随葬品都有所区别，但总体来说都比较简单。这可能与游牧人在生产生活中不积累过多物品，一切从简，便于迁徙的习惯有关，也可能与游牧人的精神信仰体系有一定关系。查干哈囊岩洞墓显然是用了简易的木架式葬具和裹尸布。墓主人为年轻男性，其头顶处有一小绺头发，后脑勺处有长至肩部的黑色细辫发，脸上的皮肤完好，且较为光滑，呈深褐色，牙齿洁白。墓主人的身下铺着芨芨草一类的东西。通常中世纪时期安放逝者的岩洞都要选取人迹罕至的高山之上，而且自然的岩洞、岩厦、岩缝都比较狭小，所以一般每个岩洞中只安葬一至两人。而且岩洞墓所处位置气候凉爽，通风也比较好，这样很多墓葬内的遗体就变成了干尸。

① Д. Баяр, У. Эрдэнэбат, *Монголын эзэнт гүрнийүедхолбогдохнэгэнховордурсгал*// Археологийн судлал (Studia Archaeologica). Tomus XX, УБ., 2000. т.100-101.

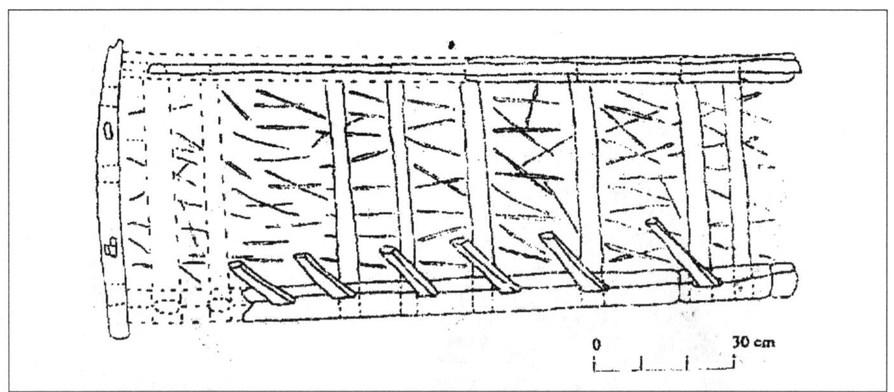

图一 木质葬具

［引自 Д. Баяр, У. Эрдэнэбат, Монголын ээнт гүрнийүедхолбогдохнэгэнховордурсгал // Археологийн судлал (Studia Archaeologica). Tomus XX, УБ., 2000. т.128］

据最初访问过该岩洞的知情人透露，早先墓主人的胸前还曾有一顶帽子。虽然发现者纵火焚烧了墓葬，后来还是找到了没有烧掉的一顶帽子（图二，1）和一只皮靴。① 圆形帽顶高 8、直径 18.8~19.3 厘米。皮靴呈黄色，靿部前高后低，靴鼻缺失。靴底狭长，略厚，底宽 5~7.2 厘米，底部残长 25.1 厘米（图二，2）。值得一提的是，考古人员从焚烧灰烬中找到了一块神鹿纹图案的织锦残片。此残片长 64、宽 29 厘米。织锦为龟背纹地，开窗内有鹿纹图案。开窗直径 17.2 厘米，开窗外圈为 16 片花瓣形边。神鹿的头上长着犄角，身上有火焰纹装饰，两只对鹿的中间是花卉植物纹装饰（图三）。此类丝织品应该跟中亚或蒙古当地有关系，但龟背纹地则可能受到中原文化的影响。另外，还出土有葫芦形荷包、木梳、串珠饰、锯齿形彩饰荷包、琥珀珠、铜环等随葬品（图四）。锯齿形彩饰荷包有两件，一件为绿黑色彩饰荷包，尺寸为 11.2 × 13 厘米；另一件为红黄绿蓝色彩饰荷包，尺寸为 11.7 × 6.5 厘米（图五）。木梳残块长、宽均为 4.2 厘米，厚 1 厘米。琥珀珠直径 1.5、厚 1.3 厘米，穿孔直径 0.3 厘米。铜环直径 1.7、厚 0.15 厘米。

① С. Хүрэлсүх, *Хадны оршуулгын судалгааны зарим асуудал*. УБ., 2012. т.16-17.

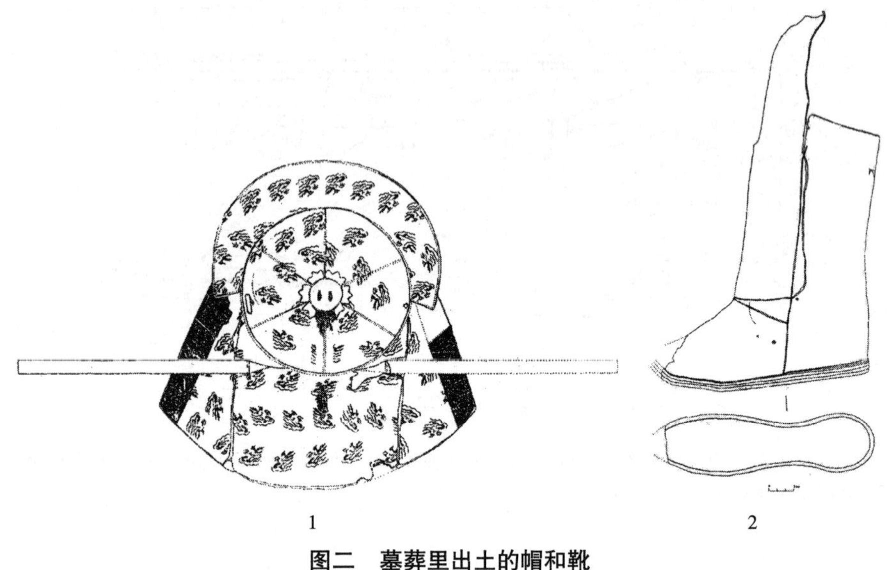

1　　　　2

图二　墓葬里出土的帽和靴

1. 帽　2. 靴

［引自Д. Баяр, У. Эрдэнэбат, Монголын эзэнт гүрнийүедхолбогдохнэгэнховордурсгал // Археологийн судлал (Studia Archaeologica). Tomus XX, УБ., 2000. т.120,121］

岩洞墓的随葬器物有衣帽、袍服、皮靴、带扣、带钩、带饰构件、火镰、马鞍具、马鞭、武器、铠甲构件、木碗、木盘、木铲、铁钉、铁锥、皮包、皮绳、骨角器、陶器、瓷珠等。服饰既有来自畜牧经济本身的毡毛、皮革类服饰，也包括棉麻和丝织品类服饰。其中，部分绸缎明显来自中原地区，甚至有些丝织品残片上还有汉文墨书痕迹，但也有一些织物可能来自中亚或更远的地方。带扣、带钩等有骨质、铁质等不同质地，大部分应为服饰上的，部分可能属于马具的一部分。鞍马器具主要包括马鞍、马镫、马嚼、节约、泡钉、铁环等。马镫以铁马镫居多，都贵查黑尔等少数岩洞墓中出土有木质马镫。木弓、羽箭、箭镞、箭囊、铠甲甲片、长剑、短刀等武备用具主要出自男性的墓葬，而铜镜、木梳、荷包、耳饰、项链、罟罟冠、纺轮等则基本出自女性的墓葬。另外，各别墓葬中还出土有乐器、羊距骨等遗物。其中，羊距骨可能是逝者生前在占卜或游戏中经常使用的物品。（特日根巴彦尔）

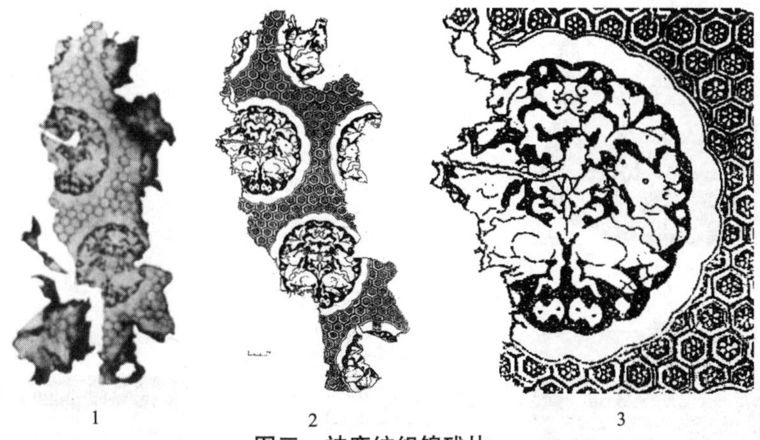

图三　神鹿纹织锦残片

1. 灰烬中幸存的丝织品残片　2. 龟背地神鹿纹丝织品　3. 神鹿纹图案

［图 1 引自 С. Хүрэлсүх, Хадны оршуулгын судалгааны зарим асуудал. УБ., 2012. т.120。图 2~3 引自 Д. Баяр, У. Эрдэнэбат, Монголын эзэнт гүрний үед холбогдох нэгэн ховор дурсгал // Археологийн судлал (Studia Archaeologica). Tomus XX, УБ., 2000. т.122］

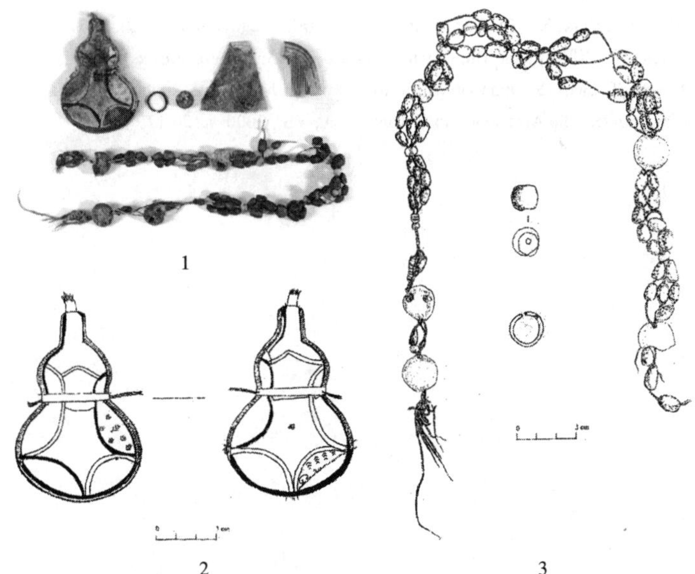

图四　葫芦形荷包、木梳、串珠饰等随葬品

1. 葫芦形荷包、木梳、铜环、琥珀珠、串饰等　2. 葫芦形荷包线图　3. 串珠饰线图

［图 1 引自 У. Эрдэнэбат, Дундад зууны хүүдэлчдийнхадныоршуулгынсоёл // Талын морьтон дайчдын өвсөёл: Ⅶ-ⅩⅣ зууны Монголын хадны оршуулгын шилмнл хэрэглэгбэхүүн. УБ., 2014. т.82。图 2~3 引自 Д. Баяр, У. Эрдэнэбат, Монголын эзэнт гүрнийүедхолбогдохнэгэнховордурсгал // Археологийн судлал (Studia Archaeologica). Tomus XX, УБ., 2000. т.127,124］

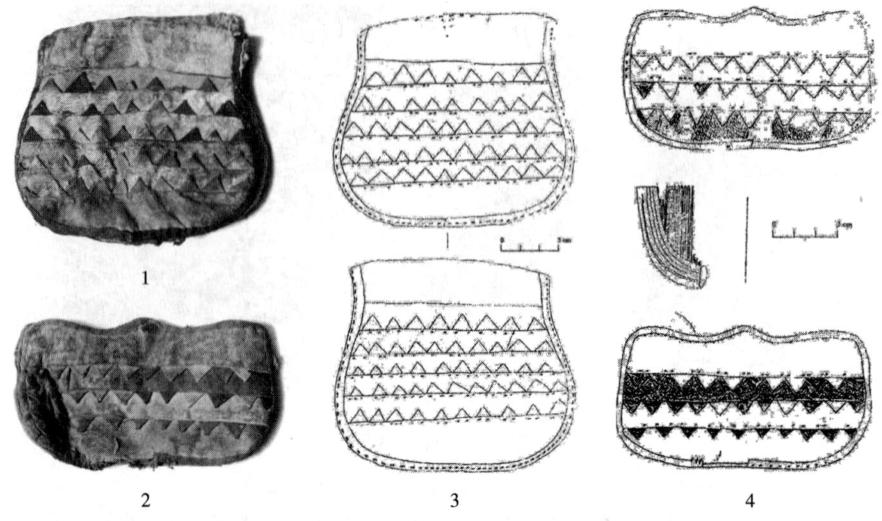

图五　锯齿形彩饰荷包

1、3. 绿黑色锯齿形彩饰荷包　2、4. 红黄绿蓝色锯齿形彩饰荷包

［图 1~2 引自 У. Эрдэнэбат, Дундад зууны нүүдэлчдийн хадны оршуулгын соёл // Талын морьтон дайчдын өв соёл: Ⅶ - ⅩⅣ зууны Монголын хадны оршуулгын шилмнл хэрэглэгбэхүүн. УБ., 2014. т.81。图 3~4 引自 Д. Баяр, У. Эрдэнэбат, Монголын эзэнт гүрнийүедхолбогдохнэгэнховордурсгал // Археологийн судлал (Studia Archaeologica). Tomus XX, УБ., 2000. т.126,125］

34. 马穆陶勒盖墓

【名称】马穆陶勒盖墓

【位置】蒙古国前杭爱省哈拉和林东南梅尔欣特山

【年代】公元 14 世纪或更晚

【解题】

该墓位于哈拉和林古城东南的梅尔欣特山的山麓地带。无地上标志，墓葬建于很厚的砂层下，距地表 230 厘米，木棺之外还有木围墙。墓内的女性头向南，棺底铺满干草，面部覆盖着用丝绸和粗线编织成的网。头部附近发现了 3 件用金属片制成的发簪，还有清理耳朵和指甲用的勺形器，以及装在丝绸袋中的用白色软石制成的耳环残段、10 颗人牙和桦树皮残片。

在墓主腰部发现了 8 枚铸有汉字的铜钱，墓主口中有 2 枚带有阿拉伯字母的银币。在木棺以外、木围墙以内随葬陶器，陶器内有火葬后的灰烬和没有被火烧过的牙齿。中国钱币的年代自 713 年至 1190 年，即唐代至金代，阿拉伯钱币的铸造年代为 1342 年至 1357 年，即金帐汗国札尼别汗统治时期。

虽然这座墓葬的年代在哈拉和林城存在的时间范围内，但是它的一些特殊葬俗常见于古代契丹的发源地，例如，墓主身着网状服装、面部戴着面具或者覆盖着丝绸、口中含有钱币等（图一）。

目前，通过对蒙古国和俄罗斯境内的古代蒙古墓葬的研究可知，这类墓葬主要是平民墓葬。从地理位置来看，它们主要分布在山脉和高地南坡的平缓处，墓上用一些石头堆成封石堆，墓的长轴为南北向。埋葬方式有两种：有葬具和无葬具，墓圹一般较浅（1~3 米）。中世纪蒙古人的葬俗中保留了仰身直肢、头朝北、墓中放肉食、武器和日常生活用品以及墓主头下放石枕等古老传统。在男性墓中一般会发现武器，例如，带有叶形铁镞和细木杆的箭、骨弓弭、桦树皮的弓囊和箭囊、马鞍、马镫、马辔头，在最豪华的墓中还能发现用贵重金属装饰的腰带和丝绸制成的盒子。女性墓中则随葬纺轮、梳子、镜子。在北方和贝加尔湖沿岸地区的古代蒙古人墓葬中，大体上都用桦树皮来包裹尸体以代替棺。所有蒙古墓葬共有的特征是，在死者的头端垂直摆放绵羊胫骨作为祭品。

史籍中还记载了一个值得关注的情况，即蒙古人会尽力隐匿埋葬地并使外人无法找到，特别是历代蒙古大汗的墓葬更是如此。自从开展考古研究以来，在蒙古国境内发现的蒙元时期墓葬的数量一直不多，可能与这一传统有关。[①]（徐弛）

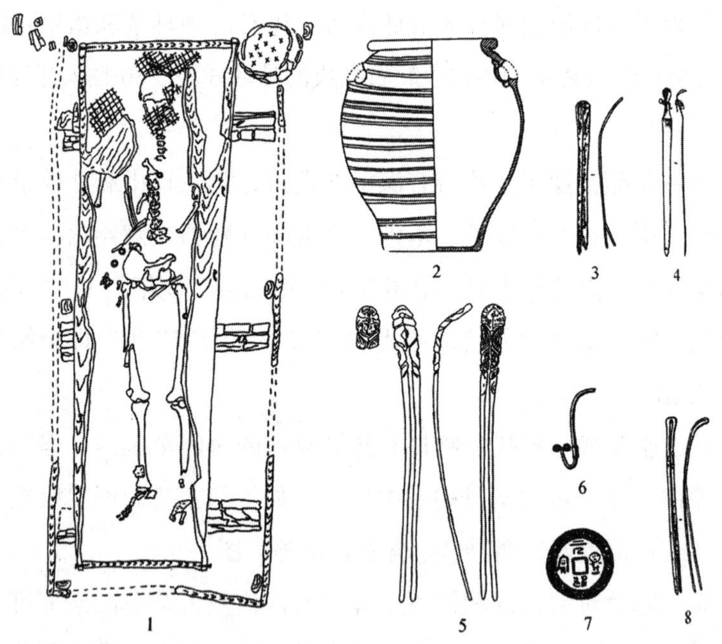

图一　马穆陶勒盖墓及出土物（2.陶器　3、5、8.发簪　4.勺形器　6.耳饰　7.钱币）线图

（引自 D. 策温道尔吉、D. 巴雅尔、Ya. 策仁达格娃、Ts. 敖其尔呼雅格原著《蒙古考古》，D. 莫洛尔、潘玲、何雨濛、萨仁毕力格译，上海古籍出版社，2019，第 206 页）

① D. 策温道尔吉、D. 巴雅尔、Ya. 策仁达格娃、Ts. 敖其尔呼雅格原著《蒙古考古》，D. 莫洛尔、潘玲、何雨濛、萨仁毕力格译，上海古籍出版社，2019，第 205~206 页。

二　俄罗斯远东地区*

1. 克拉斯诺库罗夫卡墓地 M30

【名称】克拉斯诺库罗夫卡墓地 M30

【位置】俄罗斯哈巴罗夫斯克市波贝达村

【年代】公元 12 世纪～公元 15 世纪初

【解题】

克拉斯诺库罗夫卡（Krasnokurovka）墓地位于哈巴罗夫斯克市波贝达村东南 5~7 公里处，距克拉斯诺库罗夫卡山 3 公里，1972 年被当地居民发现。墓地东西长 150 米，南北宽 115~120 米，总面积约 18000 平方米，共有 82 座形制不同的墓葬。它们可分为两组：第一组（M37~M82）年代较早，彼此紧邻，半数以上呈圆形；第二组（M1~M36）多呈方形和长方形，排列较为分散。圆形墓圹的直径为 3~7.5 米，方形墓圹的边长为 3.5~4 米，长方形墓圹最小者为 2 × 2.5 米，最大者为 10.5 × 7 米。

* 哈巴罗夫斯克边疆区、滨海边疆区。

1984~1987 年，考古学家对其中的 15 座墓葬进行了发掘，经过对出土文物的分析，可确定多数墓葬的年代为 12~13 世纪。

M30 中的出土物较为丰富，主要有玉髓、人牙、铁片、桦树皮、陶器、烧焦的骨头、玻璃珠、钉子和钱币。三枚随葬的中国铜钱分别为唐朝的开元通宝、金朝的正隆元宝和明朝的永乐通宝。2018 年，日本学者对永乐通宝进行了成分分析。这枚钱币重 3.4 克，直径为 24.6 毫米，方孔的尺寸为 5.4 毫米，厚度为 0.9 毫米。经 XRF 检测，其锡含量略高于铅含量。这枚永乐通宝的出土也为墓葬年代下限的判定提供了新的线索。（茆安然）

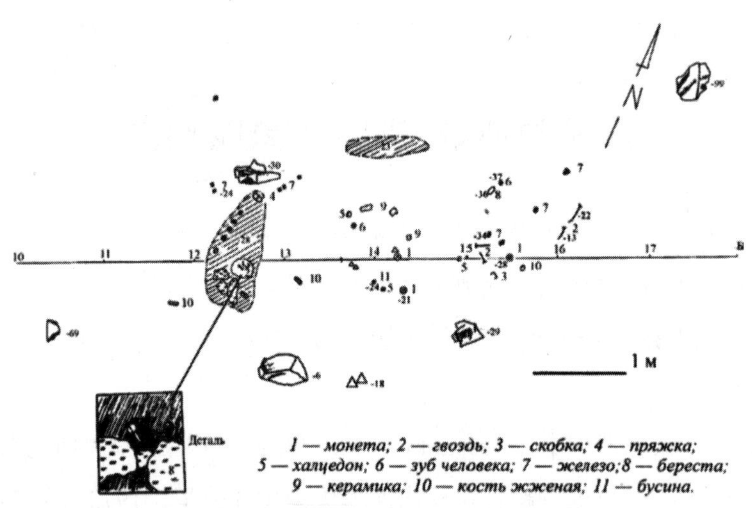

图一　克拉斯诺库罗夫卡墓地M30平面图

（引自 K. Nakamura, T. Miyake, M. V. Gorshkov, J. Kobayashi & M. Murakushi，Chemical Analysis of the Chinese Coin Yongle Tongbao Owned by Khabarovsk Regional Museum Named after NI Grodekov. Research Reports of National Institute of Technology, Hakodate College, 2018, 52, 39-47）

图二　克拉斯诺库罗夫卡墓地M30出土的中国铜钱

（引自 K. Nakamura, T. Miyake, M. V. Gorshkov, J. Kobayashi & M. Murakushi，Chemical Analysis of the Chinese Coin Yongle Tongbao Owned by Khabarovsk Regional Museum Named after NI Grodekov. Research Reports of National Institute of Technology, Hakodate College, 2018, 52, 39-47）

三　俄罗斯外贝加尔地区 *

1. 贝加尔斯卡耶 31 号墓地

【名称】贝加尔斯卡耶 31 号墓地

【位置】俄罗斯布里亚特共和国北贝加尔斯克市贝加尔斯卡耶村

【年代】青铜时代晚期到早期铁器时代

【解题】

贝加尔斯卡耶 31 号墓地位于贝加尔湖西北岸，在俄罗斯联邦行政区划上属于布里亚特共和国北贝加尔斯克市贝加尔斯卡耶村，距市中心西南 41 公里，列利河口左岸。墓地位于距贝加尔湖东南 0.2 公里处的坡地上（图一）。1999~2002 年由哈林斯基（Харинский）带队进行了发掘，共清理了 8 个墓葬。[①]

---

* 即贝加尔湖以东以南的区域，包括俄罗斯布里亚特共和国、外贝加尔边疆区以及伊尔库茨克州的东北部。

① А.В.Харинский, Погребальный ритуал населения Северного Прибайкалья в середине I тыс. до н. э. — начале I тыс. н. э.: по материалам могильника Байкальское XXXI. Центральная Азия и Прибайкалье в древности. Вып. 2.Улан-Удэ: Издво БГУ, 2004.С.134-150.［A.V. 哈林斯基：《公元前 1 千纪中叶到公元 1 千纪贝加尔北部人群的墓葬习俗（以贝加尔斯卡耶 31 号墓地材料为基础）》,《古代亚洲中部与贝加尔》第 2 辑，乌兰乌德：布里亚特国立大学出版社，2004，第 134~150 页］以下正文图版均引自该文。

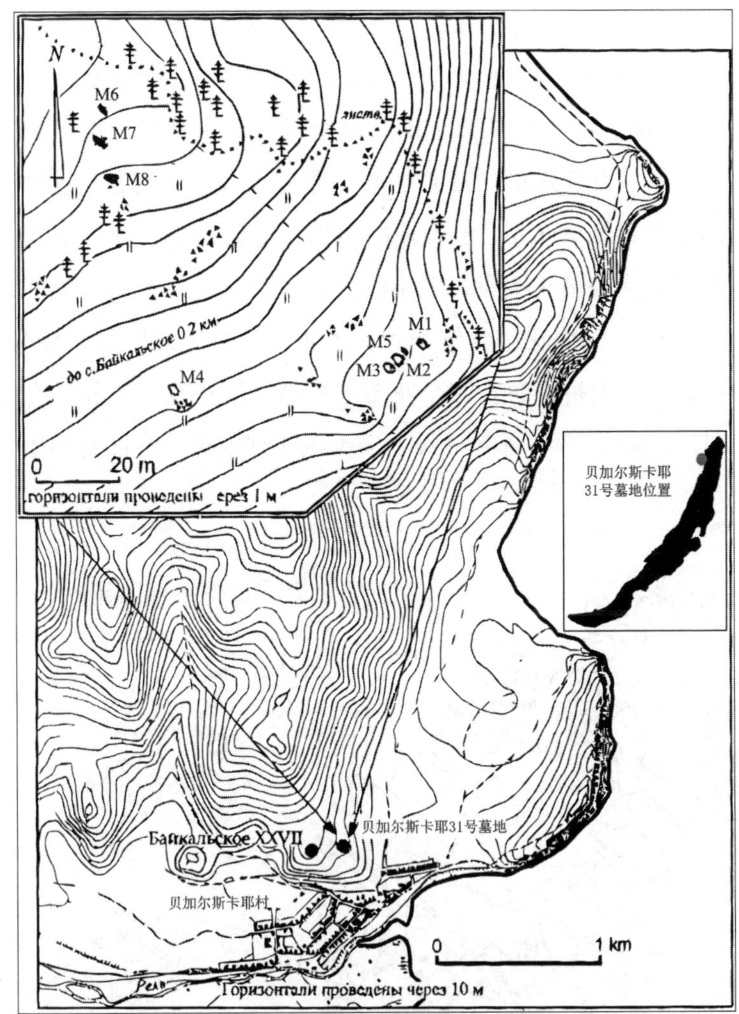

图一　贝加尔斯卡耶31号墓地位置

（改绘自权乾坤、杨建华《东周时期中国北方与贝加尔地区的文化交往》，《边疆考古研究》2021年第1期，第203~213页）

M1在地表呈椭圆形，面积为2.2×3.5米，墓向135°，由一层从5×8厘米到34×46厘米大小不等的石头围筑而成。除墓东南部有三块竖立的石头外，其余石头均为水平放置（图二，1）。墓坑略偏于西北部，面积为0.65×1.30米，深40厘米。坑顶部压有四块石头（图二，2）。在墓坑内的西南角和东北角，以及墓坑的北壁均发现烧骨。通过辨识，其中一些骨骼为墓主人的腿骨和盆骨。

在墓坑的西南部找到下颌骨（图二，3）。在东北壁附近找到了上肢骨。从残留骨骼的分布状况分析，可判断该墓所葬死者为屈肢葬，头向东南。

M1 出土随葬品包括铁刀、饰牌以及骨制品。其中一把铁刀，发现于墓的东南部，刀身残缺，刀尖上翘（图三，1）。两面 S 形铁饰牌（原报告称作蝴蝶状饰牌），出土于墓的西南边缘，其中一面上下两部分各有一个格里芬状的鸟头图案，朝不同方向；另一面纹饰不清晰。背部有钮（图三，2）。一面花瓣状铜饰牌，出土于墓坑东北壁的上肢骨附近，呈四瓣状，背面附桥形钮。四个花瓣上均有圆形小孔，小孔处有放射线装饰（图三，4）。两件骨制弓弭，出土在腿部附近，端部有凹槽，用来

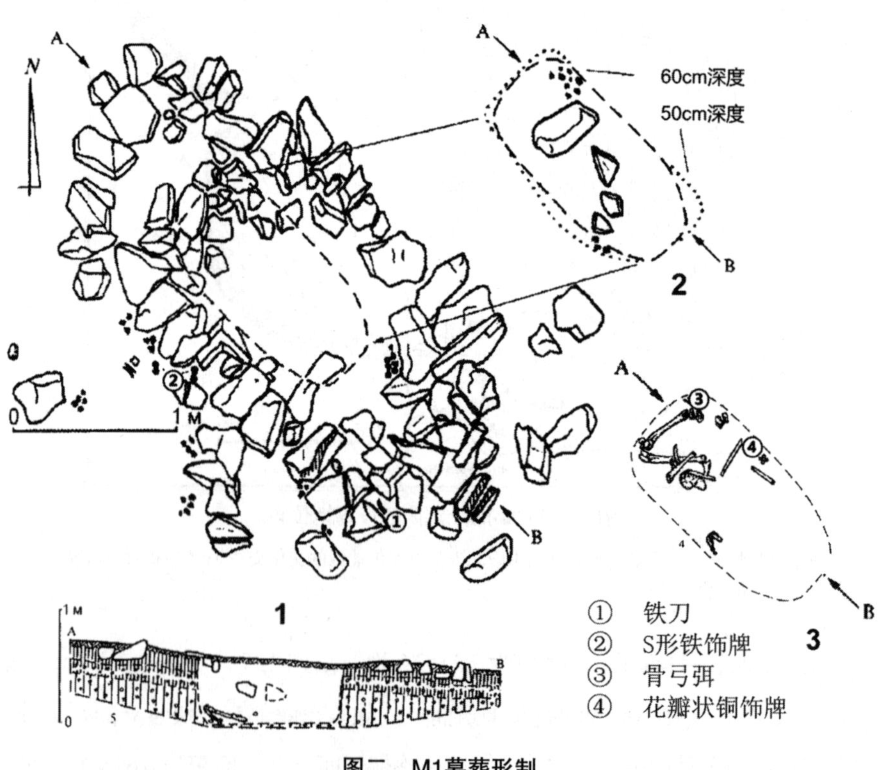

图二　M1墓葬形制

（引自 А. В.Харинский, Погребальный ритуал населения Северного Прибайкалья в середине I тыс. до н. э.—начале I тыс. н. э.: по материалам могильника Байкальское XXXI [C] • Центральная Азия и Прибайкальев древности. Вып. 2. Улан-Удэ: Издво БГУ, 2004: 134-150）

固定弓弦（图三，3）。从随葬品出土的位置看，弓应该是放置在身体一侧的腿部附近；花瓣状铜饰牌为服装上的扣饰；S形铁饰牌和铁刀都是填埋后放置在地表的石堆中。

M3位于M1西南7米处，呈椭圆形，面积为2.2×3.4米，墓向135°。地表堆有一层石头，大小不一，从5×9厘米到28×43厘米不等。在墓的西南垂直竖立了两块石头（图四，1）。墓坑位于整个墓结构的中心正下方。墓坑底部尺寸为0.70×1.45米，深40厘米，墓向125°。墓底上方10多厘米处开始填埋石头（图四，2），东南部有一块立石。墓主人头骨部分残存，位于墓坑的东南部，左颞骨朝下，应为侧身葬，头朝东南（图四，3）。坑的长度很小，故推测为屈肢葬。

随葬品以金属制品为主。其中包括，四面S形铁饰牌，发现于墓坑东南部填土10厘米左右的石堆中，与M1的铁质饰牌相似，但饰牌上的纹饰不清晰，制作也比较粗糙（图五，1）。三件铁环，发现于枕骨附近，可能被用作辫饰（图五，2）。一面四瓣形青铜饰牌，发现于墓坑中部，饰牌背面附有桥形钮，残留的皮革条从钮中穿过，显然借助它可以将饰牌缝合在衣服上（图五，3）。两面鸟头青铜饰牌，发现于墓主人腰部附近。为带有四个格里芬状鸟头的青铜饰牌，鸟头两两相对。背部附有桥

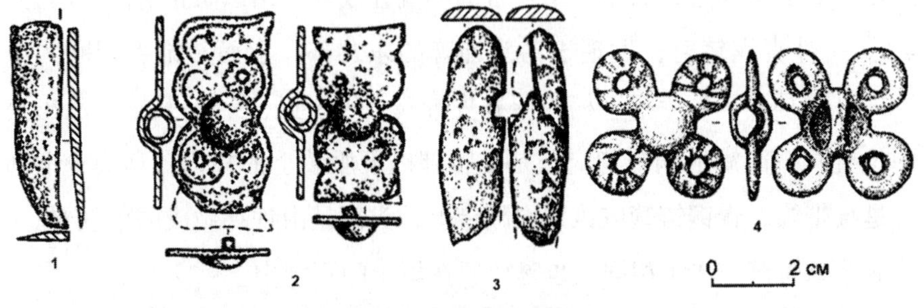

图三　M1出土随葬品

（引自 А. В.Харинский, Погребальный ритуал населения Северного Прибайкалья в середине I тыс. до н. э.—начале I тыс. н. э.: по материалам могильника Байкальское XXXI [C] • Центральная Азия и Прибайкальев древности. Вып. 2. Улан-Удэ: Издво БГУ, 2004: 134-150）

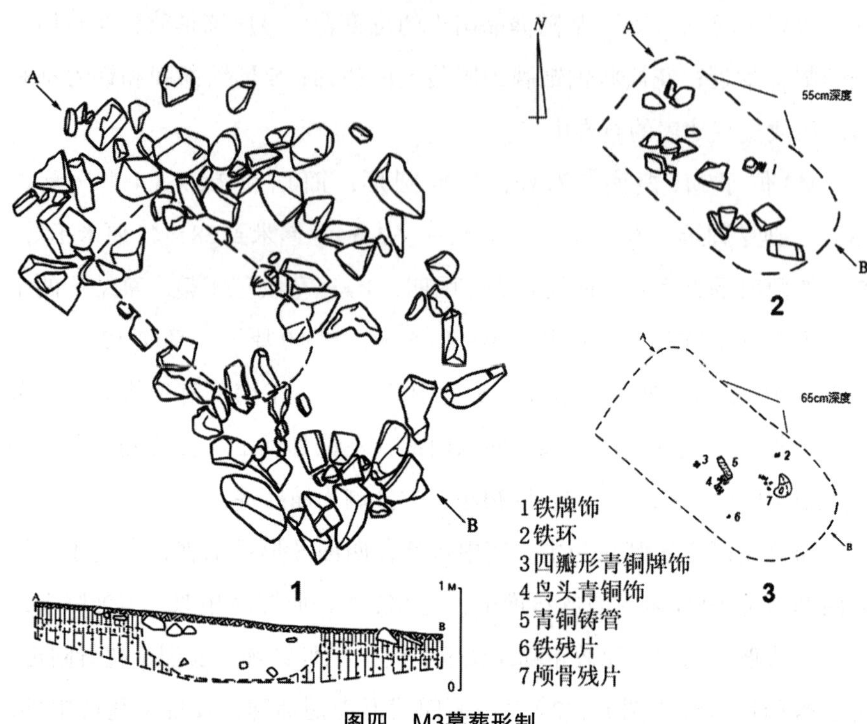

图四　M3墓葬形制

（引自 А. В.Харинский, Погребальный ритуал населения Северного Прибайкалья в середине I тыс. до н. э.—начале I тыс. н. э.: по материалам могильника Байкальское XXXI [C] • Центральная Азия и Прибайкальев древности. Вып. 2. Улан-Удэ: Издво БГУ, 2004: 134-150）

形钮，有皮带穿过，其中一个皮带的一端扎成一个结以防止滑落（图五，4）。一件青铜铸管，发现于鸟头饰牌的东北部，上面装饰着间断的弦纹，可能是鞭子的手柄。柄内留有皮带残余（图五，5）。从随葬品出土的位置看，四瓣形铜饰牌应该是在腰部以下服装上的扣饰，鸟头青铜饰牌是腰带饰，青铜铸管应该别在腰带上，头部是由铁环做成的束发器。4个S形铁饰牌与M1相同，也是放置在填土的石堆中。

M5在M1和M3之间，地表无大范围积石，只在墓坑上面有较窄的石堆，石头大小从7×9厘米到45×50厘米不等。石堆范围呈椭圆形，0.7×1.7米。墓坑为椭圆形，0.5×1.8米。墓坑壁垂直，底部水平，深

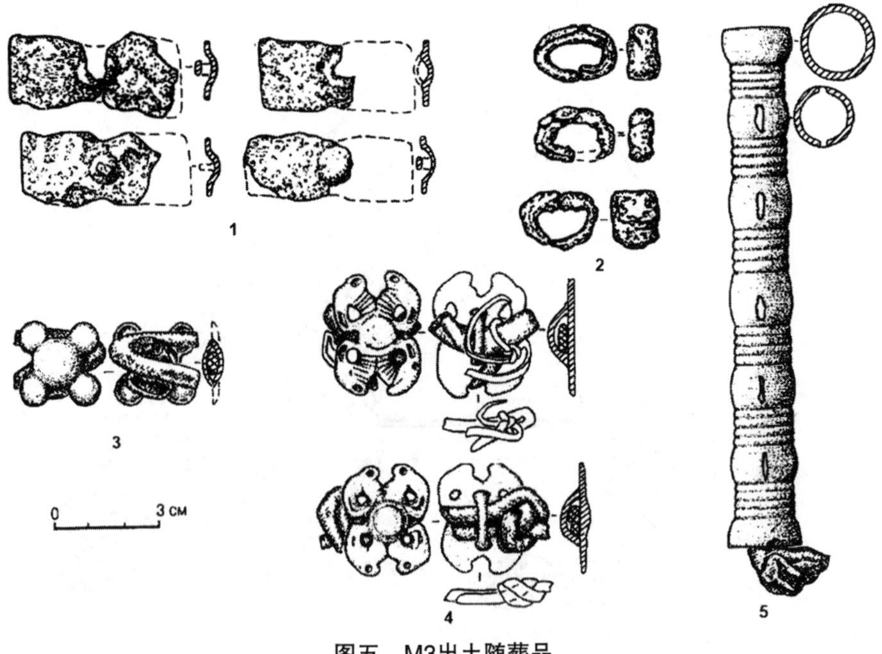

图五　M3出土随葬品

（引自 А. В.Харинский, Погребальный ритуал населения Северного Прибайкалья в середине I тыс. до н. э.—начале I тыс. н. э.: по материалам могильника Байкальское XXXI [C] • Центральная Азия и Прибайкальев древности. Вып. 2. Улан-Удэ: Издво БГУ, 2004: 134-150）

25 厘米。在清理此墓时，沿着墓壁发现了约 1 厘米厚的褐色条带，为盖在墓主人身上的白桦树皮（图六，1、2）。墓主人为年轻女性，葬式为仰身直肢，头向东南，约 140°。右臂沿身体延伸，左臂在肘部略微弯曲。头骨被压碎，骨骼保存较差，手和脚以及大部分肋骨和脊柱均未保存。该墓发现了几十件饰牌，分别装饰在头部、颈部、前胸以及腿部（图六，3）。

M5 出土随葬品较丰富。在头骨上发现三面铜饰牌，分布在额头前的左中右三个位置，分别为两面双联的四叶形（图八，11、12）和一面三联的四叶形饰牌（图八，8），应该是缝缀在帽饰上的。在颈部有一串两端为圆形的锯齿形饰牌。在其旁边分布有 4 面 8 字形饰牌，背部有钮。

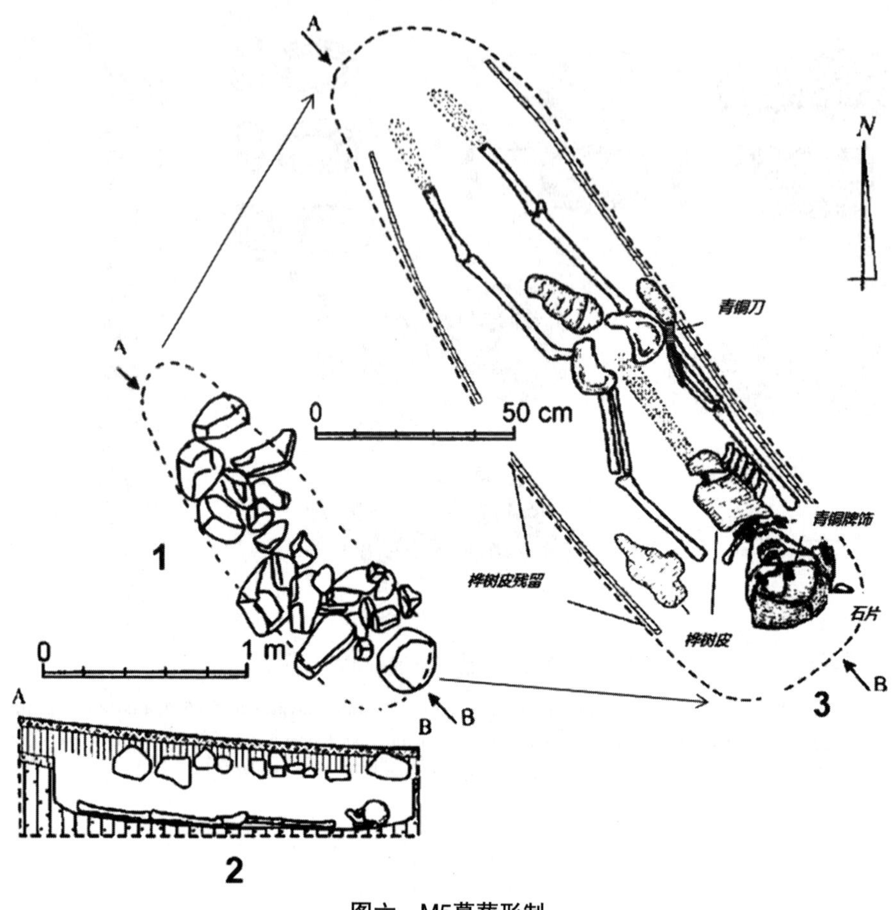

图六　M5墓葬形制

（引自 А. В.Харинский, Погребальный ритуал населения Северного Прибайкалья в середине I тыс. до н. э.—начале I тыс. н. э.: по материалам могильника Байкальское XXXI [C] • Центральная Азия и Прибайкальев древности. Вып. 2. Улан-Удэ: Издво БГУ, 2004: 134-150）

胸前有装饰着各式青铜饰牌的条带。一共可见四组条带（图七，1）。墓主人左侧第一条上装饰有 10 面双联四瓣饰牌（原报告文字提及，未提供线图）。第二条上（图七，1 最右侧）装饰有 13 面三联四瓣饰牌。再往右第三条是 8 面锯齿状两端呈圆形的青铜饰牌装饰，再往下是一面锯齿形和一面双联四瓣饰牌。第四条条带叠压在第三条之上，条带上部装饰有 4 面三联四瓣饰牌，下部装饰有 9 面双联四瓣饰牌（大多已脱落）。

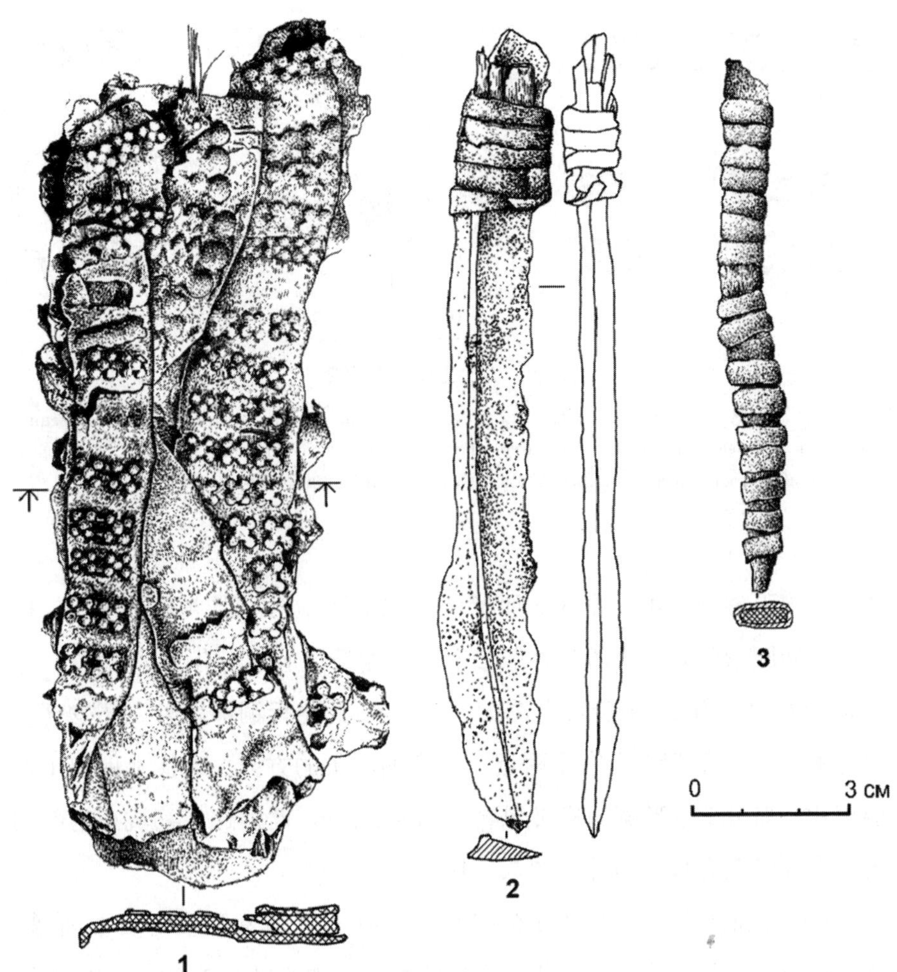

图七　M5 出土随葬品1

（引自 А. В.Харинский, Погребальный ритуал населения Северного Прибайкалья в середине I тыс. до н. э.—начале I тыс. н. э.: по материалам могильника Байкальское XXXI [C] • Центральная Азия и Прибайкальев древности. Вып. 2. Улан-Удэ: Издво БГУ, 2004: 134-150）

在第四条条带的右侧分布有一列 8 字形铜饰牌（原报告文字提及，未提供线图）。此外，在胸部的装饰品附近发现了几面单独的青铜饰牌和一个圆形青铜珠（图八，13、14）。整体上看，这些条带上有些地方是空白的，按照排列规律分析，曾有过饰牌，只是因为埋藏环境的原因脱落，从而散落在墓主人上身的其他地方。在墓主人的两腿之间，发现两个皮

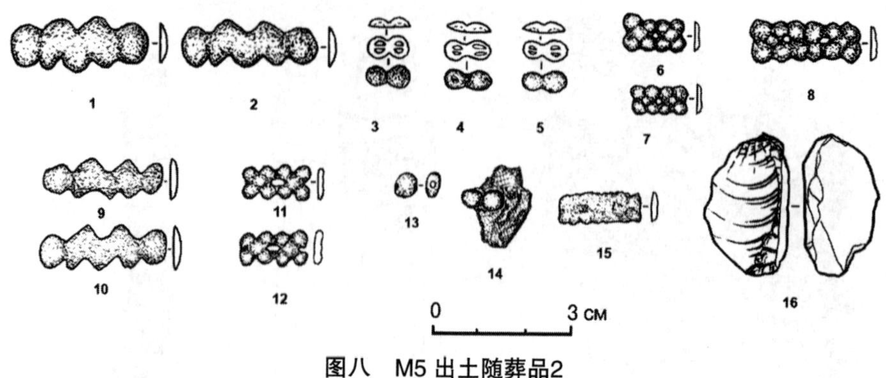

图八　M5 出土随葬品2

（引自 А. В.Харинский, Погребальный ритуал населения Северного Прибайкалья в середине I тыс. до н. э.—начале I тыс. н. э.: по материалам могильника Байкальское XXXI [С] • Центральная Азия и Прибайкальев древности. Вып. 2. Улан-Удэ: Издво БГУ, 2004: 134-150）

革条，向下逐渐变细，宽 6~8 厘米，长 11 厘米，很可能被编成辫子。横截面呈椭圆形的青铜套箍挂在条带上。右侧条带上固定有 28 个套箍，左侧条带上固定有 29 个套箍（图七，3）。除上述青铜饰牌外，还发现一把青铜刀，位于墓主人右手附近，刀尖朝向头的方向。刀柄上保留了木柄碎片，有 0.5 厘米宽的皮带包裹（图七，2）。此外还在墓坑东南部的头骨附近发现有燧石石片（图八，16）。

M8 呈椭圆形，面积为 1.6 × 3.0 米，由一层紧密铺设的石头覆盖。墓葬中心区域的石头尺寸略小于周边的石头，中心区石头大小从 8 × 8 厘米到 17 × 35 厘米不等，而周边的石头从 15 × 15 厘米到 30 × 58 厘米不等。墓坑位于墓葬中部下方，呈椭圆形，尺寸为 0.55 × 1.85 米，深 0.3 米。墓坑的底部发现了一具男性遗骸。仰身直肢葬式，头向 115° 。面部朝着脚的方向。手肘部弯曲，略抬起。骨头保存情况很差。肩胛骨、锁骨、肋骨、盆骨，以及大部分脊柱，脚和手均未保留。

在墓主人下腹与腿骨之间的区域发现了六面可能是装饰在皮带上的铁质 S 形饰牌。其中三面饰牌位于一排，在股骨的上方，呈一字排列，应该是装饰在人的前面的皮带上，另外三面饰牌位于腰下，所以这 6 面饰牌是固定在腰带上的，而且腰带是死者下葬时佩戴在身上的。在其左手的附近发现一把青铜刀，刀尖朝逝者的肘部。手的附近有一个圆形的骨制品。头骨的左侧，发现了一个带有两个圆形孔的梯形骨带扣。在带扣的南部发现了红色的鹅卵石。

从测年结果来看，M1 为 BC358-2，M5 为 BC757-382，M8 为 BC338-AD129。这三座墓中，M5 最早，M1 和 M8 基本同时，与根据器物形态分析的结果是一致的。M3 没有测年，根据器物分析其年代应该是最晚的。

从随葬品的种类和形制看，M1、M3 和 M8 都随葬 S 形饰牌，尽管使用方法不尽相同；其中 M5 随葬大量的连珠纹饰牌。从装饰的部位看，M8 是装饰在腰带上，M5 是装饰在头部、颈部、胸部等，但是没有腰部装饰。

贝加尔斯卡耶 31 号墓地的这四座墓葬，与中国北方地区的同时期文化有很密切的关系，在随葬品和葬俗方面也有很多相似之处。[①] 从贝加尔斯卡耶 31 号墓地可以看出，中国北方冀北地区的玉皇庙文化[②] 和内蒙古毛庆沟类型[③] 都与贝加尔地区有着文化联系，见证了中国北方－蒙古高原冶金区内各种文化因素交织在一起的复杂面貌。[④]（权乾坤）

① 杨建华、邵会秋、潘玲：《欧亚草原东部的金属之路》，上海古籍出版社，2016。

② 北京市文物研究所：《军都山墓地：玉皇庙》，文物出版社，2007。

③ 内蒙古自治区文物工作队：《毛庆沟墓地》，《鄂尔多斯式青铜器》，文物出版社，1986。

④ 权乾坤、杨建华：《东周时期中国北方与贝加尔地区的文化交往》，《边疆考古研究》2021 年第 1 期，第 203~213 页。

2. 石板墓

【名称】石板墓

【位置】贝加尔、蒙古东部、内蒙古中东部

【年代】公元前 2 千纪下半叶～公元前 2 世纪

【解题】

石板墓的名称主要是因其墓葬结构得来，其形式为垂直或者水平垒砌的片麻岩或花岗岩板的矩形外框。与石板墓有关的遗存包括聚落、墓地、祭祀结构、岩画、鹿石等。石板墓这种以石为材的墓葬结构，主要流行于青铜时代至早期铁器时代的贝加尔、蒙古东部和内蒙古中东部地区。其年代上限有人认为可能早到公元前 2 千纪下半叶，延续到公元前 2 世纪。19 世纪上半叶以来屡有发现，1928~1929 年苏联考古学家Г.П. 索斯诺夫斯基发掘了一批石板墓，[①] 并于 20 世纪 40 年代初加以初步分类和断代，其后又有人作了综合研究。[②]

石板墓的类型多样，传统意义上的石板墓的结构特点是：墓穴四壁贴以竖立的石板或大石块，石的上端大多露出地面 0.5~1 米，形成矩形或接近正方形的石垣，面积小的为 1.5 × 1.5 米或 1.5 × 1 米，大的达 9 × 6 米，四角均有较高的角石。死者被置于墓穴底部，上覆石板，再混填土石；有的在墓底再挖一小坑或再设石棺以埋死者。另有石板墓，其墓框围栏用石片或者石块平行堆叠垒砌而成。外贝加尔西部有一部分石板墓的石垣四边作凹弧形，有学者命名为亚腰形石板墓。东部有的石板墓另有一圈较低的外垣，垣东有豁口。墓一般东西向。有的在墓东 10~20 米以外立一石标，石标或角石上间或刻有各种图形，以鹿图为主，故称

---

① Г. И. Боровка, Археологическое обследование среднего течения р. Толы, в кн.: Северная Монголия, т. 2, Л., 1927.

② Н. Н. Диков, Бронзовый век Забайкалья, Улан-Удэ, 1958.

图一 巴噶–扎利亚石板墓墓地

（引自 https://commons.wikimedia.org/wiki/File:Baga-Zarya.mogilnik.JPG，图片作者：Аркадий Зарубин）

“鹿石”，其高者达 3.5 米。死者多数头向东，仰身直肢。墓中有木炭和火堆的痕迹，但未见尸骨经过焚烧之例。墓常排成数列平行的镰状而构成墓地，反映着氏族制的血缘纽带关系。①

墓中随葬青铜器（刀、短剑、斧、锛、镞、针、锥、泡饰、牌饰、马具等）、金银器、玉石珠子、贝、骨器、陶器等。个别年代较晚的墓中出甲片、马衔、马镳等铁器。墓中常出羊骨、马骨，牛骨则相当少见，反映出居民逐水草游牧的基本特点。有些鹿石上刻有弓、战斧、短剑等武器，墓中死者有被打碎头骨或箭入骶骨等战死的迹象，表明当时战争

① А. Д. Цыбиктаров, Культура плиточных могил Монголии и Заб. — Улан-Удэ, 1998.

活动的频繁。个别规模大而随葬品丰富的墓，墓主应是通过战争而不断增加财富和权势的父系氏族贵族。墓中出土的骨骼标本具有明显的蒙古人种特征。[①]对其族属有古突厥、古蒙古、古匈奴等不同见解。[②]

青铜器的形制、纹饰以及鹿石上的图形，表现出与南西伯利亚卡拉苏克文化、塔加尔文化及中国内蒙古长城地带青铜时代至早期铁器时代文化有多方面的共性。[③]墓中出土的陶鬲，尤其反映了与中国华北、东北地区的文化联系。

由于延续年代很长，墓葬结构和随葬品均有地域性差异和时代性变化，故不宜把这类遗存视为单一的考古学文化。有学者认为石板墓的命名指意不明确，应该采用石构墓的名字作为中文译名。（权乾坤）

① С. В. Киселев, Монголия в древности, Изв. АН СССР. Сер. истории и философии, 1947, в. 4.

② А. В. Константинов, Константинова Н. Н. История Забайкалья (с древнейших времен до 1917 года), Чита-2002 год.

③ О. И. Кириллов, М. Н. Ставпецкая, Культовые и ритуальные сооружения заб. скотоводов 1-го тыс. до н. э. // Молодая археол. и этнология Сиб. — Чита, 1999. — Т. 1.

3. 伊沃尔加墓地

【名称】伊沃尔加墓地

【位置】俄罗斯布里亚特共和国乌兰乌德市西南 16 公里处

【年代】公元前 3 世纪末 ~ 公元 1 世纪

【解题】

该墓地位于伊沃尔加城址东北 400 米处，面积约 8000 平方米。1927 年在此发现了青铜牌饰等遗物，但直到 1956 年才被确定为一处墓地。目前已发掘的墓葬为 216 座，未被盗掘的仅有 30 座。绝大多数墓葬为单人葬，还有少量的双人和三人合葬墓。

就结构而言，伊沃尔加墓地的墓葬绝大多数是平面呈圆角长方形的土坑竖穴墓，少数是瓮棺葬以及没有墓坑直接埋在地表的墓葬。墓穴深 15~255 厘米，有的墓穴在近底部发现了二层台。至少有 11 座墓葬有生土二层台，多数二层台设在墓坑的侧面坑壁下，也有四面都有二层台的。有二层台的墓葬既有以木棺为葬具的，也有以简易木椁或者石板为葬具的，棺或椁的盖板搭在二层台上（图一）。

大多数墓葬中的死者头向为北向或北偏东，其次为东向。以木棺为葬具的墓葬大多数为北向（或北偏东），只有约八分之一是东向。而以简易木椁为葬具的墓葬，绝大多数的死者头向为东向，还有约三分之一为北向（或北偏东）。使用其余类型葬具的墓葬以北向（或北偏东）为主，少数是东向的。各种方向的墓葬交错分布，没有形成明显的同一头向墓葬的独立群体。葬式绝大多数为仰身直肢。

葬具类型多样，主要为木板制成的木棺，其次为简易的木椁，其余数量较少的葬具类型有椁内放木棺、独木棺、石板棺、瓮棺四种。还有少量墓葬没有葬具，直接葬在墓坑内或没有墓坑，直接埋在地表。

一半以上的葬具为木棺，由薄木板制成，底部和盖板由纵向的木板

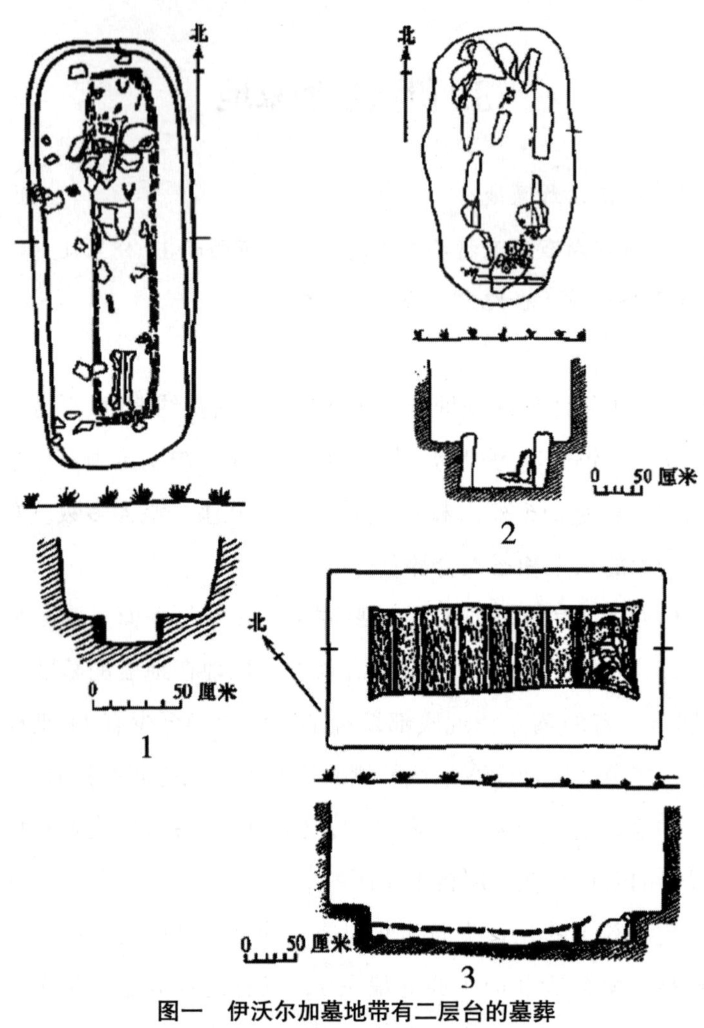

图一　伊沃尔加墓地带有二层台的墓葬

1.M210　2.M197　3.M190

（引自潘玲《伊沃尔加城址和墓地及相关匈奴考古问题研究》，科学出版社，2007，第 43 页）

组成。多数平面为长方形，有些棺为头端宽、脚端窄的梯形。保存状况很差，往往只留下木质的腐烂物散落在墓坑底部或墓内堆积中（图二）。

简易木椁又可分为两种类型，第一种类型是椁的底板为横放的木板，有的木板之间有一定的间隔。第二种类型是椁的底部由纵向放置的木板

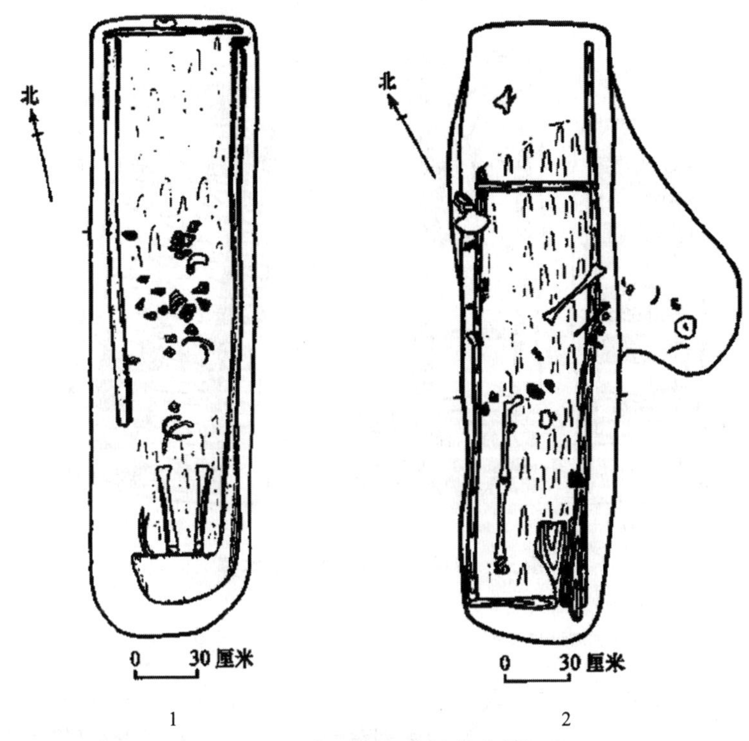

图二　伊沃尔加墓地的木棺

1.M55　2.M25

（引自潘玲《伊沃尔加城址和墓地及相关匈奴考古问题研究》，第 45 页）

组成，木板间没有间隔，在此底板上放有削制平整的半剖圆木制成的长方形四壁框架。

简易木椁的盖板由半剖圆木制成，它们的摆放有两种情况：一种为盖板由横的半剖圆木制成，放在椁壁上；另一种为盖板的两端搭在墓坑底部挖出的生土二层台上（图三、图四）。

椁内放木棺即一棺一椁，共有两座这样的墓葬，即 M76 和 M109（图五，1）。独木棺只发现 1 个（M149），用一根落叶松的树干凿成，在树干两端另外放置两块木板组成棺的两端壁板。棺的头部一端凿出圆洞，类似头箱，内放一偶蹄动物的头骨。盖板为纵向铺的木板（图五，2）。

石棺只发现 1 座，平面矩形，四壁由侧放的形状较规整但未经加

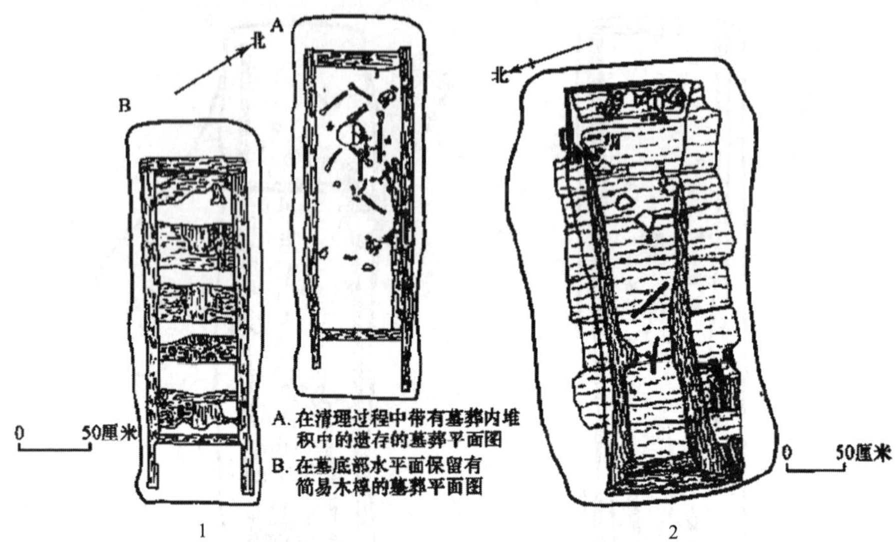

图三　伊沃尔加墓地的简易木椁

1.M185　2.M183

（引自潘玲《伊沃尔加城址和墓地及相关匈奴考古问题研究》，第 45 页）

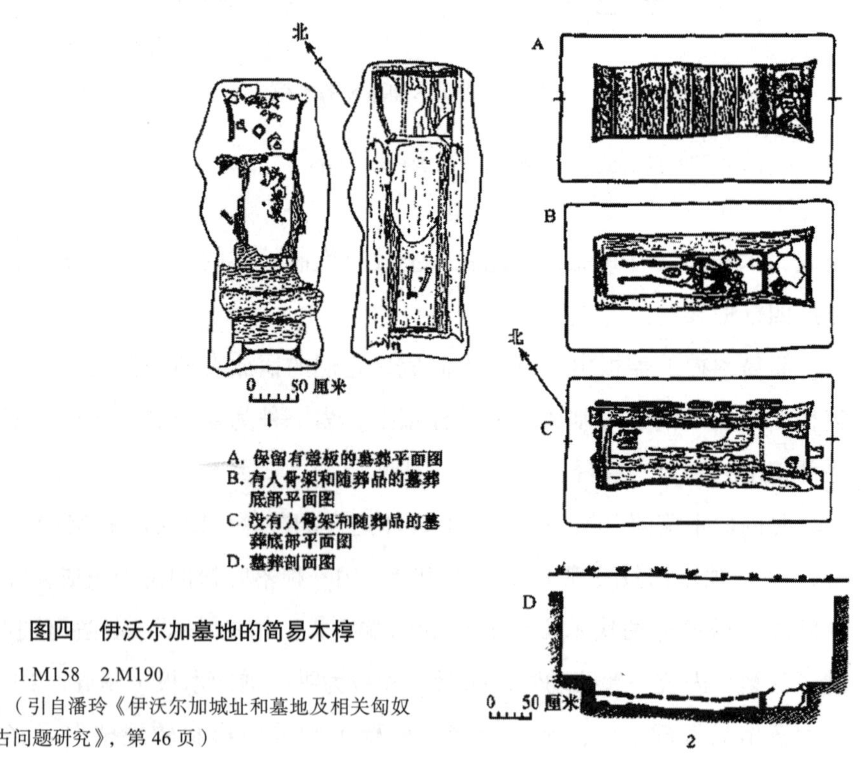

图四　伊沃尔加墓地的简易木椁

1.M158　2.M190

（引自潘玲《伊沃尔加城址和墓地及相关匈奴考古问题研究》，第 46 页）

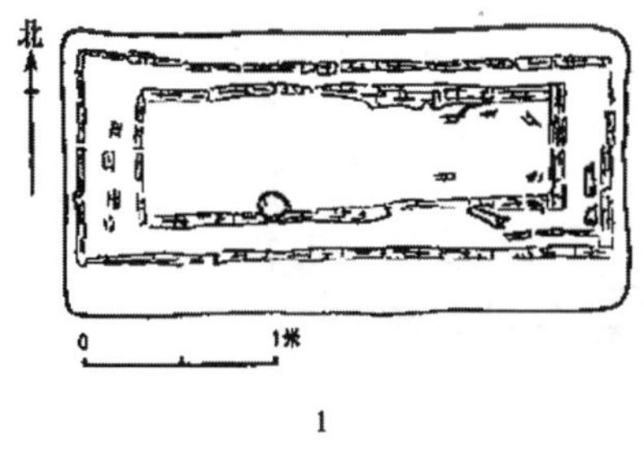

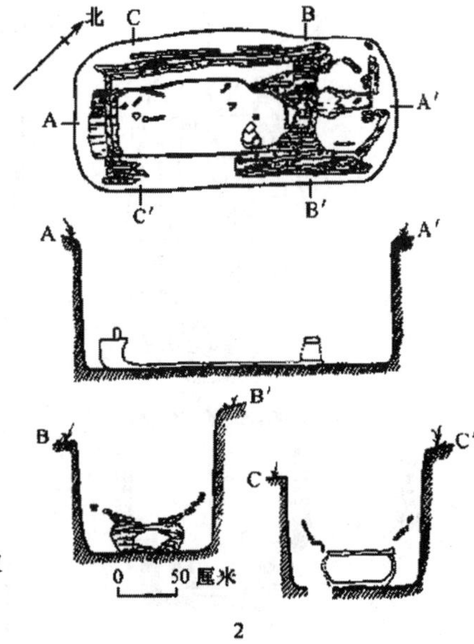

图五　伊沃尔加墓地的一棺一椁墓和独木棺墓

1.M109　2.M149

（引自潘玲《伊沃尔加城址和墓地及相关匈奴考古问题研究》，第47页）

工的石头组成，无底（图六，1）。瓮棺葬至少有五座，分别是：M94、M95、M127、M136、M216，其中M94是人骨架放在陶瓮的残片里，M95则是用大的陶瓮残片扣在人骨架上（图六，2）。

有6座墓的死者直接埋葬在墓坑底部，没有葬具，这种墓坑较浅，深15~50厘米（图七，1）。还有6座墓的死者直接葬于地表，既无墓坑，也无葬具（图七，2）。

伊沃尔加墓地出土的遗物主要有：陶器、带扣、牌饰、武器、生活用具以及各种装饰物。其中陶器数量最多的是大口深腹罐，其次是鼓腹矮领或高领的壶或罐；带扣和牌饰的质地主要为铁和青铜，铁带扣数量最多，形状简单，中部有扣舌，分为圆形、矩形、方形和特殊形状四种，以圆形为最多，青铜带扣形状很多，最简单的形状是带有铁舌的圆形；牌饰有矩形透雕动物纹腰带牌饰，共2件，为配套使用的一对，上有两虎噬咬一龙的图案；武器和生活用具有箭囊、镞、铁刀、铁锥、铁短剑、铁钩；装饰物有坠饰、青铜铃、铜扣、珠饰、青铜圈足小壶等（图八）。

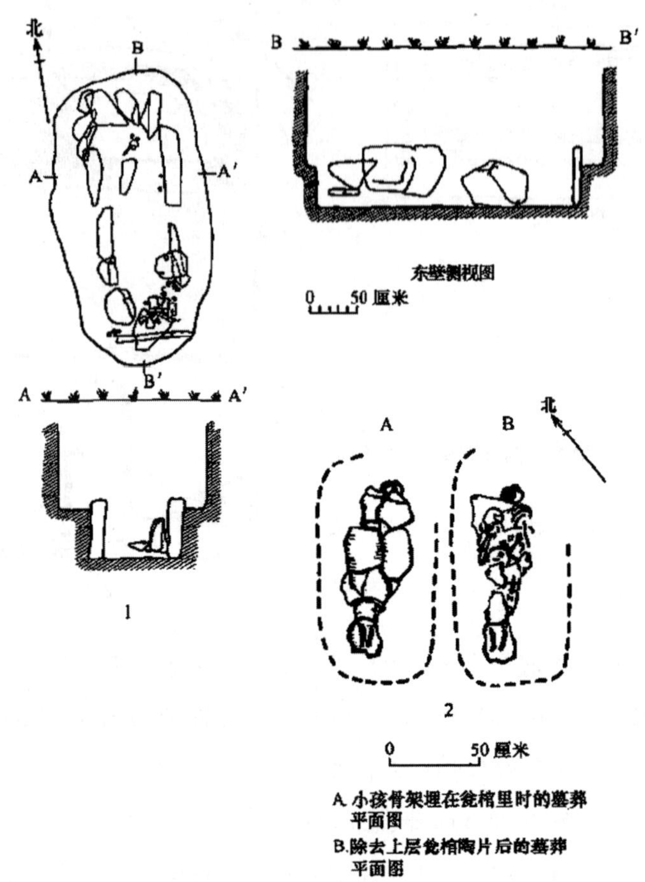

图六　伊沃尔加墓地的石棺、瓮棺

1.M197　2.M94

（引自潘玲《伊沃尔加城址和墓地及相关匈奴考古问题研究》，第 48 页）

伊沃尔加墓地中发现的来自中国的文化因素大体可分为两大类，即中国北方黄河流域地区和中国北方长城地带。其中属于前者的是：木质棺椁、瓮棺葬、墓内建有生土二层台；陶器方面，普遍采用轮制技术，器形规整，器壁厚度均匀，且器形和纹饰都能够在黄河流域找到渊源，如研光暗纹即是战国晚期至西汉初期关东地区随葬陶器中较为常见的纹饰之一，而陶器底部的戳印，则源自黄河流域的戳印陶文。至于漆耳杯、五铢钱，也都是同时期黄河流域非常流行的随葬品。属于后者的是：陶器中的单耳大口罐，其在北方长城地带广泛分布，三翼有銎铜镞也曾见于中国北方长城地带和东北地区春秋战国时期的墓葬中（图九）。（孙危）

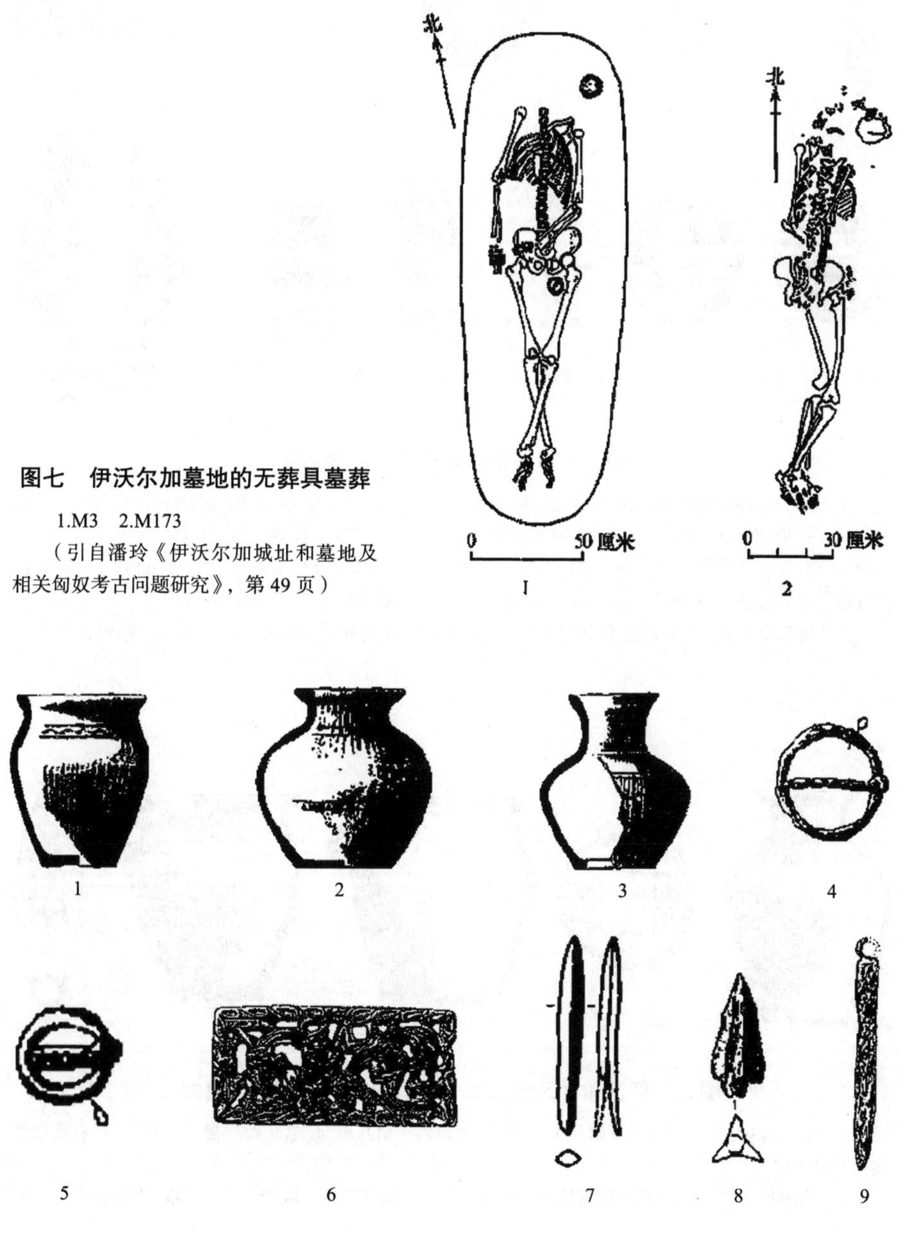

图七　伊沃尔加墓地的无葬具墓葬

1.M3　2.M173

（引自潘玲《伊沃尔加城址和墓地及相关匈奴考古问题研究》，第49页）

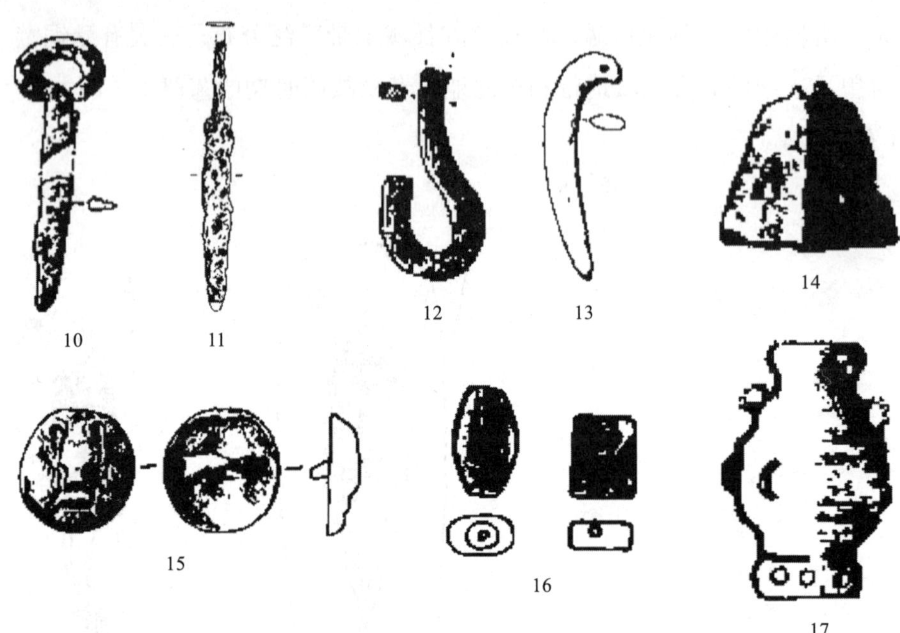

图八　伊沃尔加墓地出土的随葬品

1. 大口深腹陶罐（M100） 2. 鼓腹矮领罐（M183） 3. 鼓腹高领壶（M211） 4. 铁带扣（M48） 5. 铜带扣（M120） 6. 青铜牌饰（M100） 7. 骨镞（M88） 8. 铁镞（M96） 9. 铁刀（M9） 10. 铁锥（M65） 11. 铁短剑（M35） 12. 铁钩（M38） 13. 爪形坠饰（M100） 14. 青铜铃（M148） 15. 铜扣（M100） 16. 珠饰（M100） 17. 青铜圈足小壶（M133）

（引自潘玲《伊沃尔加城址和墓地及相关匈奴考古问题研究》，第 53、54、56、57、59、61 页）

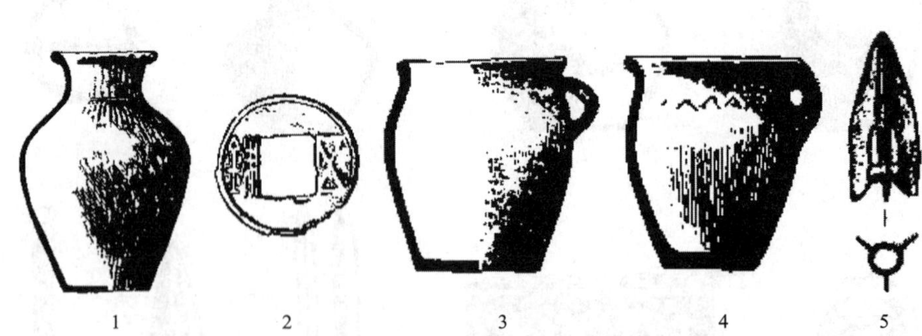

图九　伊沃尔加墓地出土的具有中国文化因素的遗物

1. 瓮（M189） 2. 五铢钱（M34） 3. 单耳大口罐（M78） 4. 单耳大口罐（M95） 5. 三翼有銎铜镞（M108）

（引自潘玲《伊沃尔加城址和墓地及相关匈奴考古问题研究》，第 55、57、103、104 页）

4. 努尔－图赫姆墓地

【名称】努尔－图赫姆（Нур-Тухум）墓地

【位置】俄罗斯布里亚特共和国色楞格区

【年代】公元前 2 世纪～公元 1 世纪

【解题】

努尔－图赫姆墓地位于俄罗斯布里亚特共和国色楞格区努尔－图赫姆村，西北距贝加尔湖 112 公里，该地属色楞格河与奇科伊河的河间地区，地貌特征为森林草原，气候干燥，年降水量 200~250 毫米。①

2015 年，俄罗斯科学院西伯利亚分院的考古学家巴扎罗夫（Б.А.Базаров）、米亚加舍夫（Д.А.Миягашев）及远东分院的贝索诺娃（Е.А.Бессонова）在一次野外调查中发现了该墓地，随后共确认了 76 座圆形石圈墓和 6 处石构居址。2016 年，对部分遗迹进行了发掘，从出土遗物来判断，圆形石圈墓的年代为匈奴时期，而石构居址则属于蒙元时期（图一）。②

墓地中匈奴墓葬的结构特征明显，均为地表带石圈的竖穴土坑墓。以 M24 为例，圆形石圈直径约 5.5 米，竖穴墓室长 2.9 米，宽 1.8 米，深 2.49 米，木棺长 2.1 米，宽 1.1 米，盖板不存。墓葬早年被盗，根据

---

① Б. А. Базаров, Археологические исследования Нур-Тухумского археологического комплекса эпохи раннего железного века и средневековья / Б. А. Базаров, Д. А. Миягашев, Е. А. Бессонова // Между Востоком и Западом: движение культур, технологий и империй : доклады Ⅲ Международного конгресса средневековой археологии евразийских степей, Владивосток, 02–06 мая 2017 года. – Владивосток: Федеральное государственное унитарное предприятие «Издательство Дальнаука», 2017. – С. 30-33.

② Б. А. Базаров, Археологические исследования Нур-Тухумского археологического комплекса эпохи раннего железного века и средневековья / Б. А. Базаров, Д. А. Миягашев, Е. А. Бессонова // Между Востоком и Западом: движение культур, технологий и империй : доклады Ⅲ Международного конгресса средневековой археологии евразийских степей, Владивосток, 02–06 мая 2017 года. – Владивосток: Федеральное государственное унитарное предприятие «Издательство Дальнаука», 2017. – С. 30-33.

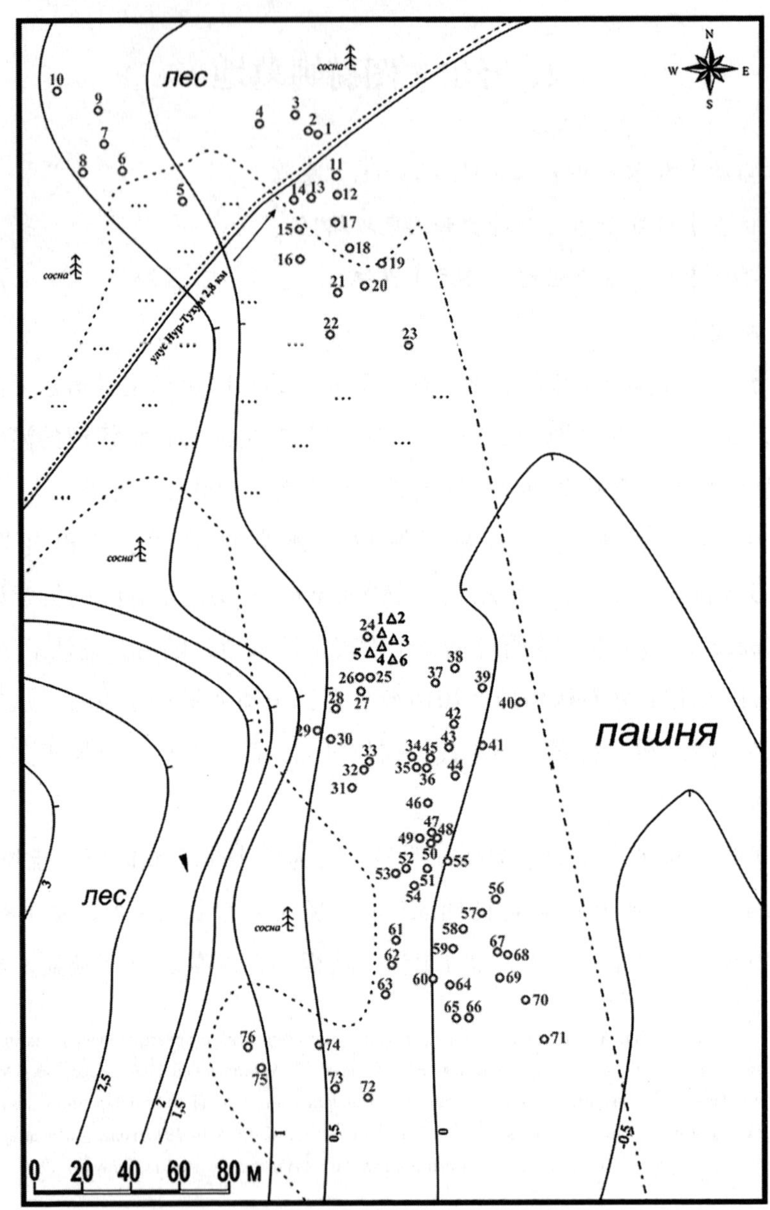

图一　努尔-图赫姆墓地墓葬及居址分布图

［引自 Б.А.Базаров, Китайское зеркало из 47-го погребения Нур-Тухумского могильника / Б. А. Базаров // Вестник Бурятского научного центра Сибирского отделения Российской академии наук. – 2019. – № 2(34). – С. 25-33］

○：匈奴时期墓葬；△：蒙元时期居址

现存人骨位置观察，只有下肢骨保留在原先的位置，头骨则在木棺的中心处。随葬品为 1 件铁器残片、2 个牛头骨和 5 个山羊头骨，以及属典型匈奴文化的侈口平底罐残片。

在蒙元时期的居址中，几乎没有发现陶器，其余遗物为 20 余件金属器、128 件骨器和 1 件木器。通过对动物骨骼的研究分析，居址内发现的这些骨骼包括牛、绵羊、马、鹿骨以及大量的鱼骨，可见当时的人们除从事游牧和狩猎外，还进行一定规模的水产捕捞活动。

蒙元时期居址有打破匈奴时期墓葬的现象，这在外贝加尔地区较为少见，根据当地环境来分析，努尔－图赫姆墓地所处区域似乎并不适合放牧，这里的地下水位很低，而且附近也没有泉水或者溪流，距离最近的水源约有 6~7 公里，今天的牧民在此处放牧，会自己挖掘水井，但由于色楞格河水量的减少，水井也经常会缺水。在居址中发现了或许用于金属冶炼的工具，而且在墓地附近也确实有铁矿存在，所以蒙元时期的这处居址可能并非供牧民放牧所使用，而是供从事金属冶炼的手工业者所使用。①

M47 中出土了一块中国铜镜残片（图二），② 俄罗斯考古学者称其为“TLV”铜镜，也就是我国的规矩镜。在外贝加尔地区，目前发现的中国铜镜按年代可分为早中晚三期，第一期是青铜时代，第二期是匈奴时期，第三期是中世纪。且绝大多数铜镜都是在墓葬中发现的，在居址中发现的较少。M47 是 2017 年发掘的，位于努尔－图赫姆墓地 1 号地点中部，由于盗扰的缘故，铜镜的出土位置并不在木棺中，而是被盗墓贼扰动到了棺外，所以目前很难确定铜镜最初被放置于木棺中的具体位置。铜镜

---

① Б. А. Базаров, Д. А. Миягашев, Н. В. Именохоев, А. М.Раскопки жилища монгольского времени на Нур-Тухумском археологическом комплексе// Поволжская Археология. – 2018. – № 4(26). – С. 84-97.

② Б. А. Базаров, Китайское зеркало из 47-го погребения Нур-Тухумского могильника / Б. А. Базаров // Вестник Бурятского научного центра Сибирского отделения Российской академии наук. – 2019. – № 2(34). – С. 25-33.

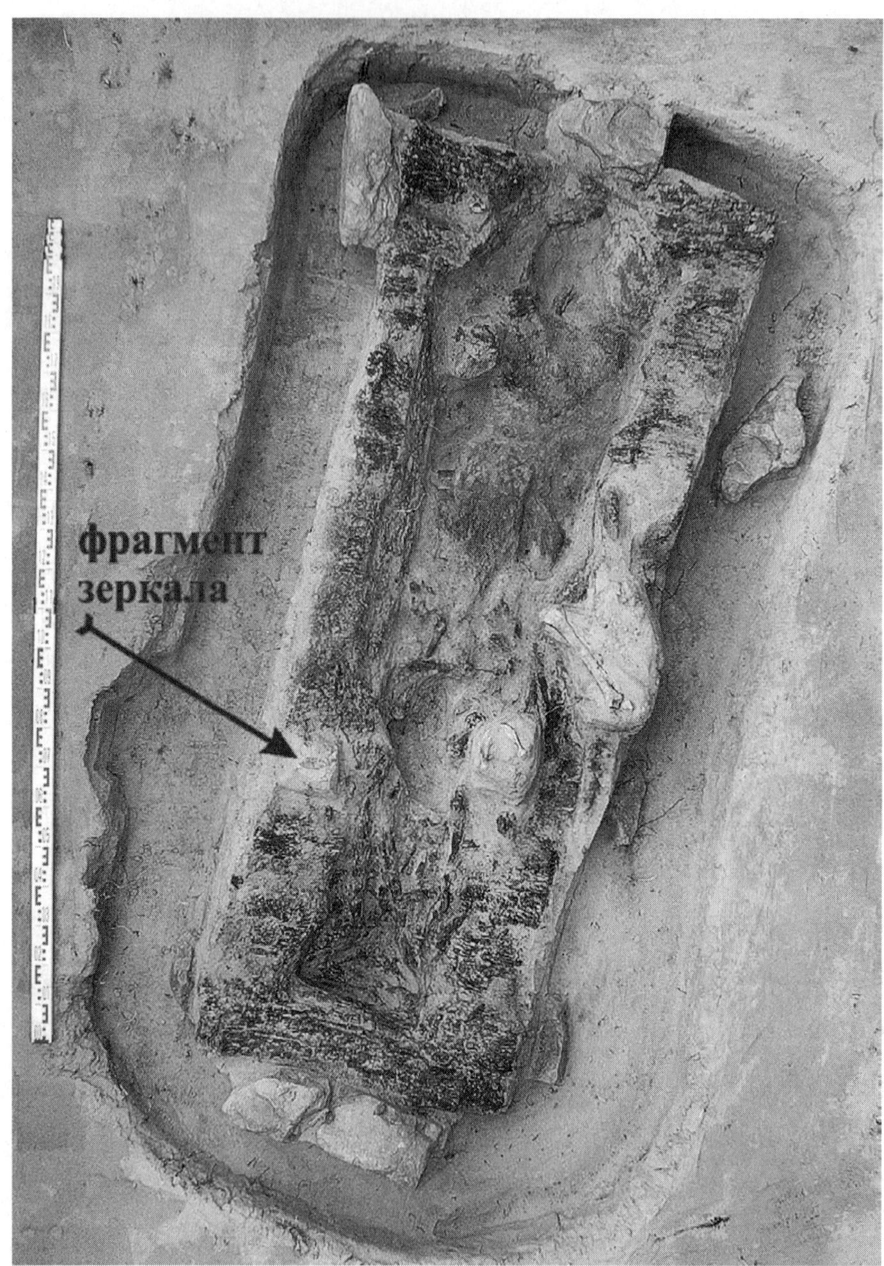

图二　努尔–图赫姆墓地M47出土铜镜位置示意图

［引自 Б. А. Базаров, Китайское зеркало из 47-го погребения Нур-Тухумского могильника / Б. А. Базаров // Вестник Бурятского научного центра Сибирского отделения Российской академии наук. – 2019. – № 2(34). – С. 25-33］

残片长 7.1 厘米，宽 2.6 厘米，厚 0.9 厘米（图三），同样的规矩镜在这一地区还见于伊里莫瓦、切列姆霍夫和恩霍尔墓地。

铜镜是墓主人在生前经常会使用到的物品，对其进行的分析，如形制和纹饰、化学成分测定等，可以得出铜镜生产的时间和地点，进而推测墓葬的年代，探讨人群的互动等诸多重要问题。（兰博）

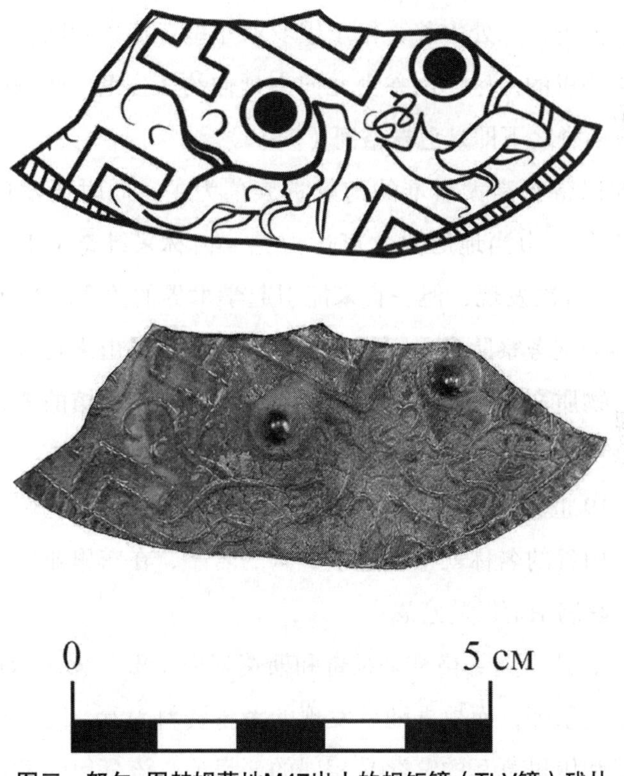

图三　努尔–图赫姆墓地M47出土的规矩镜（TLV镜）残片

［引自 Б. А. Базаров, Китайское зеркало из 47-го погребения Нур-Тухумского могильника / Б. А. Базаров // Вестник Бурятского научного центра Сибирского отделения Российской академии наук. – 2019. – № 2(34). – С. 25-33］

5. 阿尔科依塔墓地

【名称】阿尔科依塔（Оргойтон）墓地

【位置】俄罗斯布里亚特共和国吉达区

【年代】公元前 1 世纪～公元 1 世纪

【解题】

阿尔科依塔是一处山谷，位于俄罗斯布里亚特共和国吉达区扎鲁比诺村以南 4 公里的山区。山谷由北向南延伸约 2 公里，两侧山脊覆盖着松树，东侧山脊之下即是色楞格河（图一）。

该墓地以带有高大封堆的匈奴贵族墓为主，同时还发现了大量的岩画。1887 年，由当地历史学家达力克 – 格林采维奇（Д. Ю. Талько-Грынцевич）首次发现，但一直未能引起学术界的关注。2009 年，俄罗斯科学院的一支考察队进入阿尔科依塔，考察队员由来自国立艾尔米塔什博物馆、物质文化史研究所以及恰克图地方志博物馆的考古学家所组成，现在每年夏天即 8 月份，这里都会进行考古发掘工作。①

相传，19 世纪初，山谷里住着一位名叫阿尔科依塔的萨满，据当地居民介绍，山谷的名称就来自这个萨满的名字，在布里亚特，阿尔科依塔是“带着萨满王冠”的意思。

1898 年，达力克 – 格林采维奇和斯莫列夫（Я. Е. Смолевым）发掘了其中的 4 座墓葬，而根据随后发现的考古资料来看，阿尔科依塔山谷的墓葬葬仪和伊里莫瓦的墓葬是相同的。目前，该墓地的发掘材料都收藏于恰克图地方志博物馆。

1949 年，奥克拉德尼科夫（А. П. Окладников）在阿尔科依塔山谷

---

① Н. Н. Николаев, Могильник хунну в пади Оргойтон (предварительное сообщение) // Древние культуры Евразии: Материалы междунар. науч. конф., посв. 100-летию со дня рождения А. Н. Бернштама / Ред. В. А. Алёкшин и др. СПб.: Инфо-ол, 2010. С. 186–191.

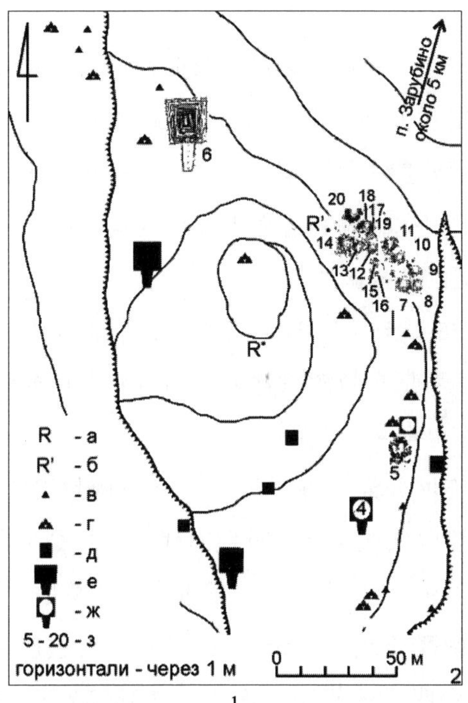

1

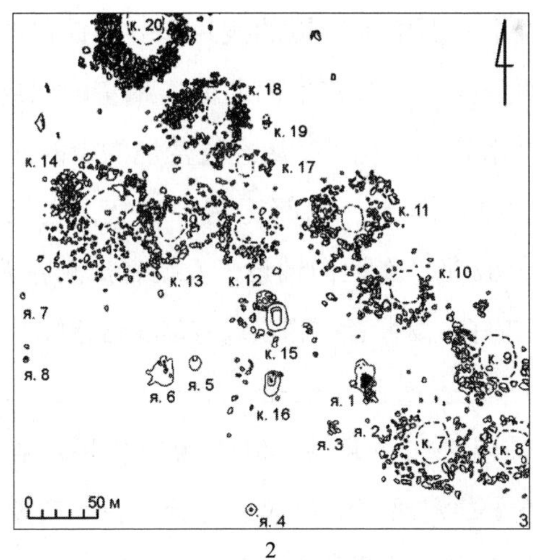

2

图一　阿尔科依塔墓地

1. 墓地平面图　2. 墓地东部墓葬分布情况

［引自 Н. Н. Николаев, Погребальная обрядность детских захоронений хунну (на примере локальной группы кургана № 18 могильника Оргойтон) / Н. Н. Николаев // Археологические вести. – 2020. – № 30. – С. 125-133］

发现了岩画。

2009 年 8 月，俄罗斯科学院的考察队开始对阿尔科依塔墓地进行考古发掘，考察队成员有米尼亚耶夫（С. С. Миняев）、尼古拉耶夫（Н. Н. Николаев）、萨哈罗夫斯卡娅（Л. М. Сахаровская）、耶梅莉娜（О. С. Емелина）等，根据在调查过程中发现的铜镜残片，考古学家们一致认为墓地在古代就已被盗掘。

2010 年 7 月 25 日至 8 月 21 日，在这次发掘期内，除几位考古学家以外，还有来自俄罗斯乌拉尔联邦大学的研究生和本科生参与其中。此后几年，考古工作也都未曾中断。

墓地中的遗迹可分为三种类型，分别是带封土的大型竖穴土坑墓（铁器时代）、小型竖穴土坑墓（青铜时代）和岩画（青铜时代）。以下以 M17、M18、M19 为例（图二），简要介绍该墓地的情况。

M18 位于发掘区的北部，2017~2018 年，对这座墓葬进行了发掘，墓葬地表可观察到明显的石圈，面积约 7.3 × 7.2 米。清理完石圈东南部的表土后，发现了一面中国铜镜的残片和一件铁器的残片，在石圈东部发现了几片素面灰陶片，墓室呈南北向，墓室的四周已遭到破坏。在墓室南部深约 0.57 米处，发现了 2 块经过焚烧的犁的残片。葬具为木棺，长 2.3~2.35 米，高 0.35~0.4 米，北部比南部略宽，底板木条的宽度约为 0.17~0.2 米，厚约 0.02 米，东西向铺设，发掘者推测底板可能伸出侧板之外，木棺南部保存较好，发掘者推测该墓应是在营建好不久后即被盗掘。①

M17 位于 M18 的东南部，根据二者的位置关系，可断定 M17 与 M18 的墓表石圈是连接在一起的。M17 曾被盗掘，盗墓者破坏了墓穴的西北角，并毁掉了墓穴西壁的很大一部分。在墓穴南壁深约 0.9 米处，发现了木棺的底板痕迹，厚约 0.01 米，宽约 0.15 米，底板为南北向铺

① Н. Н. Николаев, Погребальная обрядность детских захоронений хунну (на примере локальной группы кургана № 18 могильника Оргойтон) / Н. Н. Николаев // Археологические вести. – 2020. – № 30. – С. 125-133.

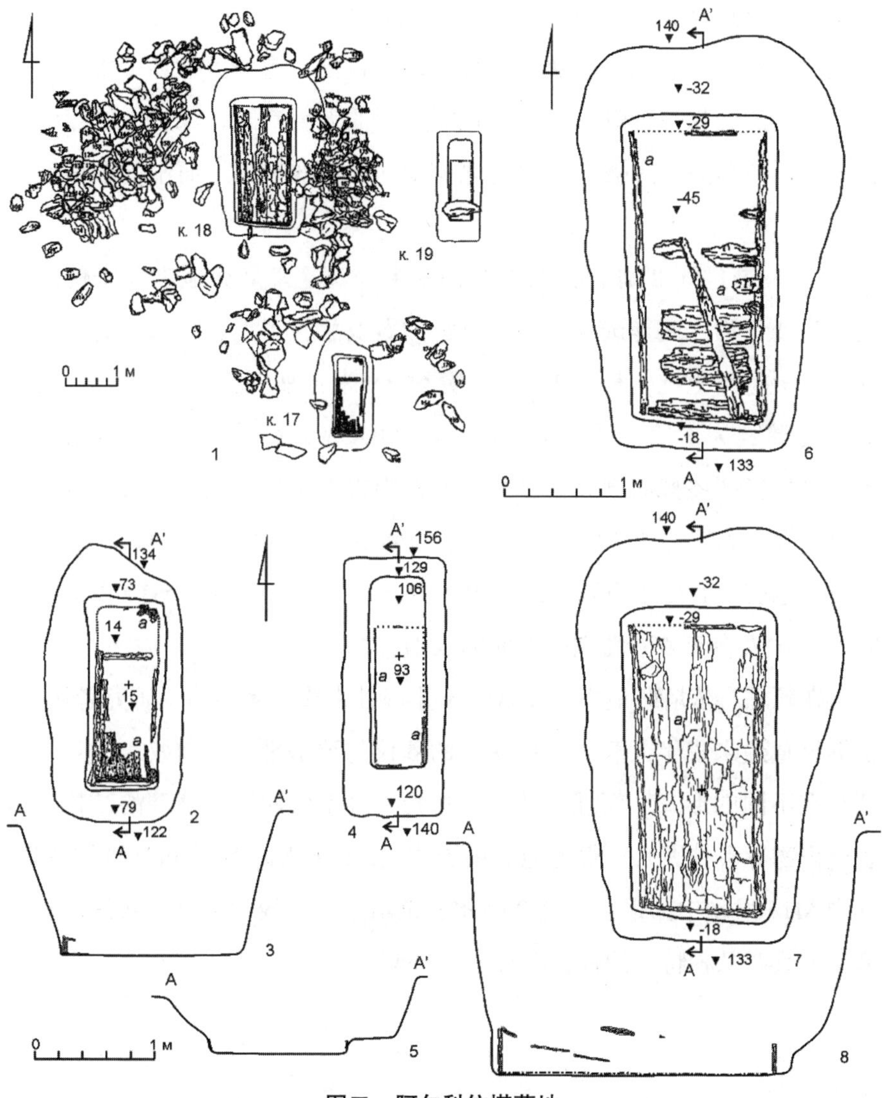

图二　阿尔科依塔墓地

1. M17、M18、M19 平面图　2~3. M17 平、剖面图　4~5. M19 平、剖面图　6~8. M18 平、剖面图
［引自 Н. Н. Николаев, Погребальная обрядность детских захоронений хунну (на примере локальной группы кургана № 18 могильника Оргойтон) / Н. Н. Николаев // Археологические вести. – 2020. – № 30. – С. 125-133］

设。木棺几乎全部被毁，然而，根据残留的一些痕迹来判断，木棺有可能是使用榫卯结构固定的，在墓底南部还发现了用于固定榫卯结构的、横截面呈正方形的木棺残块。人骨也因为盗掘而遭到了破坏，仅发现了未成年人的胫骨与趾骨，发掘者根据残留的人骨判断，墓主人的年纪约在 8 岁。随葬品大多被盗，仅发现少量的铁器残块和一面中国铜镜残片（图三）。①

M19 位于 M18 地表石圈以东约 3 米处，这座墓葬地表并未使用石圈作为标识物，而是选择了一块巨大的石块放置于地表，墓室为南北向的长方形竖穴土坑，长约 1.5 米，宽约 0.9 米，墓坑填土为混合的花土。M19 的葬具为木棺，长约 1.2 米，宽约 0.4 米，高约 0.2 米，木棺的盖板、底板皆因盗掘而遭到了破坏。木棺中未发现任何人骨，研究者根据木棺的大小和埋葬的深度判断，该墓的墓主人也有可能是一位未成年人。同时，地表没有使用石圈而改用单块巨石，或许也说明了 M19 墓主人与 M17 墓主人在年龄、性别等方面的区别。②

在阿尔科依塔墓地中，发现了不止一处未成年人墓葬，研究者认为，根据该墓地未成年人墓葬所反映出的葬仪与葬俗来看，匈奴未成年人墓葬存在不同的形式。而埋葬地点的选择、墓室的深度、墓葬的结构、地表标识物等多种因素，很可能取决于墓主人的性别、年龄和亲属关系等。其中 M17 发现中国铜镜，这在阿尔科依塔墓地中较为少见，或许体现了墓主人具有某种特殊的社会地位。（兰博）

---

① Н. Н. Николаев, Погребальная обрядность детских захоронений хунну (на примере локальной группы кургана № 18 могильника Оргойтон) / Н. Н. Николаев // Археологические вести. – 2020. – № 30. – С. 125-133.

② Н. Н. Николаев, Погребальная обрядность детских захоронений хунну (на примере локальной группы кургана № 18 могильника Оргойтон) / Н. Н. Николаев // Археологические вести. – 2020. – № 30. – С. 125-133.

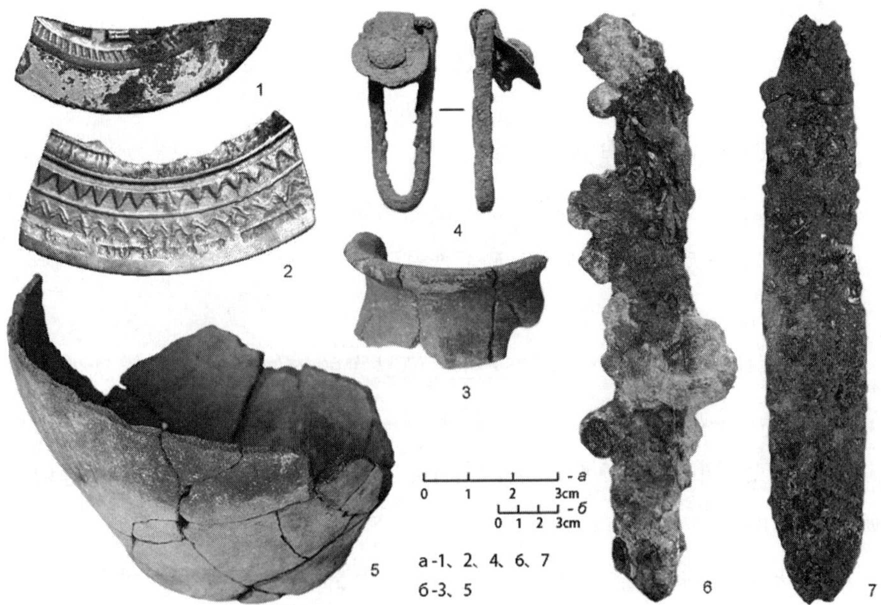

图三　阿尔科依塔墓地M17、M18出土的随葬品

1. M17 出土的中国铜镜残片　2. M18 出土的中国铜镜残片　3、5. 陶罐　4、6. 铁器　7. 铁刀

［引自 Н. Н. Николаев, Погребальная обрядность детских захоронений хунну (на примере локальной группы кургана № 18 могильника Оргойтон) / Н. Н. Николаев // Археологические вести. – 2020. – № 30. – С. 125-133］

6. 伊里莫瓦墓地

【名称】伊里莫瓦墓地

【位置】俄罗斯布里亚特共和国恰克图市

【年代】公元前 1 世纪～公元 1 世纪

【解题】

伊里莫瓦墓地是外贝加尔地区规模最大的匈奴墓地之一，从地理位置上来看，其处于该地区匈奴墓地的中心。该墓地位于俄罗斯布里亚特共和国恰克图市以北 23 公里的山谷中，南部有苏特什墓地，北部是切列姆霍夫墓地。①

这块墓地的范围东西长约 3 公里，南部宽约 1 公里，北部宽约 2 公里。伊里莫瓦谷地的地貌以森林为主，墓葬错落分布在山谷北坡的丛林中。② 该墓地的调查和发掘工作始于俄国匈奴考古学先驱格林采维奇，他于 1896~1897 年发掘了其中的 32 座小型墓和 1 座大型墓；1928~1929 年，苏联考古学家索斯诺夫斯基率领的布里亚特 – 蒙古考察队又在此发掘了 11 座墓葬；20 世纪 60~70 年代，科诺瓦洛夫发掘了 16 座（图一）。③

墓葬形制可分为三种，甲字形墓、方形石堆墓、圆形石堆墓。随葬品多放置在木棺北侧与木椁之间的头箱内，殉牲包括牛、羊等动物的头骨，陶器有小口细颈鼓腹罐、侈口平底罐等，生活工具以铁刀为主，武器包括弓、箭镞等，马器主要为马镳与马衔，装饰品有金属饰片等，除

① П. Б. Коновалов, Хунну в Забайкалье : погребальные памятники / П. Б. Коновалов ; Ответственный редактор Е.М. Залкинд. – Улан-Удэ : Бурятское книжное издательство, 1976. c.25.

② П. Б. Коновалов, Хунну в Забайкалье : погребальные памятники / П. Б. Коновалов ; Ответственный редактор Е.М. Залкинд. – Улан-Удэ : Бурятское книжное издательство, 1976. c.25.

③ P. B. Konovalov, Translated by Daniel C. Waugh, *The Burial Vault of a Xiongnu Prince at Sudzha (Il'movaia Pad', Transbaikalia)*, Bonn Contributions to Asian Archaeology, Vol. 3, 2008, pp.12-14.

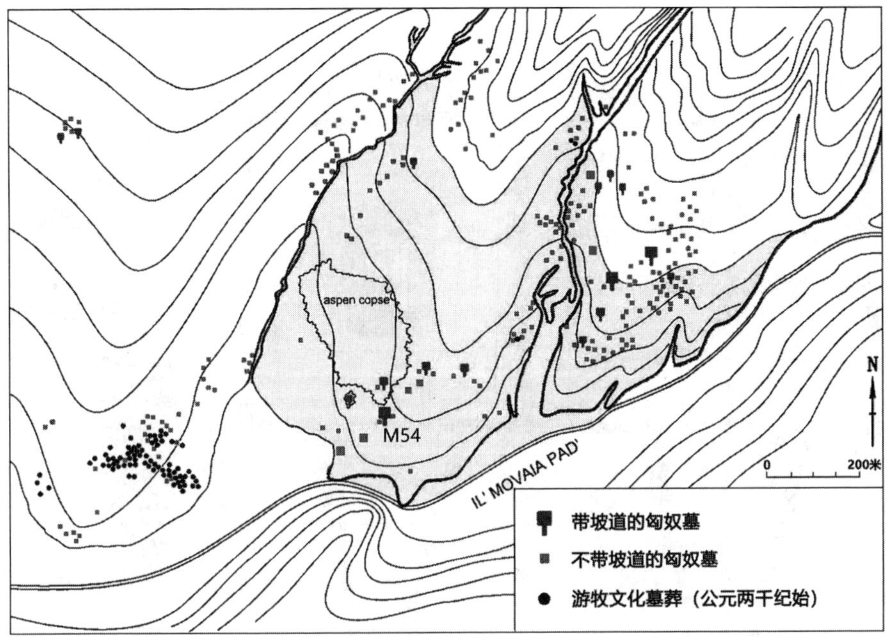

图一　伊里莫瓦墓地墓葬分布情况

（引自 U. Brosseder, *Xiongnu Terrace Tombs and their Interpretation as Elite Burials*, Bonn Contributions to Asian Archaeology, Vol. 4, 2009, p. 254）

此以外，还有来自中原地区的铜镜残片、圆形方孔钱以及丝织品等。

甲字形大墓以 1974 年发掘的 M54 为代表，其封堆平面呈“甲”字形，北半部为方形，南北长 19 米，东西宽 18 米；南部突出部分呈梯形，长 14 米，宽 2~8 米。① 封堆北部亦有一突出部分，略呈长方形，性质不明；封堆中部有一道南北向和四道东西向石墙将封堆分割为 10 个小的单元（图二）。② 该墓曾遭盗扰，墓室内有两重木椁和一重木棺（图三），人骨被扰乱，位于墓室南部，内外椁北侧发现殉葬的动物骨骼（以头蹄骨为主），墓室内还发现陶器残片、木棺装饰（图四）和一些铁铜质地

① P. B. Konovalov, Translated by Daniel C. Waugh, *The Burial Vault of a Xiongnu Prince at Sudzha (Il'movaia Pad', Transbaikalia)*, Bonn Contributions to Asian Archaeology, Vol. 3, 2008, p.13.

② Ibid., pp.17-18.

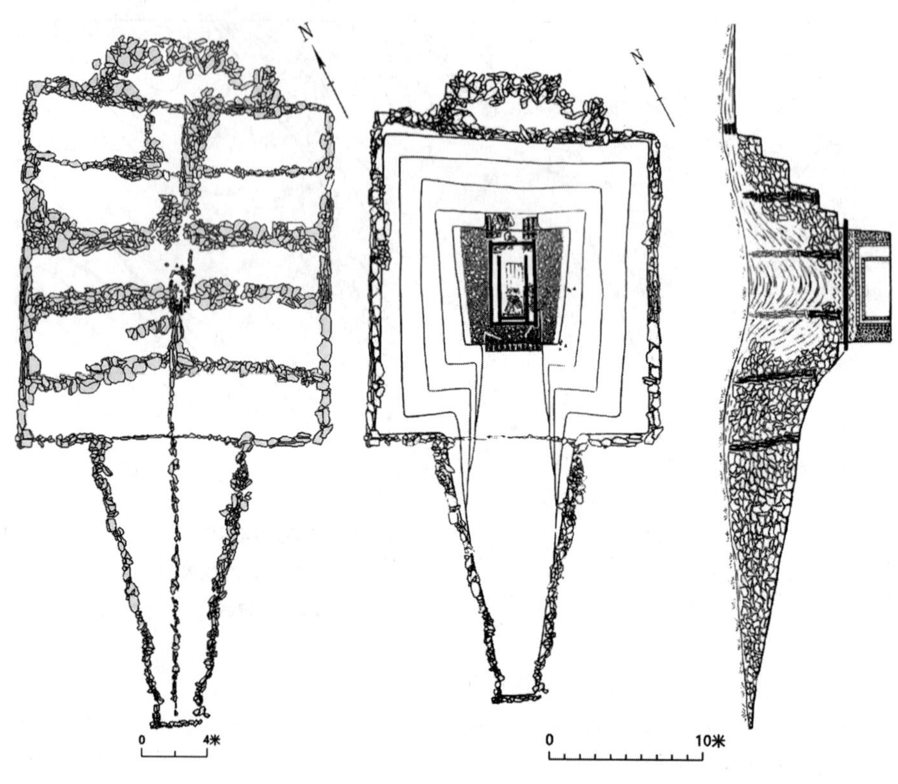

图二　M54封堆平面图

［引自 P. B. Konovalov, Translated by Daniel C. Waugh, *The Burial Vault of a Xiongnu Prince at Sudzha (ll'movaia Pad', Transbaikalia)*, Bonn Contributions to Asian Archaeology, Vol. 3, 2008, plate 5］

图三　M54墓坑平面图与剖面复原图

［引自 P. B. Konovalov, Translated by Daniel C. Waugh, *The Burial Vault of a Xiongnu Prince at Sudzha (ll'movaia Pad', Transbaikalia)*, Bonn Contributions to Asian Archaeology, Vol. 3, 2008, plate 9］

的马具、装饰品等。①

圆形石堆墓以 M51 为代表，该墓位置相对独立，其东北方向 300 米为间距较近的一组墓葬，即 M45~M50 六座墓；在表土揭取 25 厘米后，墓葬的圆形石堆基本呈现出来，在南部的石堆中发现了少量的马骨；通过观察，发掘者认为墓葬曾经被盗，石堆中被盗墓者扰乱的石块在圆形

① Ibid., pp.24-29.

图四　M54木棺装饰还原图

［引自 P. B. Konovalov, Translated by Daniel C. Waugh, *The Burial Vault of a Xiongnu Prince at Sudzha (Il'movaia Pad', Transbaikalia)*, Bonn Contributions to Asian Archaeology, Vol. 3, 2008, plate 36］

石堆东侧，其中还包括一些陶罐碎片，应为盗墓者从墓室盗出后所遗弃（图五）。[①] 石堆下为长方形竖穴土坑墓室，墓室开口长 3 米，宽 2.5 米，深 3 米，墓底长 2.6 米，宽 1 米；葬具为 1 棺 1 椁，在棺中墓主人头部附近发现了可复原的陶器碎片，经修复后判断为 1 件小口细颈鼓腹罐（图六，左）；在陶器破碎处还发现一块羊的下颌骨，发掘者推测其原先应该是置于陶罐中的；在陶片的南侧有一块铜镜碎片，同时还发现铁镞以及尚未完全腐朽的木箭杆。[②] 值得注意的是，铜镜碎片镜缘残留“而

① П. Б. Коновалов, Хунну в Забайкалье : погребальные памятники / П. Б. Коновалов ; Ответственный редактор Е.М. Залкинд. – Улан-Удэ : Бурятское книжное издательство, 1976. с.51-55.

② П. Б. Коновалов, Хунну в Забайкалье : погребальные памятники / П. Б. Коновалов ; Ответственный редактор Е.М. Залкинд. – Улан-Удэ : Бурятское книжное издательство, 1976. с.51-55.

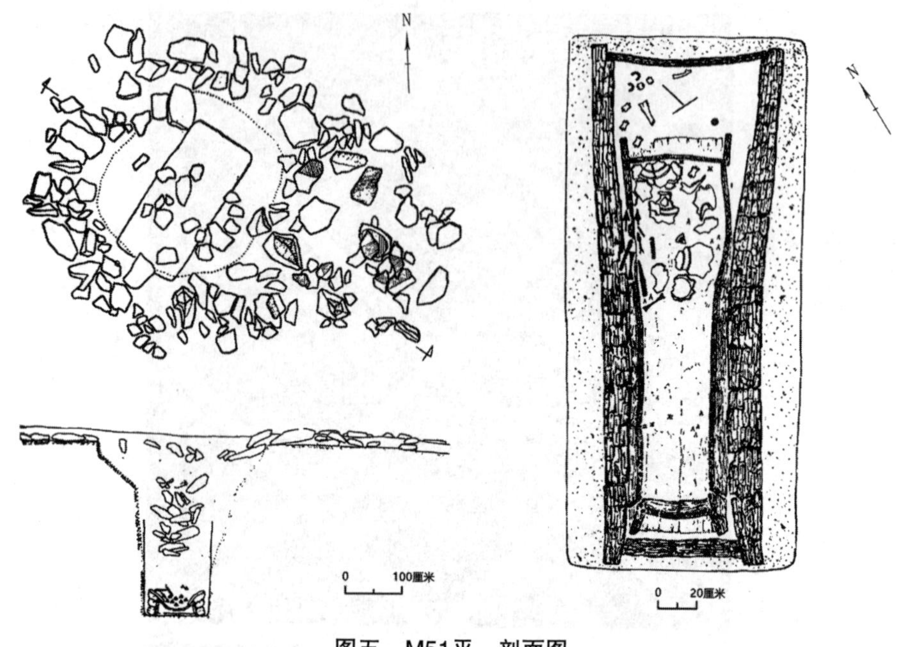

图五 M51平、剖面图

（引自 П. Б. Коновалов, Хунну в Забайкалье : погребальные памятники / П. Б. Коновалов ; Ответственный редактор Е.М. Залкинд. – Улан-Удэ : Бурятское книжное издательство, 1976. с.51-53）

明”二字（图六，右），有学者认为它很可能为一面昭明镜，与额吉河出土的连弧铭带镜类似，年代在西汉晚期至新莽时期。①

在伊里莫瓦墓地出土的遗物中，与中原文化密切相关的除了铜镜和钱币之外，还有丝织品，例如在1928~1929年发掘的M128中，就发现一件（图七）。其在发现时已有一定程度的腐朽，大部分已经破损为碎片，不过仍可复原。在木棺的盖板、侧板以及底部均发现丝织品碎片，判断其作用应该是覆盖在木棺之上。通过观察保存较好的部分可以看到，这件丝织品较厚，且密度也很大，由红、黄、蓝三种不同颜色的丝线编织而成，发现时颜色依然鲜艳，所织图案亦十分清晰。织物底色为红色，

① 马健：《匈奴葬仪的考古学探索——兼论欧亚草原东部文化交流》，兰州大学出版社，2011，第133~134页。

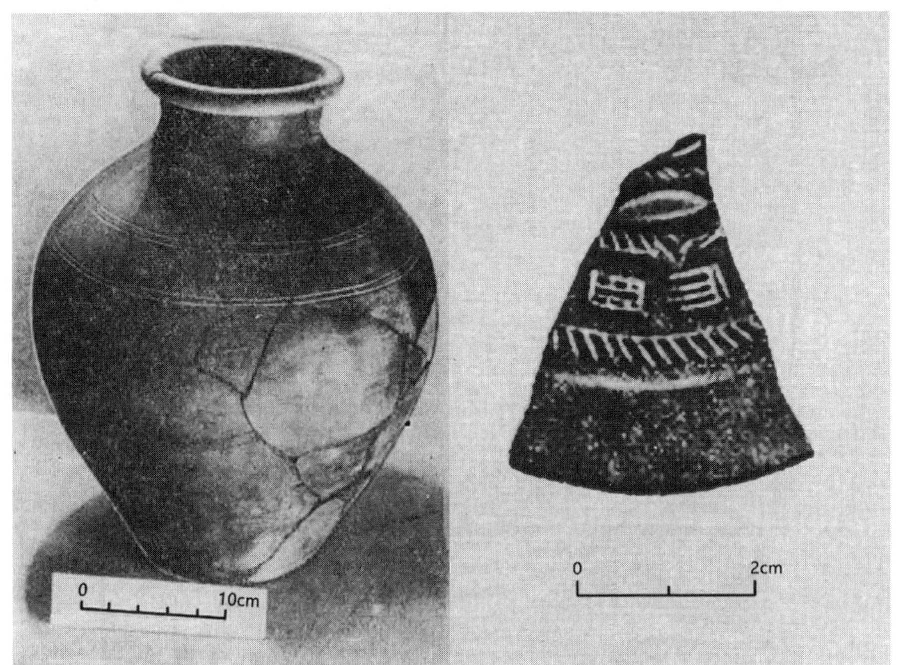

图六 M51出土陶罐和铜镜残片

（引自 П. Б. Коновалов, Хунну в Забайкалье : погребальные памятники / П. Б. Коновалов ; Ответственный редактор Е.М. Залкинд. – Улан-Удэ : Бурятское книжное издательство, 1976. с.54-55）

用黄色和蓝色丝线来编织图案，其中黄色丝线织成云纹与文字，蓝色丝线织成凤鸟纹。[①] 丝织品上的文字字体为隶书，内容是“万世如意”。[②]

伊里莫瓦墓地的整体面貌与外贝加尔地区其他匈奴墓地接近，既包括一般的石封堆竖穴土坑墓，也有大型的、带单墓道的贵族墓，而中国铜镜、丝织品等遗物则反映了伊里莫瓦墓地墓主人在匈奴社会中应该拥有一定的地位。目前越来越多的考古发现证明了匈奴人并非《史记》中记载的“毋城郭”，特别是近年来在蒙古国境内发现的和日门塔拉城址、哈日干杜尔沃勒金城址以及早年在外贝加尔地区发现的伊沃尔加城址，

① Г.П. Сосновский, Раскопки Ильмовой пади. (Предварительное сообщение) // CA. Ⅷ . M.: 1946. C. 51-67.

② 马健:《匈奴葬仪的考古学探索——兼论欧亚草原东部文化交流》，第 132 页。

图七　M128中出土的丝织品

（引自 Г. П. Сосновский, Раскопки Ильмовой пади// Советская археология, 8. М.-Л., 1946. Экспонируется: Зимний дворец, зал 31.С.51-67）

都说明生活在漠北地区的匈奴人尤其是上层贵族存在着一定程度的定居现象。这些定居的匈奴贵族对于中原汉地制造的漆器、铜镜、丝织品有着极大的需求，并且在死后还将这些物品带进了自己的墓葬中，更加说明这些物品在他们的社会生活中应该起到了十分重要的作用。（戎天佑、兰博）

7. 查拉姆墓地

【名称】查拉姆墓地

【位置】俄罗斯布里亚特共和国纳乌什基市

【年代】公元 1 世纪初

【解题】

该墓地位于俄罗斯布里亚特共和国纳乌什基市以南 1.5 公里的查拉姆河谷中，查拉姆山谷距俄罗斯与蒙古国边境不远，墓地南北长 1.5 公里，东西宽 0.7 公里，地理坐标为东经 106° 08′ 61.3″，北纬 50° 21′ 22.8″，海拔高度为 650~670 米。[①] 该墓地的调查和发掘工作大致可分为两个阶段，第一阶段为 19 世纪末至 20 世纪初，属初步发现与发掘阶段。1896 年 6 月，俄国匈奴考古学先驱格林采维奇首次在查拉姆山谷中发现了该处墓地并记录了散布在森林中的 20 余座墓葬；1903 年 6 月，格林采维奇与斯莫列维姆发掘了其中的 5 座墓葬，但因墓葬多遭盗掘，出土遗物较少；格林采维奇认为这些墓葬为匈奴墓，他还绘制了墓葬分布示意图，大致标出了各墓所在的位置。[②] 第二阶段为 20 世纪末至 21 世纪初，为进一步勘察和发掘阶段。1996 年 9 月，由俄罗斯科学院物质文化史研究所米尼亚耶夫率领的外贝加尔考察队对墓地进行了勘察，并绘制了一张精确的墓葬平面分布图；1997~2005 年，考察队重点发掘了位于山谷北部规模最大的 M7 及其从葬墓。[③]

① Sergei S. Miniaev, L. M. Sakharovskaia, “Investigation of a Xiongnu Royal Tomb Complex in the Tsaraam Valley,” *The Silk Road* (Vol.4, No.1), 2006, p.48.

② Sergei S. Miniaev, L. M. Sakharovskaia, “Investigation of a Xiongnu Royal Tomb Complex in the Tsaraam Valley,” *The Silk Road* (Vol.4, No.1), 2006, pp.47-48; Sergei S. Miniaev, “Tsaram:A Burial Ground of The Hsiung-Nu Elite in Transbaikalia,” *Archaeology Ethnology & Anthropology of Eurasia* (Vol.37, No.2), 2009, p.50.

③ Sergei S. Miniaev, L. M. Sakharovskaia, “Investigation of a Xiongnu Royal Tomb Complex in the Tsaraam Valley,” *The Silk Road* (Vol.4, No.1), 2006, p.48.

该墓地的墓葬大多分布在查拉姆山谷的中部地带，这一区域南北长600米，东西宽400米，最大的墓位于山谷北部，在其西南300米处，另有7座大墓从东北向西南延伸分布；这些大墓地表结构相似，均有低矮的方形封堆且封堆中部有凹陷的情况；在大墓周围有一些小型墓葬，根据史料和最近的考古证据可知，这些小墓可能是用于祭献而埋葬的，它们与所围绕的大墓共同构成了一组丧葬建筑群（图一）；根据墓葬的内外构造，发掘者推测该墓地与匈奴的最高社会阶层有关。①

M7是该墓地规模最大的墓葬，平面为甲字形，呈正南北向分布，根据构造，可将其分为地上封堆和地下墓圹两大部分。

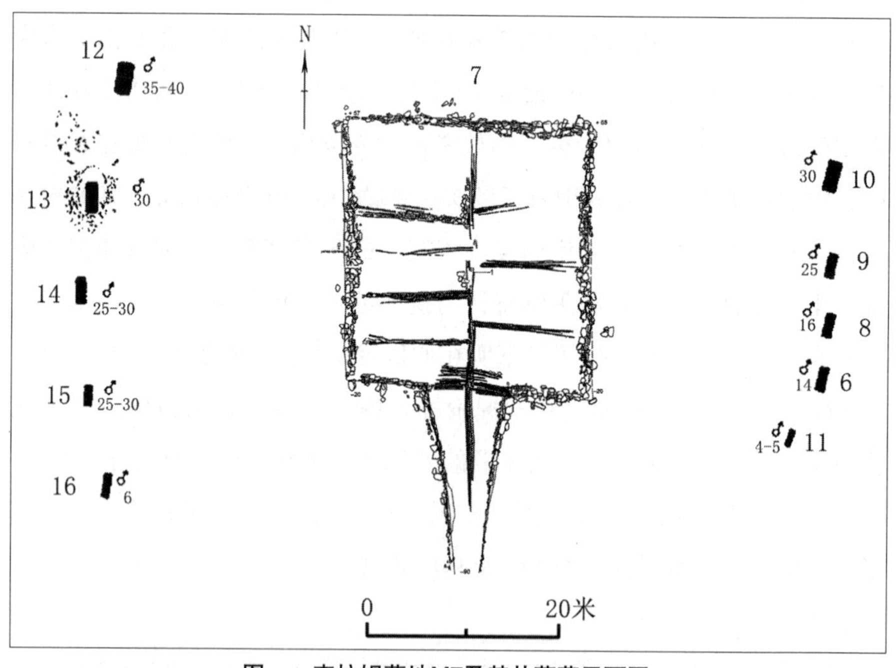

图一　查拉姆墓地M7及其从葬墓平面图

［改绘自 Sergey S. Minyaev, “Xiongnu Royal Tomb Complex in the Tsaraam Valley,” YU Taishan, LI Jinxiu (Eds.), *International Journal of Eurasian Studies*, Beijing, The Commercial Press, 2011, p.174, Fig.2-3］

① Sergey S. Minyaev, “Xiongnu Royal Tomb Complex in the Tsaraam Valley,” YU Taishan, LI Jinxiu (Eds.), *International Journal of Eurasian Studies*, Beijing,The Commercial Press,2011,pp.154-155. 本文作者 Sergey S. Minyaev 即 Sergei S. Miniaev，因不同期刊原文中的书写不同，故以各期刊为准，特此说明。

地上封堆边长 32 米，高约 1.5 米，中部有一深 2.5 米的凹坑，南侧有一长 20 米的梯形坡道；封土由含有腐殖质的土壤、沙子和黄土组成，上面有一层薄薄的重新沉积的黄土。①

地下墓坑南北长 29 米，东西宽 26.5 米，深 17 米；1 道由松木原木垒砌的纵向木墙和 7 道类似构造的横向木墙将墓坑上部分为 9 个不同的隔间（图一），在其中一道横墙的第二层原木下（距离地表 2.18 米）发现铜镜的碎片（图二）；木隔墙下共有四层覆盖物（表一），在第三层覆盖物的北部边缘并排放置家畜（马、牛、绵羊、山羊）的头骨、尾骨和腿骨，在第四层覆盖物上墓坑的北部位置发现汉代的马车，马车的部分构件被墓坑中部的两个盗洞破坏（图三）。②

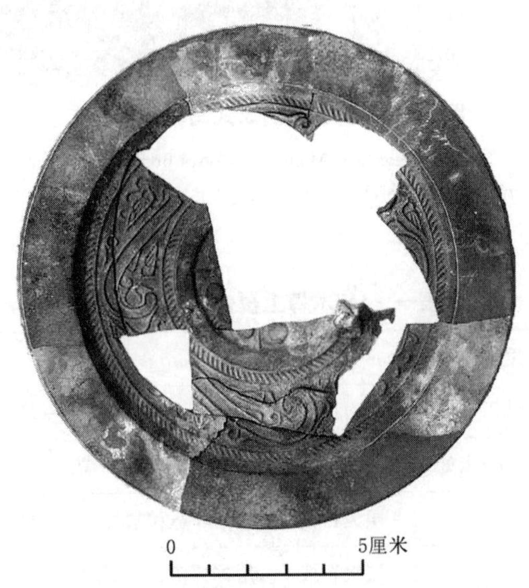

图二 M7木隔墙中出土的汉代铜镜

［改绘自 Sergei S. Miniaev, L. M. Sakharovskaia, "Investigation of a Xiongnu Royal Tomb Complex in the Tsaraam Valley—Part 2: The Inventory of Barrow No. 7 and the Chronology of the Site," *The Silk Road* (Vol.5,No.1), 2007, p.45, Fig.3-4］

---

① Sergei S. Miniaev, "Tsaram: A Burial Ground of The Hsiung-Nu Elite in Transbaikalia," *Archaeology Ethnology & Anthropology of Eurasia* (Vol. 37, No.2), 2009, p.50.

② Sergei S. Miniaev, "Tsaram: A Burial Ground of The Hsiung-Nu Elite in Transbaikalia," *Archaeology Ethnology & Anthropology of Eurasia* (Vol. 37, No.2), 2009, p.51.

图三　M7墓坑内的汉式马车（部分）

［引自 A.A. Tishkin, N.A. Plasteeva, S.S. Minyaev, “Horses from Xiongnu Elite Burial Complex Tsaram,” *Povolzhskaya Arkheologiya* (Vol.35,No.1),2021,p.207,Fig.1］

表一　M7木椁上覆盖物分层信息

分层	深度	构成
第一层	木隔墙下	一层石板，一层松木原木，原木下有一层芦苇
第二层	距上层1.2~1.5米处	上层石板，石板下0.7米处一层芦苇
第三层	距地表11米	一层大石板，一层河卵石和木炭，一层桦树皮，一层粗砂粒
第四层	距上层1米	一层大石板，一层桦树皮，一层混有小石块的河卵石层，一层木炭层

资料来源：根据公布的数据整理制作，详见 Sergei S. Miniaev, L. M. Sakharovskaia, “Investigation of a Xiongnu Royal Tomb Complex in the Tsaraam Valley,” *The Silk Road* (Vol.4,No.1), 2006, pp.48-49; Sergei S. Miniaev, “Tsaram: A Burial Ground of The Hsiung-Nu Elite in Transbaikalia,” *Archaeology Ethnology & Anthropology of Eurasia* (Vol.37, No.2), 2009, pp.50-51。

M7 有两重木椁和一重木棺，大部分随葬品发现于墓室内外回廊内：外回廊北部被盗墓者破坏，仅发现陶片、漆器碎片、铁器和动物骨骼；

外回廊西部发现一些铁器和两具附带祭品的人俑；外回廊东部的随葬品与西部的基本相近，也发现铁器和附带祭品的人俑；外回廊南部没有发现任何遗物。[①] 内回廊西部仅发现 2 件铜制的棺环，分别位于木棺的西南角和东南角；内回廊东部的北侧遭盗扰，仅在东南角发现一些铁质马具和箭镞，其偏北处还发现雕刻山羊的青铜饰牌（图四，右）、银饰牌（图四，左）等遗物；内回廊南部发现 1 件扁平铁环和 2 件铁扣饰。[②] 木棺北部遭盗扰者破坏，发现1个镶金的山羊头骨（部分）和4件玉片（图五）；木棺南部发现 1 把残剑、雕刻山羊图案的 2 件管状金器和 1 件梨形金容器（图六，左），还发现 2 件涂有金箔的铁带扣，带扣正面雕刻的是古希腊神话中的神灵萨提洛斯（图六，右）[③]。

值得注意的是，在 M7 东西部外侧回廊发现的人俑附近，发现可能附属于人俑的物品。这些物品包括头部的装饰性珠饰、带扣、带有铜镜残片和木梳的漆奁盒（用桦树皮制作）等，其中外回廊西部的一件盒子

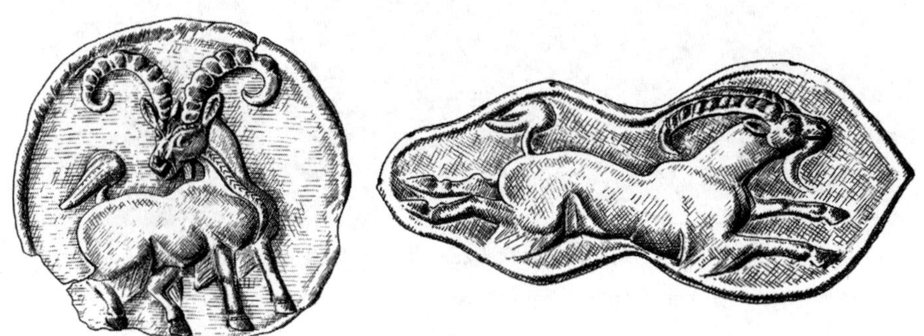

图四 M7内侧回廊内出土饰牌（左：银饰牌 右：青铜饰牌）

［引自 Sergei S. Miniaev, "Tsaram:A Burial Ground of The Hsiung-Nu Elite in Transbaikalia," *Archaeology Ethnology & Anthropology of Eurasia* (Vol. 37,No.2), 2009, p.57, Fig.14-15］

① Sergei S. Miniaev, L. M. Sakharovskaia, "Investigation of a Xiongnu Royal Tomb Complex in the Tsaraam Valley," *The Silk Road* (Vol.4,No.1), 2006, pp.49-50.

② Sergei S. Miniaev, "Tsaram:A Burial Ground of The Hsiung-Nu Elite in Transbaikalia," *Archaeology Ethnology & Anthropology of Eurasia* (Vol.37, No.2), 2009, pp.56-57.

③ Sergei S. Miniaev, "Tsaram: A Burial Ground of The Hsiung-Nu Elite in Transbaikalia," *Archaeology Ethnology & Anthropology of Eurasia* (Vol.37, No.2), 2009, pp.57-58.

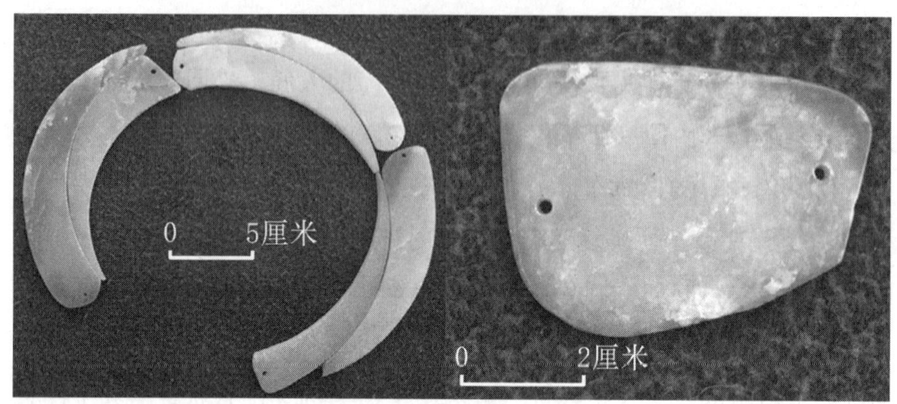

图五 M7木棺内出土玉器

［引自 Sergei S. Miniaev, “Tsaram: A Burial Ground of The Hsiung-Nu Elite in Transbaikalia,” *Archaeology Ethnology & Anthropology of Eurasia* (Vol.37, No.2), 2009, p.57, Fig.18］

从左侧图来看，这三件玉片或为四璜联璧的一部分。

图六 M7木棺内出土遗物（左：残剑与金器 右：带扣）

［*Archaeology Ethnology & Anthropology of Eurasia* (Vol.37, No.2), 2009, p.57, Fig.16-17］

表面刻画有圆形的庐帐（图七，左），另一小盒子底部刻画有一人物侧面像（图七，右）；外回廊东部奁盒外侧残留汉字铭文（图八），可辨别的内容为“乘舆□□□年考工记赏造啬夫臣康掾臣安住右丞臣□□令臣护工卒史臣尊省……”①

① Michèle Pirazzoli-t'Serstevens, “A Chinese Inscription from a Xiongnu Elite Barrow in the Tsaraam Cemetery,” *The Silk Road* (Vol.5, No.1), 2007, pp.56-58.

图七　M7外回廊人俑附近出土木盒的刻绘图案（左：庐帐　右：人物侧面像）

［引自 Sergei S. Miniaev, "Tsaram: A Burial Ground of The Hsiung-Nu Elite in Transbaikalia," *Archaeology Ethnology & Anthropology of Eurasia* (Vol.37, No.2), 2009, p.55, Fig.9-10］

图八　漆奁盒外侧汉字铭文（局部）

［引自 Sergey S. Minyaev, "Xiongnu Royal Tomb Complex in the Tsaraam Valley," YU Taishan, LI Jinxiu (Eds.), *International Journal of Eurasian Studies*, Beijing,The Commercial Press, 2011, illustration page11, Flate Ⅳ -9］

M7 东西两侧约 25 米处共发现从葬墓 10 座，东西各有 5 座，每组内墓葬之间的距离为 3~4 米，呈南北向排列；除了 M13 有地表椭圆形石封堆外，其余墓葬地表均未发现封堆，有可能是被农田耕作活动破坏。① 从公布的数据看，这几座均为竖穴土坑墓，葬具多为单重石椁与单重木棺的组合，墓葬内部结构以两组最北端的 M10 和 M12 最为复杂，其中 M10 木棺头端外侧设置有头龛以安放随葬品，M12 葬具为一重石椁、一重木椁和一重木棺。② 值得注意的是，每座墓葬内均葬有一名男性，其

① Sergey S. Minyaev, "Xiongnu Royal Tomb Complex in the Tsaraam Valley," YU Taishan, LI Jinxiu (Eds.), *International Journal of Eurasian Studies*, Beijing,The Commercial Press, 2011, p.167.

② Sergey S. Minyaev, "Xiongnu Royal Tomb Complex in the Tsaraam Valley," YU Taishan, LI Jinxiu (Eds.), *International Journal of Eurasian Studies*, Beijing, The Commercial Press, 2011, pp.168-170.

年龄依次从北向南递减，多相差 5 岁左右，结合残留人骨的情况看，他们当是被杀死后殉葬的。① 就墓内随葬品（图九）而言，在所有成人和青少年的墓葬中，均发现武器，如弓和箭镞等，一些墓葬如 M6 和 M15 中还发现马具；而从儿童墓 M11 和 M16 中出土的遗物，如带有装饰图案的木杯、铁牌饰和陶器等可以推知，这两座墓葬不一定比其他墓葬随葬品的数量少，至少在质量上是相当的。②

根据碳 14 测年结果，M7 及其从葬墓的绝对年代集中在公元前 1 世纪至公元 1 世纪初。③ 根据漆器上汉字铭文的风格和装饰，法国学者推测漆器的制作年代为公元前 8 年至公元 4 年。④结合以上测年和研究成果，参考填土中出土的铜镜样式，发掘者认为该墓地的年代应当不早于公元前 1 世纪末，很可能是在公元 1 世纪的前半叶。⑤ 中国学者马健在分析上述观点的基础上，结合国内其他学者对铜镜的研究成果，提出了墓地年代大致在新莽时期的观点。⑥

查拉姆墓地 M7 规模大，有 10 个从葬墓，这与《史记·匈奴列传》“其送死，有棺椁金银衣裘，而无封树丧服；近幸臣妾从死者，多至数千百人”⑦ 的记载虽存在差异，但也在一定程度上反映出匈奴

① Sergei S. Miniaev, L. M. Sakharovskaia, “Investigation of a Xiongnu Royal Tomb Complex in the Tsaraam Valley,” *The Silk Road* (Vol.4,No.1), 2006, pp.47-48; Sergei S. Miniaev, “Tsaram: A Burial Ground of The Hsiung-Nu Elite in Transbaikalia,” *Archaeology Ethnology & Anthropology of Eurasia* (Vol.37,No.2), 2009, p.50.

② Sergei S. Miniaev, L. M. Sakharovskaia, “Investigation of a Xiongnu Royal Tomb Complex in the Tsaraam Valley,” *The Silk Road* (Vol.4,No.1), 2006, pp.47-48; Sergei S. Miniaev, “Tsaram:A Burial Ground of The Hsiung-Nu Elite in Transbaikalia,” *Archaeology Ethnology & Anthropology of Eurasia* (Vol.37, No.2), 2009, p.50.

③ Sergey S. Minyaev, “Xiongnu Royal Tomb Complex in the Tsaraam Valley,” YU Taishan, LI Jinxiu (Eds.), *International Journal of Eurasian Studies*, Beijing, The Commercial Press, 2011, p.172.

④ Michèle Pirazzoli-t’Serstevens, “A Chinese Inscription from a Xiongnu Elite Barrow in the Tsaraam Cemetery,” *The Silk Road* (Vol.5, No.1), 2007, pp.56-58.

⑤ Sergey S. Minyaev, “Xiongnu Royal Tomb Complex in the Tsaraam Valley,” YU Taishan, LI Jinxiu (Eds.), *International Journal of Eurasian Studies*, Beijing, The Commercial Press, 2011, pp.172-173.

⑥ 马健:《匈奴葬仪的考古学探索——兼论欧亚草原东部文化交流》，兰州大学出版社，2011，第 164~165 页。

⑦ 《史记》卷一一〇《匈奴列传》，中华书局，1982，第 2892 页。

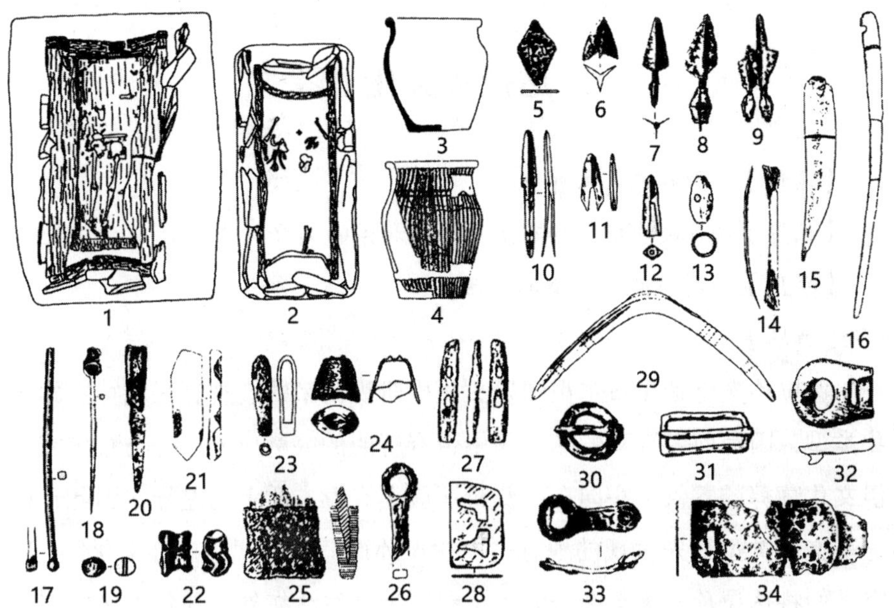

图九　查拉姆墓地M7从葬墓棺椁形制及随葬品示意图

1.M12 棺椁　2.M11 棺椁　3~4. 侈口平底罐　5~7. 铁镞　8~9. 穿系角制鸣镝的铁镞　10~12. 角镞　13. 角鸣镝　14~15. 角弓弭　16. 角弓弭　17. 角质骨刷柄　18. 铁锥　19. 玻璃珠　20. 角柄小铁刀　21. 砺石　22. 羊拐　23. 铁质勺形饰　24. 石舌青铜铃　25. 铁镬　26. 铁马衔　27. 角镳　28. 角质腰饰牌　29. 角质马鞍桥　30~31、33~34. 铁马镳　32. 角质带扣（1、7、17~18、21、33 出土于 M12，2、3、27 出土于 M11，4、5、15、19、24、28、31 出土于 M8，6、23、25~26 出土于 M6，8、10~12、14、16 出土于 M9，9、13、32、34 出土于 M10，20、22、29~30 出土于 M15）

（引自马健《匈奴葬仪的考古学探索——兼论欧亚草原东部文化交流》，兰州大学出版社，2011，第 165 页，图 3-70）

丧葬文化中的殉人习俗。墓葬中出土的汉式马车、铜镜和漆器等也充分体现了汉代中原农耕文化与中国北方游牧民族文化的交流与融合。（孟燕云）

8. 达拉孙文化墓葬

【名称】达拉孙文化墓葬

【位置】俄罗斯赤塔州和布里亚特共和国的南部

【年代】公元 6 世纪～公元 9 世纪

【解题】

达拉孙文化是在布尔霍图伊文化中辨识出来的、具有区域特点的文化类型，因为前者墓葬的随葬品中带有鲜明的突厥成分，并与布尔霍图伊文化墓葬的葬仪（头向东，侧身屈肢）有着本质上的差异。因此，以这一文化类型最先发现的地方——达拉孙而命名为“达拉孙文化”。研究者们将达拉孙文化与在公元 1 千纪后半叶生活在外贝加尔地区的突厥语族居民联系在一起。

赤塔师范学院考古分队于 1976 年夏在赤塔州达拉孙车站附近发掘了 7 座墓葬。墓中的随葬品与南西伯利亚、蒙古和外贝加尔西部的突厥语族部落的物质文化存在着相似性，如带有锯齿形装饰的牌饰（图一，1），具有 6~8 世纪生活在图瓦、阿尔泰米努辛斯克盆地的突厥部落的特点；而心形青铜牌饰（图一，2）则广泛分布于西伯利亚和亚洲的很多民族之中，其存在时间为公元 1 千纪后半叶。

在这些墓葬中出土了大量的镶饰和垂饰，如复合皮带、马具、钩环、马衔、镞等。时代大致在 6~8 世纪。这些遗物都是在头向北、东北、向东的屈肢葬墓中被发现，而这种葬式与布尔霍图伊文化墓葬的葬式特点形成了鲜明对比，因而能被区别出来。

在达拉孙墓地中，只有 M4 被认为可能属布尔霍图伊文化。而其余的墓葬显然属另一种文化。同时，从后者能看到居住在外贝加尔地区突厥语族的特点。而在 M3 中发现的来自中国的铜钱则能确认屈肢葬墓的年代下限为 7 世纪。

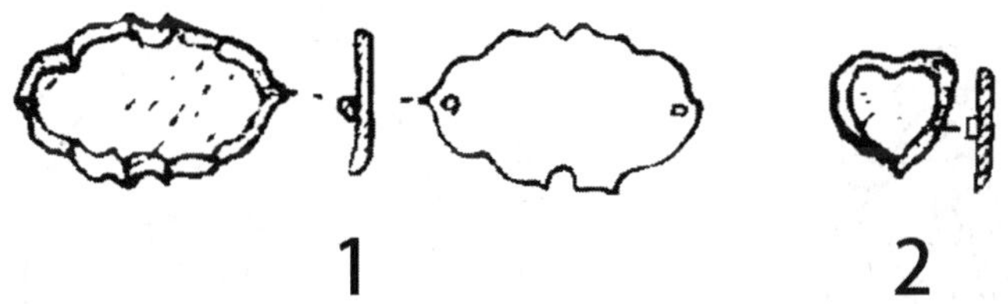

图一　达拉孙车站附近墓地出土的牌饰

（引自 E.B. 科维切夫《赤塔州达拉孙车站附近的铁器时代古墓地》，许洪英译，《北方文物》1995 年第 1 期）

在 И.И. 基里洛夫和 E.B. 科维切夫领导下的苏联阿穆尔河上游考古队于 1977 年在赤塔州的阿列克桑德罗夫卡村附近又发掘了两处达拉孙文化墓葬。

这些墓葬位于村西小丘的东南缓坡上，地表有近似椭圆形的石冢。冢的中部石块较厚，可分为两层，而靠近边缘处为一层。在清理石冢时，常常见到散落的木炭，墓中的人骨架均为侧卧，全身蜷曲，头向东。

随葬品按用途可分为四类：日常生活用品、武器、马具和腰带上的配件。日常生活用品有陶器和铁刀；武器主要是铁镞，可分为三翼及扁平两种类型，此外还有骨弓弭及箭囊配件；马具多为马衔；而腰带上的配件对于判定年代具有重要意义，为带有两个小护板的铁带卡、铁垂饰、镶嵌牌饰。

这两处墓地也证明了当地居民同毗邻的西外贝加尔、南西伯利亚和远东地区之间存在的文化联系。

在沃洛宾谷地也发现了一批达拉孙文化墓葬。具体来看，除了有数量较多的、具有突厥文化面貌的随葬品以外，达拉孙文化的其他特征还体现在葬仪上。这些葬仪为：地表有方形或椭圆形且不太明显的围墙；墓圹较浅，其上有封石；死者为侧身屈肢葬，既有面朝左的，也有面朝右的，头向北或东。还值得注意的是，在这些墓葬中出土了四枚来自中国的五铢钱，其直径在 2.2~2.3 厘米，钱币中央的方孔边长在 0.7~0.8 厘米（图三）。制造钱币所用的金属呈微白色，而钱范的尺

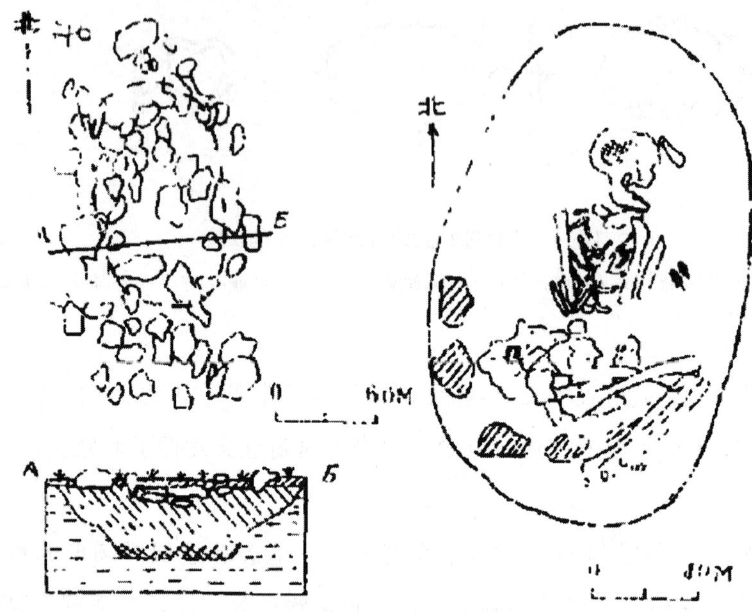

图二　M1平、剖面图

（引自 B.H. 阿尔金《阿列克桑德罗夫卡村附近的达拉孙文化的墓葬》，郭仁译，《北方文物》1996 年第 1 期）

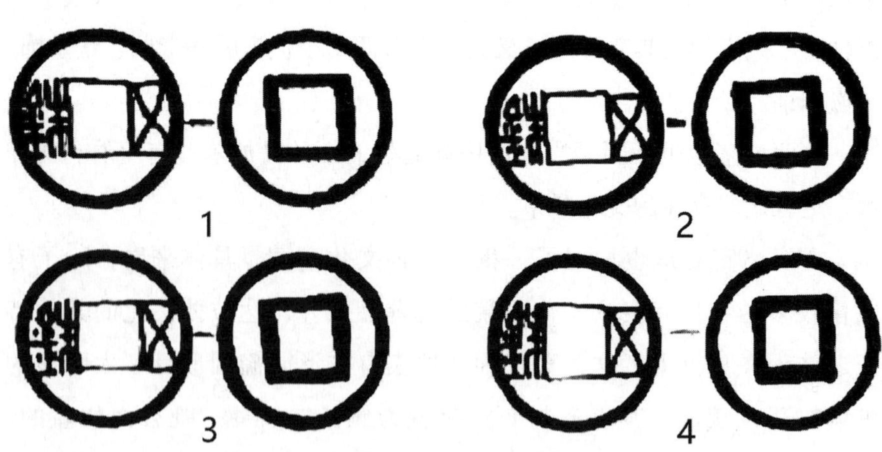

图三　沃洛宾谷地出土的五铢钱

（引自 И. И. Кириллов, Е. В. Ковычев, О. И. Кириллов Дарасунский комплекс археологических памятников восточное Забайкалье. с. 173. рис. 84. Издательство Института археологии и этнографии СО РАН. Новосибирск，2000）

寸也多有不同。有的五铢钱制造水平很高，在其正面方孔的左右两侧分别刻有两个汉字，即“五”和“铢”，其背面很平坦，没有汉字。达拉孙文化墓葬中发现的这些五铢钱，铸造时间约在6世纪末，而其保存状况良好则说明了它们流通使用的时间很短，因此很可能是在铸造出来后就流入外贝加尔地区了。这些五铢钱为达拉孙文化的断代提供了重要的参考依据。(孙危)

四　俄罗斯南西伯利亚地区*

1. 阿凡纳谢沃山墓地

【名称】阿凡纳谢沃山墓地（АфанасьеваГора,могильник）

【位置】俄罗斯哈卡斯共和国的阿凡纳谢沃山村

【年代】公元前 29 世纪～公元前 25 世纪

【解题】

该墓地位于叶尼塞河左岸原巴帖尼村附近阿凡纳谢沃山脚下狭窄的高出河滩的台地上。1920 年、1921 年和 1923 年苏联考古学家 C.A. 帖普罗霍夫（Теплоухов）在此发掘了 18 座墓葬。这些墓葬的地表建筑为圆形石堆，直径 2~7 米。帖普罗霍夫没有清理封堆而直接发掘石圈中部的墓室，且未做任何测量和绘图。1963~1964 年 M.П. 戈利亚兹诺夫（Грязнов）和 M.H. 卡玛罗夫（Комаров）又在此墓地发掘 17 座墓葬。共计在此墓地发掘 41 座墓葬，其中 35 座为阿凡纳谢沃文化墓葬，5 座

* 俄罗斯丘雷姆河中游以西，比留辛斯克高原以东，东、西萨彦岭以南，南境为俄罗斯与哈萨克斯坦、蒙古国、中国的边境线。

为塔加尔文化墓葬，另一座属于公元 1 世纪墓葬（图一）。①

M.П. 戈利亚兹诺夫发掘的 17 座墓葬的地表均有石围封堆。他们虽然清理了封堆表土，但对封堆本身未进行解剖。从对封堆的描述中可以看出，墓葬地表有平铺堆砌而成的圆形石围墙，墙体内外均有倒塌的石板。戈利亚兹诺夫等人绘制的封堆平面图均为石围墙体倒塌之后形成的封堆平面图。墓室较大而浅，墓室内均填有石块，葬式统一，随葬遗物均以蛋形尖底罐为主，大部分墓葬均未被盗扰。根据墓地平面图，墓葬基本沿阿凡纳谢沃山脚呈片状或链条状分布，墓葬密集处有几座墓堆积在一起。墓室结构均为圆角竖穴土坑墓，平面形状为长方形或近方形，葬式均为仰身屈肢葬，有单人葬、合葬以及延期葬，其中合葬墓中有双人一次葬和多人一次葬等。

单人葬以 M31、M37 为例。M31 位于墓地西部偏中，M32 东南。地表有石圈封堆，直径 5~6 米，圆角长方形墓室，墓室尺寸为 1.7 × 1.3 米，深 0.9 米，墓地安葬一具男性个体，年龄 25~40 岁，仰身屈肢葬。头部附近发现木质、桦树皮器具残迹，除此之外还发现四根短铜丝，可能用来修复或缝合木质器具（图二）。

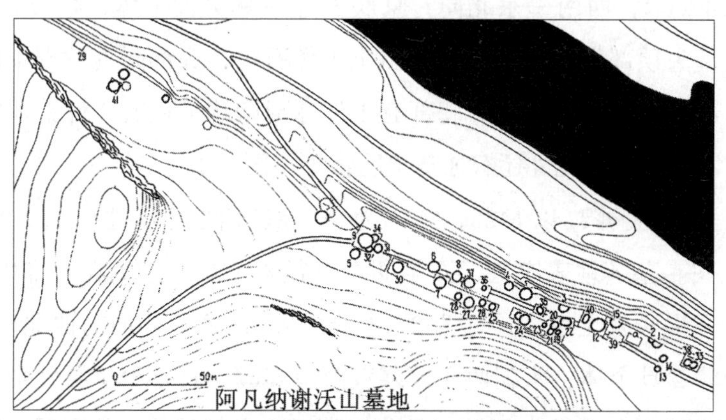

图一 叶尼塞河左岸阿凡纳谢沃山墓地平面图

（引自 Э.Б.Вадецкая, А.В.Поляков, Н.Ф.Степанова,Свод памятников афанасьевской культуры: монография / подред. В.И. Молодина. – Барнаул : АЗБУКА, 2014.с.121.рис.71）

---

① М.П. Грязнов, Афанасьевская культура на Енисее. СПб., 1999. С. 12.

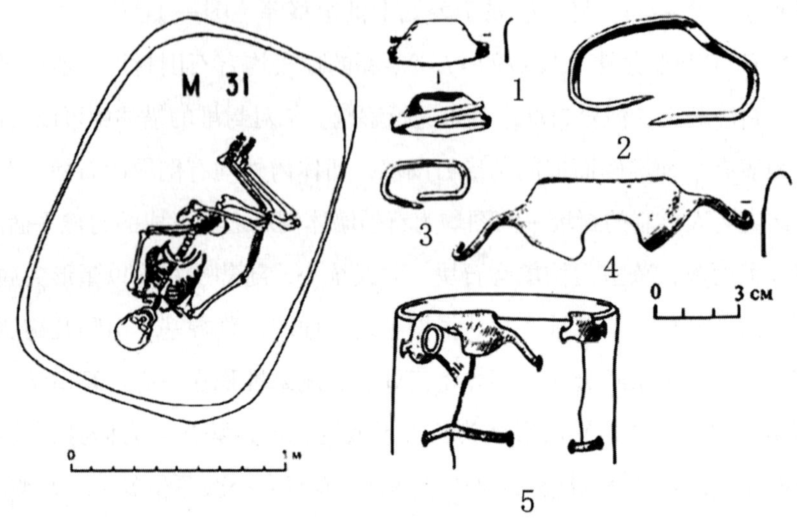

图二　M31墓室平面图和铜丝线图

1~4. 纯铜丝　5. 复原图

（引自 Э.Б. Вадецкая, А.В. Поляков, Н.Ф. Степанова, Свод памятников афанасьевской культуры: монография / подред. В.И. Молодина. – Барнаул : АЗБУКА, 2014.с.124.рис.73.5-10）

M37 为石圈墓，位于 M8 墓旁边，未被盗扰，墓室尺寸为 2×1.95 米，深 1.2 米，西南—东北向，墓底安葬一具男性个体，40~60 岁，头向西南，头顶部发现一块赭石，出土 1 件石杵，头部附近发现 1 件石制扣，肘部有 1 件蛋形陶罐，腿部有 1 件球形陶罐，还有 3 件铜丝钉，可能来自木质器具，此外还有 8 条羊肋骨等（图三）。

双人一次葬，以 M26、M27 为例。M26 位于墓地中部，M27 和 M25 之间。墓葬地表有圆形石堆圈，直径 4~5 米。墓室在石堆中部下，圆角长方形竖穴土坑，尺寸为 2×3 米，深 1.3 米，墓向为西北—东南。墓中安葬 2 具个体，头朝西北。墓室西南安葬一具青少年男性个体，约 15 岁，上身微侧向北，屈肢，骨盆和脚后跟之间随葬一件陶器。陶器为侈口、卵形鼓腹、斜收平底，表面饰有“之”字纹，环颈部一周有乳钉纹。第二具个体位于青少年北侧，女性，40~60 岁。仰身屈肢葬，头朝西北面向南。脚部随葬一件尖底陶罐，侈口、卵形鼓腹，器物表面饰有

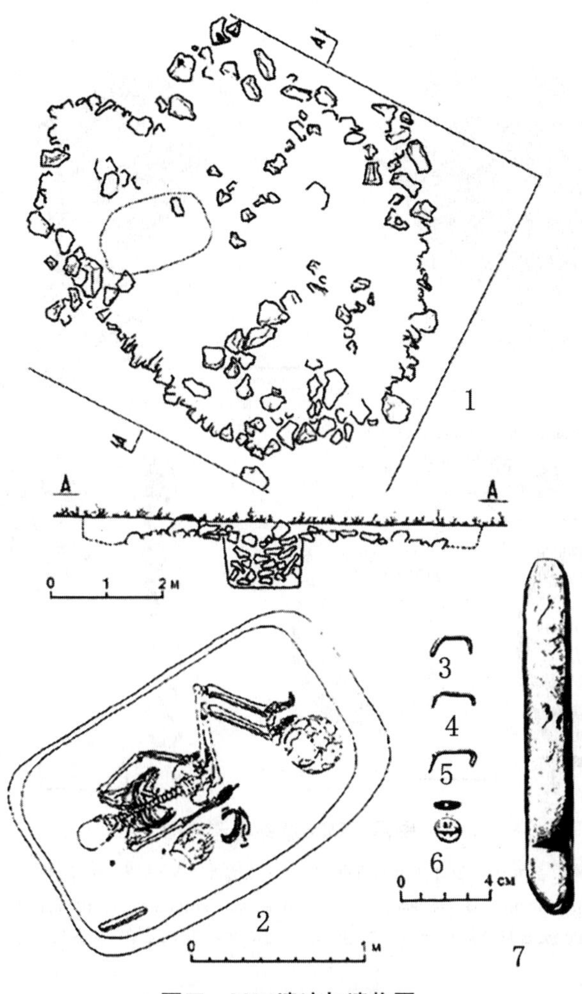

图三　M37遗迹与遗物图

1.M37 封堆平、剖面图　2.M37 墓室平面图　3~5. 纯铜丝　6. 石扣　7. 石杵

（引自 Э.Б. Вадецкая, А.В. Поляков, Н.Ф. Степанова, Свод памятников афанасьевской культуры: монография / подред. В.И. Молодина. – Барнаул : АЗБУКА, 2014.c.126.рис.75.8-14）

"之"字纹，胸部发现 2 块铜片和骨器，手腕处发现白色石珠和包裹软皮质物品（图四）。

M27 位于 M26 的西北侧，地表有圆形石圈封堆，直径 6 米。石堆中部下有墓室，近圆形竖穴土坑，墓室尺寸为 2×1.7 米，深 1.5 米，墓向为东西。墓底安葬 2 具个体，头朝西。第一具个体位于墓室南部，13~14

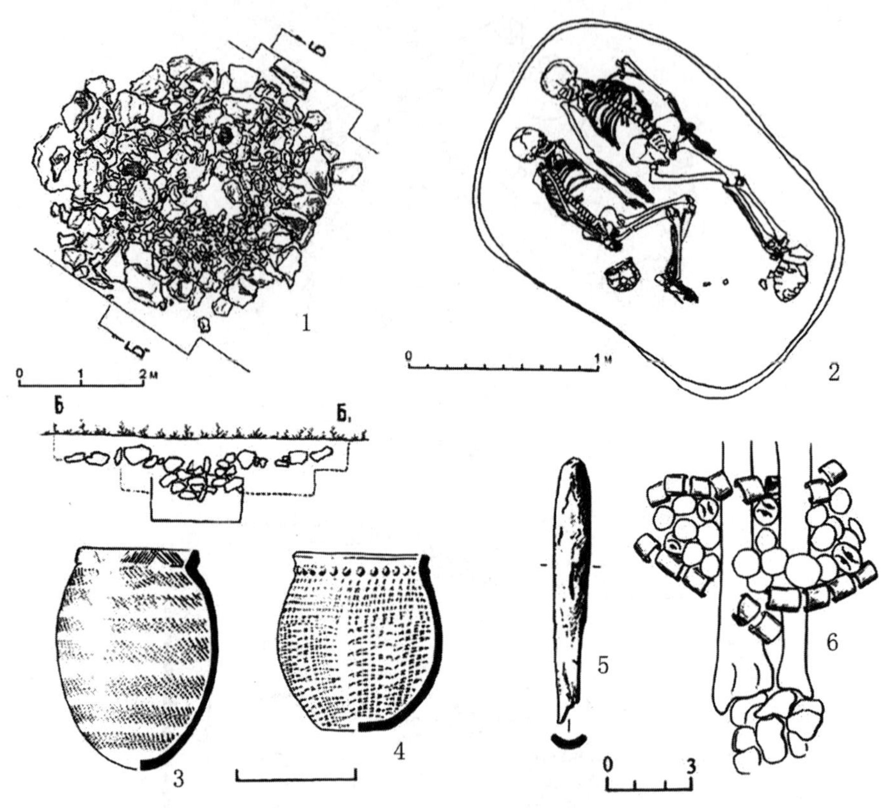

图四　M26遗迹与遗物图

1.M26 封堆平、剖面图　2.M26 墓室平面图　3、4 陶器　5. 骨器　6. 手镯

（引自 Э.Б. Вадецкая, А.В. Поляков, Н.Ф. Степанова, Свод памятников афанасьевской культуры: монография / под ред. В.И. Молодина. – Барнаул : АЗБУКА, 2014.с.127.рис.76.6-11）

岁儿童个体，仰身屈肢葬，头顶部随葬 2 件尖底陶罐，脚部也发现 2 件。器型为侈口、卵形鼓腹、尖底和圜底，器物表面饰有“之”字纹和树枝纹，一件陶器口沿下环一周方格纹等。另一具个体位于墓室北部，同样是仰身屈肢葬，60 岁左右的男性个体。胸椎和肋骨之间发现一大一小两件燧石箭镞，大的较完整，小的尖部残缺（图五）。

延期葬，以 M6 为例。墓葬地表封堆 5.5 米，方形竖穴土坑，尺寸为 2.7×2.7 米，深 1.4 米。墓室中部发现散乱的女性和婴儿个体，带有一件奥库涅夫文化陶器和带有骨质针与锥的盒子。还有 3 具男性个体沿

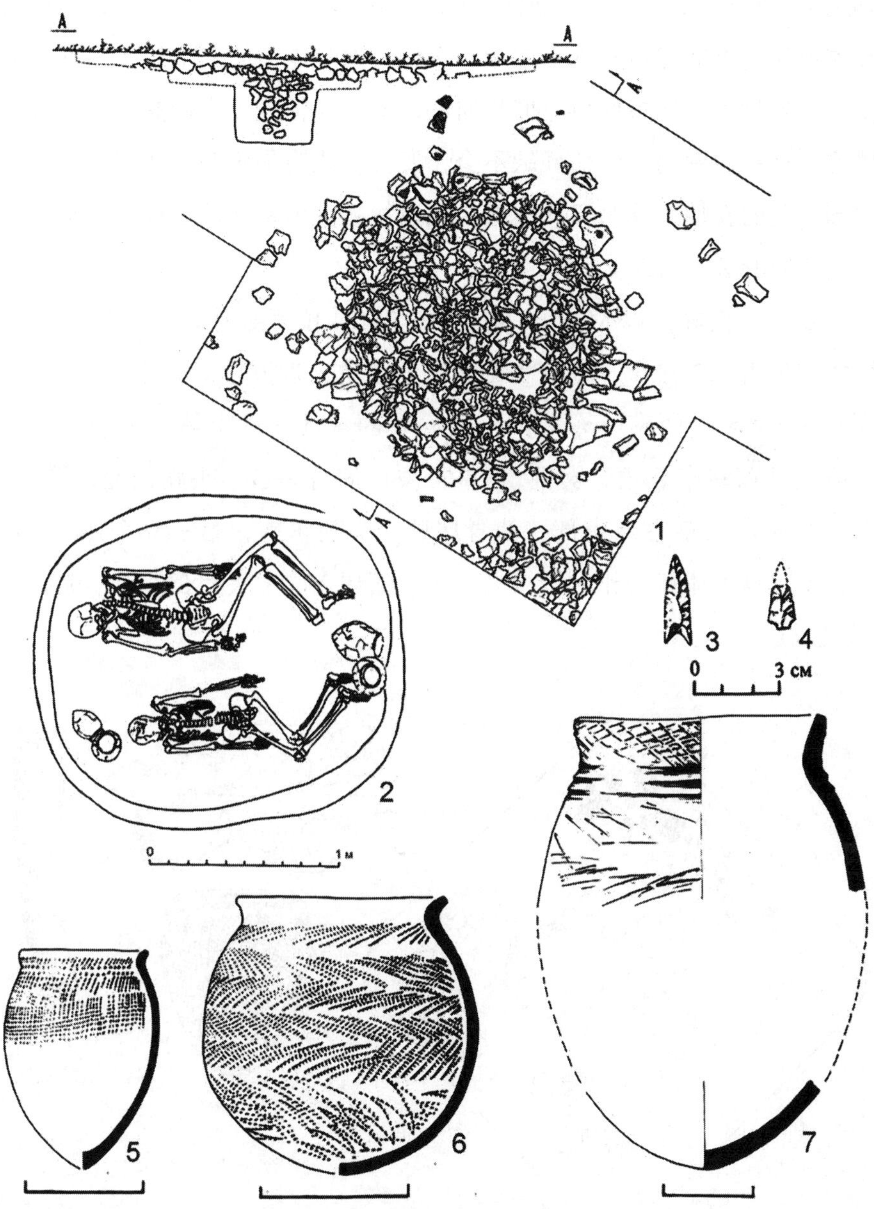

图五 M27封堆、墓室以及出土遗物

1. 封堆平、剖面图 2. 墓室平面图 3、4. 石箭镞 5~7. 陶器

（引自 Э.Б. Вадецкая, А.В. Поляков, Н.Ф. Степанова, Свод памятников афанасьевской культуры: монография / под ред. В.И. Молодина. – Барнаул : АЗБУКА, 2014.с.128.рис.77.1-7）

墓室南部安葬，墓室北半部放置5件蛋形陶罐、4件小磨石、1件角制品和铜薄片，可能起包裹木器之用。三个男性个体中的两个位于墓室东南角，未被扰乱，保持原位，仰身屈肢，下半身骨骼极度弯曲，第三具个体位于墓室西南角，骨骼残缺不全，发掘者认为是延期葬或迁葬。墓室中部发现的女性个体与奥库涅夫文化遗物被认为是晚期墓葬，打破了早期墓葬的说法（图六）。

多人一次葬，以M24、M41为例。M24位于墓地东部，发现于晚期塔加尔古墓封堆下，墓室为圆角竖穴土坑，近方形，尺寸为2.3×2.1米，深1.2米，西南—东北向，墓底安葬4具女性个体。第一、二具个体位于墓室东北角，女性，40~60岁，仰身屈肢，头朝西北；第三、四具个体位于墓室西南部，仰身屈肢，头朝东南，第三具个体24~40岁，第四具个体年龄相对稍微大一些。随葬2件尖底和3件球形圜底罐（图七）。

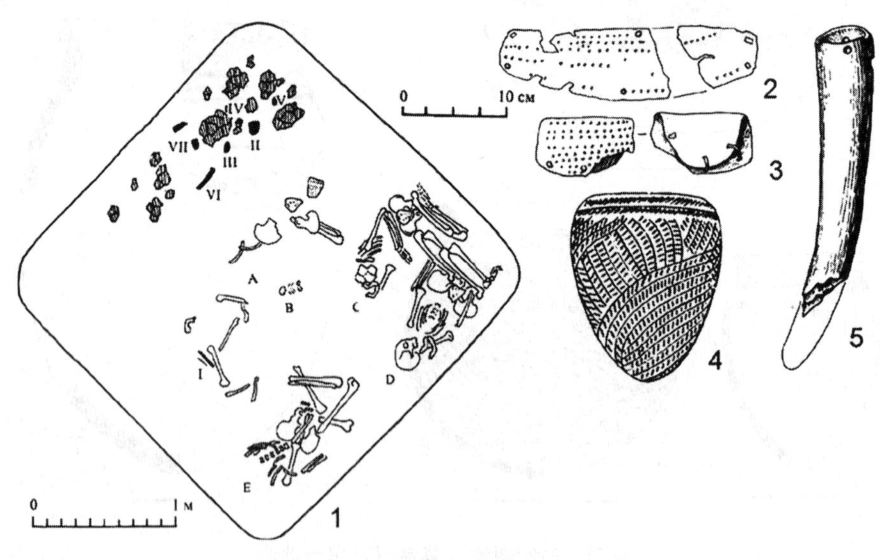

图六　M6平面图和出土遗物

1. 墓室平面图　2、3. 纯铜薄片　4. 陶器　5 角器

（引自 Э.Б. Вадецкая, А.В. Поляков, Н.Ф. Степанова, Свод памятников афанасьевской культуры: монография / под ред. В.И. Молодина. – Барнаул : АЗБУКА, 2014.с.126.рис.75.1-5）

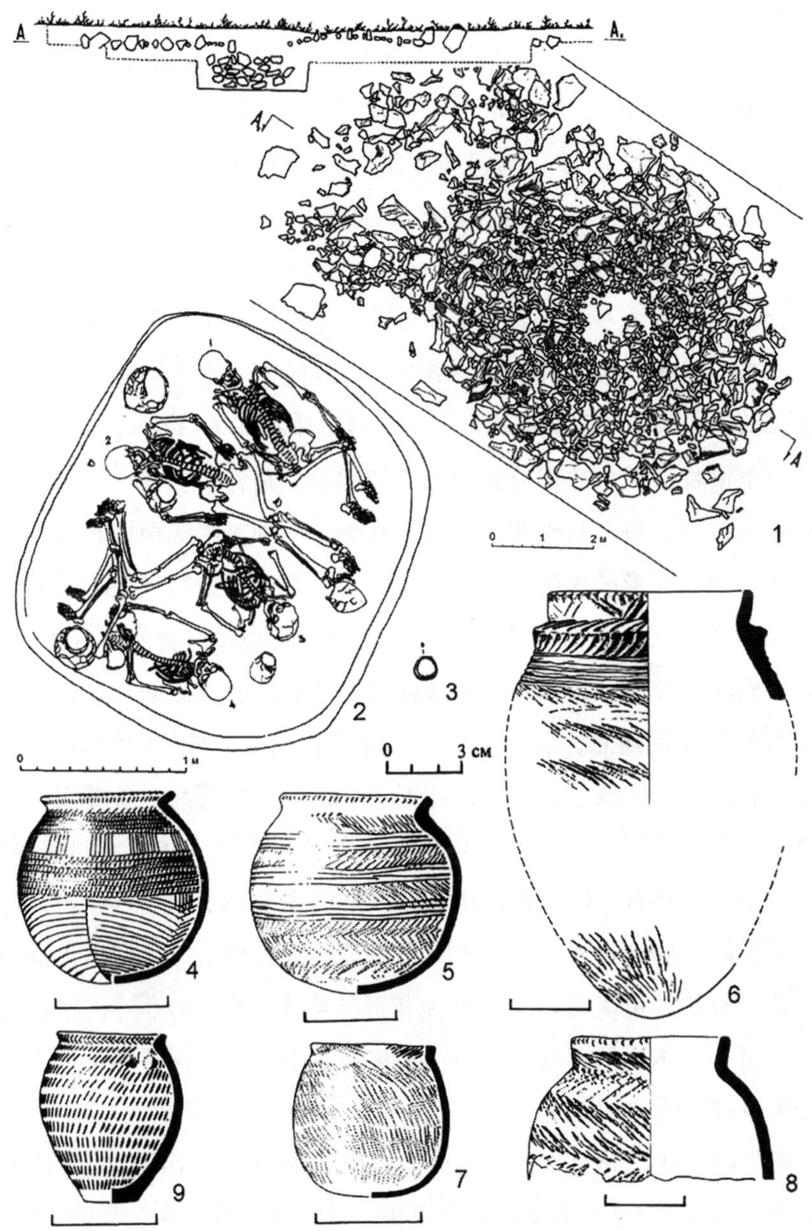

图七　M24封堆、墓室以及出土遗物

1. 封堆平、剖面图　2. 墓室平面图　3. 金丝耳环　4~9. 陶器

（引自 Э.Б. Вадецкая, А.В. Поляков, Н.Ф. Степанова, Свод памятников афанасьевской культуры: монография / под ред. В.И. Молодина. – Барнаул : АЗБУКА, 2014.с.130.рис.79.1-8）

M41 位于墓地西部。圆角竖穴土坑，近方形，尺寸为 2.5×2.2 米，深 1.4 米，西南—东北向，墓底安葬 8 具个体，为 7 具女性和 1 具儿童。第一具位于墓室南边，40~60 岁；第二具，女性，25~30 岁；第三具，女性，青少年，约 16 岁；第四具，青少年，14~16 岁；第五、六具，女性，40~60 岁；第七具，女性，青年，约 19 岁；第八具，儿童，约 7 岁，仅存头骨和一些肋骨，头朝东北。1~5、7 号个体头向一致，3 号和 5 号个体之间有 4 号青少年个体，8 号儿童个体位于墓室北角，头向与 6 号个体一致，6 号个体位于墓室东南部，东北向，一件尖底罐放置于 1 号个体脚部，另一件球形圜底罐放置于 7 号个体脚部（图八）。

出土遗物根据材质可分为陶器、纯铜器、角器、石器、金器等。陶器的种类较少，只有陶罐和豆形器（香炉）两种。陶罐根据腹部和底部的不同可分为卵形鼓腹尖底、球形鼓腹圜底和卵形鼓腹平底罐三种，根据口沿的变化又可分为高领侈口卵形鼓腹尖底和敛口宽肩斜收尖底等。陶器表面均有纹饰，纹饰在器物表面上的分布也有一定的规律，通常越往下纹饰越凌乱随意，底部以上的纹饰比较规整，常见的纹饰有“之”字纹、斜向的压印纹、树枝纹；纯铜器有铜丝、铜薄片，主要用于包裹木器；石器有箭镞、石杵和石珠；还有金丝耳环等。从出土的铜薄片、铜丝和金丝耳环看，阿凡纳谢沃墓地人群已经掌握了利用自然矿石打制简单的金属器物的技术，但还未掌握铸造和合金技术，根据出土铜器的化学成分分析，可确定这些铜薄片和铜丝均为纯铜（红铜），新疆北部和戈尔诺 – 阿尔泰地区阿凡纳谢沃文化墓葬中出土的铜器的化学成分分析结果也可证明这一点。①

阿凡纳谢沃文化是南西伯利亚及中国新疆铜石并用时代重要的考古学文化，根据古 DNA 和文化因素分析，该文化人群早在公元前 35 世纪前后便从东欧平原颜那亚文化圈逐渐分离出来向东迁徙，至阿尔泰地区

① C.B. 哈吾林：《戈尔诺 – 阿尔泰古代冶金》，特尔巴依尔译，《北方民族考古》第 10 辑，科学出版社，2020。

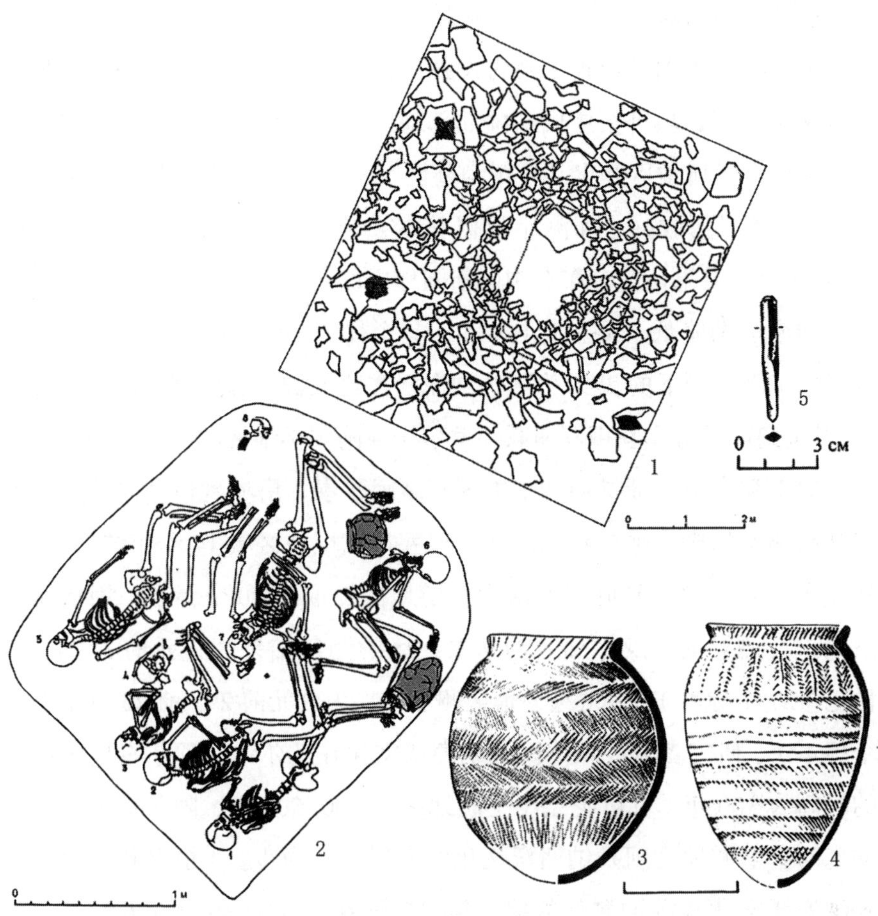

图八　M41封堆、墓室以及出土遗物

1、2. 墓室平面图　3、4. 陶器　5. 铜锥残块

（引自 Э.Б. Вадецкая, А.В. Поляков, Н.Ф. Степанова, Свод памятников афанасьевской культуры: монография / под ред. В.И. Молодина. – Барнаул : АЗБУКА, 2014.с.133.рис.82.2-6）

后产生新的考古学文化。1929 年 С.А. 帖普罗霍夫以阿凡纳谢沃山墓地出土材料为基础命名了阿凡纳谢沃文化。① 目前学界对阿凡纳谢沃文化的研究认为，该人群最早在俄罗斯联邦戈尔诺－阿尔泰地区产生，之后

① С.А. Теплоухов, Древние погребения в Минусинском крае // Мэ. 1927. Т. 3, вып. 2. С. 57–112.// С.А. Теплоухов, Опыт классификации металлических культур Минусинского края (в кратком изложении) //Материалы по этнографии Л., 1929. Т. IV, вып. 2. С. 41–62.

慢慢扩展到中国新疆北部、哈萨克斯坦阿尔泰和蒙古国阿尔泰地区。

近几年，中国新疆地区考古发掘工作不断深入，发掘了一批阿凡纳谢沃文化墓葬，填补了中国新疆北部地区铜石并用时代考古学文化的空白，主要以塔城地区和丰县松树沟墓地 M16、M17[①] 和尼勒克县 M5[②] 等为主，这些墓葬的碳 14 测年数据基本在公元前 30~ 前 27 世纪。而古 DNA 的分析结果认为分布在中国新疆地区的阿凡纳谢沃文化人群的成分由北向南逐渐降低，尼勒克县 M5 四具个体 DNA 成分中 75% 为当地世居居民基因，剩下的 25% 为阿凡纳谢沃文化人群，因此可以确定在公元前 30 世纪前后分布在俄罗斯联邦戈尔诺 – 阿尔泰地区的阿凡纳谢沃文化人群向南和东南逐渐扩展到了中国新疆阿尔泰、塔城到伊犁河流域。俄罗斯联邦戈尔诺 – 阿尔泰地区和叶尼塞河流域地区碳 14 测年结果显示，从戈尔诺 – 阿尔泰和叶尼塞河中上游地区提取的 40 个标本，用加速质谱法进行测量时，戈尔诺 – 阿尔泰地区的测年结果为公元前 31~ 前 29 世纪（27 个标本），叶尼塞河地区测年结果为公元前 29~ 前 25 世纪（13 个标本）。研究者据此认为阿凡纳谢沃文化在戈尔诺 – 阿尔泰地区持续的时间为 300 年，在叶尼塞中上游地区为 400~500 年，阿尔泰地区和叶尼塞河中上游地区阿凡纳谢沃文化的发展并不同步。[③] 根据新疆地区阿凡纳谢沃文化墓葬的测年数据，年代应该在公元前 30~ 前 26 世纪，一些早期墓葬的年代与戈尔诺 – 阿尔泰地区相同，而中晚期墓葬的年代与叶尼塞河中上游地区相同。

总而言之，分布在东欧平原的颜那亚文化圈人群迁徙至阿尔泰山后产生了阿凡纳谢沃文化，就此彻底改变了该区域新石器晚期的考古学文

① 新疆文物考古研究所：《和布克赛尔县 219 国道松树沟墓地发掘报告》，《新疆文物》2018 年第 1、2 期。

② 新疆文物与考古研究所等：《新疆伊犁州墩那高速公路尼勒克段沿线古代墓葬的发掘》，《考古》2020 年第 12 期。

③ А. В. Поляков, С. В. Святко, Н. Ф. Степанова, Проблема радиоуглеродной хронологии афанасьевской культуры и новые данные//Феномены культур раннего бронзового века степной и лесостепной полосы Евразии: пути культурного взаимодействия в Ⅴ - Ⅲ тыс. до н. э. 2019: 181-187.

化面貌。同时还带来了利用自然矿石打造简单金属器的技术，刺激了南西伯利亚和中国新疆北部地区新石器晚期考古学文化发展。由此可见，阿凡纳谢沃文化的产生和发展为欧亚草原早期金属时代东西文化和人群的交流、融合以及生业模式的转变（狩猎采集转向畜牧业）、冶金技术的传播等起到了非常重要的作用。（特尔巴依尔）

2. 喀拉库勒墓地

【名称】喀拉库勒墓地

【位置】阿尔泰共和国昂古泰区乌尔苏勒河左岸喀拉库勒村

【年代】公元前 28 世纪～公元前 26 世纪

【解题】

喀拉库勒墓地位于俄罗斯联邦阿尔泰共和国昂古泰区乌尔苏勒河左岸支流库拉托依河和喀拉库勒河之间，墓地由不同时期、不同尺寸和结构的墓葬组成，在村北低矮的山坡上呈链条状分布，大致与楚依斯克公路平行，大部分墓葬封堆因当地居民取石而遭到破坏，墓葬断断续续延伸约 1.5~2 公里。1985 年喀拉库勒村中学旁修建纪念馆，挖地基时发现 1 座墓葬，编号为 M2（原编号为库尔干 2 号）。苏联科学院语言与历史研究所北亚调查队的东阿尔泰小组对该墓进行了抢救性发掘。M2 地表有凸出的土石混合封堆，石块集中堆积在封堆中部和边缘处，被现代地层完全覆盖。封堆中部高度可达 0.5 米、直径 19~20 米，封堆下发现 4 座墓室（图一）。

M2-1　位于封堆中部，竖穴土坑，尺寸为 185 × 100 × 70 厘米，东西向，墓口用 1.5 × 2 米的两块长石板覆盖，深 35~40 厘米时从墓室西北部出土两块陶器残片，墓底铺有 1 层赭石，厚 0.5~1 厘米，安葬有一具女性个体，侧身屈肢，头朝东，右侧盆骨处发现铜氧化物，脚部有一个儿童个体和 1 件尖底罐。骨骼上有赭石涂料涂抹的痕迹，手部涂料最厚处约 2 厘米（图二）。

M2-2　位于封堆中部偏东位置，M2-1 右侧，长方形竖穴土坑石棺，墓坑尺寸为 280 × 150 × 105 厘米，东西向，由 6 块石板沿坑壁侧立围成长方形石棺，尺寸为 210 × 73 × 70 厘米。石棺东侧石板被破坏，同时用 6 块尺寸相当（120 × 45 × 23 厘米）的石板进行封盖。石棺底部铺有石

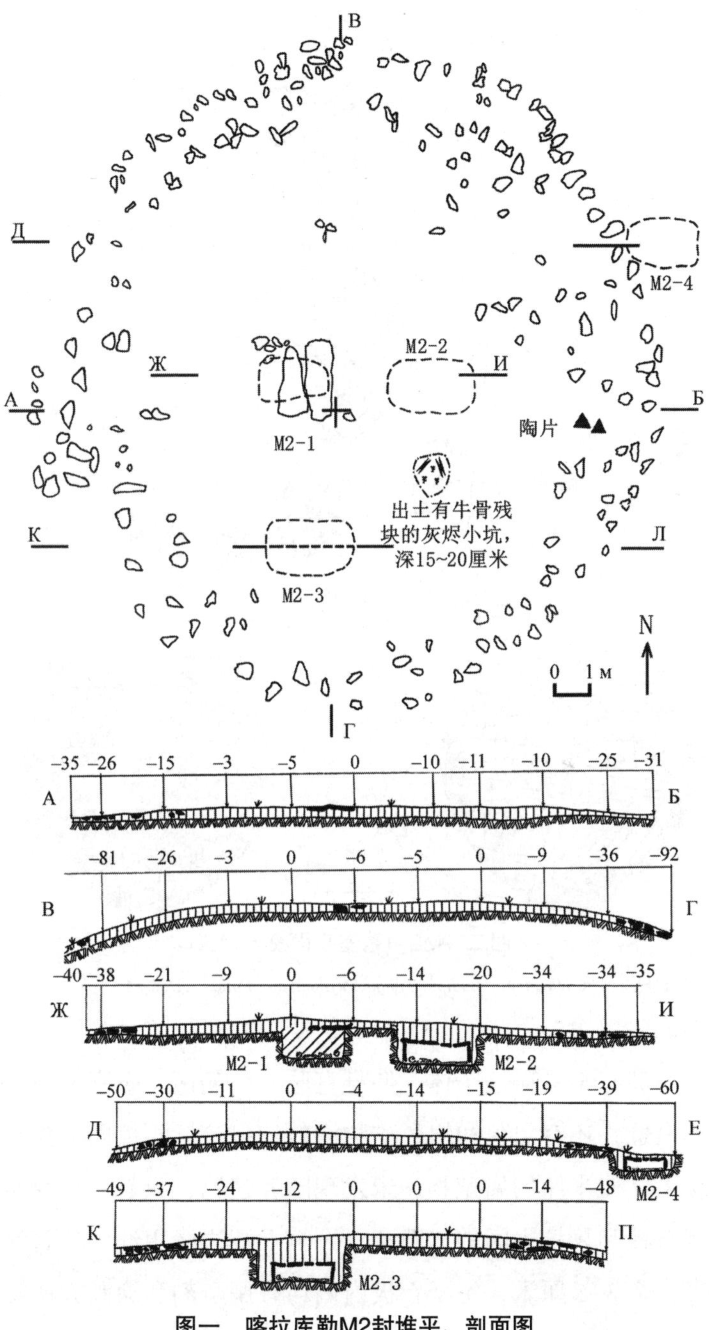

图一　喀拉库勒M2封堆平、剖面图

（引自 В.Д. Кубарев, *Памятники каракольской культуры Алтая*.Новосибирск: Изд-во ИАЭТ СО РАН. 2009. с. 20）

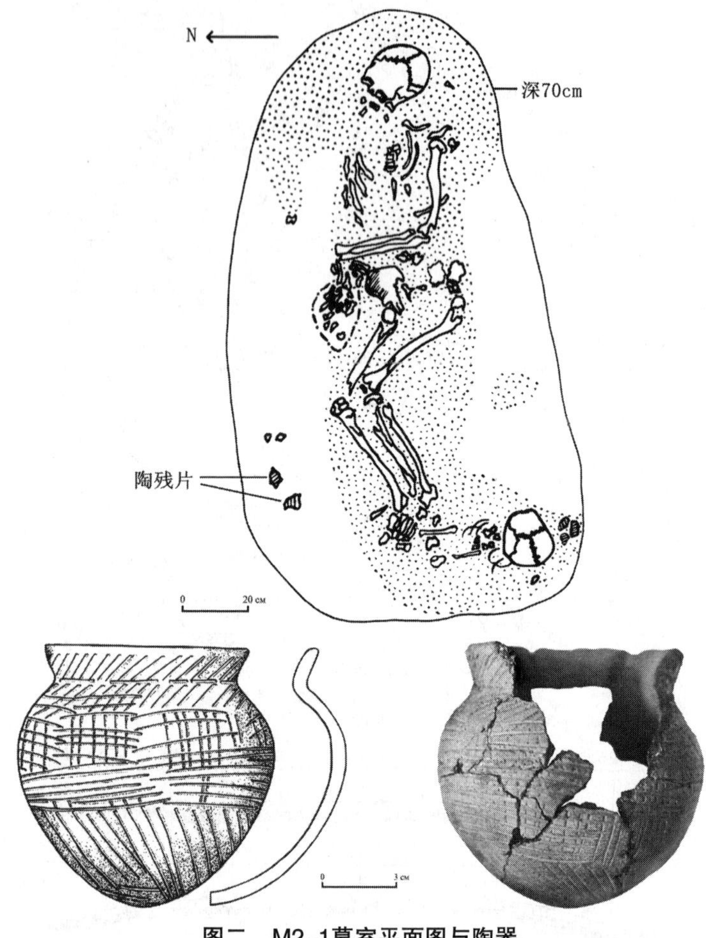

图二　M2-1墓室平面图与陶器

（引自 В.Д. Кубарев, *Памятники каракольской культуры Алтая*. с. 22-24）

板，其上安葬有1具男性个体，仰身直肢，头朝西，眼眶和眉弓上发现赭石涂料痕迹，还有黑色和银色矿物涂料的痕迹。石棺西南角头部位置发现一层1~2厘米厚的腐殖物，未发现随葬遗物，只有1件石斧发现于石棺西侧石板和墓坑之间的缝隙中。石棺上端边缘用红色赭石涂料绘制成长条带，宽3~5厘米，每个石板内侧均有用雕刻和涂画方法绘制而成的各类图案（图三）。

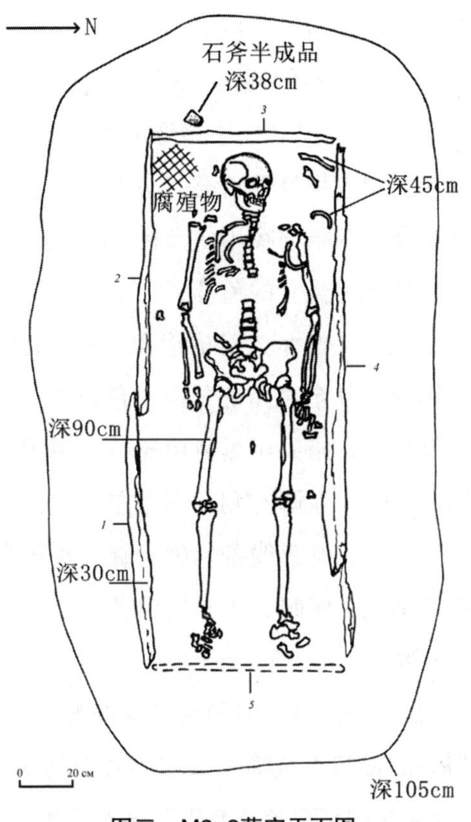

图三 M2-2墓室平面图

（引自 В.Д. Кубарев, *Памятники каракольской культуры Алтая*. с. 27）

M2-2 彩绘和刻画图案的石板

南壁 1 号石板 石板尺寸 97×57×3 厘米，发掘时石板左上角不慎被破坏。石板上的彩绘横向构图，石板内侧表面彩绘 4 个人像和 2 个刻画人像。彩绘人像从左至右按照 1~4 号来编号。1、2 号为黑色人像轮廓，上半身的上半部至胳膊的上半部用黑色填充，身体其余部分为黑色线条绘制轮廓，白色填充，双手持黑色长刀状武器，头部有似印第安人原始部落的羽毛头饰——黑色尖头、白色竖条状装饰呈放射状，并排围成半圆形，面部以红色线条绘制轮廓，白色填充，眼睛、鼻子和嘴用红色点和线表现，嘴巴上方有红色横线，可能为胡子，整体图案似印第安部落以鸟类羽毛做头饰的手持武器的武士。3 号红色兔头人像，身体与四肢均用红色填充，双臂撑开呈 W 状，手指像鹰爪，用红色线条勾勒轮廓，手指根部用白色填充，指尖用黑色填充，头部像兔头，用红色线条勾勒轮廓，面部用黑色填充，双眼与嘴用白点标出，红色线条将双眼、嘴巴和面部分成三部分，耳朵为竖立的兔耳，上半部用黑色填充，下半部用白色填充，整体图案似兔头鹰爪人身的形象。4 号红色兔头人像，肘关节至膝关节用黑色填充，其余身体部分用白色填充，双臂撑开呈 W 状，手指为三根，形状像鹰爪，指尖用黑色填充，指甲用白色填充，胸部中间有一条倒三角形白色带，左脚左侧有三条左黑右白的平行短线，似小刀插入脚部，头部似兔头，红色线条勾勒轮廓，头顶有竖立的上黑下白的兔耳，面部以黑色填充，眼睛、鼻子用白色标志，嘴巴用黑色圆圈标志，整体图案像右脚被三把小刀插着的人身兔头鹰爪形象。

1 号刻画人像，横向叠压在 3 号彩绘人像的腰部，该人像双腿迈开，头部顶端有线条勾勒的带状物装饰，头左侧有似鸟喙的短线。2 号刻画人像，3 号红色彩绘人像的头顶兔耳叠压于该人像膝盖，4 号彩绘人像左手叠压在该刻画人像胸部。整体横向分布在石板上缘处。该刻画人像早于彩绘人像。头部呈三角形，头顶端有似兔耳状黑色平行线条，腰部较细，身体下方有一条弯曲的粗线条，似手持长条状器物，下肢细长，平行弯曲状，脚踝处用一条线条相连，似脚铐。整体图案像脚部被捆绑的手持器物的人身兔头形像（图四）。

南壁 2 号石板 尺寸 109 × 58 × 3 厘米，保存较差部分已脱落，也是横向构图。石板北侧表面用彩绘竖直绘制 5 个人像，从左至右按照 1~5 号来编号。1 号红色人像，身体以红色绘制，左手手指用黑色短线体现，右手肘部以下缺失，鼻子和眼睛用白点和线表现，其余部位用黑色绘制，头顶有兔耳状轮廓，左耳用红色线条绘制成兔耳朵的轮廓，耳尖用黑色修饰，右耳为黑色轮廓，胸部用白色修饰成领带状，整体像身

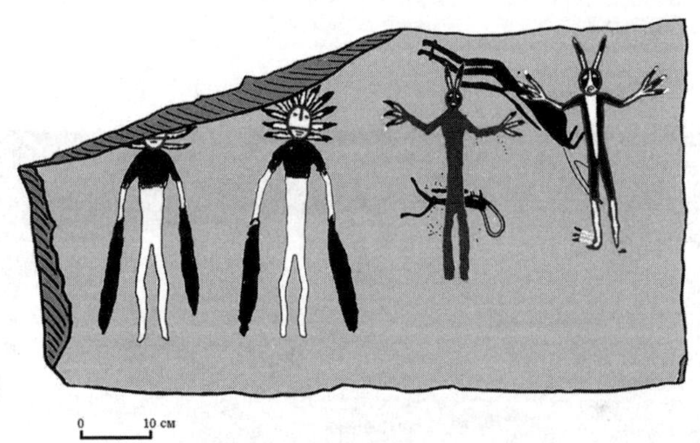

图四　M2-2南壁1号石板彩绘图

（引自В.Д. Кубарев, *Памятники каракольской культуры Алтая*. с. 32-33）

着红色衣服、戴白色领带和兔头头盔的人双手撑开站立状形象。2 号红色侧面人像身体，上肢和头部缺失，只有较细黑色弧形线条表示颈部，腰部较细，下半身似正在行走的人类双腿，左腿屈膝，右腿伸直向前迈步。3 号红色人像线条，上肢仅存与躯体相连的小部分，上肢下方有类似鸟类羽翼的三个相连 V 字形，头部呈锥形，头部顶端有两条似山羊角的对称竖立线条，下半身呈人类行走状，与左侧图像相似，但右小腿至脚部缺失。整体图案似有山羊头和鸟类羽翼的人类前行状形象。4 号黑色人像轮廓，头部以较细线条绘成长方形，长方形顶端有呈水滴形带状线条，上半身左半边有细长胳膊线条，右半边有五条平行的左高右低短线条，线条下方与身体相连部位还有一条左细右粗似马尾状线条，腰臀部以黑色填充，双腿细长岔开，右腿膝盖处和小腿至脚部单边线条缺失。5号黑色人像图案，上肢缺失，臀部稍向后翘，双腿并立，膝盖至脚部为红色镂空线条，左脚踩实，右脚呈踮脚尖状，肩部至膝盖处用黑色为背景其上以白点修饰，胸部中间以白色倒三角修饰，上半身背部有向右倾斜的六条平行短线条，短线条下方有一条平行似尾巴状长线条，头部似牛头，脸部用黑色填充，眼睛和嘴为白色，头顶有四角状条，中间两支上半部用黑色填充。整体图案像带无上肢的牛头、背后带马鬃马尾状线条的人像（图五）。

图五　M2-2南壁2号石板彩绘图

（引自 В.Д. Кубарев, *Памятники каракольской культуры Алтая*. c. 40-41）

西壁石板　尺寸为 71×61×5 厘米，石板表面以不同手法刻画人与动物图案，其中部彩绘有一个人像，该人像叠压在刻画图案之上。刻画的动物与人均面向右侧，最上方是一头马鹿，头部部分缺失，四蹄呈行走状，马鹿头部下方有似人像的刻绘图案，马鹿后腿下方有一个人像，此人像头部刻画较清晰，头发似孔雀开屏状，面部眼睛鼻子可见，身体呈向右行走状态。石板中间最左侧有另一个人像，与前一个人像形象相似，整体稍小，头发也似孔雀开屏状，但发端均有圆点，也呈向右行走状。此人像右脚处有并排的三只大角羊，呈奔跑状。最右侧的大角羊右侧有一个似跪着的人像。除这些较为清晰的图像外还有许多线条。

石刻图案上还叠压了彩绘图：红色牛头人身像，整个身体与石刻图案方向不同，叠压在刻画图案之上，双手平直伸开，双腿自然分开，整个身体呈站立状，身体和头顶弯月形牛角用红色细线条勾勒，身体用红色填充，用黑色线条勾勒出头部以及鼻子、眼睛、嘴等器官的轮廓，脖子和胸部也是用黑色线条勾勒出倒三角形，一侧牛角尖部有另一条黑色线条但不完整（图六）。

图六　M2–2西壁石板刻画与彩绘图案

（引自 В.Д. Кубарев, *Памятники каракольской культуры Алтая*. с. 50, 56）

北壁石板　该石板侧立于石棺北长边，尺寸为 158 × 60 × 5 厘米，沿石板上缘用红色涂料绘制成红色宽带，石板内壁东部红色线条下用红色绘制有一幅人像图案，人像双手平直伸开，双腿呈向左迈开状，头上带有类似印第安人的羽毛头饰，头饰分为内外两层，内层用红色短线条辐射状从脑门至后脑勺位置绘制，外层用黑色短线条同样的辐射状从脑门至后脑勺位置绘制，双手前后分开，用红色线条表示，整体呈向左行走状，人物图案高 39 厘米（图七）。

东壁石板　石棺东壁石板，施工时被破坏并移位，在墓北 2.5 米处的土堆中发现。尺寸 51 × 40 × 3 厘米，该石板残缺不全，石板平面上用凿击法绘制出人体图像，头部被破坏，双臂平直伸开，双腿自然分开，整体呈站立状。上半身凿刻出轮廓，双臂至人体左右两侧到小腿为止用短线条和点进行修饰，可能为衣服上的坠饰。右臂下刻画一只正准备展翅飞翔的鹰，左臂下刻画一只大角羊，大角羊北面还有一个带状装饰可能也是一幅人像，但因石板残缺而缺失，右脚下刻画另一幅人像，线条勾勒出人物头部和带状装饰，其余部分因石板残缺而缺失（图八）。

西侧盖板　石棺盖板西侧石板，长方形，尺寸为 120 × 83 × 4 厘米，石板一端中部刻画一幅向右行走的人像，头部有放射状线条进行修饰，头顶部修饰因石板断裂而缺失，该幅图长 37 厘米（图九）。

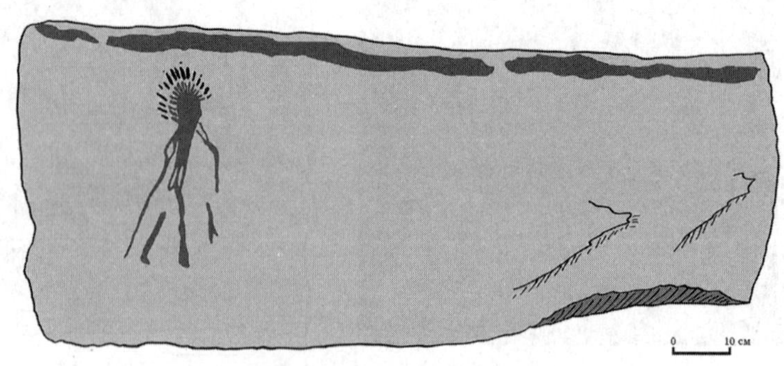

图七　M2–2 北壁石板彩绘

（引自 В.Д. Кубарев, *Памятники каракольской культуры Алтая*. с. 58）

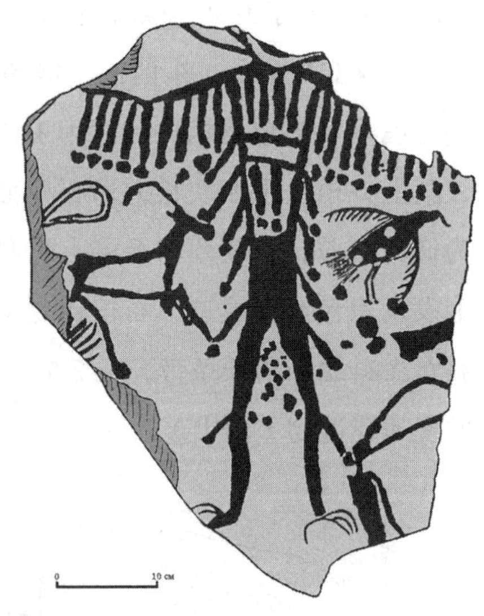

图八　M2-2东壁石板刻画图案

（引自 В.Д. Кубарев, *Памятники каракольской культуры Алтая*. с. 60-61）

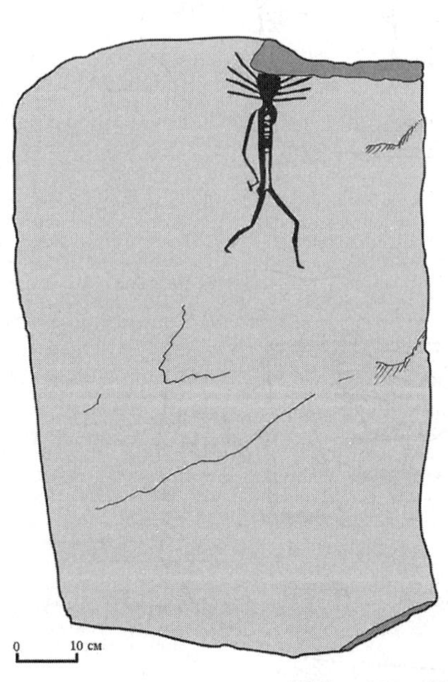

图九　M2-2西侧盖板刻画图案

（引自 В.Д. Кубарев, *Памятники каракольской культуры Алтая*. с. 64-65）

M2–3 位于封堆南部，长方形竖穴土坑石棺，竖穴土坑尺寸为 270 × 170 × 110 厘米，东西向，深 50~60 厘米，石棺由 6 块石板沿墓坑壁侧立围成长方形石棺，尺寸为 193 × 75 × 50 厘米，石棺内用沙质土填满，其上方棺口用四块长方形石板覆盖。棺内发现叠压的两具人骨，葬式为仰身直肢，头朝西。上层人骨右手处发现赭石块，下层人骨头骨碎片上发现黑色涂料痕迹。石棺西北角发现炭灰痕迹，石棺上端边缘用红色赭石涂料绘制成长条带，宽 2.5~3 厘米。棺东壁石板内侧有凿刻人像，未发现随葬遗物（图十）。

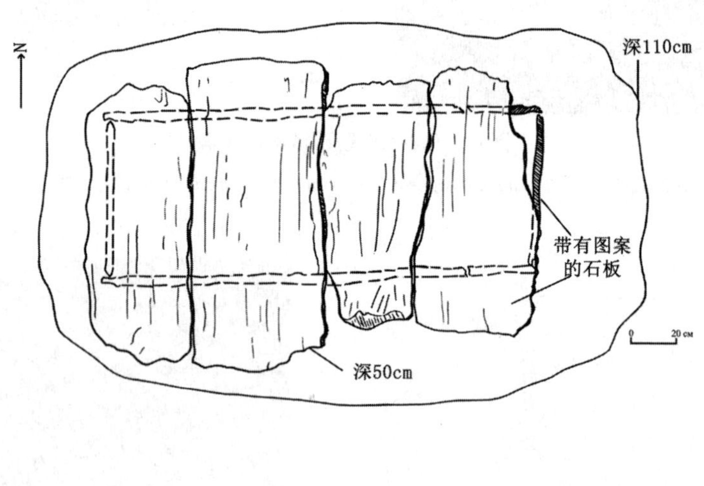

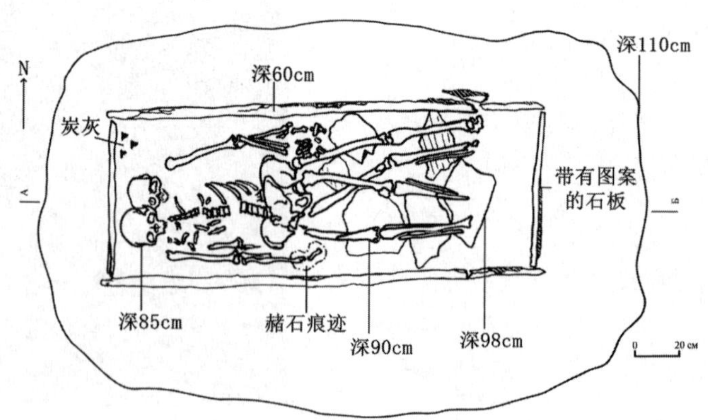

图十 M2–3墓室平面图

（引自 В.Д.Кубарев, *Памятники каракольской культуры Алтая*. с. 70,73）

M2-3 刻画图案的石板

东壁石板　石板为长方形，尺寸为 67 × 46 × 3 厘米，侧立于石棺东壁。沿石板上缘用红色涂料绘制红色线条，线条下刻画有三个拟人图案，均用敲击法敲击出人体轮廓，均面向右侧呈行走状，头部用圆角扁长形线条表示。根据彩绘线条和刻画图案在石板上的分布可判断，刻画图案早于彩绘线条，该石板被二次利用到墓葬中，因为 M2-1 中的彩绘人像均与地面呈 90° 竖立状，而这三幅图案与地面平行，不是针对安葬而刻画的（图十一）。

M2-4　位于封堆东北部边缘处，竖穴土坑石棺墓。竖穴土坑尺寸为 210 × 130 × 70 厘米，东西向，深 15~20 厘米处显露出石棺，土坑内沿坑壁用五块石板侧立围成长方形石棺，尺寸为 150 × 60 × 50 厘米，石棺口用四块石板覆盖，棺底发现一具儿童骨骼，仰身直肢，头朝西，棺内填满沙质土，头骨发现涂有红色赭石涂料的痕迹，未发现随葬遗物（图十二）。

根据上述墓葬的情况，M2-1 与其他三座石棺墓完全不同。根据封堆和墓室结构、葬式以及出土遗物的情况，推测应为阿凡纳谢沃墓葬，其余封堆下的三座石棺墓室（M2-2、M2-3、M2-4）为利用阿凡纳谢沃墓葬封堆建造的喀拉库勒文化人群的墓葬。

1986 年、1992 年分别在此墓地抢救性发掘了两座石棺墓，编号分别为 M5、M6，均因拉电线或建造房屋而遭破坏被发现。均在竖穴土坑中带有石棺葬具，葬式为仰身直肢，头朝西，M5 中未发现随葬遗物，M6 中发现卵形鼓腹、小平底的石罐，石罐高度 21~22 厘米，腹部直径 16 厘米，口部直径 12 厘米，壁厚 0.5~1.3 厘米，石罐垂直分裂为两半，腹部用铜器修复。M5、M6 石棺的石板内侧均发现有彩绘和刻画动物、人物图案。

据目前的研究，除喀拉库勒墓地之外，沃泽尔诺依（Озерное）墓地[①]、

① В.Д. Кубарев, *Памятники каракольской культуры Алтая*. c.9-13.

图十一　M2-3东壁石板彩绘线条与刻画图案

（引自 В.Д. Кубарев, *Памятники каракольской культуры Алтая*. с. 75-77）

别什沃泽克（Бешозек）墓[①]、门都尔-索坎村墓（Мендур-Соккон）[②]等

① В.Д. Кубарев, Памятники каракольской культуры Алтая. – Новосибирск: Изд-во ИАЭТ СО РАН, 2009. –25-27 с.

② С.М. Киреев, В.П. Ойношев, Л.М. Чевалков, В.Д. Кубарев, Раскопки в Чемальском и Усть-Канскомрайонах Республики Алтай // Проблемы археологии, этнографии, антропологии Сибири и сопредельных территорий. Т. XVI. Новосибирск : Изд-во Ин-та археологии и этнографии СО РАН, 2010. С. 202–205.

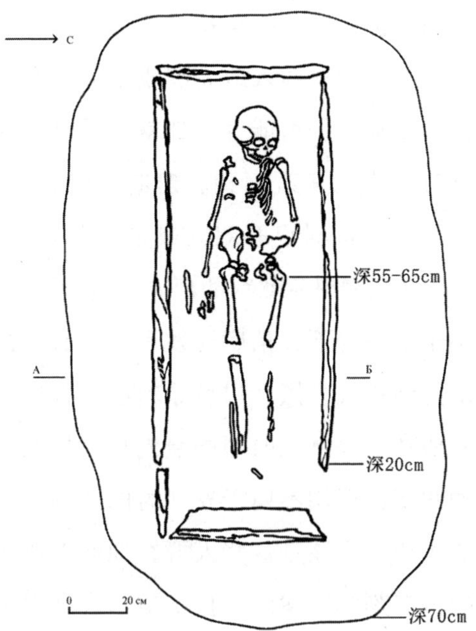

图十二　M2-4墓室平面图

（引自 В.Д. Кубарев, *Памятники каракольской культуры Алтая*. c. 79）

发掘的石棺墓均属于该文化遗迹。这四处喀拉库勒文化墓地中共发掘墓葬 16 座，其中 15 座为长方形石棺墓，1 座为竖穴土坑墓（喀拉库勒墓地 M2-1）。

В．Д．库巴列夫（В.Д. Кубарев）最初认为该类石棺墓遗迹为奥库涅夫文化的阿尔泰地方类型。①1991 年，В．И．莫洛丁（В.И.Молодин）在《青铜时期中期（发展期）的戈尔诺－阿尔泰》一文中首次提出该类石棺墓为独立的考古学文化，并以喀拉库勒村命名了该文化，文化起源方面，他认为来自蒙古的阿凡纳谢沃人群与博勒谢梅斯卡亚文化（Большемысская культура）晚期人群融合而产生了该文化。②

① В.Д. Кубарев, О локальном варианте окуневской культуры на.Алтае// Тезисы докладов конференции Скифская эпоха Алтая. Барнаул, 1986.с.102-104.

② В.И. Молодин, Развитая бронза Горного Алтая // Проблемы поздней бронзы и перехода к эпохе железа на Урале и сопредельных территориях. Уфа, 1991.с.9-13.

从文化因素方面分析，典型的喀拉库勒文化墓葬的地表应包括没有石围和用不同尺寸的石板侧立插入地面围成矩形石围（沃泽尔诺依 M2）两种情况，当然也不排除一种可能性，那就是没有石围的石棺墓地表的石围因已被破坏而在发掘时未观察到。建造石棺的石板均进行过修整，棺内以单人一次葬为主，同时也有双人或多人合葬，葬式为仰身直肢，头朝西，墓主头部有红色和黑色颜料的痕迹，墓室内发现桦树皮残留物，可能是包裹或铺垫于墓主身下，棺底还发现平铺有石板，墓室通常为东西向。有些石棺墓内壁用红、黑、白色涂料绘制各类人物图案，这种彩绘图案均以某种葬俗在安葬墓主时精心绘制在石板内壁上，同时也发现刻画的人物和动物图案，但均不属于安葬时的产物，这种刻画图案早于安葬墓主时绘制的彩绘，应该是这些人群在地面上建造某种场所或进行某种活动遗留下的带有刻画图案的石板，被二次利用时再次修整后变成了墓葬中的石棺材料。

随葬遗物较匮乏，15 座石棺墓中仅发现 2 件陶器、1 件石罐、1 件砺石、1 件石范、1 件类似于砺石的石器和 1 件铜器残片。墓葬中儿童和成人均以单人单室进行安葬，未发现社会阶层分化的物质文化因素。陶器根据形制特征分为敛口、卵形鼓腹平底（沃泽尔诺依 M1-1 陶器）和敛口、直腹斜收尖底（门都尔 – 索坎村墓陶器）两种，均为手制夹砂灰陶，器表均有统一的横向“之”字纹。石罐（喀拉库勒 M6）口沿和底部残缺，可能为敛口、卵形鼓腹，底部残缺可能为圜底或小平底，腹部有纵向裂痕，其裂痕中部用小铜扣进行修复，铸造铜器的石范为残块，根据仅存部分上的痕迹判断可能为铸造短柄矛、铜扣的石范。

根据葬式和陶器的形制特征看，该文化与博勒谢梅斯卡亚文化的晚期人群有一定的关系（图十三），可能是从东欧平原二次迁徙至阿尔泰山西北部地区的人群与博勒谢梅斯卡亚文化的晚期人群融合后产生的新的文化。从出土的石范和修复石容器腹部的铜扣看，该人群已经掌握了合金技术，但未发现大量的金属遗物，因此仍处在青铜时代早期阶段。

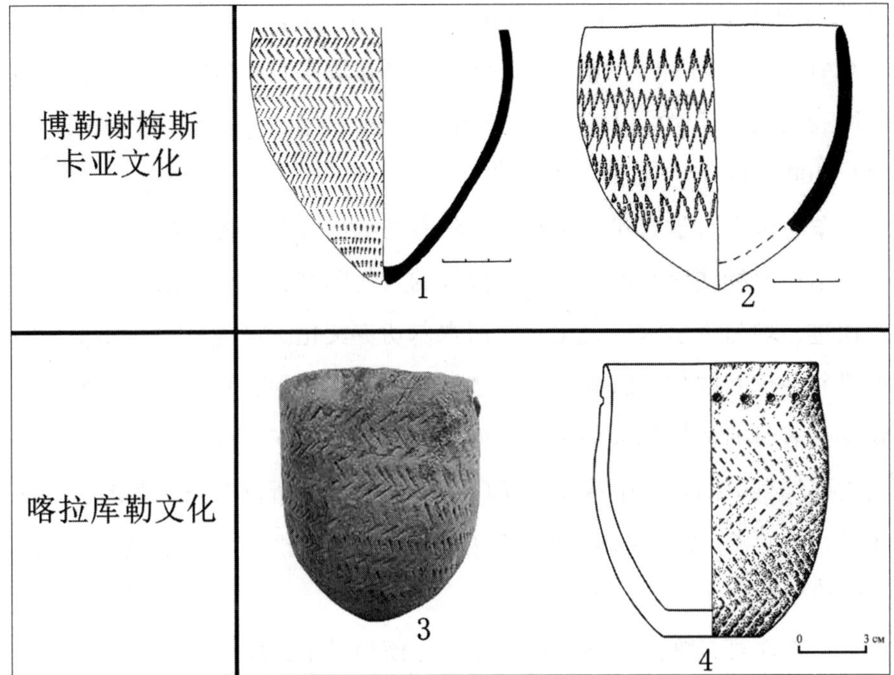

图十三　博勒谢梅斯卡亚文化和喀拉库勒文化陶器比较图

1. 卡玛罗瓦 -1 号遗址出土陶器　2. 别赫特米尔遗址出土陶器　3. 门都尔 – 索坎村墓出土陶器　4. 沃泽尔诺依 M1-1 陶器

［1、2 引自 Ю.Ф. Кирюшин, *Энеолитиранняя бронза юга Западной Сибири: Монография*. Барнаул: Изд-воАлт. ун-та. 2002.рис.19-1. с.112. рис.6；3 引自 С. М. Киреев, К. Н. Солодовников, А. И. Нечвалода, *Погребение каракольской культуры эпохи бронзы Горного Алтая в С. Мендур-Соккон (предварительные результаты археологического и палеоантропологического исследования)*. // Теория и практархеологических исследований, 2020 (1［29］): 110-121.рис.3；4 引自 В.Д. Кубарев, *Памятники каракольской культуры Алтая*. с.100.рис.6-1］

就碳 14 测年数据而言，1995 年，В. Д. 库巴列夫公布了喀拉库勒墓地提取的 2 件碳 14 标本的测年数据，分为公元前 2720 年和公元前 1900 年，二者之间相差约 800 年；①2012 年，В.И. 萨耶诺夫（Соенов）等学者公布了沃泽尔诺依 M3 多人合葬墓提取的人骨和木炭标本的测年结果，人骨的年代为公元前 2900~ 前 2300 年（СОАН–6622），木炭的年代为

① В. Д. Кубарев, *О происхождении и хронологии каракольской культуры Алтая*. Аборигены Сибири: проблемы изучения исчезающих языков и культур. Том П. Новосибирск, 1995. с. 23-26.

公元前 4000~ 前 3350 年（COAH–7926），他们还认为，根据人骨标本（COAH–6622）的测年结果，以排除法排除最古老和最晚的年代，则喀拉库勒文化的年代可以确定为公元前 28~ 前 24 世纪，[①]这比奥库涅夫文化早 400~500 年。

蒙古国考古学家 Ts. 特尔巴图在《克尔木齐文化的岩画》一文中指出，喀拉库勒文化石棺墓石板上拟人的人物图案和表现手法以及墓葬建筑遗迹，均与克尔木齐文化（即切木尔切克文化）极为相似，如果用同期毗邻文化间的相互影响肯定无法解释这种相似性，只有一种可能，那就是二者具有相同的起源。[②]Н.Ф.斯帖帕诺瓦（Степанова）认为在阿凡纳谢沃墓葬的封堆中找到喀拉库勒文化墓葬，所以喀拉库勒的年代晚于阿凡纳谢沃，前述的碳 14 测年数据也证明了这一点，年代为公元前 4 千纪晚期至前 3 千纪初期。[③]

总体而言，喀拉库勒文化的年代应该稍早于奥库涅夫文化、切木尔切克文化，而不早于公元前 29 世纪，因为目前所掌握的喀拉库勒文化遗迹中，并未发现公元前 31~ 前 29 世纪生活在阿尔泰地区中部的阿凡纳谢沃人群的痕迹，也就是说，这两个文化之间应该没有接触，或许正是由于喀拉库勒人群迁入阿尔泰中部地区，才迫使之前生活在这一地区的阿凡纳谢沃人群东迁进入到叶尼塞河中上游地区。

喀拉库勒文化刻画与彩绘图案

喀拉库勒墓葬石棺内壁上发现的彩绘和刻画图案，内容较为统一，此外图案的绘画和刻画方法也比较统一。根据彩绘和刻画图案的内容，

---

① В. И. Соенов, В. Т. А. Акимова, С. В. Трифанова, *Радиоуглеродные даты погребений периода ранней бронзы на могильниках Нижний Айры-Таш и Озерное (Горный Алтай)*. Афанасьевский сборник 2, 2012. с.170-172.

② Ts. 特尔巴图:《克尔木齐文化的岩画》，魏坚主编《2015~2017 中蒙俄联合岩画科考与论坛论文集》，中国言实出版社，2020，第 59 页。

③ История Алтая : в 3-х т. Т. I : Древнейшая эпоха, древность и средневековье [Текст] / под общ. ред. А.А. Тишкина. – Барнаул : Изд-во Алт. ун-та, 2019. – 146 с.

可分为拟人的人物类图案和动物类图案两种。

根据彩绘和刻画图案的叠压关系、它们在石板上的布局以及修整石板时对刻画图案的损坏程度来看，刻画早于彩绘图案，且刻画图案是为在世人的活动而制作，并不针对墓葬，彩绘图案是在某种丧葬习俗下为已逝者而绘制在石板上的，二者目的和用途不同，带刻画图案的石板被当作石板材料二次利用到了墓室内，同时修整石棺时有些刻画图案遭到了破坏。彩绘图案均以红、黑、白等矿物涂料绘制出人体特征，头部用红色绘制其轮廓，用点和线表现鼻子、眼睛和嘴唇等部位，脸部以白色和黑白相间表现，均以拟人类图案为主，彩绘在石板表面上的分布也有一定的规律或层次。如沃泽尔诺依 M2-1、2-2、2-4 和喀拉库勒墓地 M2-2、3 石棺墓上缘均发现以红色涂料绘制长条形宽带，宽度 2.5~6 厘米不等，环石棺一周，其下用红、黑和白色绘制拟人的图案。这种彩绘的布局，可能具有某种寓意。

喀拉库勒石棺内彩绘和刻画图案的发现，为研究南西伯利亚及整个阿尔泰地区岩画的年代、族属以及各地区考古学文化的关系等重要问题提供了坚实的实物史料。

通过比较南西伯利亚及阿尔泰山周边地区已知岩画及墓葬石板上刻画的图案，可以发现喀拉库勒、切木尔切克以及奥库涅夫文化的岩画及其刻画图案既有相似之处，也有很明显的差异。相似之处主要在于人像头部的装饰（放射线状）以及人面图案的表现形式，奥库涅夫石碑和切木尔切克石人的面部特征的表现形式亦非常相似（图十四）。差异之处则主要在于动物图案或人像的表现形式：首先，切木尔切克文化的牛图案，双角均向前弯曲，而喀拉库勒文化的牛角向两侧弯曲；其次，喀拉库勒文化的人像比较丰富，尤其头部装饰多样，有牛头人身、兔头人身以及圆角扁长形线条头等，切木尔切克人像雕刻比例非常小，只雕刻出披着类似雨衣的小人像，但头部同样有角状修饰，奥库涅夫文化的牛角也是向前弯曲，同样具有丰富的人像图案，头部修饰与喀拉库勒高度相似（图十四～图十七）。切木尔切克石棺内壁通常用红色彩绘网格状几何纹图案，空格内用点填充，整体像蒙古包的哈纳，围起棺壁四周，之后用石板封盖。喀拉库勒石棺内壁用红色、黑色和白色静态站立式绘制带有各类头像的人像，沿石棺上缘用红色绘制宽带，整体看用宽带沿石板上缘围一周进行框边，各类人像在宽带内，之后用石板封盖。这些几何形和人像彩绘虽然各不相同，但均在某种丧葬礼仪中绘制，对于安葬

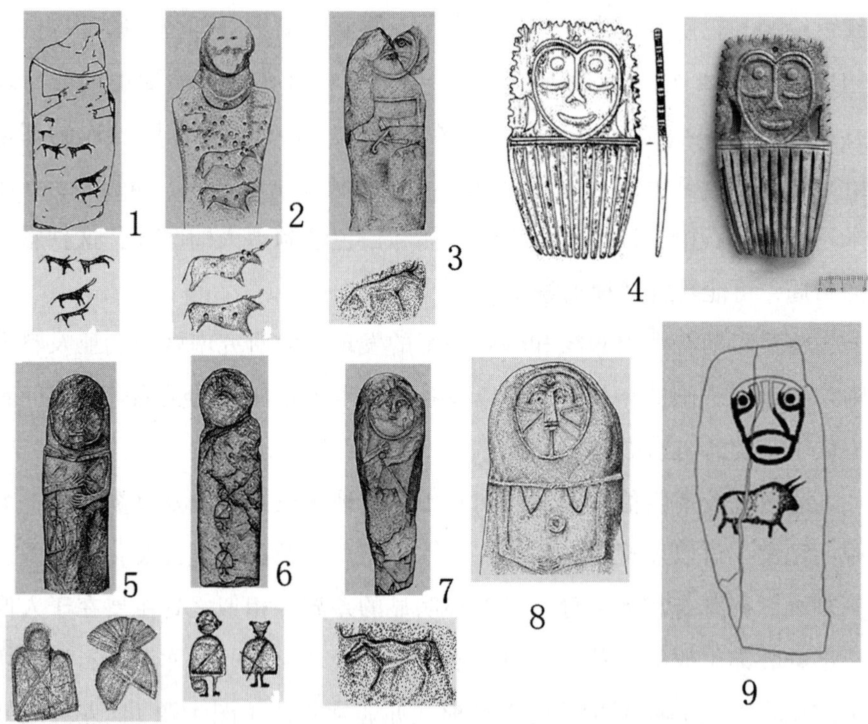

图十四　切木尔切克文化石人与奥库涅夫文化人面像

1. 阿克斯石人　2. 阿克土白石人　3. 喀依纳尔石人 - Ⅲ -2　4. 克拉斯内卡门奥库涅夫文化墓葬中出土的骨梳　5. 阿勒帕布拉克 -1　6. 阿勒帕布拉克　7. 喀拉塔斯 - Ⅲ -2　8. 喀依纳尔 -I-5　9. 奥库涅夫墓地石雕像

［1~3、5~8 引自 Ts. 特尔巴图《克尔木齐文化的岩画》，魏坚主编《2015~2017 中蒙俄联合岩画科考与论坛论文集》，第 47~65 页；4 引自 И. П. Лазаретов, А. В. Поляков, *Могильник Красный Камень-погребально-ритуальный комплекс ранней бронзы. //Теория и практика археологических исследований*, 2018 (2［22］)；9 引自 I.P. 拉扎列托夫《奥库涅夫文化和切木尔切克文化葬俗比较》，魏坚主编《2015~2017 中蒙俄联合岩画科考与论坛论文集》，第 282 页］

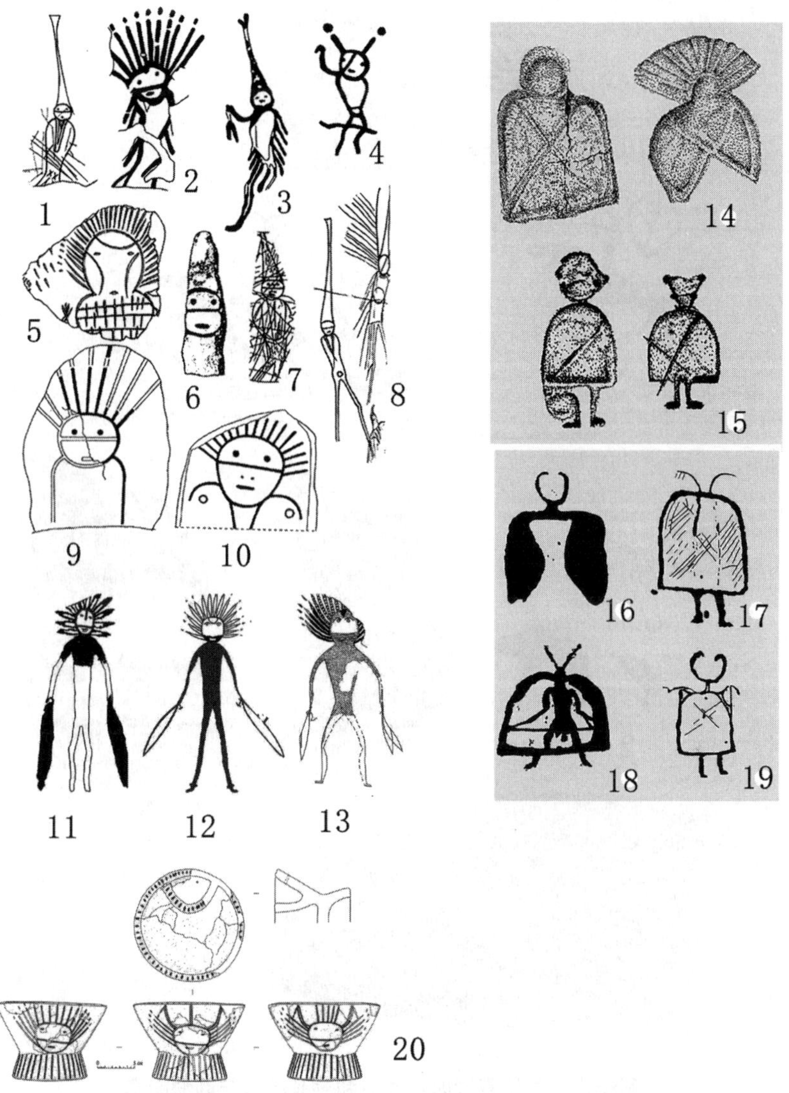

图十五　早期青铜时代彩绘和刻画的人物图案

1~10. 奥库涅夫文化人像图案　11~13. 喀拉库勒文化彩绘人像　14~15. 新疆切木尔切克文化石人上雕刻的小人像　16~19. 蒙古阿尔泰岩画中的小人像　20. 伊特库勒－Ⅱ号墓地 12 号墓葬 3 号石棺墓出土的豆形器

［1~10 引自 Окуневская сборник-2 культура и её окружение 2006 г.с.172；11~13 引自 В.Д. Кубарев, Памятники каракольской культуры Алтая.-Новосибирск:Изд-воИАЭТСОРАН,2009.-с.264；14~15、16~19 引自 Ts. 特尔巴图《克尔木齐文化的岩画》，魏坚主编《2015~2017 中蒙俄联合岩画科考与论坛论文集》，第 47~65 页；20 引自 Поляков Андрей Владимирович. «Проблемы хронологии и культурогенеза памятников эпохи палеометалла Минусинских котловин.» (2020).с.59］

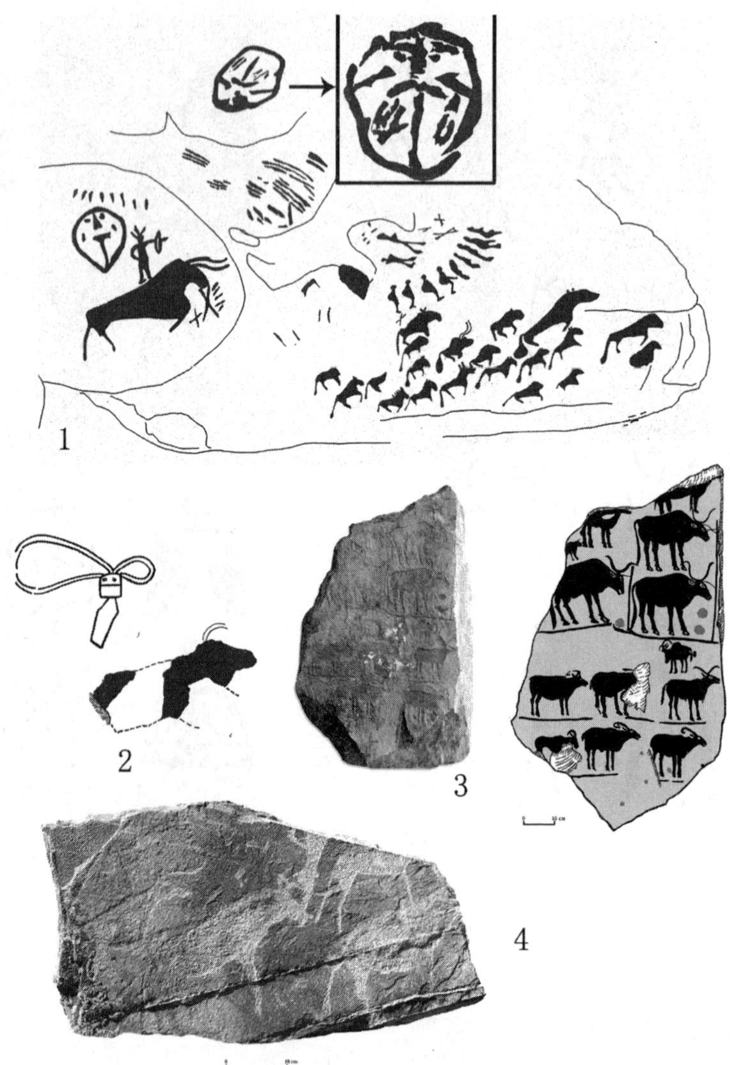

图十六　早期青铜时代彩绘和刻画的人与动物图案

1. 墩德布拉克彩绘　2. 喀拉库勒文化 M5 石板刻画图案　3. 沃泽尔诺伊村附近发现的刻有牛羊的石板残块　4. 哈尔乔鲁特 1-1 带有祭祀址墓葬发现的刻有牛图案的石板残块

［1 引自 Ts. 特尔巴图《克尔木齐文化的岩画》，魏坚主编《2015~2017 中蒙俄联合岩画科考与论坛论文集》，第 47~65 页；2 引自 В.Д. Кубарев, Памятники каракольской культуры Алтая.-Новосибирск:Изд-воИАЭТСОРАН,2009.-с.180；3 引自 В.Д. Кубарев, Памятники каракольской культурыАлтая.-Новосибирск:Изд-воИАЭТСОРАН,2009.-с.226-227；4 引自 Древнейшие европейцы в сердце Азии: чемурчекский культурны йфеномен. Часть II. Результаты исследований в центральной части Монгольского Алтая и в истоках Кобдо; памятники Синьцзяна и окраинных земель / Составитель и научный редактор А.А. Ковалев — СПб.: МИСР, 2015.с.194］

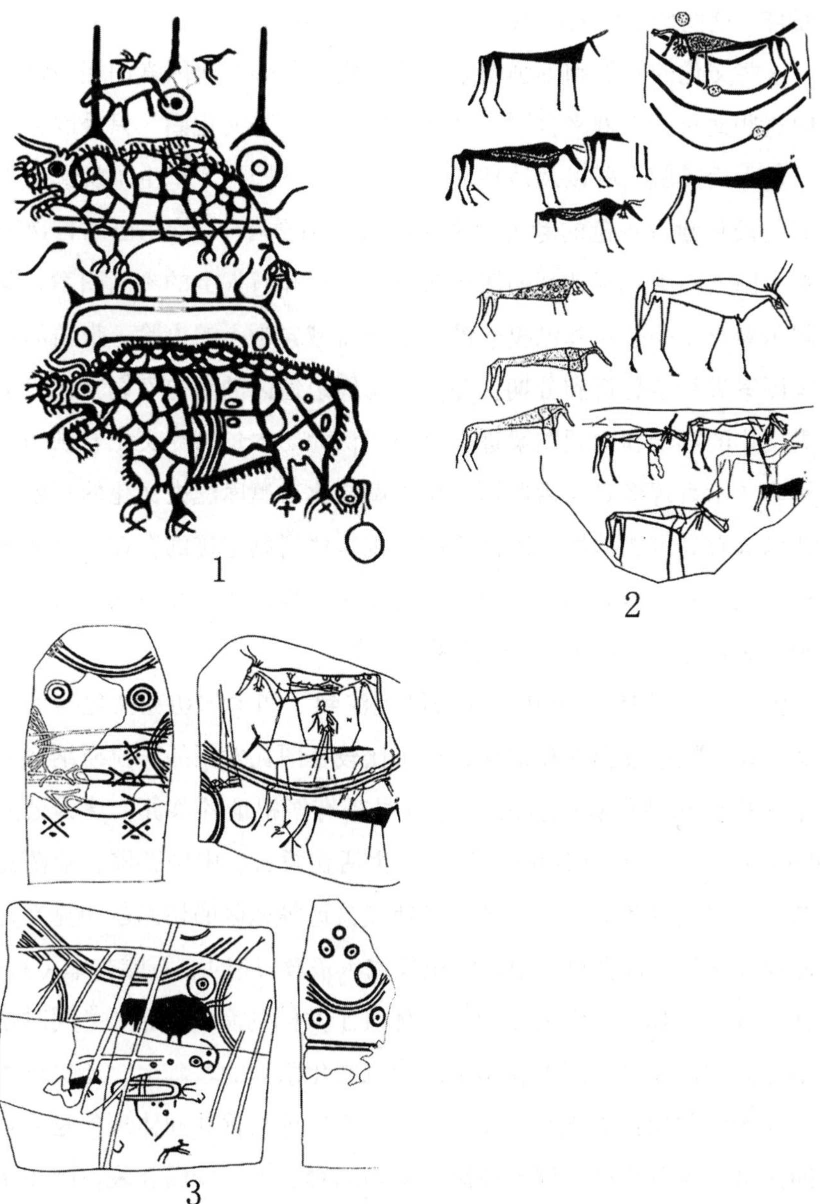

图十七　奥库涅夫墓葬石板上刻画的图案

（引 自 Окуневская сборник-2 культура и её окружение 2006 г.с.174, рис.3, 176, рис.5, 184. рис.13）

者而言，这些彩绘图案应该具有某种神圣的含义。

这些文化的彩绘和刻画图案以及平底陶器等文化因素的相似性，均指向这些文化的人群来自同一文化传统或同一个文化圈，只是因分布区域、迁入后接触人群以及地理环境等方面的不同，才产生了虽文化因素相似但极具地方特色的考古学文化。蒙古国学者 Ts. 特尔巴图首次对分布在中国新疆阿勒泰地区的墩德布拉克岩画和石人上的刻画图案，蒙古国阿尔泰查干—萨拉和巴嘎—维古尔河流域岩画上的人脸、带角的牛和马等图案进行了分析和分期，并将其与周边地区的喀拉库勒文化、奥库涅夫文化的彩绘和刻画图案进行比较，认为切木尔切克文化岩画的制作风格和艺术表现形式与俄罗斯喀拉库勒文化、奥库涅夫文化的彩绘和雕刻艺术具有高度相似性，因而不能忽视这些岩画遗迹的存在，正如确定墩德布拉克彩绘岩画属于切木尔切克文化一样，相信在不久的将来通过岩画也能确定这三种文化之间的关系。①

俄罗斯学者 И.П. 拉扎列托夫则关注到了切木尔切克文化与奥库涅夫文化在祭祀遗址上的相似性，通过比较在图瓦发掘的科拉斯纳亚－郭尔卡祭祀址和科布多省胡热萨拉 –I 号带有祭祀址的墓葬，认为公元前 3000 年中期至公元前 2000 年早期，生活在蒙古、中国新疆、哈萨克斯坦东部、图瓦以及哈卡斯－米努辛斯克盆地等地区的切木尔切克文化和奥库涅夫文化人群在葬俗中的祭祀仪式（宗教习俗）、石雕艺术（石人）等文化特征上具有一定的相似性，体现了共同的宗教习俗。②同时他在详细分析和比较奥库涅夫和切木尔切克文化墓葬的基础上，还提出奥库涅夫－切木尔切克文化共同体观点，认为这种文化共同体现象是外来人群通过哈萨克草原进入俄罗斯萨彦－阿尔泰、中国新疆和蒙古阿尔泰地

① Ts. 特尔巴图：《克尔木齐文化的岩画》，魏坚主编《2015~2017 中蒙俄联合岩画科考与论坛论文集》，第 47~62 页。

② I. P. 拉扎列托夫：《奥库涅夫文化和切木尔切克文化葬俗比较》，魏坚主编《2015~2017 中蒙俄联合岩画科考与论坛论文集》，第 278~285 页。

区与当地世居居民积极融合后产生的。[①] 从戈尔诺－阿尔泰喀拉库勒文化岩画、中国新疆墩德布拉克洞穴彩绘岩画、奥库涅夫文化岩画、切木尔切克文化石人以及蒙古国巴彦乌列盖省哈尔乔鲁特祭祀址石板上的刻画动物等图案来看，这一时期的南西伯利亚及阿尔泰山周边地区人群已经开始驯化牛、马等大型动物，生业模式由以羊为主的畜牧生业形态逐渐转向牛、羊、马兼有的游牧生业形态。通过这些人群的迁徙和互动，冶金技术得以向周边地区传播。

同时，我们需要注意的是，这种头上带有太阳射线状头饰的人像和人面像（图十五）在中亚、南西伯利亚和中国北方地区的岩画中广泛分布，但是年代的不确定性使得岩画资料很难得到有效利用，因此，上述墓葬中出土的类似材料为岩画年代的断定提供了大量可资比较的材料。（特尔巴依尔）

① I.P. 拉扎列托夫：《奥库涅夫—切木尔切克共同体：青铜时代早期现象与文化同步性问题》，权乾坤、张胤哲译，《北方民族考古》第 10 辑，科学出版社，2020，第 251~260 页。

3. 乌伊巴特 – 恰尔科夫墓地 1 号冢

【名称】乌伊巴特 – 恰尔科夫墓地 1 号冢

【位置】哈卡斯共和国乌斯季 – 阿巴坎地区恰尔科夫村西北 1 公里乌伊巴特河右岸

【年代】公元前 2500 年 ~ 公元前 2300 年

【解题】

乌伊巴特 – 恰尔科夫墓地 1 号冢位于哈卡斯共和国的乌斯季 – 阿巴坎地区，处于恰尔科夫村西北 1 公里乌伊巴特河右岸洪泛平原上方的一个高台上，在卡津索拉赫山脚下。墓地由 3 个属于青铜时代早期奥库涅夫文化的墓冢组成。墓冢建在缓坡上，目前作牧场和菜园使用。其中，1 号冢位于斜坡上方，靠近阿巴坎 – 索尔斯克高速公路，是一座积石墓。地表积石堆现存高度为 0.5~0.6 米，冢体由一层 0.4~0.65 米厚的石头组成，上面覆盖着现代草皮。下面是一层厚达 0.1 米的黑色腐殖土层，墓冢地层为淡黄色土壤。

墓冢带有一个 15 × 15 米的方形石围（图一）。石围位于墓冢边缘，由厚度为 0.3~0.4 米的扁平花岗岩块组成。石围东段的岩石填充层比西段厚，单体石块重达 200~300 公斤。石块是从位于山脚下、墓冢西北 500 米处的一个古老采石场运来的，大石块之间的缝隙充满了红色的岩石碎块。

乌伊巴特 – 恰尔科夫墓地 1 号冢的历史可以追溯到奥库涅夫文化早期的乌伊巴特阶段，是这一时期具有代表性的墓冢。通过对 M11 采集到的 5 个样品进行碳 14 测年，得出其年代大约在公元前 2500~ 前 2300 年。该冢内共发现了 17 座不同的墓葬，墓冢的建造遵循一定的顺序。首先，在外侧建造一个由大量石块构成的方形石围；其次，在石围中央建造了 M1。M1 为中心墓葬，规模最大，墓坑深约 4.5 米，墓上堆有厚厚的积

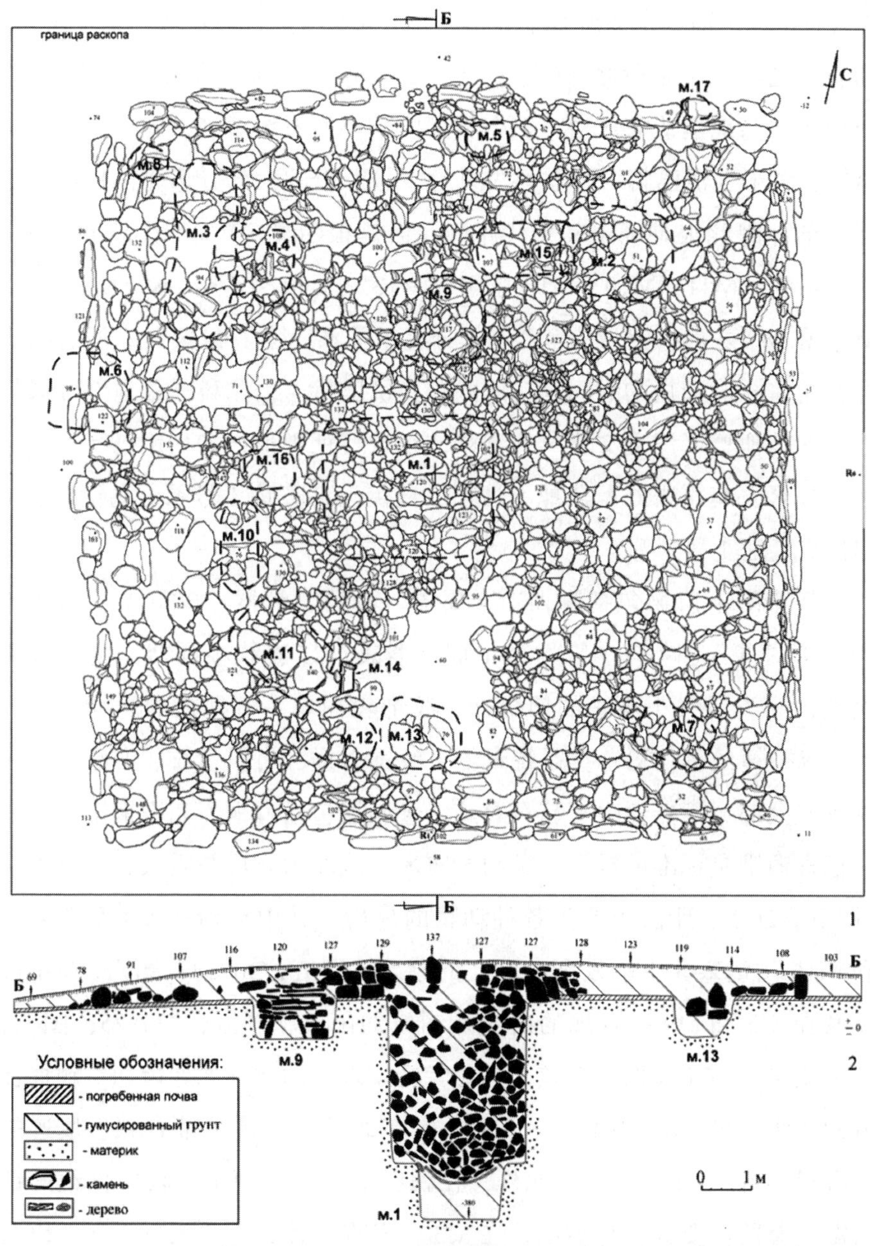

图一　乌伊巴特-恰尔科夫墓地1号冢平、剖面图

[引自 И.П.Лазаретов, А.В.Поляков, *Исследования могильника Уйбат-Чарков и новые данные о раннем этапе развития окуневской культуры* // *ТПАИ*. №3 (23). 2018. с. 43]

石（图二）。而其余的所有墓葬均以 M1 为参考点进行建造，分布在 M1 与石围之间除了东段之外的空隙中。其他墓葬也为石棺墓，但比 M1 要小得多。墓地建造完成后，整个石围内部都被石头填满，此后，建造了 M14。由于乌伊巴特－恰尔科夫墓地 1 号冢中的大部分墓葬都是在地表建造的，因此很难确定其年代序列。但是很明显，M1 年代最早，M14 年代最晚。M11、M10、M16 在建造 M13 之后依次建造。M4 比 M3 晚，M15 在 M2 之后，因为二者存在部分叠压关系。除了 M14 外，所有的墓葬都是在相对较短的时间内完成的。乌伊巴特－恰尔科夫墓地 1 号冢与本地区其他奥库涅夫文化早期墓冢的组合特征类似，如乌伊巴特 3 号墓地 1 号冢、莫霍夫 6 号墓地 1 号冢、乌伊巴特墓地 1 号冢、乌伊巴特－提比克墓地 1 号冢等。

墓葬出土遗物包括陶器、金属器、石器、骨器、皮革以及动物牙齿等（图五～图七）。陶器多平底，器表饰以连续小圆窝，主要有两大类：一类是大小不一的筒形器，纹饰较简单，有押捺的篦纹、杉针纹、纵列篦纹等；另一类是罐形器，纹饰多样，有棋盘纹、波浪纹、弦纹等。大部分陶器器表有赭石痕迹。金属器包括青铜刀和青铜锥。其中一把青铜锥是标准的锥子，长约 5 厘米，截面为方形并插入骨柄或木柄（图五，26）。牙齿主要为各种动物的牙齿，其中包括在 M4 女性墓葬和 M16 儿童墓葬中均发现的钻孔的象牙（图五，30~34；图六，3~7），以及在 M3 和 M9 中发现的由熊牙制成的吊坠（图五，12、25；图七，7）；此外，在 M3 的一个孩子头骨旁还发现了两颗马鹿牙齿和一颗捕食者的牙齿（图五，13~15）；而在石围东北部还发现了带有赭色痕迹的土拨鼠门牙（图五，5）。此外，在积石堆中还发现了一枚中世纪的铁箭镞。骨器主要为小型器物，在 M3 中发现一枚骨珠（图五，16）以及数枚骨环（图五，17~22），而在 M5 中也发现一枚带有缺口的骨环（图五，36），类似的骨环在石围东北部也有发现（图五，6）；此外，M9 中埋葬了一名年龄超过 55 岁的妇女，在其大腿骨下发现了一个由动物

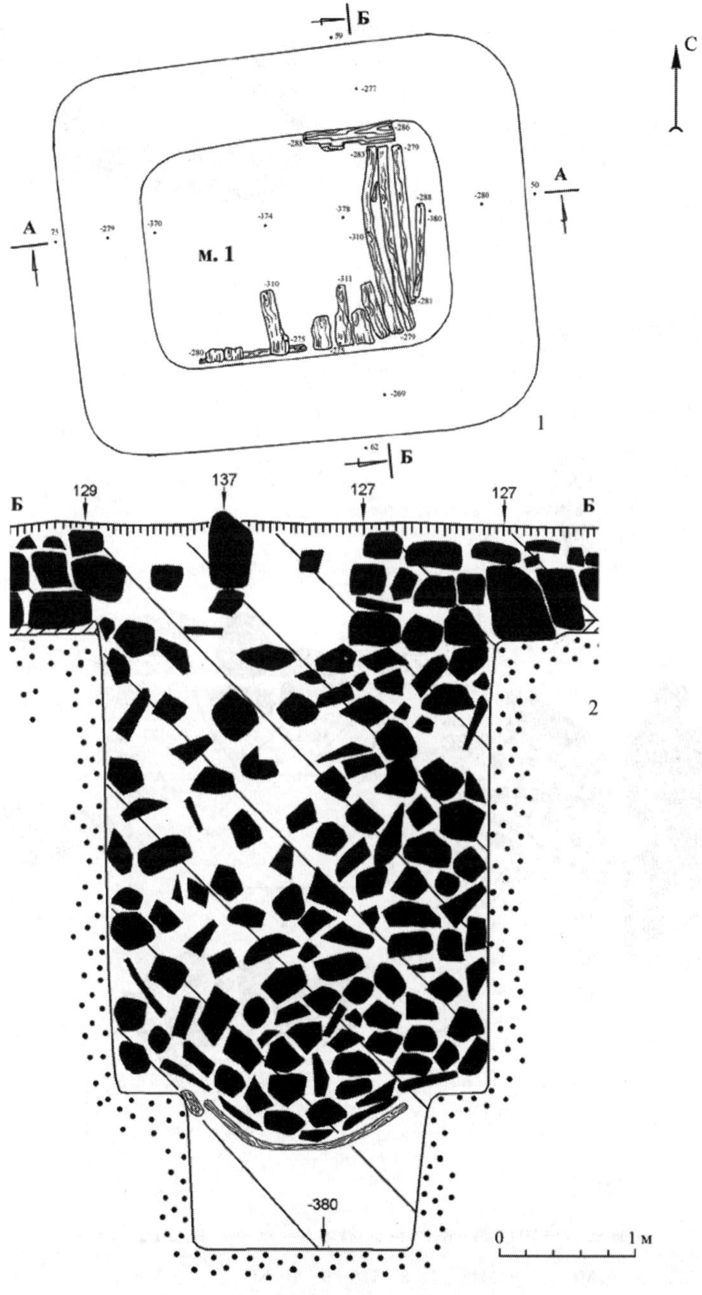

图二　乌伊巴特–恰尔科夫墓地1号冢M1平、剖面图

［引自 И.П.Лазаретов，А.В.Поляков, *Исследования могильника Уйбат-Чарков и новые данные о раннем этапе развития окуневской культуры // ТПАИ.* №3 (23). 2018. с. 46］

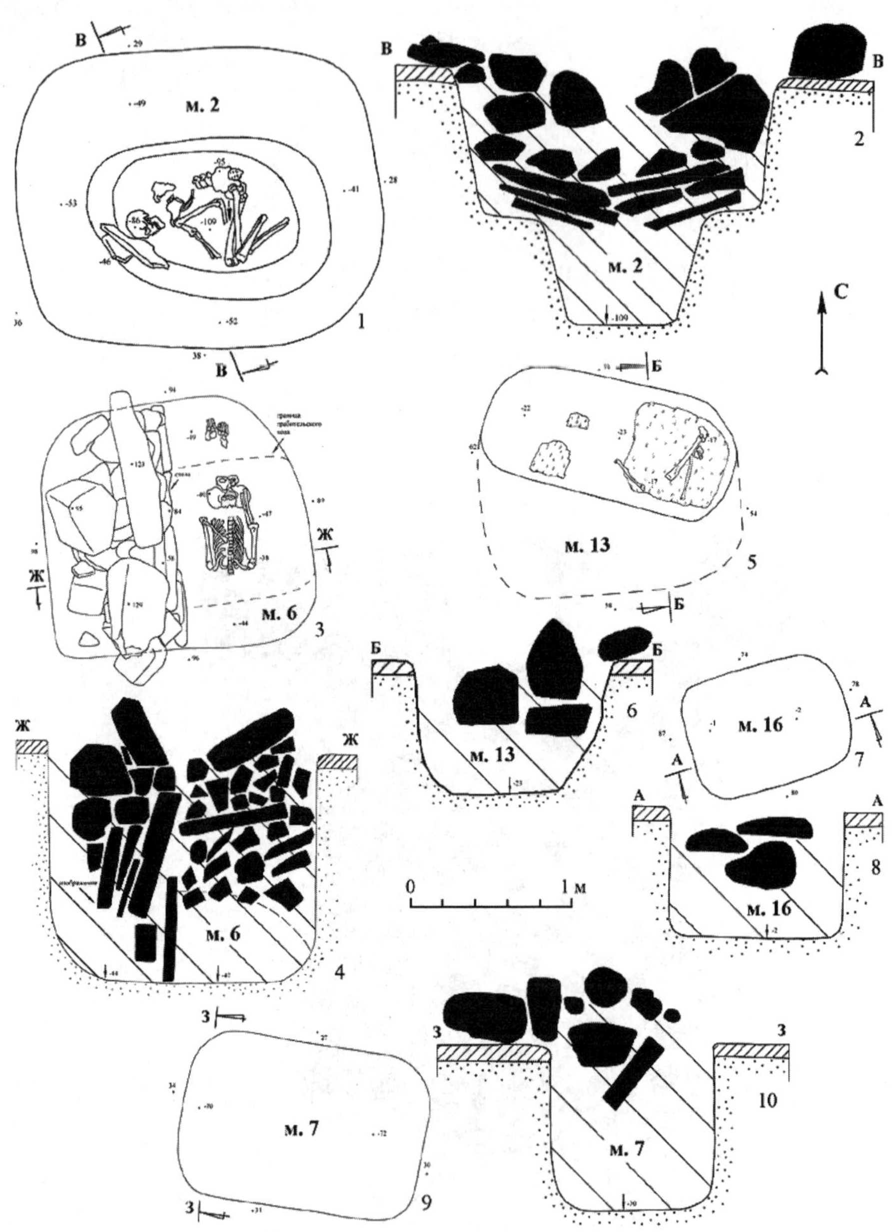

图三　乌伊巴特–恰尔科夫墓地1号冢平、剖面图（一）

1、2. M2　3、4. M6　5、6. M13　7、8. M16　9、10. M7

［引自 И.П.Лазаретов，А.В.Поляков, *Исследования могильника Уйбат-Чарков и новые данные о раннем этапе развития окуневской культуры* // *ТПАИ*. №3 (23). 2018. c. 47］

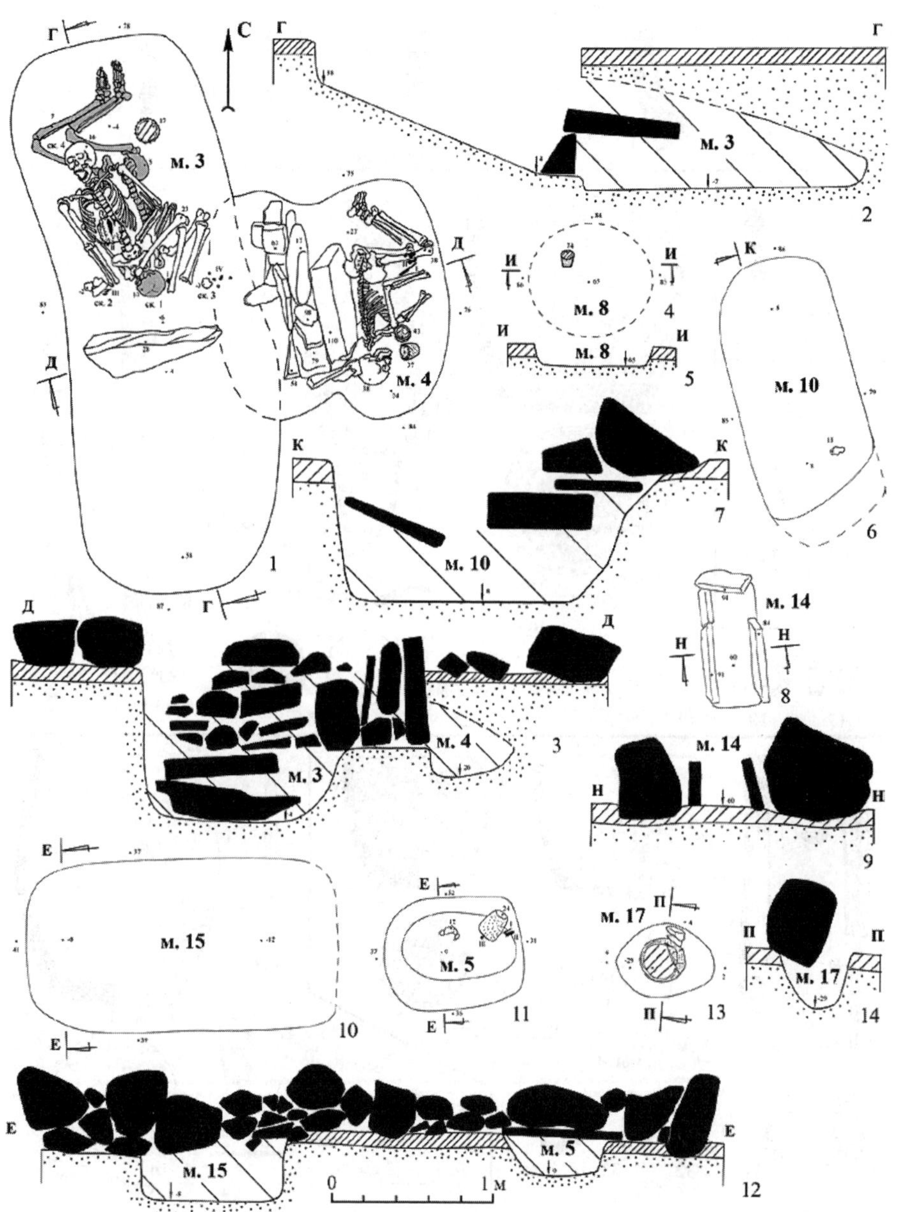

图四　乌伊巴特-恰尔科夫墓地1号冢平、剖面图（二）

1~3. M3、M4　4、5. M8　6、7. M10　8、9. M14　10~12. M5、M15　13、14. M17

［引自 И.П.Лазаретов , А.В.Поляков, *Исследования могильника Уйбат-Чарков и новые данные о раннем этапе развития окуневской культуры* // *ТПАИ*. №3 (23). 2018. с. 48］

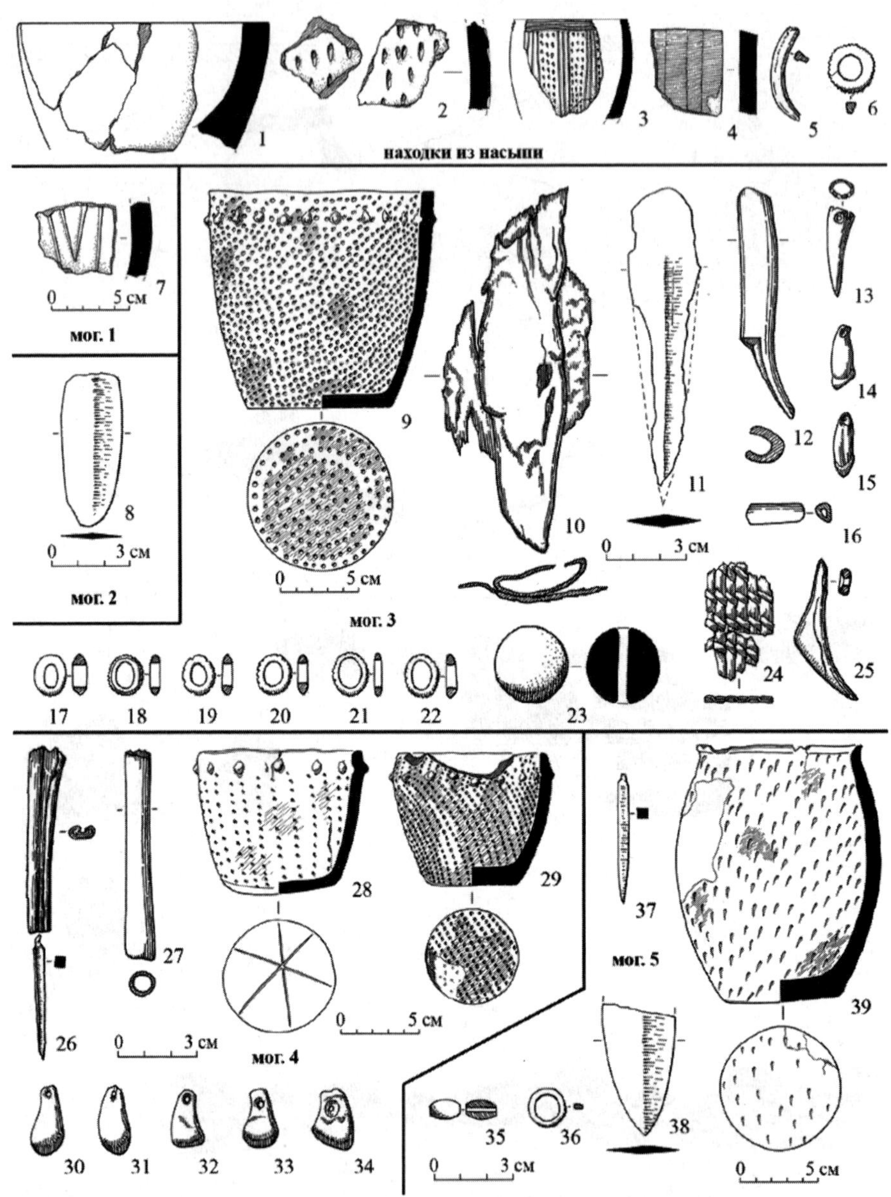

图五　乌伊巴特–恰尔科夫墓地1号冢出土文物（一）

1~4、7、9、28~29、39. 陶器　5、12~15、25、30~34. 动物牙齿　6、16~22、27、36. 骨器　8、11、37、38. 青铜器　10. 皮革　23、35. 石器　24. 草　26. 骨器和金属器（铜？）（1~6出自地面积石堆，7出自M1，8出自M2，9~25出自M3，26~34出自M4，35~39出自M5）

［引自 И.П.Лазаретов，А.В.Поляков, *Исследования могильника Уйбат-Чарков и новые данные о раннем этапе развития окуневской культуры // ТПАИ*. №3 (23). 2018. с. 51］

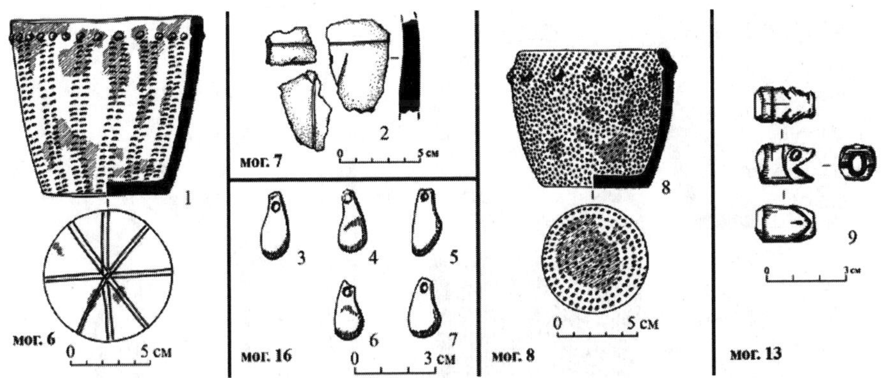

图六　乌伊巴特–恰尔科夫墓地1号冢出土文物（二）

1、2、8. 陶器　3~7. 动物牙齿　9. 骨器（1 出自 M6，2 出自 M7，3~7 出自 M16，8 出自 M8，9 出自 M13）

［引自 И.П.Лазаретов , А.В.Поляков, *Исследования могильника Уйбат-Чарков и новые данные о раннем этапе развития окуневской культуры // ТПАИ*. №3 (23). 2018. с.52］

骨头制成的青铜锥柄（图七，6）；除此之外，在 M11 中还发现数件被修整过的公绵羊跟骨（图七，13~20），而在 M13 中还发现了一件类似蛇头的雕刻而成的管状骨器（图六，9）。石器包括石珠和穿孔石球等。其中一枚石珠出土于 M5（图五，35），而在 M3 和 M11 中还发现穿孔的白色大理石制成的石球（图五，23；图七，12）；此外，M9 中妇女的双臂屈肘，双手平放在胸前，袖口镶有小石珠，共收集到 208 颗（图七，5），而在 M11 中还发现了一件由鹅卵石制成的刮削器（图七，11）。

在 1 号冢内共发现了 8 块带有图像的石板（图八）。这些石板均是作为建筑材料来使用。其中 4 块石板出自 M1，绘制技法包括用颜料绘制和敲凿—研磨，后者是先用敲凿法制作出图像轮廓，然后在轮廓内进行研磨（图八，1~4）。与其类似的还有 M11 石板上的图像（图八，7）。这些图像均是典型的奥库涅夫文化图像，图像保存不好，多为残片，不能窥测其全貌。M1 的石板埋藏较深，因此，其上的颜料保存完好。可以看出，图像的背景是用赭石制成的，压纹线是用黑色颜料填充的。这些图像充满了复杂的细节，如人面像有第三只眼，耳朵、头上带有射线

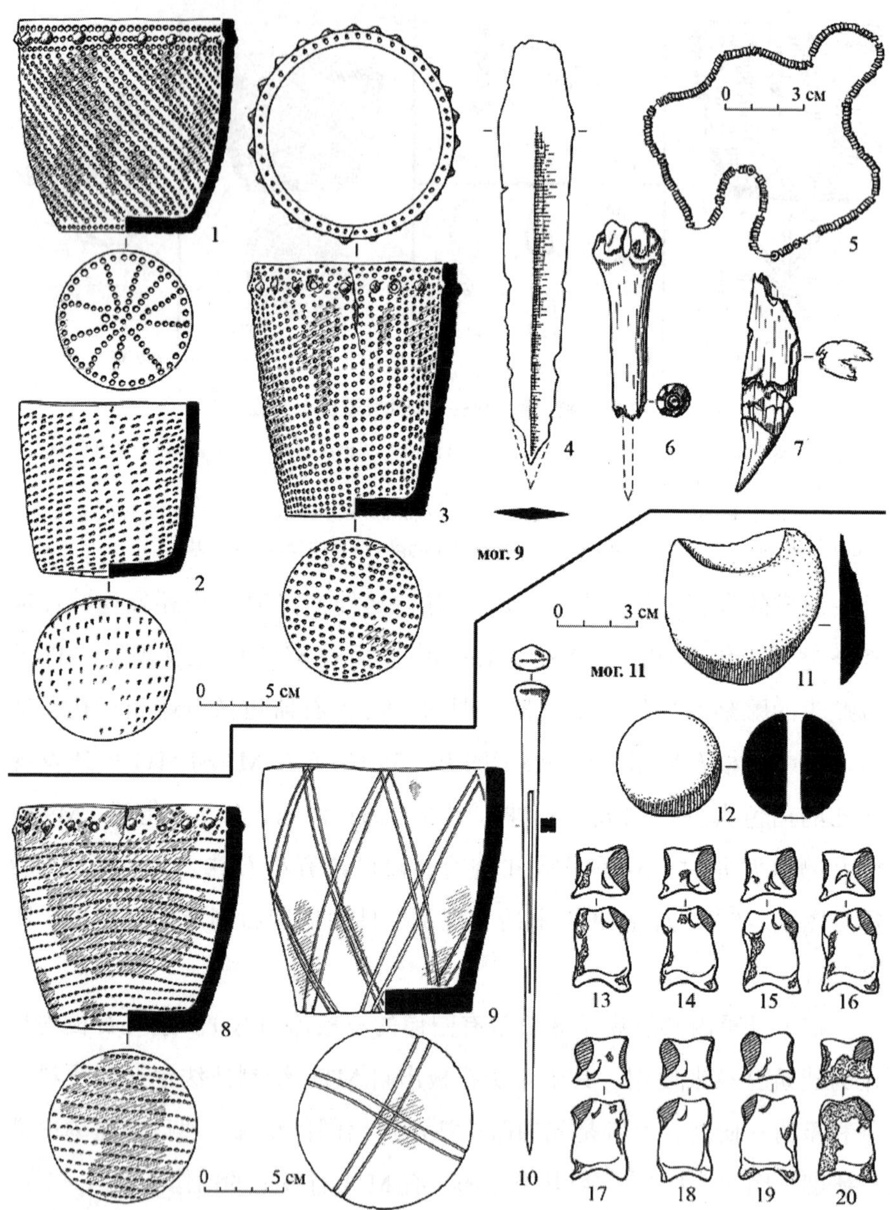

图七　乌伊巴特–恰尔科夫墓地1号冢出土文物（三）

1~3、8~9. 陶器　4、10. 青铜器　6、13~20. 骨器　5、11、12. 石器　7. 动物牙齿（1~7 出自 M9，8~20 出自 M11）

［引自 И.П.Лазаретов，А.В.Поляков, *Исследования могильника Уйбат-Чарков и новые данные о раннем этапе развития окуневской культуры // ТПАИ*. №3 (23). 2018. с. 54］

等，需要注意的是，其中一幅奥库涅夫图像被后期一幅人像的刻痕打破（图八，1a）。这些图像与奥库涅夫文化无关，但可以在斯基泰文化中找到类似的形象。因此，该墓可能在斯基泰时期被盗掘过。此外，在地面积石堆中发现了一块石板，上面有五个人腿的划痕图像，无论是刻画方式还是绘画技法都与其他图像不同（图八，8）。

乌伊巴特－恰尔科夫墓地 1 号冢 M6 石板上的人面像是目前在整个西伯利亚地区墓葬中发现的“焦伊斯基”类型人面像[①]与面部带括弧类型的人面像共存的唯一例子（图八，5~6）。目前共在两块石板上各发现一幅人面像。其中一幅人面像位于一块直立石板的正面部位，在眼睛和嘴巴之间有一横线，眼睛用圆点表示，嘴巴用一短横线表示，眼眉上方有一斜线，使用敲凿法制作而成（图八，5）。另一幅人面像用红色颜料绘制而成，其风格与典型的“焦伊斯基”类型人面像岩画类似（图八，6）。人面像位于一块直立石板的底座上，一条末端带分叉的水平线将人面像面部分为上下两部分。下半部分用两个一端带分叉的线条构成嘴的形状，而上半部分则用三个圆圈表示眼睛，其中一只眼睛旁边装饰有类似眉毛的线条，另外一侧线条脱落。两只眼睛内侧各有一条对称且向外弯曲的线条，线条下端与水平横线相连。该幅人面像并非处在同一个平面上，而是位于相接的两个面上。中间两只眼睛以下部分位于一个较窄的平面上，而顶部的眼睛则位于一个较宽平面的边缘上。人面像的颜色保存情况不一：除了剥落部分外，在较窄平面上保存得较好，而在较宽平面上，颜料已经很难辨别了。此外，该幅图像除了具有“焦伊斯基”的某些特点外，还具有奥库涅夫文化人面像的一些特点。如人面像眼睛

---

① “焦伊斯基”类型人面像是由 H.B. 利奥季耶夫于 1976 年根据叶尼塞河左支流焦伊河河口地区发现的岩画点而命名的。其共同特征是：眼睛和嘴巴之间有水平线条，线条末端分叉。人面像的眼睛主要用圆圈来表示，部分为呈倾斜状的椭圆形，少数用圆点表示，某些人面像的眼睛轮廓中还用圆点来表示眼珠。嘴巴的表现方式主要为短横或者水平的椭圆形。此外，绝大多数人面像在其嘴角两侧都有一个角尖向外的锐角形图案，以括弧的形式将嘴巴包合在内。部分人面内还有一些附加纹饰，构图比较复杂。

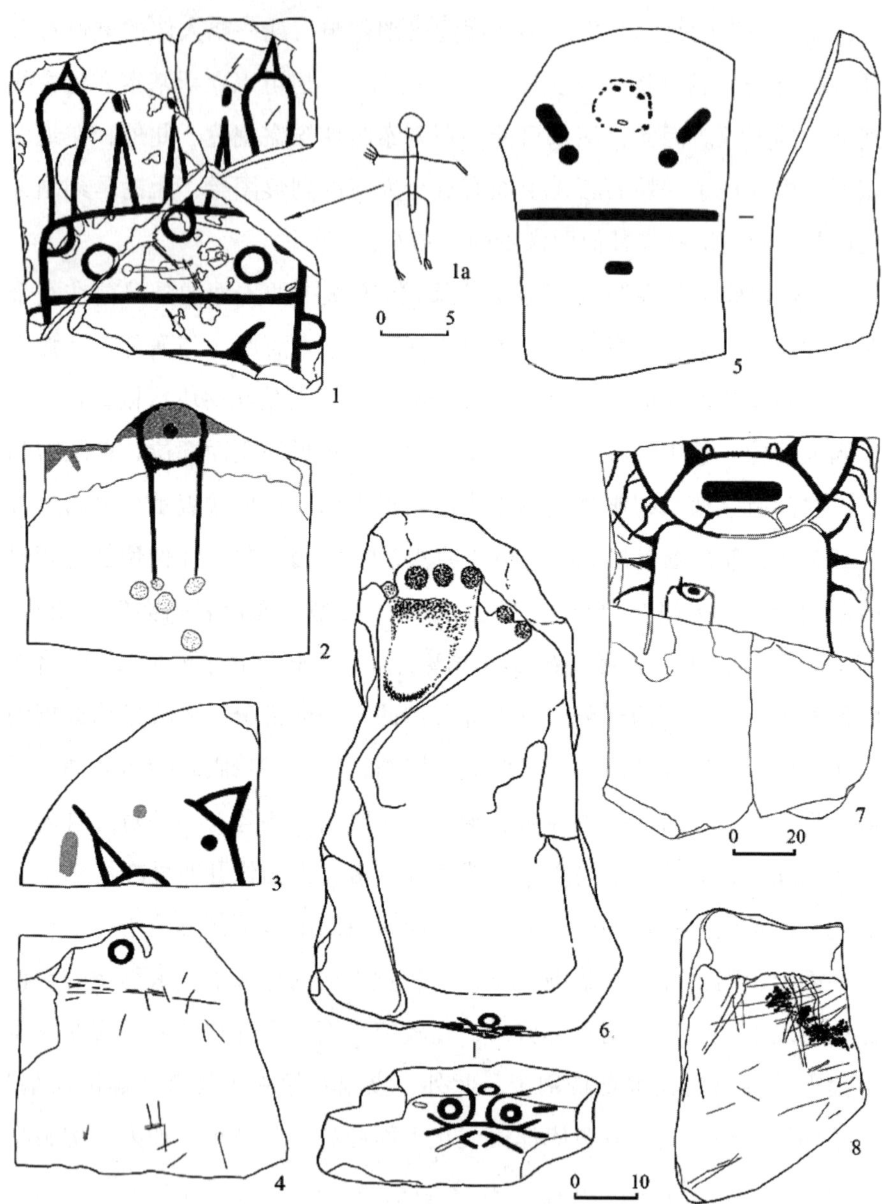

图八　乌伊巴特–恰尔科夫墓地1号冢出土的带有图像的石头

（1~4 出自 M1，5、6 出自 M6，7 出自 M11，8 出自地面积石堆）

［引自 И.П.Лазаретов，А.В.Поляков, *Исследования могильника Уйбат-Чарков и новые данные о раннем этапе развития окуневской культуры // ТПАИ*. №3 (23). 2018. с. 57］

附近有类似眉毛的斜线，这在奥库涅夫人面像中也有发现；而拥有第三只眼睛则在奥库涅夫艺术中经常遇见。从同时包含“焦伊斯基”类型和奥库涅夫文化两种人面像的要素来看，该幅图像可能是二者共同的源头。

除了人面像之外，在该块岩石的顶部还有一个研磨而成的类似脚印的岩画，有 3~4 个脚趾，似乎是在该石板靠近顶部的一个窟窿上敲凿而成（图八，6）。这种脚印图像并不常见，不过从中国史籍所载姜嫄“履巨人迹”而生周人始祖后稷的传说来看，这种类型的岩画应该很早就存在了，可能随着人们生产活动的加剧而被破坏掉了。

必须注意到，1 号冢内人面像的众多元素在中国北方人面像岩画中均有发现，如面部带有横线、眼睛内侧有括弧、带射线状的头饰以及额头处有第三只眼等，表明二者之间存在着密切的关系。（肖波）

4. 伊特科尔 2 号墓地 14 号冢

【名称】伊特科尔 2 号墓地 14 号冢

【位置】俄罗斯哈卡斯共和国希林区伊库尔湖的西北岸

【年代】公元前 3 千纪后半期

【解题】

伊特科尔 2 号（Итколь Ⅱ）墓地 14 号冢位于俄罗斯哈卡斯共和国希林区伊库尔湖的西北岸，共由 10 座墓葬组成。从 2007 年开始，俄罗斯科学院物质文化史研究所和国立艾尔米塔什博物馆一直对该墓地进行系统研究。2010 年，由俄罗斯科学院物质文化史研究所和国立艾尔米塔什博物馆组成的联合考古队，对该冢进行了发掘。在发掘之前，该冢有 0.15 米高的土封堆，在其底部有一个由砂岩石板构成的直径约 9 米的圆圈（构成圆圈的石板宽度为 0.8 米，最大高度为 0.4 米，石板最多有 10 层），属于一个阿凡纳谢沃文化墓冢的石围。后来，它被重新利用，构成原址建造的奥库涅夫文化墓冢的一部分。其外部环以方形石围，大小为 10×10 米，石围由垂直埋藏的砂岩板建造，位于圆形石圈的外侧（图一）。此时，阿凡纳谢沃文化墓冢的圆形石围已经被严重破坏；因此，方形石围已经与倒塌的圆形石围连在一起，故这两个石围之间时间的早晚关系很容易判断。位于墓地中心的阿凡纳谢沃文化墓冢，已在奥库涅夫文化墓冢建造期间被完全拆除。然而，它的存在由墓冢内出土的众多阿凡纳谢沃文化陶片得到确认。14 号冢的 10 座墓葬有着不同的结构，如土坑竖穴墓、洞室墓以及石棺墓等。按照 И.П. 拉扎列托夫（И.П. Лазаретов）对奥库涅夫文化的分期，该冢属于奥库涅夫文化早期的乌伊巴特（Уйбат）阶段，其陶器的器型和纹饰与奥库涅夫文化早期典型墓葬，如乌伊巴特 3 号、乌伊巴特 5 号和乌伊巴特－恰尔科夫墓葬发现的陶器相同。

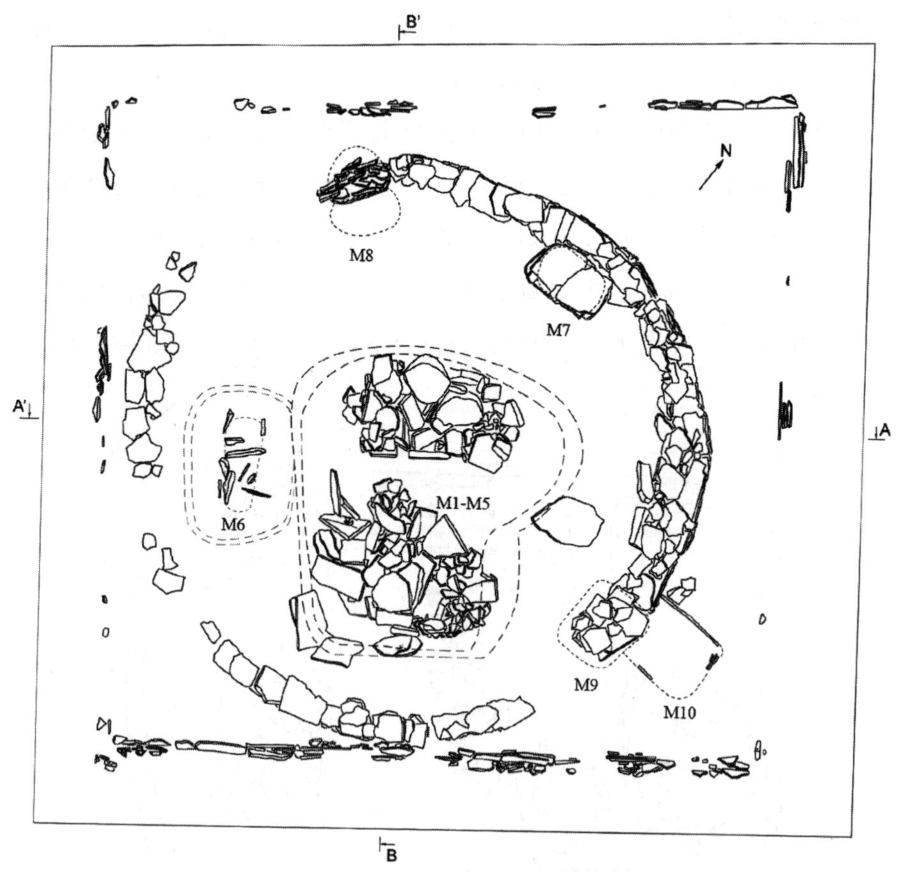

图一　伊特科尔2号墓地14号冢平面图

［引自 А.В.Поляков，Ю.Н.Есин，*Миниатюрные Изображения из Погребения Окуневской Культуры на Озере Иткуль в Хакасии*. Археология, Этнография и Антропология Евразии. 2015(2). с. 44］

目前，使用碳 14 测年法获得了该冢的两组年代数据。其中一组数据来自墓葬内的一块木板残片，校准后的结果有 95.4% 的概率在公元前 2860~ 前 2498 年间。研究者认为，这根木材是之前阿凡纳谢沃文化冢地上建筑结构的一部分，后来被奥库涅夫文化冢的建造者二次利用。因此，这个年代实际上是阿凡纳谢沃文化冢的年代。第二组数据来自 1 号墓中发现的人骨，校准后的结果有 95.4% 的概率在公元前 2620~ 前

2206 年间。这个年代与奥库涅夫文化早期阶段的测年数据一致。① 因此，在确定 14 号冢中奥库涅夫文化墓葬的绝对年代时，依据的正是这个数据。

其中 M4 位于圆形石围内，平面呈椭圆形，方向为东北—西南向（图二）。墓的底部尺寸为 0.85 × 0.65 米，深 0.6 米（距地表 1.2 米）。由砂岩石板（尺寸为 1.1 × 0.9 × 0.3 米）制成的地板铺设在坟墓上缘下方 0.25~0.30 米的台阶上，并沿着整个周边展开（图三）。地板的建造似乎没有使用木材，其部分向下坍塌，但没有落进墓坑中。在墓葬被打开时，

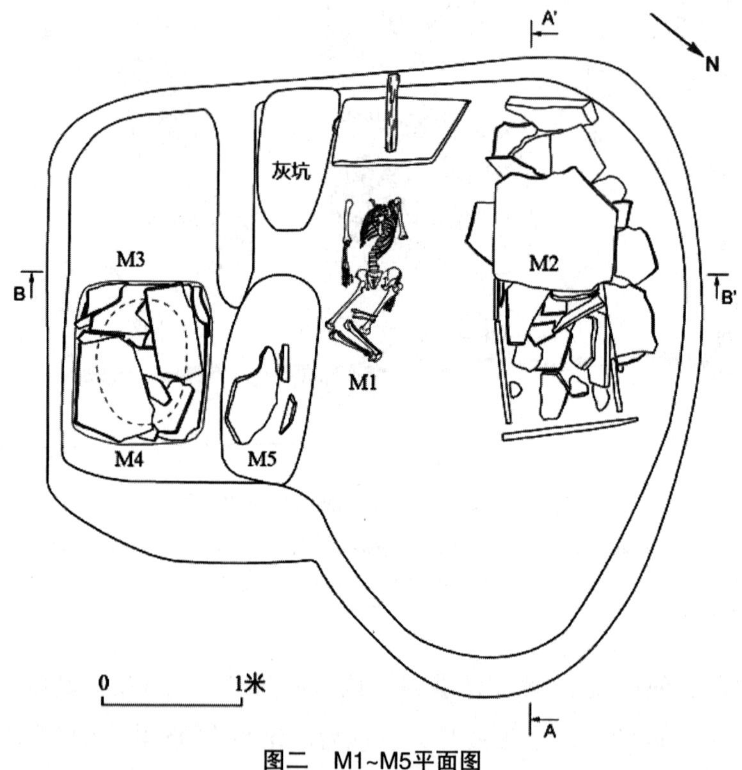

图二 M1~M5平面图

［引自 А.В.Поляков，Ю.Н.Есин, *Миниатюрные Изображения из Погребения Окуневской Культуры на Озере Иткуль в Хакасии*. Археология, Этнография и Антропология Евразии. 2015(2). с. 45］

---

① А.В. Поляков, С.В. Святко, *Радиоуглеродное датирование археологических памятников неолита – начала железного века Среднего Енисея: обзор результатов и новые данные // Теория и практика археологических исследований.* – Барнаул, 2009. Вып.5. С.20-56.

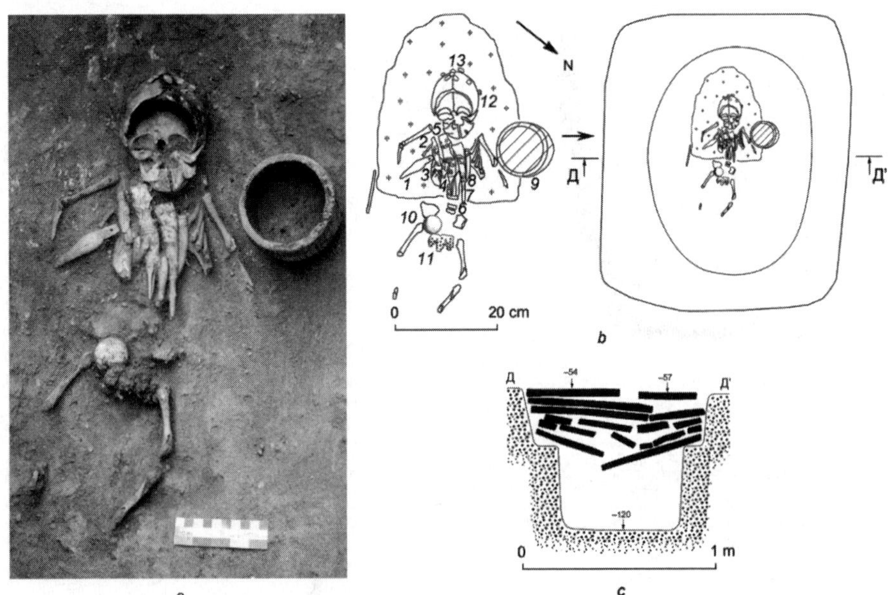

图三　M4(a)、平面图 (b) 和剖面图 (c)

1~8. 角雕图像　9. 陶器　10. 石球　11. 木条　12. 白色金属指环　13. 铜饰牌

［引自 А.В.Поляков，Ю.Н.Есин，*Миниатюрные Изображения из Погребения Окуневской Культуры на Озере Иткуль в Хакасии*. Археология, Этнография и Антропология Евразии. 2015(2). с. 46］

地板下方留有约 0.1 米深的空间未填土。

坟墓里葬有一个不到 1 岁的婴儿，很可能是安置在一个桦树皮摇篮里，因为在婴儿骨骼的右侧发现了一层桦皮层和细木棍的痕迹，可能是摇篮的组成部分。婴儿呈仰卧状，头朝向西南方。其肩部左侧有一个布满戳印纹的平底陶器，陶器底部有垂直交叉线组成的网格纹（图四，1）。在儿童的头骨上发现了 11 块铜饰牌，其中 10 块饰牌由不超过 1.5 厘米的薄椭圆形铜板制成。每块饰牌两侧都有一个用于系扣的小孔（图四，2）。在某些情况下，还能发现皮革的残留物，人们把细皮革带穿过小孔从而将饰板牢系在皮革上。在儿童头顶处还发现了一块由两个锥体组成的铸造牌匾，二者通过一块金属板连接起来（图四，3）。这些可能是孩子帽子上的装饰品。在头骨左侧还发现了一个直径为 0.9 厘米的单圈白色金属丝耳环（图四，4）。在儿童腰部附近发现了一个直径约 4 厘米、

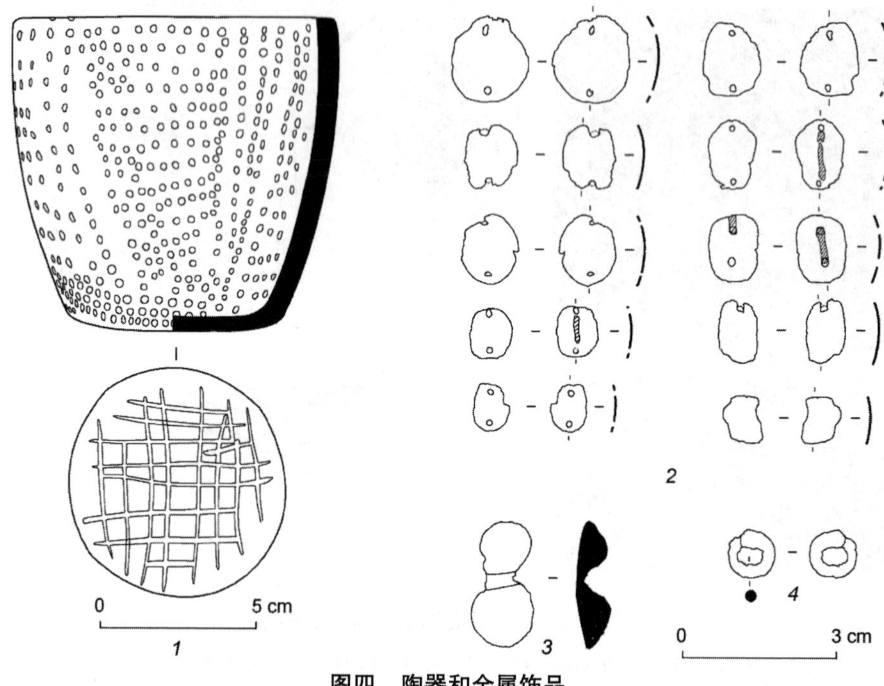

图四　陶器和金属饰品

［引自 А.В.Поляков，Ю.Н.Есин，*Миниатюрные Изображения из Погребения Окуневской Культуры на Озере Иткуль в Хакасии*. Археология, Этнография и Антропология Евразии. 2015(2). с. 46］

通孔直径为 0.3 厘米的白色石球（图五，1）。旁边有一个由三部分组成的木制物品（或其残片），上面钉有很多铜钉（图五，2）。这件遗物下面还固定有一层皮革。

婴儿的胸前紧贴着 8 件用角雕刻而成的小雕像。其中 4 件为野兽及禽鸟的头像（图六），另外 4 件为人、兽组合图像（图七），后者与米努辛斯克盆地部分大型石柱所表现的内容几乎完全相同。这些雕像很可能是用鹿科动物的角制成的。部分雕像还部分保留了它们原来的棒状形状。制作工艺使用到钻孔技术。这些雕像均用红色颜料上过色，部分保留的淡红色颜料痕迹证明了这一点。雕像保存状况较差。以前在奥库涅夫墓葬中已经发现了角和骨制品，但这些小雕像迄今为止是独一无二的。此外，2016~2017 年，俄罗斯科学院物质文化史研究所萨彦考古队发掘

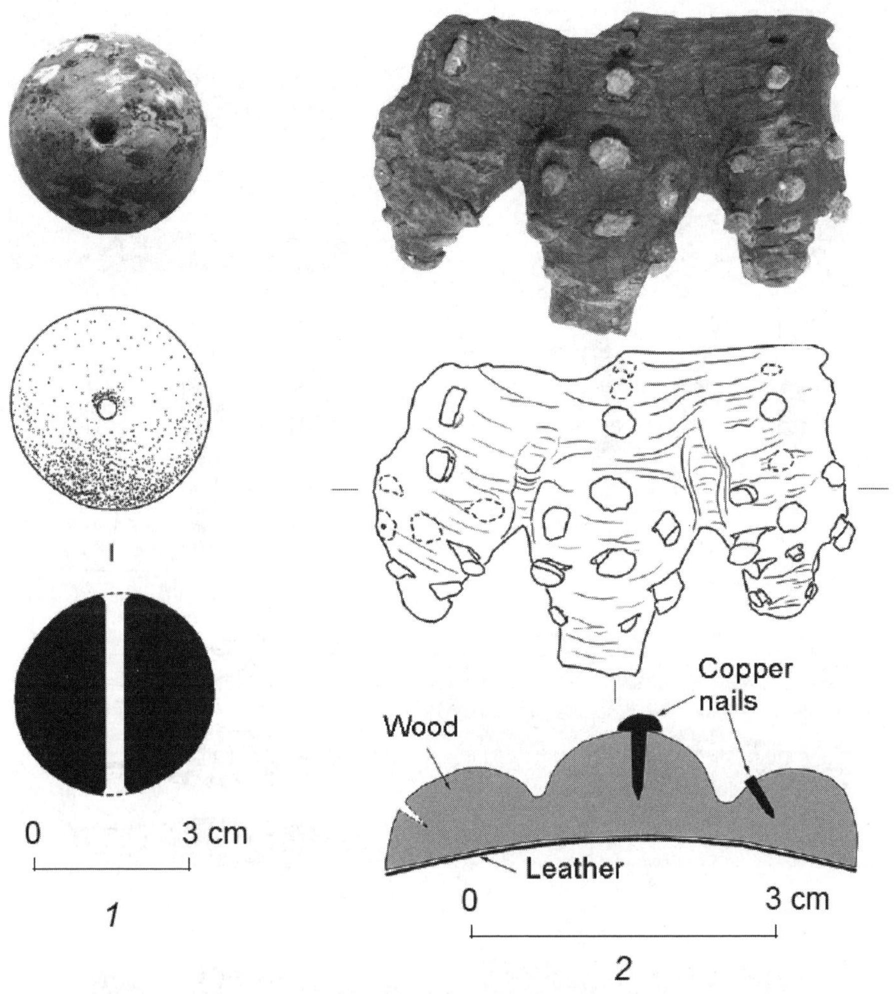

图五　石球和木制物品

1. 石球　2. 木制物品

［引自 А.В.Поляков，Ю.Н.Есин，*Миниатюрные Изображения из Погребения Окуневской Культуры на Озере Иткуль в Хакасии*. Археология, Этнография и Антропология Евразии. 2015(2). с. 47］

了伊特科尔 2 号墓地属于奥库涅夫文化的 12 号冢，在该冢 M3 内出土了一件典型的奥库涅夫文化陶“香炉”，上面刻画有与米努辛斯克盆地石雕几乎完全相同的“神面”。碳 14 数据表明，其年代为公元前 2572~前 2291 年，亦属于奥库涅夫文化的早期阶段。这两项重要考古发现，

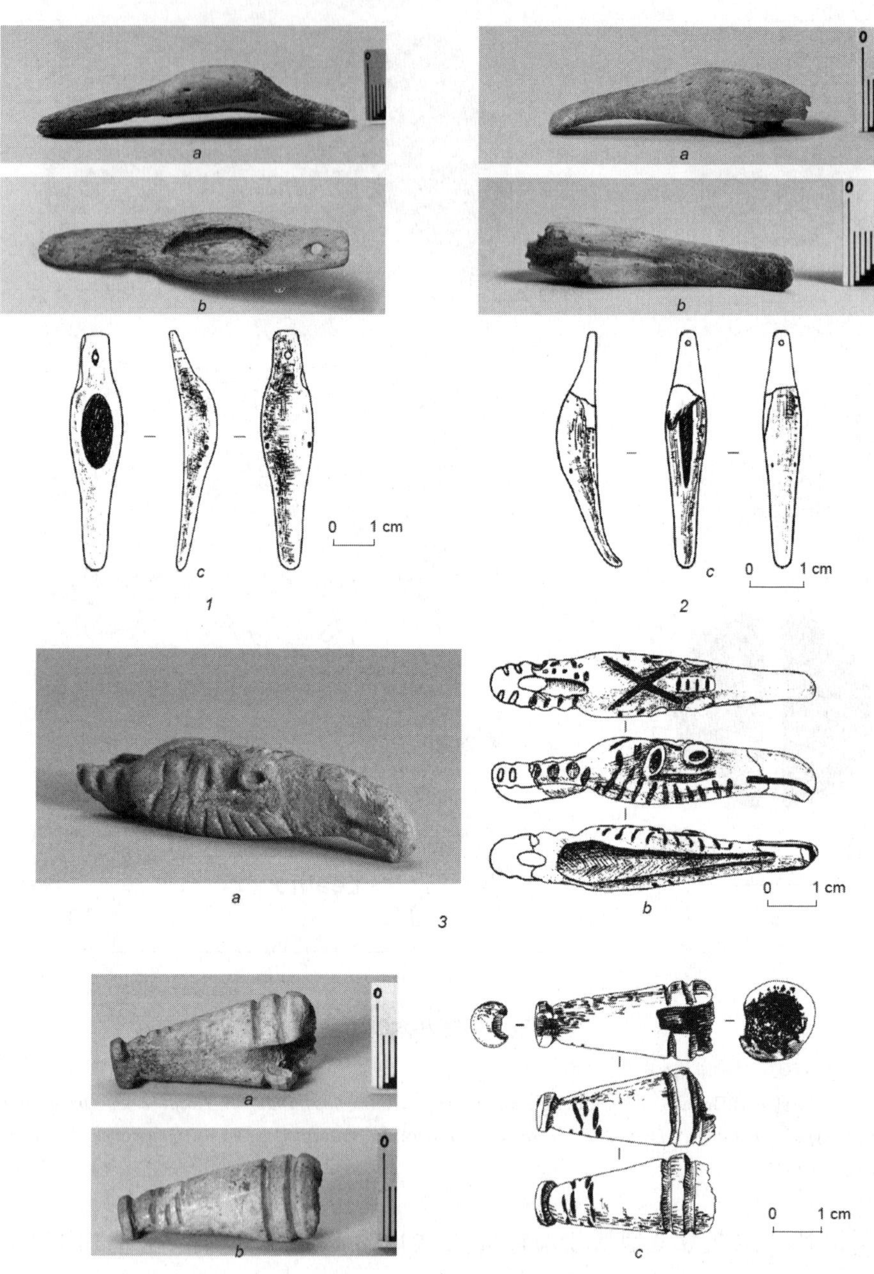

图六　鸟类和动物头部形式的小雕像

［引自 А.В.Поляков，Ю.Н.Есин，*Миниатюрные Изображения из Погребения Окуневской Культуры на Озере Иткуль в Хакасии*. Археология, Этнография и Антропология Евразии. 2015(2). с. 48］

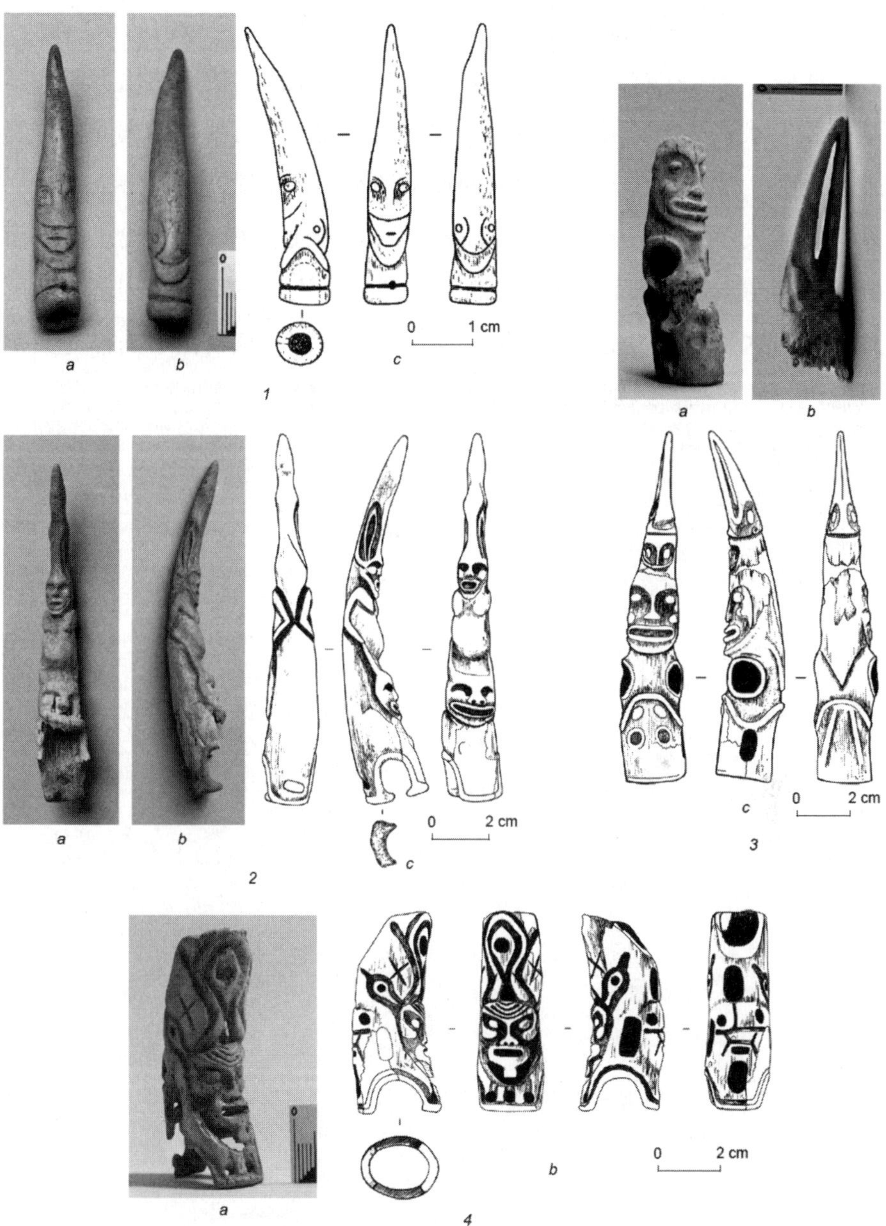

图七　人、兽组合小雕像

［引自 А.В.Поляков，Ю.Н.Есин，*Миниатюрные Изображения из Погребения Окуневской Культуры на Озере Иткуль в Хакасии*. Археология, Этнография и Антропология Евразии. 2015(2). с. 50］

进一步将米努辛斯克盆地石雕与奥库涅夫文化建立了直接的联系。

此外，需要注意的是，这些人面小雕像的眼睛内侧普遍用剪影法制成括弧形状，与叶尼塞河流域以及中国北方地区带有括弧的人面像岩画非常类似。另外，部分小雕像人的面部还有一条横线，这些特征在叶尼塞河流域人面像岩画中同样可以发现，进一步证明了该墓葬出土的人面雕像的确与本地区人面像岩画之间存在着文化上的联系。我们基本上可以认为，这类图像均是在大致同一时间段内由同一族群出于同样的文化观念创作的作品，区别仅在于载体的不同。（肖波）

5. 乌斯季－卡门卡 2 号墓地 M1

【名称】乌斯季－卡门卡 2 号墓地 M1

【位置】俄罗斯阿尔泰西北部的卡门卡河右岸

【年代】约公元前 2300 年～公元前 1700 年

【解题】

乌斯季－卡门卡 2 号墓地（Усть-Каменка Ⅱ，切尔木切克文化）位于俄罗斯阿尔泰西北部的卡门卡河右岸，在卡门卡河以北 0.2 公里处，距卡门卡河与阿莱河汇入处 2 公里，位于塔拉斯金山山顶东南 2 公里的地方。该墓由 С. П. 格鲁申（С. П. Грушин）于 2005 年在塔拉斯金山附近勘探期间发现。其中，M1 的地理坐标为：北纬 50°54.079′，东经 82° 09.591′。发掘前，墓冢结构为直径 8、高 1.3 米的圆形积石堆，积石堆中央是一个由竖置的石板砌成的石棺墓（图一、图二）。通过对 M1 的研究表明，其墓葬结构与切尔木切克文化墓葬结构类似。

冢的底部是一座由 0.1~0.15 米厚的巨大石板制成的石棺墓，墓葬直接建于地表上（图三）。墓室呈东西向。石棺的尺寸为 3 × 1 米，最大高度为 0.7 米，石棺的南墙由一块约 3 米长的板组成，现在断裂成两部分。箱子的北墙严重损坏，主要墙体坍塌进墓室中。距石棺西墙 0.5 米处放置了另一块石板，将墓室分为两个隔间。石棺西南 0.5 米处的积石堆中有一块 1.3 × 1 米的巨大石板，可能是石棺盖板的一部分。

乌斯季－卡门卡 2 号墓地 M1 的设计特征完全符合切尔木切克文化墓葬“布尔干型”（公元前 2700~ 前 700 年）的特征。这一类型是根据蒙古国发掘的类似墓葬而命名的。该类型墓冢的核心是由垂直石板构成的石棺，石棺置于地表或地下。石棺顶部只有水平石板，石板上面没有石头或泥土的堆积物。石棺中通常用垂直的石板分成隔间。墓周围有石头或者土石混合的封堆，以便使石棺的四壁保持垂直状态。随后，在原

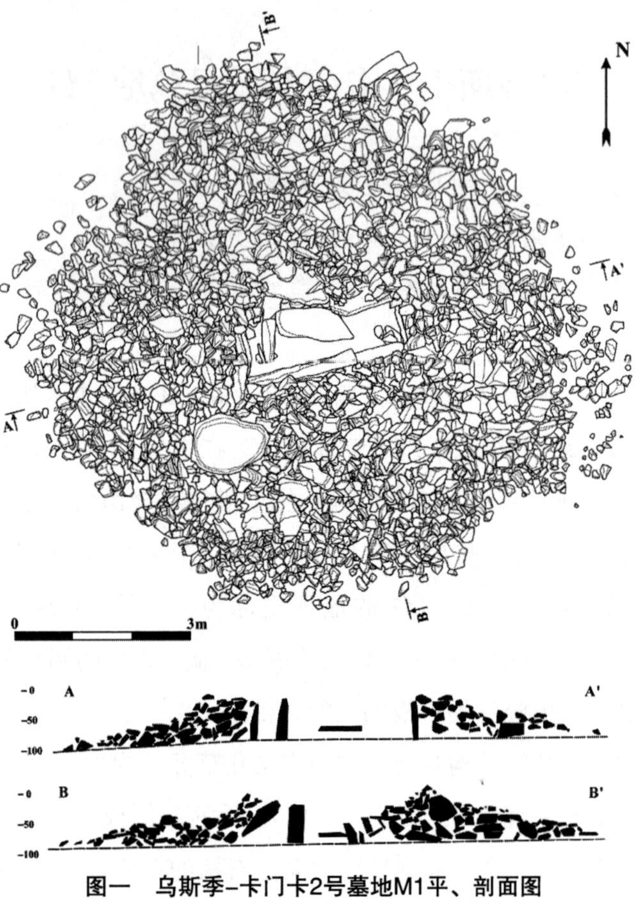

图一　乌斯季-卡门卡2号墓地M1平、剖面图

［引自 С.П. Грушин, А.А. Ковалёв, *Исследование кургана чемурчекского облика на могильнике Усть-Каменка-Ⅱ (Северо-Западный Алтай). // Древнейшие европейцы в сердце Азии:чемурчекский культурный феномен.* Часть Ⅱ. СПб: МИСР. 2015. с. 232］

来的封堆周围，不断建造新的、叠压其上的土石封堆，石封堆一般采用的是石板或巨石。在坟墓四周建造带有叠压封堆的观念与西欧巨石文化传统渗透到阿尔泰山麓有关。切尔木切克文化墓冢中用石块堆积的封堆在西欧墓葬中也有发现。乌斯季－卡门卡 2 号墓地 M1 可能是切尔木切克文化的居民在公元前 3 千纪末至公元前 2 千纪的前三分之一渗透到阿尔泰边疆区的证据。在阿尔泰边疆区的乌格洛夫斯基区发现了一个典型的切尔木切克类型的石容器，上面有典型的切尔木切克文化的装饰品和

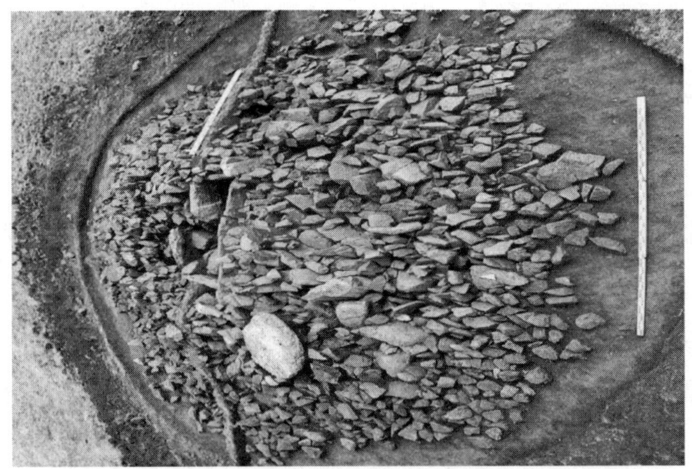

图二 乌斯季–卡门卡2号墓地M1从正南方向拍摄的全景

［引自 С.П. Грушин, А.А. Ковалёв, *Исследование кургана чемурчекского облика на могильнике Усть-Каменка-Ⅱ (Северо-Западный Алтай)*. с. 233］

图三 从东一东北方向拍摄的挖开填土后的石棺

［引自 С.П. Грушин, А.А. Ковалёв, *Исследование кургана чемурчекского облика на могильнике Усть-Каменка-Ⅱ (Северо-Западный Алтай)*. с. 235］

带有 S 形角的“双腿”公牛图像，也对这一观点提供了支持。

该墓历史上屡遭盗掘，大部分随葬品已经被盗。在 2006 年的发掘过程中，石棺内唯一的发现是一小块青铜耳环（？），耳环呈弯曲状，横截面直径为 2.4 毫米（图四，2）。在墓穴西边 0.5 米处发现了一个直径 4 厘米的石盘，中心有一个直径 0.8 厘米的圆孔（图四，1）。圆盘厚度 1.9 厘米，一侧平整、光滑，使用痕迹明显（有划痕）。其中一些地方被漆成深红色或橙色，可能是赭石颜料。圆盘的另一面在中心孔周围有一个滚轮形式的突起，其直径为 1.9 厘米，高度为 0.1~0.2 厘米。该圆盘用火烧过，上面的黑色可以证明这一点。研究者认为，该石盘象征车轮，在其上发现的赭石痕迹表明了它应用于神圣领域。此外，在距墓室 2 米的冢墓北部发现了另一组年代为中世纪的遗物。（肖波）

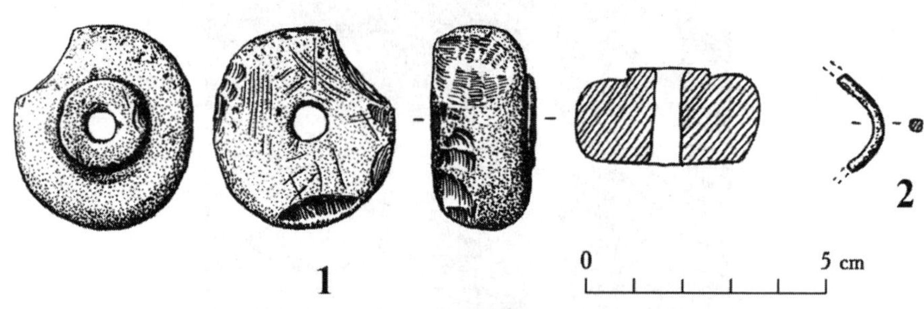

图四　乌斯季–卡门卡2号墓地M1出土文物

1. 石盘　2. 青铜丝

［引自 С.П. Грушин, А.А. Ковалёв, *Исследование кургана чемурчекского облика на могильнике Усть-Каменка-Ⅱ (Северо-Западный Алтай)*. c. 239］

6. 克特马诺沃墓地

【名称】克特马诺沃墓地

【位置】阿尔泰边疆区恰雷什河流域的森林—草原和草原地带

【年代】公元前 15 世纪～公元前 13 世纪

【解题】

克特马诺沃墓地（могильник Кытманово）位于阿尔泰边疆区恰雷什河（р. Чарыш）流域的森林—草原和草原地带，是安德罗诺沃时期最大的墓地之一。墓地位于丘梅什河（р.Чумыш）左岸的高阶台地上，距区域中心东南约 1 公里（图一）。1961 年，克麦罗沃州梅斯基市（г. Мыски）第 12 中学老师弗拉基米尔 · 伊万诺维奇 · 卡茨带领学生乘船沿着丘梅什河航行时，发现并调查了克特马诺沃墓地。1962 年夏天，由 А.П. 乌曼斯基带领的阿尔泰国立方志博物馆考察队对该处墓地进行了全面调查。在本次调查中，考察队对其中的 26 座坟墓进行了发掘和研究。1963 年，包括 А.Р. 乌曼斯基在内的比斯克方志博物馆考察队继续在克特马诺沃墓地进行抢救性发掘工作，对其中的 11 座墓葬进行了研究。同时，该考察队还对位于草原地带的丘梅什村附近地区进行了小规模发掘。墓地包括超过 80 座古代墓葬，遗憾的是，其中一部分由于农业开垦和经济开发而遭到破坏。阿尔泰和克麦罗沃方志博物馆的考古学家对其中大约 60 个墓葬进行了调查和发掘。

克特马诺沃墓葬绝大多数属于安德罗诺沃文化。此外，还发现了一处青铜时代晚期的墓葬 M17。关于这一点，可通过青铜饰牌、箍、耳环和陶器来判断。在该墓中发现了一件伊尔门文化（Ирменская культура）时期的陶器，该文化是西西伯利亚阿尔泰以北鄂毕河中游草原和森林草原地带青铜时代晚期的畜牧文化，而 M17 的建造时间则被认为在公元前 12~ 前 9 世纪之间。克特马诺沃墓地居民有实行火葬的习俗，尸体在墓外进行焚烧，然后将烧焦的骨头、煤灰倒入墓坑。三分之二的坟墓内没有发现任何棺椁的痕迹。在 12 座墓葬底部四周发现了由原木或半原木制成的木板残片。在绝大多数墓葬中，没有保留下任何墓碑、坟丘或石围的痕迹。仅在 M3 和 M5 中发现了墓上石堆的痕迹。在绝大多数墓葬中，死者向左侧躺，双腿弯曲，呈蹲踞状，手臂弯曲至肘部，这类遗骸约占总数的 74%。而 23% 的死者向右侧躺。此外，在一些墓葬中，死者的骨骼严重扭曲，似乎在埋葬前被捆绑起来。在大多数情况下，死者的头部朝向西南（41%）和西南偏西（36%）。

墓葬出土文物以陶器和首饰两大类为主。其中陶器数量取决于埋葬在坟墓中的人数：在大多数单人墓中，均随葬有一件陶器，在合葬墓中有两件，而在 M20 中则有三件，而另外一些墓葬中根本没有陶器。陶器通常放置在死者的头部上方及脸部前方。

安德罗诺沃文化墓葬中最主要的金属器是珠宝和首饰，而克特马诺沃墓地也不例外。其随葬品中有很大一部分属于装饰品，包括青铜器、镀金的青铜器以及金器。在出土的 115 件金饰中，大多数是镀有金箔的青铜制品，包括戒指（图一）、吊坠（图二）、镶板（图三）等。青铜饰品分为以下几类：螺旋端手镯、“刀”形吊坠、带喇叭口的耳环、圈形耳环、镶板、中间有孔的矩形箍、珠子等（图五，2、3；图六）。陶器为 49 件完整的陶器。其中两件属于青铜时代晚期，其余属于安德罗诺沃文化时期。此外还发现了由膏剂、贝壳（图五，1）和石头（图五，5、6）制成的物品。

陶器为手制，平底。主要器类是大口圆腹小底的罐形器和直壁微鼓腹的缸形器（图四；图五，4）。陶罐的特点是装饰图案更简单，有些陶罐无装饰。大多数情况下，陶罐器表装饰有 4~7 条平行的水平“之”字形线条，线条由梳子和光滑的工具制成。陶器器表装饰有篦形器压出的杉针纹、三角纹、“之”字纹、锯齿纹、折线几何纹，也有用小棒端头押捺的圆形、椭圆形或三角形印纹以及附加堆纹。纹饰布满了整个外壁或

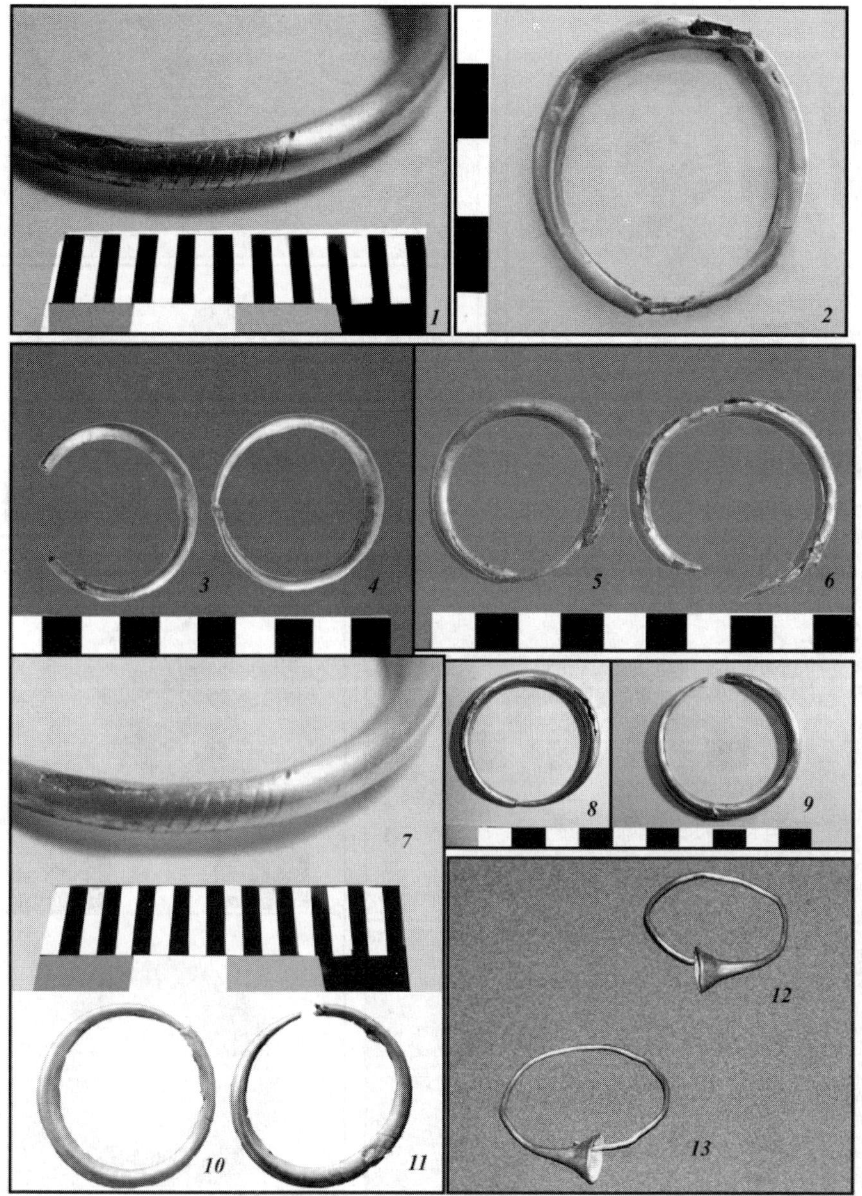

图一　镀金的青铜戒指

1、7. M24 出土的戒指上的凹槽　2~4. M24　5、6.M21　8. M35　9. M1　10、11. 克麦罗沃方志博物馆藏品　12、13. M4

［引自 А.П. Уманский, Ю.Ф. Кирюшин, С.П. Грушин, *Погребальный обряд населения андроновской культуры Причумышья (по материалам могильника Кытманово)*. Барнаул: Изд-во Алтайского университета. 2007.с.50］

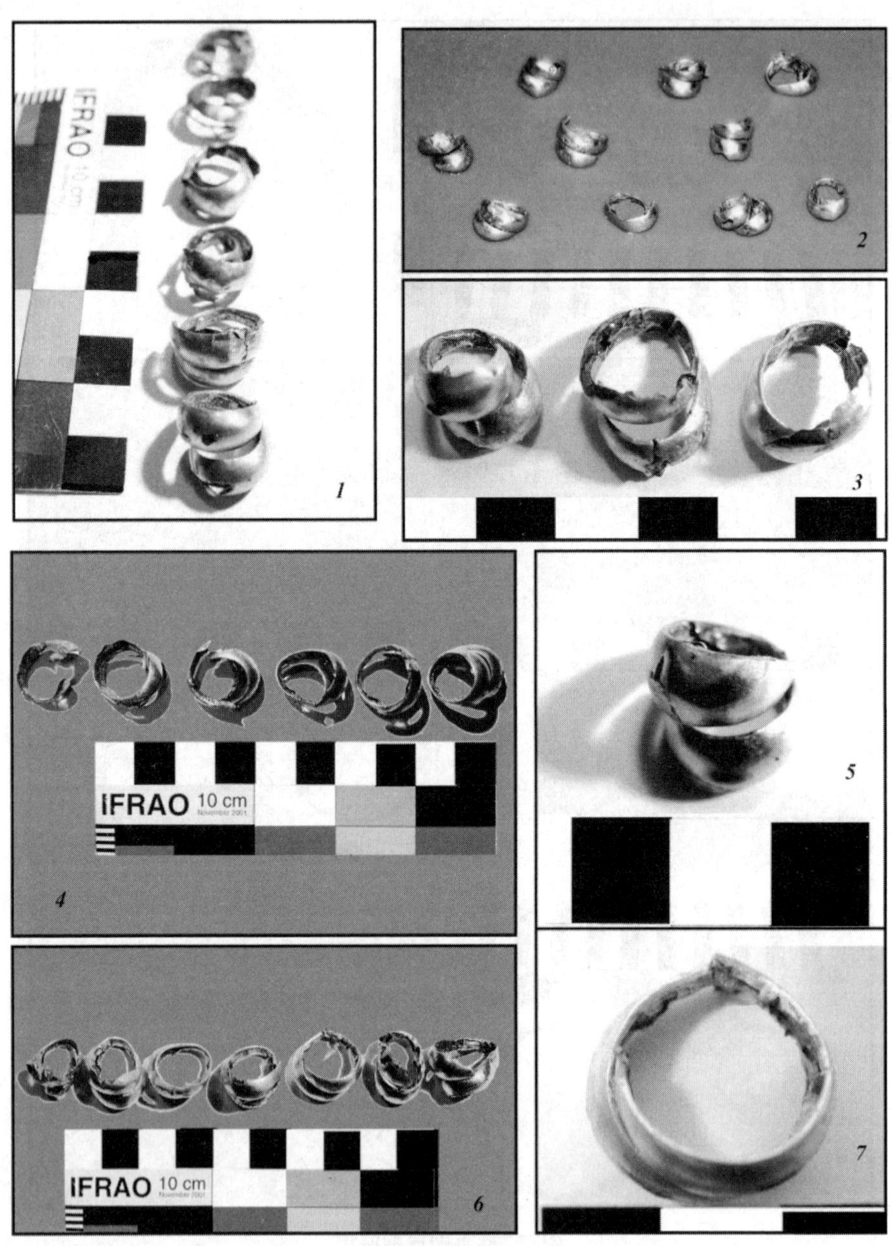

图二　镀金的青铜吊坠

1、4. M24　2.M21　3、5、7. M16 和 M35　6. M35

［引自 А. П. Уманский, Ю.Ф. Кирюшин, С.П. Грушин, *Погребальный обряд населения андроновской культуры Причумышья (по материалам могильника Кытманово)*. с.51］

图三　M1出土的梯形和四边形的镀金青铜镶板

［引自 А.П. Уманский, Ю.Ф. Кирюшин, С.П. Грушин, *Погребальный обряд населения андроновской культуры Причумышья (по материалам могильника Кытманово)*.2007.с.53］

图四　陶器

1. M23　2、4. M21　3. 克麦罗沃方志博物馆藏　5. M8　6. M7

［引自 А.П. Уманский, Ю.Ф. Кирюшин, С.П. Грушин, *Погребальный обряд населения андроновской культуры Причумышья (по материалам могильника Кытманово)*.с.57］

图五 墓葬出土的各种器物

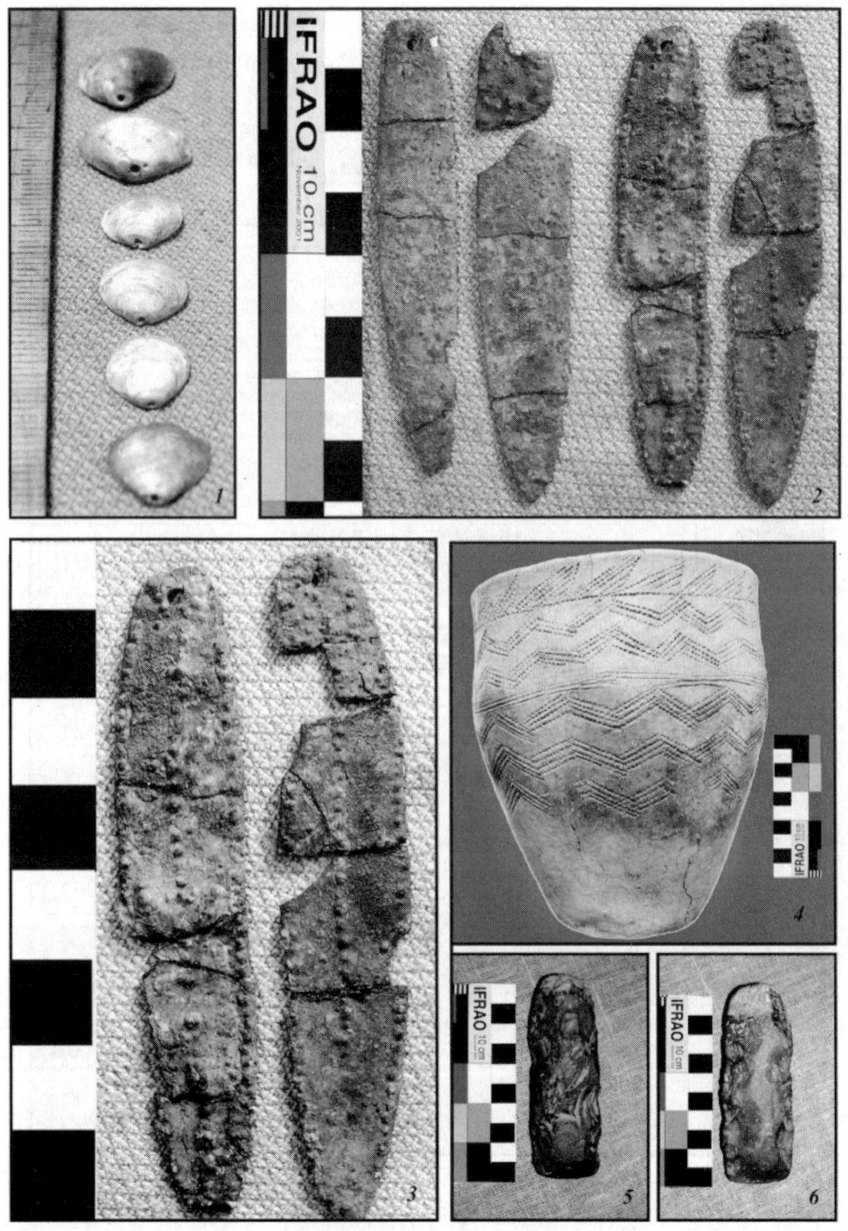

图五 墓葬出土的各种器物

1.M1 出土的贝壳 2、3.M1 出土的青铜“刀”形吊坠 4.M2 出土陶器 5、6. 克麦罗沃方志博物馆藏石锛

［引自 А.П. Уманский, Ю.Ф. Кирюшин, С.П. Грушин, *Погребальный обряд населения андроновской культуры Причумышья (по материалам могильника Кытманово)*.c.54］

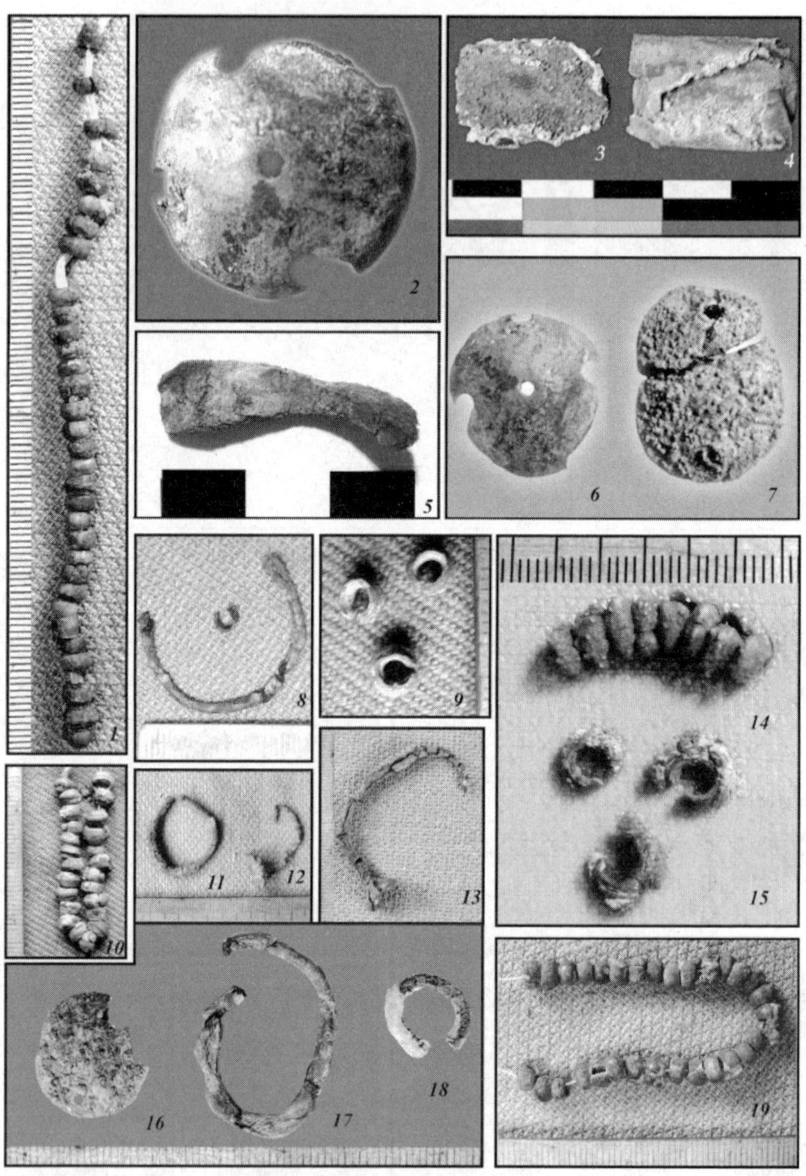

图六　青铜饰品

1. M1 出土珠子　2、6. M20 出土饰牌　3、4. M17 出土翼形板　5. M24 出土皮带碎片　7、16. M17 出土饰牌　8. M24 出土戒指和珠子残片　9、10. M21 出土珠子　11. M12 出土耳环　12. M26 出土带喇叭口的耳环　13. M23 出土带喇叭口的耳环　14、15. M21 出土珠子　17. M17 出土耳环　18. M8 出土耳环　19. M24 出土珠子

［引自 А.П. Уманский, Ю.Ф. Кирюшин, С.П. Грушин, *Погребальный обряд населения андроновской культуры Причумышья (по материалам могильника Кытманово)*.с. 55］

占据其上部三分之二，陶器底部大多无装饰。

墓葬中出土的服装材料（部分也由征集而来）现在保存在巴尔瑙尔、圣彼得堡、克麦罗沃和比斯克的博物馆中。最有价值的考古出土文物于1963年被转交给圣彼得堡的国立艾尔米塔什博物馆进行永久保存。部分研究成果在俄罗斯以及西欧的法国、比利时和瑞士等国发表。克特马诺沃墓地年代为公元前2千纪后半期，墓葬中出土文物数量众多，包含着有关当地居民宗教、生产、文化和日常生活的丰富信息，分布范围跨越从伏尔加河下游到叶尼塞河流域的欧亚草原地带，对古代历史文化的研究具有极为重要的价值。其出土文物尤其是由黄金制成的个人珠宝饰品（耳环、戒指、吊坠、饰牌等），在欧亚草原的青铜文化中并不常见。

此外，在墓葬之间的地方发现几件属于新石器时代的物品，包括石斧、石核、石片以及石钓竿。部分陶片很可能也属于这一时期。这些发现表明，不排除墓地范围内存在新石器时代时期的地层，这还需要进一步研究。这一假设也适用于早期铁器时代，因为克特马诺沃墓葬出土文物中包含一块属于早期铁器时代的陶片。（肖波）

7. 库尔根纳墓地

【名称】库尔根纳墓地

【位置】叶尼塞河左岸，靠近阿巴坎市45公里的苏维埃哈卡斯村附近

【年代】公元前2千纪末～公元前1千纪初

【解题】

库尔根纳墓地（Могильник Кюргеннер）位于俄罗斯哈卡斯共和国米努辛斯克盆地北部的叶尼塞河左岸地区。墓地位于阿巴坎市以南45公里的苏维埃哈卡斯（Sovetskaya Khakassia）村附近，坐落于洪泛区以上的一级台地上，距叶尼塞河现代河道800~1200米。

该墓地是卡拉苏克文化时期最大的墓地之一，于1964年被发现。1965~1966年由M. П. 格拉兹诺夫（M. П. Грязнов）主持对其进行了调查和研究。库尔根纳墓地可以分为两组，分别命名为库尔根纳1号和库尔根纳2号墓地，均是由带冢的坟墓组成。库尔根纳的意思是“库尔干群”，而“库尔干”通常指的是带冢的坟墓。哈卡斯人用这个名字来称呼整个墓地。在位于北部的库尔根纳1号墓地中，共发现431座库尔干。而在位于南部且与库尔根纳1号墓地相隔仅20~30米的库尔根纳2号墓地中，共发现157座库尔干。两组共计发现588座库尔干。库尔干少部分高60~70厘米，直径在10~15米，而大部分库尔干仅高出地表10~20厘米或者根本没有封堆，许多坟墓完全平坦（图一）。除了极少数之外（588座库尔干中的10座），绝大多数库尔干带有石围。石围通常是由垂直放置的石板构成的矩形围栏，此外，也有部分石围是圆形。其地上部分几乎被完全破坏，只有石板的上部边缘部分位于地表或高于地面2~3厘米处，仅在极少数情况下可达10厘米甚至15厘米。大多数围栏的石板在地面上根本看不到。在许多情况下，石围的形状和尺寸仅通过地表可见的三块或四块石板来确认。通常，地表仅存石围的一面或两面石墙。

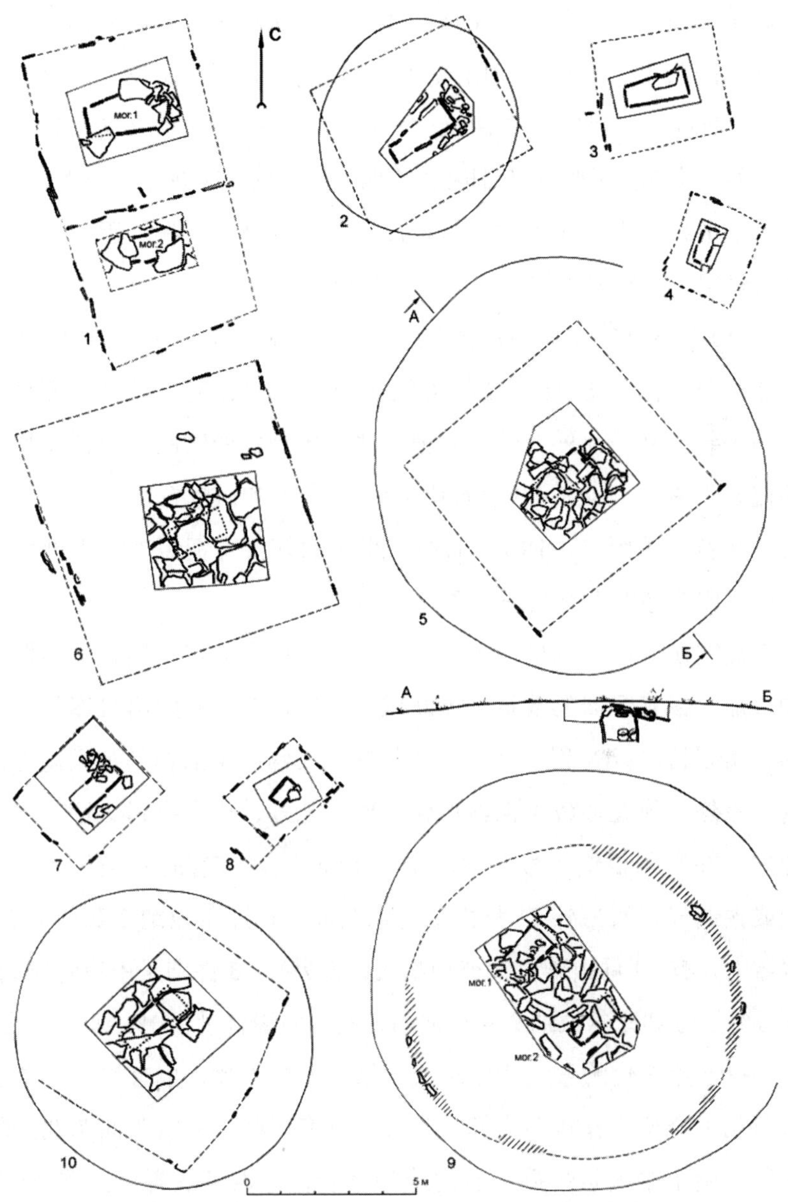

图一　库尔根纳1号墓地15~24号库尔干草图

1. 15 号库尔干　2. 16 号库尔干　3. 17 号库尔干　4. 18 号库尔干　5. 19 号库尔干　6. 20 号库尔干　7. 21 号库尔干　8. 22 号库尔干　9. 23 号库尔干　10. 24 号库尔干

（引自 М.П. Грязнов, М.Н. Комарова, И.П. и т.д. Лазаретов, *Могильник Кюргеннер эпохи поздней бронзы Среднего Енисея // Под общей ред. Пшеницыной М. Н.* СПб.: Петербургское Востоковедение, 2010.с. 113）

除了属于卡拉苏克文化的墓冢外，这里还有几组属于早期铁器时代的塔加尔文化的墓冢，其外侧均用高大的石块围成石圈。研究人员对其中的126座墓葬进行了研究，考古出土文物显示，这些墓葬可追溯到卡拉苏克文化的“古典”阶段（青铜时代晚期，公元前13~前11世纪）。

由于卡拉苏克文化库尔干自古以来就不断遭到盗掘，因而搜集到的文物数量很少。在考古出土文物中，数量最多的是陶器（图二，2~4、6、7、11、12、15~17、21~23；图三，1、2、4~8、11、12），其次是小型青铜器（图二，1、8~10、13、20、24；图三，3、9、10），主要是串珠和头饰等装饰品。此外，还有其他一些材质制成的物品，包括动物角制成的梳子（图二，14）、灰色石块（图二，5）和白色石珠（图二，19），以及一块黄芪（图二，18）。其中，出土的环首青铜短刀在中国北方地区的同时期遗迹中多有发现（图三，3）。

锡青铜在卡拉苏克早期遗址中占主导地位，随着后期青铜器数量的急剧增加，锡青铜器的数量则不断减少。通过对186件出自库尔根纳墓地的金属制品进行X射线荧光分析得知，大约一半的物品是用锡青铜铸造的。另外，绝大多数青铜器都含有砷，此外，还含有铅、锑、银、镍等金属。在库尔根纳1号墓地出土的134件金属制品中，有63件由砷青铜或铜制成，而另外71件由锡青铜制成。在库尔根纳2墓地的52件青铜器中，有29件由砷青铜或铜制成，而另外23件则是由锡青铜制成。库尔根纳1号和库尔根纳2号墓地锡青铜中的锡含量在1%到25%之间。

卡拉苏克文化的墓穴为土圹或石箱，多单人葬，也有男女合葬和成年人与儿童合葬。葬式多为仰身直肢，也有屈肢，一般头向东北。陶器为手制，胎土中大量掺砂，有的施加陶衣，外表呈灰褐色。器作球形，圜底或平底，常施以“之”字形、菱形、等腰三角形或折线几何形印纹，有的加填白彩。青铜器中最具代表性的是弯刀，刀柄首作环形、蘑菇形或兽头形。另有背面间或带环钮的六棱形铜锛。饰物有蹼形垂饰、鬓环、筒形穿饰、双联或三联饰牌、薄壁手镯、戒指、铜镜及圆柱形石珠等。

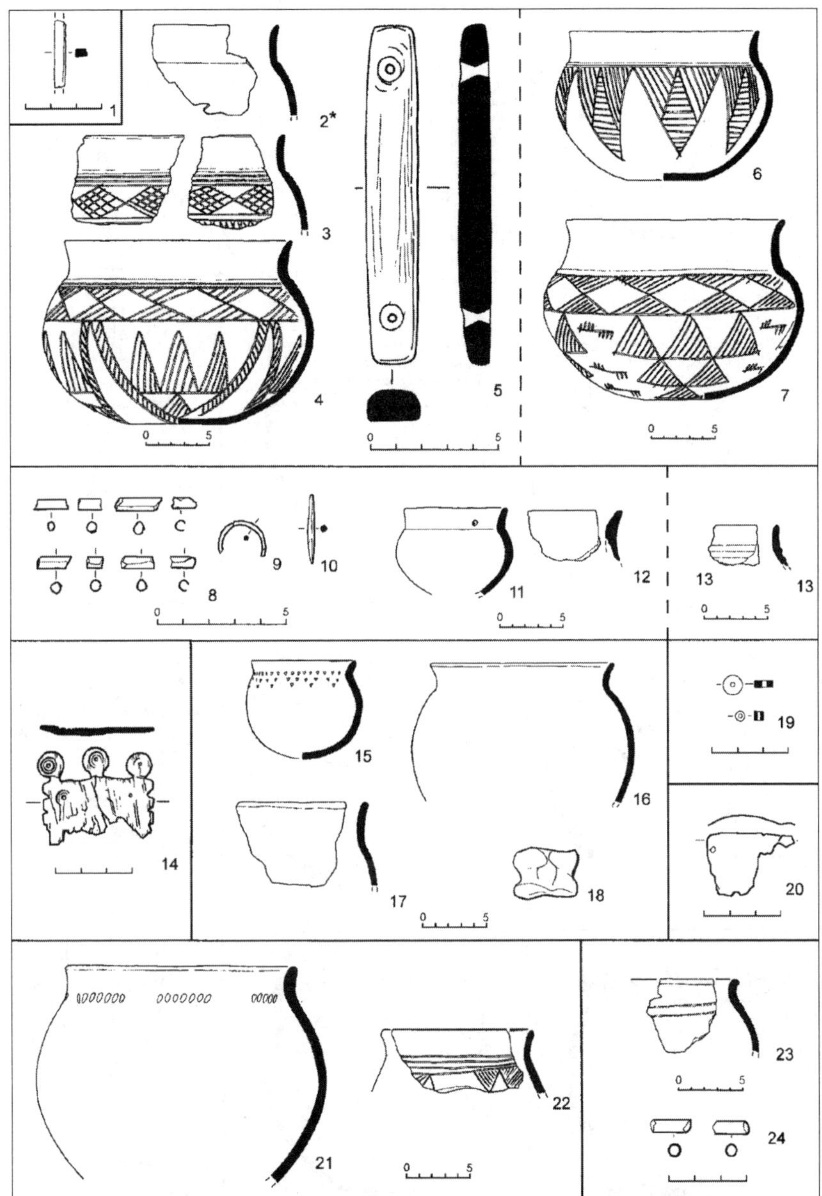

图二　库尔根纳1号墓地1、2、5~11号库尔干墓葬出土物

1. 1号库尔干　2~5. 2号库尔干M1　6~7. 2号库尔干M2　8~12. 5号库尔干M1　13. 5号库尔干M2　14. 6号库尔干　15~18. 7号库尔干　19. 8号库尔干　20. 9号库尔干　21、22. 10号库尔干　23、24. 11号库尔干

（引自 М.П. Грязнов, М.Н. Комарова, И.П. и т.д. Лазаретов, *Могильник Кюргеннер эпохи поздней бронзы Среднего Енисея*.с. 138）

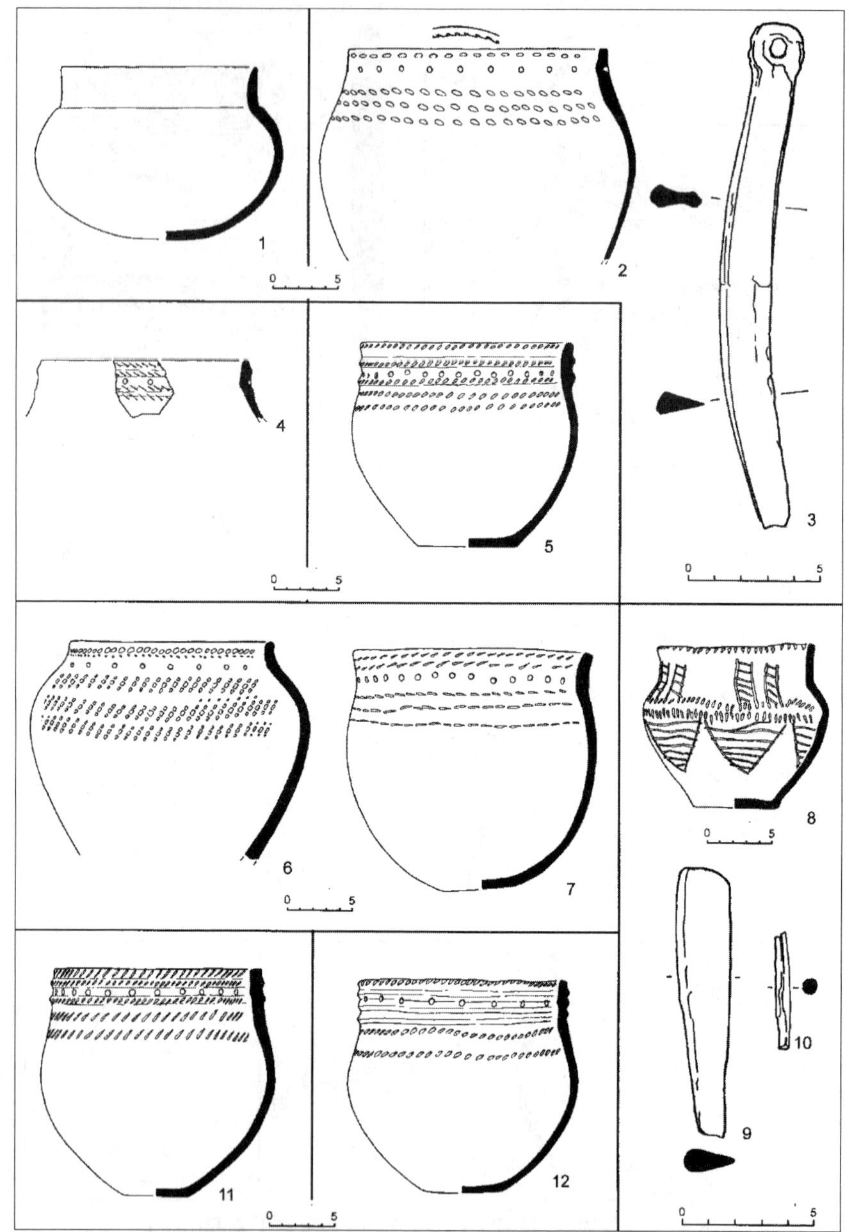

图三　库尔根纳1号墓地84、86~92号库尔干墓葬出土物

1. 84号库尔干　2、3. 86号库尔干　4. 87号库尔干　5. 88号库尔干　6、7. 89号库尔干　8~10. 90号库尔干　11. 91号库尔干　12. 92号库尔干

（引自 М.П. Грязнов, М.Н. Комарова, И.П. и т.д. Лазаретов, *Могильник Кюргеннер эпохи поздней бронзы Среднего Енисея*.с. 146）

晚期发现居住遗址。卡拉苏克河畔的石硖遗址发现8座长方形半地穴式居址，面积150~160平方米，有斜坡门道，居住面中间有一排灶址。墓葬的围墙均以石板围成长方形，几乎不见早期那种围墙彼此衔接的现象。基本为土圹墓穴，一般为仰身直肢。陶器主要是大口、直唇、深腹的圜底罐，也有蛋形器和圈足器。常见的纹饰为饰于器身上部的斜划纹、弦纹等。青铜器最具代表性的是曲柄刀和凹格短剑。饰物中出现了有点纹的三角形饰牌、双突戒指和粗厚手镯。还有一类遗迹是石刻。系一种剑形的尖头石碑，一般立于墓葬附近。碑的前棱下部刻有兽角兽耳的人面形象，少数是人面浮雕。一部分刻出女性特征，其余则为男像。推测这些石刻是神像或祖先形象。从体质特征来看，居民带有一些蒙古人种的特点。墓葬中出土的铜锛、铜镜及装饰品，尤其是该文化的典型器物曲柄青铜刀，都与中国北方的青铜器相似。这表明，其人口除了自然增长外，还有部分迁自中国北方地区。中国学者李琪对卡拉苏克文化的内涵、源流进行了梳理，认为“早在青铜时代，中国殷商文化就经过内蒙古鄂尔多斯地区，并横穿西伯利亚和跨越阿尔泰山脉，在向中亚和古代新疆地区延伸的同时，也从另一个方向渗透到乌拉尔。北进的殷商文化在与当地文化碰撞、融合后形成了独特的卡拉苏克文化”。[①]（肖波）

① 李琪:《史前东西民族的迁移运动——关于卡拉苏克文化的思考》,《西北民族研究》1998年第2期。

8. 阿尔然墓葬

【名称】阿尔然墓葬

【位置】俄罗斯图瓦共和国北境西萨彦岭支脉土兰诺－乌尤克盆地

【年代】公元前 9 世纪～公元前 7 世纪

【解题】

阿尔然墓葬位于俄罗斯图瓦共和国北境西萨彦岭支脉土兰诺－乌尤克盆地。这里分布有众多庞大的古代墓葬，当地人俗称为“国王谷”。1971~1974 年，格里亚兹诺夫和曼奈奥勒发掘了乌尤克盆地的阿尔然 M1。这座墓位于西萨彦岭中南麓、图瓦首府克孜勒西北部阿尔然村，坟冢直径长达 120 米，高 4 米，平面呈圆形，由大石块堆筑而成。一块石头重达 20~50 公斤，其中还包括一件鹿石残块；坟冢以下古地表以上为圆木搭建的帐篷状木架构，直径 80 米，分隔成 70 个呈放射状排列的小墓室。木架构中央为中心墓室，8×8 平方米，其中放置着 9 具单人棺椁和中央的一具 4.4×3.7 平方米的大型木椁。大型木椁中并列放置两具东西向独木棺，分葬一老年男子和一成年妇女，均侧身屈肢，头向西北。9 具小型棺椁位于大型木椁南、西、北三面，里面埋葬的均为老年男子，1 具为 1 重椁 1 具独木棺，还有 1 具为 1 重椁无棺，其余均为无椁的独木棺。大型木椁外东侧还殉葬 6 匹配备马具的马。另外，木架构周边的 1 间小室，发现多具独木棺，葬有 15 名男子；还有 9 个小室专门用于殉葬马匹。据统计，阿尔然 M1 中共殉葬马 161 匹，另有大量不完整马骨，属于 300 匹马。据推测，建造如此大规模的坟冢在当时需要 1500 人连续工作 7~8 天才能完成。格里亚兹诺夫和曼奈奥勒根据出土物断定这座坟冢的年代为公元前 8 世纪。后来格里亚兹诺夫又将阿尔然坟冢的年代提前到公元前 9 世纪，列为乌尤克文化的初期。

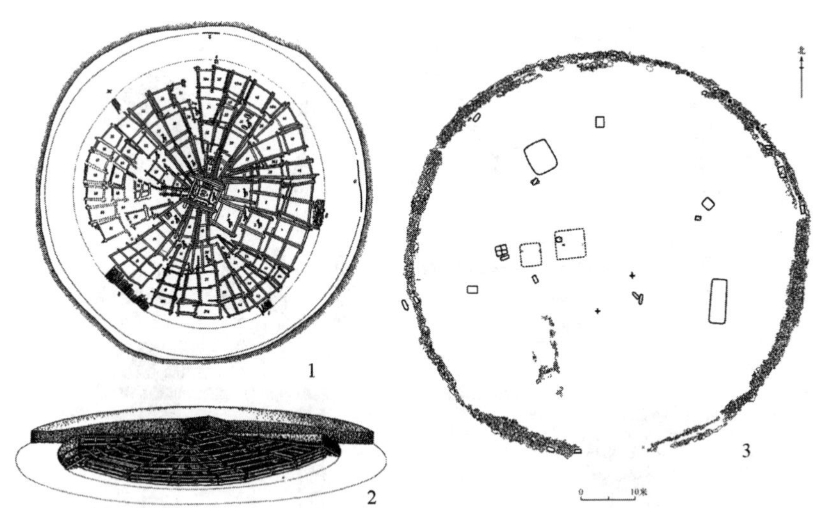

图一　阿尔然M1和M2平面图及复原图

1、2. 阿尔然 M1　3. 阿尔然 M2

（引自姜仁旭《论斯基泰—西伯利亚文化的起源——以俄罗斯图瓦阿尔赞-1号大墓为中心》，《北方民族考古》第3辑，科学出版社，2006）

2000年夏，由俄罗斯考古学家楚古诺夫主持，德国考古学家帕金格、马格勒博士参与的考察队在阿尔然"国王谷"中发掘了一座没有被盗掘的阿尔然M2，其年代为公元前7世纪前后，属于斯基泰时期的中间阶段。此墓直径75米，高2米，规模小于M1。坟冢下部中心的1号坑中空无一物，而在它的东北部有一个底部为5×5平方米、深3米的方形坑，编号2号坑。里面是用西伯利亚桦树圆木搭建而成的椁室。椁室内葬一男一女，男性在北，女性居南，均侧身屈肢，左臂向下，头向西北。随葬品散落在木椁的各个角落。男性墓主的头冠全是金马、金鹿、金雪豹等动物纹饰件，脖子上套着象征权力的黄金大项圈，项圈上装饰有鹿、野猪、骆驼、雪豹、狼等各种动物纹饰，裤子上全是金光闪闪的小金珠，靴子也布满了小金片；女性墓主则头上插斯基泰艺术风格的金鹿簪，脖子和胸部有金耳环、黄金坠饰、黄金珠饰、绿松石、红色玉髓、琥珀等无数珍宝。墓中出土5700件金器，总重20公斤。包括项圈、耳

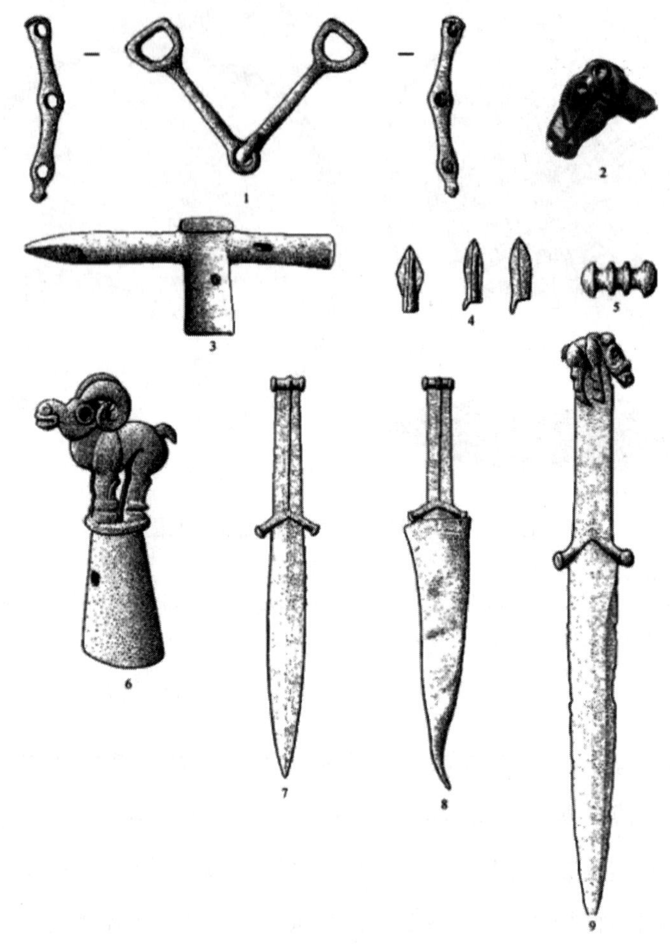

图二　阿尔然M1出土遗物

1. 马镳及马衔　2. 青铜马头像　3. 战斧　4. 铜镞　5. 连珠纹青铜装饰　6. 青铜伫立状鹿　7~9. 青铜短剑

（引自姜仁旭《论斯基泰—西伯利亚文化的起源——以俄罗斯图瓦阿尔赞 –1 号大墓为中心》,《北方民族考古》第 3 辑）

环、头冠、箭箙和各式各样的小饰件。小饰件装饰有丰富的动物纹图案，被发掘者称为“斯基泰动物纹百科全书”。此外，M2 还出土有大量的精良武器，包括青铜鹤嘴锄、箭镞、金柄铁剑等。据人骨鉴定，男性墓主年龄为 40~45 岁，女性墓主年龄为 30~35 岁。1 号坑西北部紧挨着的 3

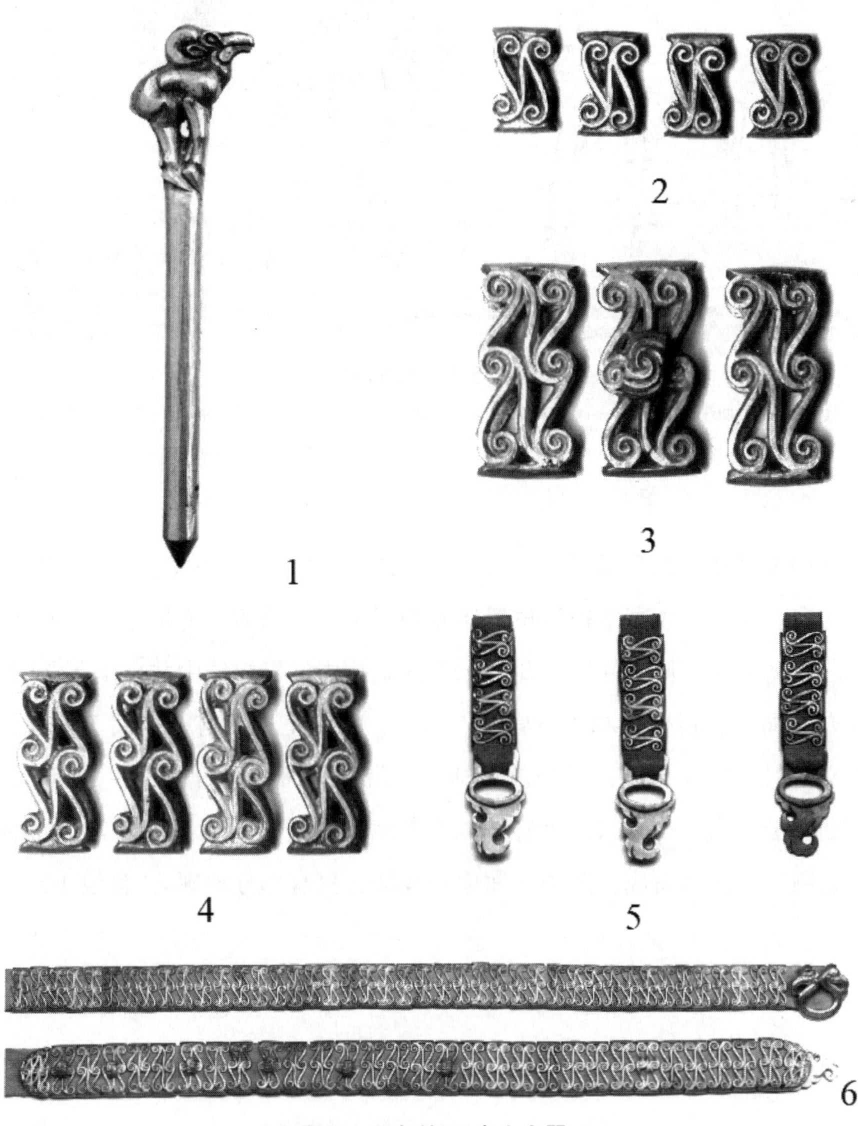

图三　阿尔然M2出土金器

（引自 K. Čugunov, H. Parzinger, A. Nagler, *Der skythenzeitliche Fürstenkurgan Aržan 2 in Tuva*. Mainz: Verlag Philipp von Zabern. 2010. Tafel 52）

图四　古墓内发现的鹿石

（引自姜仁旭《论斯基泰—西伯利亚文化的起源 ——以俄罗斯图瓦阿尔赞 -1 号大墓为中心》，《北方民族考古》第 3 辑）

号坑内发现少量衣物残片。南部 4 号坑为一殉马坑，内葬数十匹配备马具的马。此外，坟冢下边缘位置还发现了一些陪葬墓，为长方形石箱墓，各葬一名男性，侧身屈肢。此外，在该墓葬中的祭祀坑中共出土了 34 块带有岩画的石板残片和 4 块鹿石。另外，在其下还另有一个属于奥库涅夫文化时期的文化层，其中就包括 2 块带有人面像的石板残片，其年代被断为公元前 14~ 前 12 世纪，属于奥库涅夫文化的后半阶段。人面像用石制工具敲凿而成，两幅人面像均残缺，只有部分轮廓。（肖波）

9. 大萨尔贝克王冢

【名称】大萨尔贝克王冢

【位置】俄罗斯哈卡斯共和国首府阿巴坎市北

【年代】公元前 7 世纪

【解题】

大萨尔贝克王冢位于俄罗斯哈卡斯共和国首府阿巴坎市北 65 公里处，地理坐标为：北纬 53° 53.4′，东经 90° 45.1′，海拔高度 540 米。王冢所在区域被称为萨尔贝克帝王谷，谷地内包含了 50 余座大中型库尔干，以及很多小型库尔干，属于塔加尔文化时期的大型贵族墓地。1954~1956 年，苏联考古学家 S.V. 吉谢列夫对其中最著名的一座库尔干即大萨尔贝克王冢进行了发掘。[①] 之后俄罗斯国立艾尔米塔什博物馆考古队于 1992~1998 年、2008 年和 2010 年对萨尔贝克谷地进行了发掘研究。[②] 最新的测年数据表明，大萨尔贝克王冢的修建时间为公元前 7 世纪。

大萨尔贝克王冢的封堆高度超过 20 米，原始形状呈金字塔形。封堆周边有巨大的石板围墙，呈方形，长宽均为 71 米。组成围墙的砂岩石板最重者达 30 吨。石板被放置在狭窄的沟槽中，宽度不超过 0.6 米，深度从 0.8 米到 2 米不等，突出地面部分的高度为 1.8~2 米。王冢的入口位于东墙，两块高耸的石碑（柱）构成了入口，入口通道长约 5 米，垂直于主体墙线。

---

① С.В. Киселев, Исследование Большого Салбыкского кургана в 1954 и 1955 гг. // Тезисы докладов на сессии Отделения исторических наук и пленуме ИИМК, посвященных итогам археологических исследований 1955 г. Москва: Издательство АН СССР, 1956. С. 56-58.

② Л.С. Марсадолов, Исследования Саяно-Алтайской археологической экспедиции в 1992 году // Отчетная археологическая сессия Государственного Эрмитажа. Краткие тезисы докладов. Май 1993 г. СПб.: Издательство Государственного Эрмитажа, 1993. С. 3-5. Л.С. Марсадолов, Палеоастрономические аспекты Большого Салбыкского кургана в Хакасии // Алтае-Саянская горная страна и соседние территории в древности. История и культура Востока Азии. Новосибирск: Издательство Института археологии и этнографии СО РАН, 2007. С. 205-213.

图一　大萨尔贝克王冢未发掘之前的状态

（引自 https://commons.wikimedia.org/wiki/File:%D0%91%D0%BE%D0%BB%D1%8C%D1%88%D0%BE%D0%B9_%D0%A1%D0%B0%D0%BB%D0%B1%D1%8B%D0%BA%D1%81%D0%BA%D0%B8%D0%B9_%D0%BA%D1%83%D1%80%D0%B3%D0%B0%D0%BD.jpg?uselang=ru，照片作者：Николай Васильевич Федоров）

图二　大萨尔贝克王冢发掘之后的状态

（引自 www.poan.ru）

在封土堆的中央偏西，发现了一个由松木原木和桦树皮构成的盖状结构，形态类似于一个截断的金字塔，高达 2 米，占地 8×8 米。在这之下有一个方形墓穴，尺寸为 5×5 米，深 1.8 米。坑壁上铺着垂直的原木。在墓室中发现了 7 具遗骨。中心处为一位老年男性，身上有多处骨折。

因墓葬屡遭劫掠，随葬品残留极少，只发现一个大型陶器和一把明器化的青铜刀。

在清理围墙的西墙时，在西南角和东北角发现两处被毁坏的陪葬坑。在东南大石碑一角附近发现了一个儿童陪葬坑。在南面围墙的石板和西南角石碑形成的角落里，发现了一个成年男子的墓葬，该男子被捆绑着躺在那里，双腿折叠。这表明在墓冢重要的位置都进行过祭祀活动。

据推测，大萨尔贝克王冢布局营造结合了当时的天象，体现在石板围栏的数量、高度和放置方式上，与夏至、冬至的日出高度呈现出一致

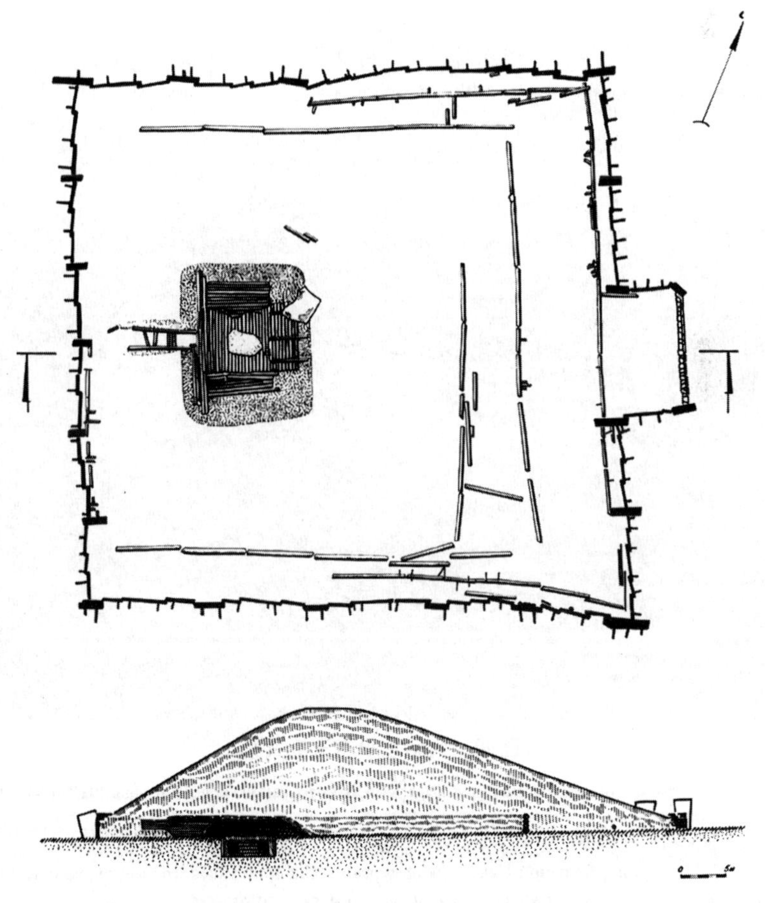

图三　大萨尔贝克王冢平、剖面图

（引自 https://lit-yaz.ru/kultura/5248/index.html?page=2，图片作者：С. В. Киселев）

性。此外，王冢的选址也很特殊，体现在库尔干位于山间谷地的最高处，其东西侧的山高于南北侧的山，位置便于天文观测。①

王冢的围墙石板来自距离西南 16 公里处的克孜勒哈亚山，在那里发现了古代采石场的遗迹。石板可能是在木楔的帮助下从岩石上打下来的，然后运送到王冢的建造地。推测是在冬天通过地面浇冰配合原木滚动的方式进行运输。在清理封土下部时，发现了许多落叶松原木，从它们末端的凹槽来看，原木是用套索拖着运输的。②

应该指出的是，大萨尔贝克王冢所在地，可能是在更早的文化阶段

图四　大萨尔贝克王冢实景

（引自 http://paranormal-news.ru/news/mistika_khakasskogo_salbykskogo_kurgana/2017-09-17-13871）

---

① С. М. Леонид, Большой Салбыкский курган в Сибири(археоастрономические аспекты его изучения), Archaeoastronomy and Ancient Technologies 2014, 2(2), 59-65.

② М.А. Дэвлет, Большой Салбыкский курган – могила племенного вождя // Из истории Сибири. Выпуск 21. Томск: Издательство Томского университета, 1975. С. 146-154.

就已经被发现而且得到利用，在后续文化中其神圣的位置得以保留和传承，直到塔加尔时期被营造成王冢。在王冢旁，有一个青铜时代的祭祀遗址，发现过奥库涅夫文化的石柱像，还有塔加尔文化早期遗址。在塔加尔文化之后的塔施提克文化人群又在其附近开辟墓地并使用了很长一段时间。

大萨尔贝克王冢是塔加尔文化的重要遗迹，虽然因为屡遭劫掠而未发现丰富的遗物，但就其建筑规模和动用大量人力物力来看，都展现出塔加尔文化的巨大实力，是西伯利亚乃至欧亚草原上非常重要的一处斯基泰时期的遗迹。

塔加尔文化发现的遗物有很多可以在中国北方找到可类比的器形，如弓形器、野兽风青铜刀等，表明该文化与中国北方地区、蒙古、外贝加尔有着广泛的联系。（权乾坤）

10. 塔施提克文化墓葬

【名称】塔施提克文化墓葬

【位置】俄罗斯叶尼塞河中游米努辛斯克盆地、克拉斯诺亚尔斯克地区和克麦罗沃州东部

【年代】公元前 1 世纪中期 ~ 公元 5 世纪

【解题】

该文化墓葬可分四期：第一期为公元前 1 世纪中叶至公元 1 世纪中叶；第二期为 1 世纪中叶至 2 世纪末；第三期为 3 世纪；第四期即向黠戛斯文化过渡期，为 4~5 世纪。

第一期墓有两种，一种是土葬小墓，地表一般无标志，通常葬一至二人，仰身直肢，头多向西南，常将死者环锯头骨取出脑髓而后制成木乃伊，并以皮革、草把制作的人像随葬；另一种是埋葬骨灰骨殖的集体葬大墓，地表有直径 10~20 米、高约 1 米的石环，或每边长 5.6~15 米的近方形的封土堆，每个墓的骨灰堆有几十个甚至百余个，墓室在最后封盖之前放火焚烧。后一种墓第一至三期均有发现。第四期是地表建有方形石围墙的小墓，围墙高约 0.4 米，面积 1~3.5 米见方，墓穴无火烧痕，墓内只埋一个死者的骨灰。

前两种墓葬中均有木椁，经常发现用高岭土制作的肖像面罩。广泛用弓、剑和短剑的木制模型随葬，集体葬大墓还常用人和动物的木雕像及小型马具作随葬品。陶器为手制，间或磨光，胎质颇粗，呈黑色、灰色或褐色。最有代表性的器形是圈足杯形器，高领、球腹、平底的“炸弹形”器，缸形器，有流无把的壶，附加穿孔器耳的悬挂器。主要纹饰有附加堆纹、押捺纹、戳刺纹、划纹。此外，还出土有桶、瓢、勺、碟、碗、杯等木器，也有奁、匣等桦树皮容器。广泛使用铁器，除穿孔斧、锄、镰、铧等农具外，还有刀、箭、剑、短剑、马衔、马镫等武器和马

图一　奥格拉赫德6号墓地M4中发现的文身形象

（引自 С.В. Панкова, Китайские прототипы сибирских изображений раннеташтыкского времени//Алтае-Саянская горная страна и история освоения её кочевникам: сборник научных трудов. Барнаул. 2007）

具。青铜器则有饰牌、带扣和垂饰，以及推测为权标的小型“斯基泰式”铜鍑。衣物用粗毛织品、毡料、毛皮、皮革缝制，富人还穿绸衣。饰物有彩色玻璃和宝石的串珠、包以金叶的木制饰牌等。大墓中常见表现兽、畜、鸟、人等形象的造型艺术品，包括各种质料的圆雕、浮雕和牌饰，尤以表现一对反向马头的牌饰为多，可能是护身符。第一至三期都出有绵羊距骨，其中有些刻有计数符号，当系用作骨牌或骰子的博具，有些记号据推测系私人或家庭、氏族的印记。

关于该文化的主人，苏联学者认为是原来居住在米努辛斯克盆地的丁零人和公元前 2~ 前 1 世纪从今蒙古国西北部迁来的坚昆人的混合。出土的面罩表明，居民存在欧罗巴人种和蒙古人种的体质特征。出土的漆杯、丝绸、铜镜、华盖、木石圆雕等残件以及用木俑随葬的风俗，反映了与汉文化的广泛联系和汉文化的明显影响；而带扣、马具、兵器和表现野兽的艺术品则反映了与匈奴、萨尔马泰文化的联系。

从最新的研究成果来看，中国汉魏时期的饕餮纹可能对塔施提克文化产生了影响。证据是属该文化晚期的奥格拉赫德 6 号墓地 M4 中发现的带有文身的一具木乃伊，文身所表现的内容当为饕餮纹的变体（图一）。（孙危）

11. 巴泽雷克墓葬

【名称】巴泽雷克墓葬

【位置】俄罗斯戈尔诺阿尔泰共和国的巴泽雷克盆地

【年代】公元前5世纪～公元前3世纪

【解题】

该墓葬于1924年被发现，1927年、1947~1949年由苏联考古学家С.И.鲁金科主持发掘，重点是5座大墓。发掘为研究阿尔泰早期畜牧部落的体质类型和物质文化提供了珍贵资料，是20世纪上半叶苏联考古学上的一个重要收获。

大墓均有由封土及积石堆成的坟丘，直径24~47米，高1.5~3.75米。坟丘东面通常有一排立石。墓穴多为长方形，少数为方形，一般深4米，面积最大者达7.1×7.8米。穴内南部建两重椁室。椁底铺以半圆木，圆木椁顶上通常铺树皮和树枝，然后堆原木直至墓口。椁室上方的重压全部由3对立柱支撑的大梁承托。墓穴北部殉马。在高山酷寒的自然条件下，上述坟丘结构使流入墓内的积水常年冰冻不化，墓内许多有机物得以保存。靠近椁室南壁放置1~2口木棺，墓主人多数为一男一女，少数为一男子。推测男子是部落或氏族首领，女子为殉葬的妻或妾。发现有文身、将死者被制成木乃伊和战死者被敌方剥取头皮等风俗的现象。

巴泽雷克1号冢发掘于1929年，其年代为公元前5~前4世纪。该冢位于墓地的正中央。墓冢直径47、高2.2米，东侧有一排立石。内棺长4.87、宽3.35、高1.4米；外椁长6.15、宽4.45、高2米，内棺、外椁之间用碎石填充。其北半部为殉马区，共葬有10匹马，每一匹马都有精美的马具，且均有动物纹主题装饰。其中8匹马分为两组横向并排摆放，每组4匹，马头均朝东；在殉马区剩余的空间里，另外2匹马纵向并排摆放，马头朝南。这些马匹异常完好地保存在冰层中。其中最好的几匹属于古代著名的中亚马种，其后代便是现代优良的土库曼马。这些马匹是从中亚运到阿尔泰来的，其余数匹为中亚马与阿尔泰本地马的混合种，类似蒙古和哈萨克斯坦的现代草原马。马匹均为额头遭青铜战斧击打而死，全部马匹均在耳朵上割有不同的记号。墓室完全被盗空，只留下一具空棺木。棺木用生长了250年的落叶松树干凿成，上面贴着一条条的树皮，呈淡褐色。

巴泽雷克2号王冢位于墓地的中部。墓冢表面覆盖有大量的石块，呈圆形，直径36、高3.75米，墓冢东侧有一排立石。墓坑长7.8、宽7.1、深4米。内棺长4.92、宽3.65、高1.53米，外椁长5.7、宽4.15、高2.1米。内棺、外椁之间无任何填充物。墓主人为1位成年男性和2位成年女性，均处理成干尸，且男性身上有大面积文身。2号冢北半部为殉马区，与其他4座大型墓葬的殉马区位置略有不同，即2号冢的殉马区并不在墓室底部，而是高于墓室顶端。共葬有7匹马，其中6匹在东部，分为两组横向并列摆放，马头朝东；另1匹在西部，马头朝南纵向摆放。

巴泽雷克3号王冢位于墓地的北部。墓冢为圆形，直径36、高2.6米，墓冢东侧有一排立石。墓坑长7.8、宽6.5、深5.2米。内棺、外椁之间用碎石填充。内棺长3.45、宽2.08、高1.08米，外椁长4.42、宽3.45、高1.68米。3号冢北半部为殉马区，共葬有14匹马，摆放位置与1号冢近似。其中8匹殉马，分为两组横向并排摆放，每组4匹，马头朝东；这两组殉马的西侧各有一组，每组2匹纵向并排摆放，马头朝南；在上述12匹马的北侧，在殉马区剩余的空间里，还横向摆放有2匹殉马，马头朝西。

巴泽雷克4号王冢位于墓地的北部。墓冢为圆形，直径24、高1.5米，在墓冢的东侧有一排立石。墓坑长5.6、宽5.3、深4.1米。外椁长3.75、宽2.14、高1.2米。内棺、外椁之间，三面用碎石填满，一面无填充物。4号冢北半部为殉马区，空间相对较小，共葬有14匹马。殉马的摆放位置和方式与1、2、3号冢有所不同。在墓坑的下层摆放6匹马，且马头朝东北；其南侧摆放有3匹马，马头朝东南；另外5匹殉马，叠压在这9匹马的上面，其中3匹殉马头朝西南，2匹殉马头朝西北。

5号王冢位于巴泽雷克墓地的东南部（图一）。墓冢为圆形，直径24、高3.75米，在外围2.5~3米处有一圈立石柱。内棺长5.3、宽2.3、高1.4米，外椁长6.4、宽3.4、高1.9米。内棺、外椁之间空间内无任何填充物。墓主人为一男性。其北半部为殉马区，空间相对狭小，共葬有9匹马。东部有3匹殉马，相互叠压，最下面的1匹，纵向摆放，腹部着地，马头朝西；上面的1匹马与它摆放位置和方向一致，但马头伸向外面；在殉马区另外一排，也有1匹马纵向摆放，马头朝东；在殉马区的中间，摆放着第四匹马；在第三排，摆放着第五匹和第六匹马，1匹腹部着地，马头朝西，另外1匹与它平行摆放在墓坑北侧偏右的位置，马头朝东；在第二匹马头部与第四匹马之间的空间内，第七匹马横向摆放，背部着地，腹部朝上；另外2匹马在墓坑的西北角，其中1匹背部着地，腹部朝上，四只马蹄向上，马头朝西，另1匹压在这匹上面，背朝东。巴泽雷克5号王冢尤为重要，出土了很多具有重要意义的遗物。该王冢发掘于1949年，属于公元前5~前4世纪。王冢上有积石堆，下有大墓穴，穴深4米，面积约为55平方米。墓穴底部建有两座圆木造的木椁，其中一座木椁位于另一座之中，从而构成一个有两层墙壁和一层顶板的墓室。木椁上有白桦树皮钉成的大幅顶棚，椁顶以上直达墓顶填满层层紧压的圆木和巨石，其全部重量由安于木椁两旁大柱上的三根横梁来承受。该墓建造不久就被盗，然而由于墓内常年被冰层所覆盖，因而仍旧保存了异常珍贵的丰富资料。

木椁内安置有一具用整木凿成的大棺木，长约6米，棺内有男女尸体各一具，均被制成木乃伊。据研究，女子当为男子的殉葬品。从该冢出土的木乃伊可以看出，阿尔泰早期游牧人从首领的尸体中取出全部内脏和肌肉，然后以粗马鬃绳缝住皮肤上的刀口，并在头顶上切开大口，从颅骨中取出脑髓。

木椁内的随葬品多已被盗走，仅有女子头上所戴木制头饰得以保存，其形如直帽圈的平顶帽，上面直插着两只空心的小角。角后垂直安着一条用马鬃做成的假辫，女子的两个发辫穿过角上的洞，以毡带缠在角上，与假辫相连。木椁内还保存有几张残缺的小木桌、木坐垫、长筒鼓和一些其他物件，均杂乱无章散放在木头破片中。木椁四壁罩有薄毡，以木钉钉平，仅存几片不大的毡块。在毡块的白底上按补花法用彩色毡块缝有神鸟凤凰与幻想怪物搏斗图，前者的形象无疑是从中国艺术中借用来的，后者有兽身、鸟翼、人头、人手、兽耳、鹿角。

木椁外的随葬品均被完整保存。墓冢北部木椁外葬有 5 只骑用马匹，配有马鞍和笼头，另有一辆 4 马拉动的车子，一顶大毡帐篷，数辆载重四轮车。马车的个别部件被拖入墓穴南墙与木椁间狭窄的过道内，帐篷木架的圆木置于椁顶其他圆木中。研究表明，原来和马车放在一起的还有从中亚或伊朗运来的天鹅绒毛毡。古代工匠运用彩线打结的技术，织出了华丽而复杂的图案，在单纯的装饰花纹中简饰以几十个有翼狮身鹰头兽、山鹿、有鞍马匹和骑士的形象。另外，在面积约 30 平方米的大幅白毡上缝有彩色的织物补花——一条饰和二排同样的女神像，女神坐在神位上，手持圣树，前面站着一名骑士。帐篷的基架是用 4 根圆木做成的框子，圆木上刻有凹槽，可以装上长竿，作为帐篷的支柱。帐篷上盖以 4 块毡。其中一块饰有女神和骑士图；另一块饰有凤凰和拟人怪兽图，被用作木椁墙壁的帷幔。帐篷上方还伫立着 4 只用毡子缝制的天鹅。

这 5 座墓共有殉马 54 匹，均配备了整套马具。马具饰件带有各种华丽的斯基泰 – 西伯利亚野兽纹，也有植物纹和人面形象。有些马还饰以带有野兽搏斗图像的面具和表现鹿角之类的头饰。当时居民经营畜牧业，处在氏族制的解体阶段。墓葬的宏伟和豪华，表明首领人物已占有大量

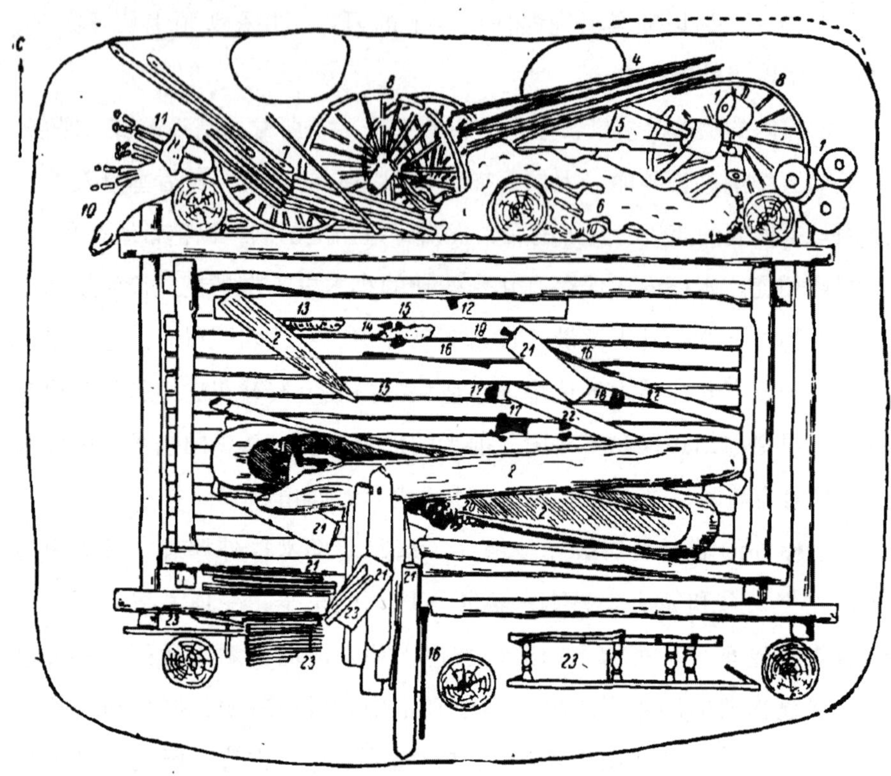

图一　巴泽雷克5号王冢内墓穴的平面图及穴内器物的放置情况

1. 载重小车的轮子　2. 整木凿成的棺材及棺盖　3. 死者的躯体　4. 载重小车的木杆　5. 梯子　6. 大毡毯　7~9. 马车的部分　10. 马的尸体　11. 拉绒毯　12. 陶片　13. 山羊皮　14. 绵羊皮　15. 桌脚　16. 木脚架的木杆　17. 角制骨　18. 毡枕　19. 角质器皿和木质小杓　20. 女帽　21. 以皮条系在一起的木板　22. 墓室顶板的圆木　23. 马车的部分

（引自 M.П. 格里亚兹诺夫、О.И. 达维母、К.М. 斯卡郎《阿尔泰巴泽雷克的五座古塚》，《考古》1960 年第 7 期）

财富。出土遗物反映出同其他草原民族的广泛联系，如良马、旋制木器、拉绒毛毯等来自中亚，随葬品上的某些纹饰母题和神话形象应系传自波斯，而凤纹丝绸刺绣和 6 号冢所出的战国山字纹铜镜则显然是中国产品。人骨资料说明居民属带有蒙古人种成分的欧罗巴人种类型。关于他们的族属，有人推测系中国文献中的月氏，即波斯文献中所记之塞种的东北支。但这个问题连同确切的断代问题，仍有待进一步研究。

尽管墓葬早在古代已遭盗掘，但出土遗物仍很丰富，其中尤以各种丝织品、毛织品、毛皮和皮革制品为大宗。毛织毡毯多挂于椁壁，而以一幅约 30 平方米的毡帐和迄今所知世界上最早的拉绒多彩毛毯最为珍贵。以丝、毛、皮革制作的衣物有头帽、风帽、衬衫、短袄、腰带、靴袜等。装饰用品只见有数件金耳坠、银垂饰、红铜锤揲而成的野兽纹包金饰牌、宝石串珠以及角梳、铜镜等。墓中还发现少量箭镞、铁刀和鹿角制的锤、凿等武器和工具。陶器很少，主要为壶。另外还发现坐垫、小桌、木梯、整木轮板车等木器。5 号冢内发现一辆可以拆卸的四轮马车，高约 3 米，以 4 马套驾。两件单面的角制筒形鼓和一件竖琴式的乐器及吸食大麻烟的烟具，也是比较重要的发现。马具饰件带有各种华丽的斯基泰 – 西伯利亚野兽纹，也有植物纹和人面形象。有些马还饰以带有野兽搏斗图像的面具和表现鹿角之类的头饰。

5 号冢和 6 号冢出土的产自中国的遗物较多，主要有四山镜，出自 6 号冢中，直径 11.5 厘米，厚 0.5 厘米，方形钮，“山”字粗矮，底边与镜钮四边平行（图二，1）。这种镜属中国战国时期典型的楚式羽地四山镜，通过比较研究可知，6 号冢中出土的这面四山镜时代属战国晚期。

凤鸟纹织锦出自 5 号冢中，包裹在一匹殉马马鞍的鞯上（图二，4）。凤鸟纹织锦在楚国最为流行，1982 年在湖北省江陵马山楚墓中发现过一件这样的织锦，年代在公元前 340~ 前 278 年之间，与 5 号冢中出土的凤鸟纹织锦非常相似。

漆器，出自 6 号冢中，仅余小块残片（图二，2）。梅原末治推测其属一件漆制容器，与汉代漆器相仿。而希伯特援引李学勤的《东周与秦代文明》一书中的漆器部分内容，认为这件漆器是战国时期从中国北方地区传到阿尔泰地区的。还值得注意的是，这件漆器上装饰的波折纹与湖北云梦睡虎地战国晚期至秦代的秦墓中出土漆器的纹饰十分接近，由此推测这件漆器可能是秦式夹纻漆奁盒之类的漆容器。

四轮马车，出自 5 号冢中。马车保存完整、结构特殊，拆开放置

（图二，3；图三）。有车厢和辕，前轴为死轴，不能转动，轴与轮之间有多根辐条，整架马车上没有任何金属部件。但车轮多见实木轮。车身和轮轴连在一起，不可拆卸，两轴靠得很近，以致前后轮几乎相碰，两轴的距离小于同轴上两轮的距离。车身由车厢和高耸其上的车伞构成，车架上有刻纹栏杆，车伞上有伞盖。车高约 3 米，以 4 马套驾，其中两匹马套在衡上，另外两匹分系于两旁或一前一后地系在车前。马具只有笼头，上饰几块贴金的相同木牌，辕马用轭和一对曲木套在衡上。其中

图二　巴泽雷克冢墓中出土的与中国相关的遗物

1. 四山镜　2. 漆器　3. 四轮马车　4. 凤鸟纹织锦

（引自马健《公元前 8~ 前 3 世纪的萨彦—阿尔泰——早期铁器时代欧亚东部草原文化交流》，《欧亚学刊》第 8 辑，中华书局，2008；С. И. 鲁金科《论中国与阿尔泰部落的古代关系》，潘孟陶译，《考古学报》1957 年第 2 期）

图三　巴泽雷克5号王冢内出土的车辆

（引自国立艾尔米塔什博物馆官方网站）

一匹马配有笼头和马鞍，上有许多饰以老虎、山鹿和羚羊图的木牌。鞍褥以华丽的中国绸做成，上面绣着开花的树枝，神鸟凤凰飞舞其间，马具中还有马冠和皮面具，面具顶上冠以精工雕刻的木质鹿头和两只皮制多枝角。另一匹马的马鞍亦装饰得极为华丽，有鞍褥和马胸饰带，上面盖着西亚或波斯的贵重的多彩花布，布上以葛布兰式花毡制作技术绣着几只走狮图和祭祀场面。这辆马车从辐条、榫卯做工上来看与中国车辆接近，但形制不相同。据此，耶特马尔认为这辆马车是模仿中国样式制造的明器。同时考虑到5号冢中同出的凤鸟纹织锦等中国制品，有学者认为这辆马车是由中国工匠制造的。

在巴泽雷克的墓葬中，最为典型的是竖穴木椁墓，其中木棺通常是由整木掏空而成。死者侧身四肢蜷曲，头向东。大约30%的巴泽雷克墓葬会随葬马匹。这些马都是整匹随葬，且伏于地面上。巴泽雷克文化中还有用石棺埋葬的，而石棺墓都没有随葬马匹，随葬的遗物也很少。有人认为这些石棺墓的墓主是另一种人群，他们只是融入了巴泽雷克文化的人群之中。（肖波）

12. 奇纳塔 2 号墓群 M21 和 M31

【名称】奇纳塔 2 号墓群 M21 和 M31

【位置】俄罗斯阿尔泰边疆区克拉斯诺晓科沃地区

【年代】公元前 4 世纪～公元前 3 世纪

【解题】

奇纳塔 2 号墓葬群位于俄罗斯阿尔泰边疆区克拉斯诺晓科沃地区奇纳塔村东南 1~1.4 公里处，这里是阿尔泰的巴泽雷克文化区西北边陲。

其中 M21 直径为 18 米，高 0.6 米，是此处墓葬群中最大的一座墓葬。墓主为一名女性，骨骸面朝东，墓的西侧有殉马。墓主身旁出土的金耳环具有小亚细亚风格，可能与阿契美尼德帝国之间的交流有关。其他随葬品还有陶罐、铁戒指、两个骨质管状珠饰及腰带扣，这些遗物与其他巴泽雷克文化墓葬中出土的同类物品形制相似。

M31 的直径为 15 米，高 0.85 米，墓中随葬品有铁戒指、铁刀、金箔碎片、陶器和角质腰带扣。

这两座墓中都发现了中国漆器残迹。随葬漆器由于墓中石块、土壤和地下水的压力而损毁，仅剩漆皮和木头残片，但通过 M31 中残片的分布形状，可判定为耳杯。这些残片均发现于墓主头骨东北处，属巴泽雷克文化墓葬中通常放置木器和陶器的位置。俄罗斯考古学家对漆器残余进行了细致分析，结果表明与巴泽雷克文化墓葬中的漆器成分相似。

这两座墓中发现的漆器表明，早在张骞开辟丝绸之路之前，中原地区与阿尔泰地区就已有较为密切的物质文化交流了。（茆安然）

图一　奇纳塔2号墓群M21和M31

［引自 P. K. Dashkovskiy & O. G. Novikova, “Chinese Lacquerware from the Pazyryk Burial Ground Chineta Ⅱ, Altai,” *Archaeology, Ethnology & Anthropology of Eurasia*, 45(4), 2017，pp.102-112］

图二　奇纳塔2号墓群M21和M31中的中国漆器残余

［引自 P. K. Dashkovskiy & O. G. Novikova, “Chinese Lacquerware from the Pazyryk Burial Ground Chineta Ⅱ , Altai,” *Archaeology, Ethnology & Anthropology of Eurasia*, 45(4), 2017，pp.102-112］

13. 多格埃 - 巴阿雷 2 号墓地

【名称】多格埃 - 巴阿雷 2 号墓地

【位置】俄罗斯图瓦地区

【年代】公元前 2 世纪～公元前 1 世纪

【解题】

多格埃 - 巴阿雷 2 号墓地位于比伊赫姆河（大叶尼塞河）右岸的一处高台地上，距比伊赫姆河与卡阿赫姆河（小叶尼塞河）汇合处约有 5 公里。目前该墓地已发掘的墓葬共有 8 座，它们的时代大体属斯基泰时代晚期，同时还具有匈奴文化的特点，例如与伊沃尔加墓地出土的骨镞相同的镞、容量较小的陶器等。

该墓地 M25 出土的两块铜镜残片来自中国，它们的原料为锡含量较高的锡青铜，属中国铜镜的一种特有传统，且其中的一块还带有四叶状和俄文字母“T”状图案（图一，6）。M26 中发现的青铜环扣亦来自中国，证据同样是经过 X 光分析后发现其所用青铜原料中锡的含量超过了 20%。

此外在该墓地的 M26、M27、M28 和 M31，均发现了可能是来自中国的漆器残片。而从多格埃 - 巴阿雷 2 号墓地发现的玻璃珠饰来看，根据光学发射谱分析结果，可确定绝大多数此类遗物都含有硅、铅、钠和钡，同时铅和钡的含量很低，因而很有可能也来自中国。这些玻璃珠饰的颜色有白色、深蓝色和蓝绿色。

有学者据此并结合图瓦地区同时期的其他考古发现认为，当时中国舶来品的普及范围有不断扩大的趋势。（孙危）

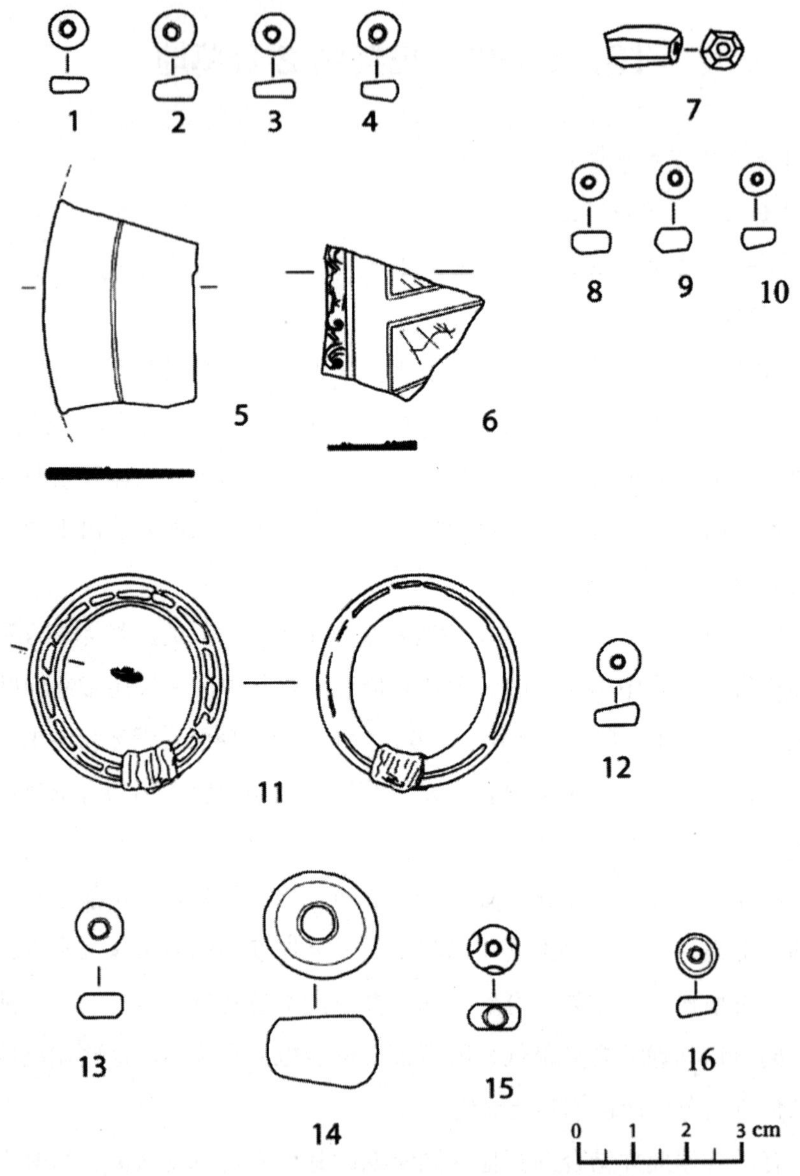

图一　多格埃-巴阿雷2号墓地出土的来自中国的随葬品

1~4. 玻璃珠饰（M23） 5、6. 青铜镜残片（M25） 7~10. 玻璃珠饰（M25） 11. 青铜环扣（M26） 12. 玻璃珠饰（M26） 13. 玻璃珠饰（M27） 14、15. 玻璃珠饰（M28） 16. 玻璃珠饰（M31）

［引自 С. В. Хаврин, Китайские импорты в материалах могильника Догээ-Баары Ⅱ（по материалам рентгено-флюоресцентного анализа）//Роль естественно-научных методов в археологических исследованиях сборник научных трудов. Барнаул. 2009］

14. 捷列金墓地

【名称】捷列金墓地

【位置】俄罗斯图瓦共和国叶尼塞河上游的萨彦峡谷左岸

【年代】公元前2世纪～公元1世纪

【解题】

捷列金墓地（Могильник Терезин）位于叶尼塞河上游的萨彦峡谷左岸地区，2007年由俄罗斯科学院物质文化史研究所考古队调查时发现。迄今为止共发现15座墓葬，其中3座墓葬保存相对较好，另外12座墓葬已被毁坏。

在这15座墓葬中，有14座发现了树立在墓中的石板结构的遗迹。唯一的例外是M1，其位于调查区东北部的一个斜坡上。该墓中仅有部分骨骼得到保存，包括腿骨、盆骨、椎骨和部分肋骨（图二，1）。人头朝向西南，左腿弯曲。由于水库内水位不断改变，因而造成了河水对河

图一 捷列金墓地位置

（引自 Marina Kilunovskaya, Pavel Leus, "Recent Excavations of Xiongnu Graves on the Left Bank of the Ulug-Khem in Tuva," *The Silk Road*, Vol.16, 2018, p.2）

岸的不断冲刷，使得尸骨遭到了破坏。墓葬位于大约 2 米高的河岸边缘地带，一些尸骨掉入水中并被河水冲走。死者可能埋葬在木棺中，但现在已没有任何葬具保留下来。然而，在左股骨近端以北 0.15 米处发现了一个青铜镂空戒指（图二，2），在盆骨上发现了一块带有蛇形装饰的巨大镂空青铜带扣（图二，3)。除了腰带上保存下来的金属遗物外，还有其他一些物品，其中，M2 和 M9 中保存得最好。墓深不超过 1.5 米。

M2 有一个长方形石棺，棺盖板由灰色石板制成（图三，1）。由于自然侵蚀的原因，西墙和部分盖板发生了移动。北墙为一块长 0.9、厚 0.12 米的垂直立板；东墙由两块石板组成，其中最大的一块长 0.74 米，宽 0.12 米；南墙的垂直立板长 0.66 米，厚 0.1 米。骨骼状况良好，几乎所有的骨骼都被保存下来。死者头朝东北，向右侧卧，双腿弯曲。由于遭到过自然破坏，头骨已被移动，位于骨盆附近的中央处。随葬品由一组不同类型的骨镞（图三，2~8）和匈奴复合弓的构件（图三，10~14）组成。盆骨处还保留了一个由牛角制成的皮带扣（图三，9）和一个或多个完全腐蚀的铁制品的痕迹，可能是一把刀和腰带的构件。

随葬品中有两种陶器：壶和罐（灰泥）。后者中还发现了公羊骨。通过对 M2 中的人骨进行放射性碳素分析，得出其年代为 193~40BC（概率 95.4%）。而通过对 M9 中的人骨进行放射性碳素分析，得出其年代为 172BC~2AD（概率 95.4%）。另外，M12 人牙的放射性碳素测年结果则为 165BC~25AD（概率 95.4%）。

M9 有一具石棺，由垂直放置的石板构成，石棺上还保留有盖板（图四，1、2）。该墓葬中人骨的位置以及出土的陶器与 M2 类似。墓主人为女性，骨骼保存完好，双腿弯曲，头朝东北（图四，1）。头骨向左侧下落，左臂沿身体伸出，右臂屈肘。随葬品包括一条由 22 颗棕、蓝绿色小珠组成的项链（图四，3~24)、黄色贴珠 2 颗（图四，25、26）、黄色多面骨珠 1 颗（图四，27）、黄色圆柱骨珠 2 颗（图四，28、29）、微红色球形贴珠 1 颗（图四，30）以及 5 个吊坠。其中一个吊坠有彩色条带（图四，31），

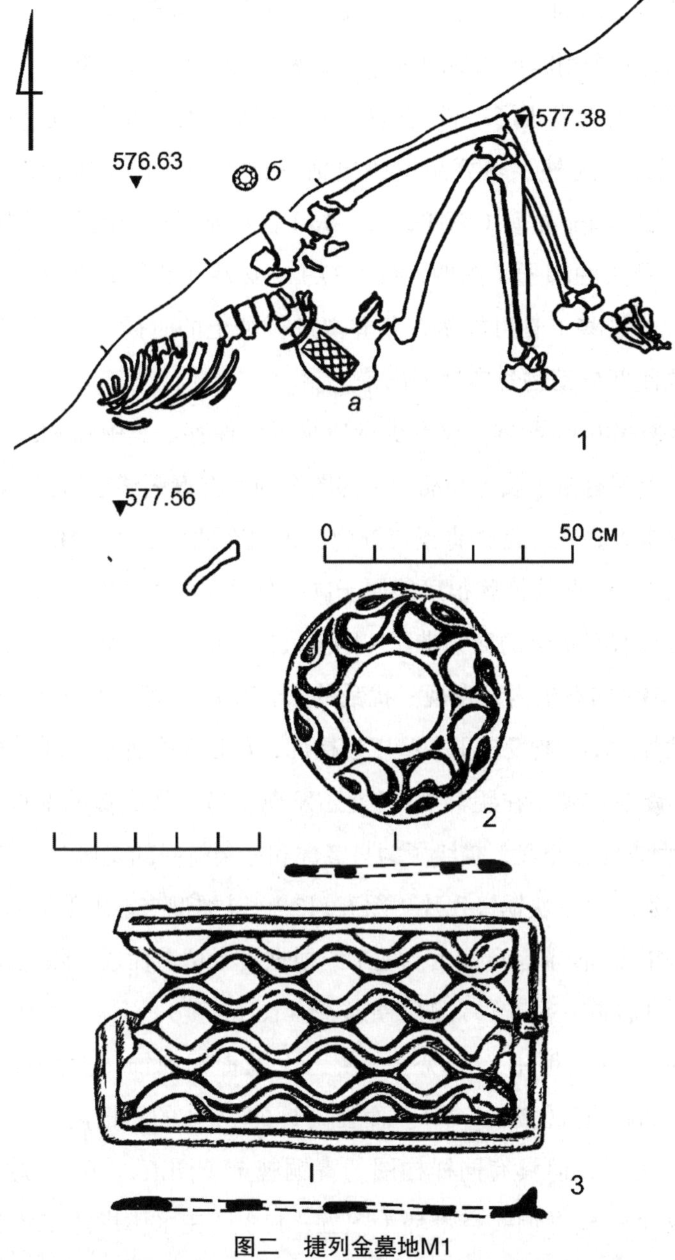

图二 捷列金墓地M1

1. 平面图（a. 带扣，б. 戒指） 2. 青铜戒指 3. 青铜带扣

（引自 П. М. Леус, С. В. Бельский, *Терезин 1 - могильник эпохи Хунну в Центральной Туве*. Археологические вести, Ин-т истории материальной культуры РАН. 1992. с. 95）

两个吊坠为骨制的（图四，32、34），一个吊坠为青铜制品（图四，33）；此外，还有一个用熊爪雕刻的吊坠，形状像人脚（图四，35）。

在腰带附近发现了一件完全腐蚀的铁器，无法准确识别和修复，可能是一把刀。此外，随葬品中还包括一件陶壶，位于头骨的右侧，与M2中发现的陶壶类似（图四，1г、36）。在死者头骨的另一侧放着一个装有公羊骨头的罐子（图四，1д、37）。女性死者头骨及其他部位都发现了羊骨，这些羊骨可能是在墓葬内进行填土的时候，装有动物的陶器倾倒，致使部分动物骨肉掉了出来。

其余墓葬破坏严重，仅有少量遗物得以保存。其中在M5的石棺内，发现了一个带有格子装饰和动物头部图案的大型青铜镂空饰板（图五,1）。在距其3米处，发现两件青铜带饰牌，正面有两头公牛（牦牛？）的形象（图五，2）。这两块饰牌很可能属于同一件物品。在M8的石棺内，有一个带有六头狮鹫头像的青铜带扣（图五，3）和一个青铜三刃箭镞（图五，7）。在M12的石棺内，发现了扰乱的人骨碎片，其中还包括一部分下颌牙齿。此外，M12还发现了一些皮带构件，包括3个青铜带环（图五，5）、5个小的镂空饰牌（在距其10米处还发现了另一块类似的饰板）（图五，6）和大型青铜镂空盘，描绘了两只老虎和一条蛇身的龙搏斗（图五，8）。此外，还发现了一块铜镜残片（图五，13），其类型与地表采集的汉镜（图五，12）相同。但前者可能由当地工匠根据后者仿造而成。除上述物品外，还出土了3件陶片和1件青铜贝壳模型（图五，4）。

在M13的石棺中，发现了一块巨大的青铜牌饰，上面有两只公牛（牦牛？）的图像（图五，9）。而在附近的M14的石棺内，发现了一件尺寸虽然更小，但具有同样构图的青铜牌饰（图五，10）。此外，M14内还发现了一枚青铜镂空带环（图五，11）。在水库岸边采集到一件用“白色”锡青铜制成的残镜，其无疑属于汉代（公元前2世纪至公元2世纪），该铜镜原产自中国（图五，12）。此外，青铜牌饰在中国北方地区也有很多类似的出土物。（肖波）

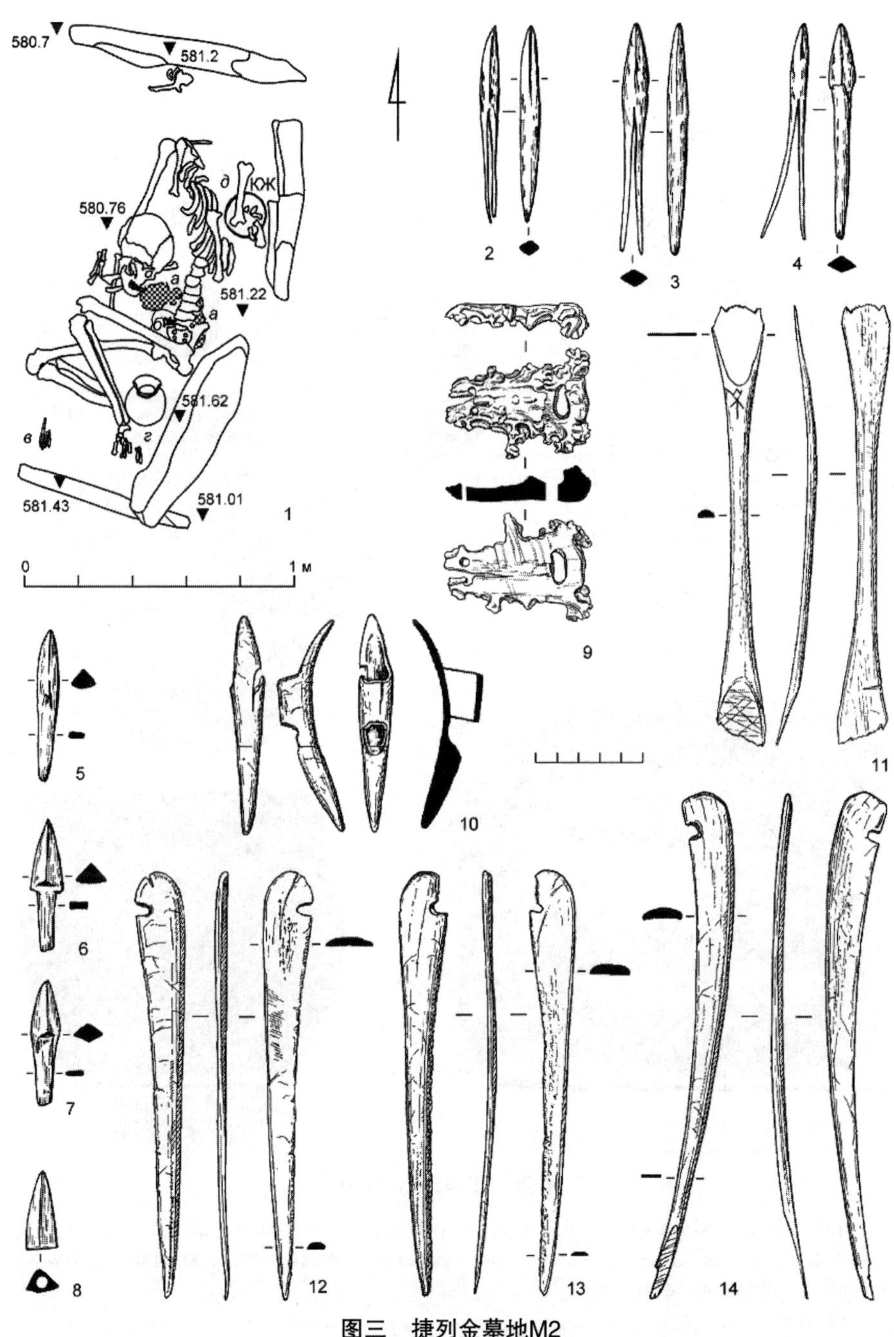

图三　捷列金墓地M2

1. 平面图（a. 锈蚀的铁器，б. 皮带扣，в. 箭镞，г. 轮制陶器，д. 手工陶器） 2~14. 墓葬出土物（引自 П. М. Леус, С. В. Бельский, *Терезин 1 - могильник эпохи Хунну в Центральной Туве*.с. 97）

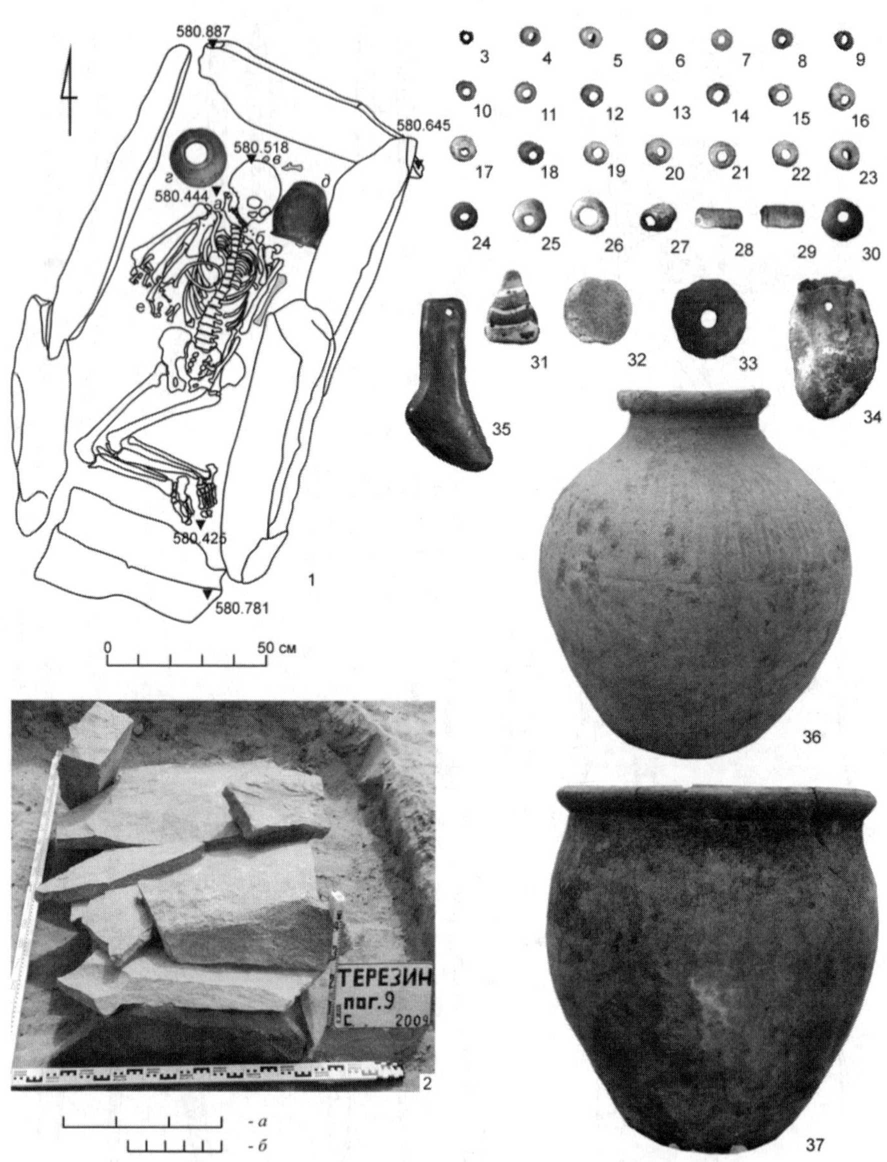

图四　捷列金墓地M9

1. 平面图（ а . 彩色吊坠，б . 爪形吊坠，в . 骨制吊坠，г . 轮制陶器，д . 手工陶器，е . 被腐蚀的物体） 2. 石棺盖　3~35. 珠子和吊坠　36~37. 陶器（3~31. 玻璃器　32、34~35. 骨器　33. 青铜器，比例尺：а . 用于珠子，б . 用于陶器）

（引自 П. М. Леус, С. В. Бельский, *Терезин 1 - могильник эпохи Хунну в Центральной Туве*.с. 99）

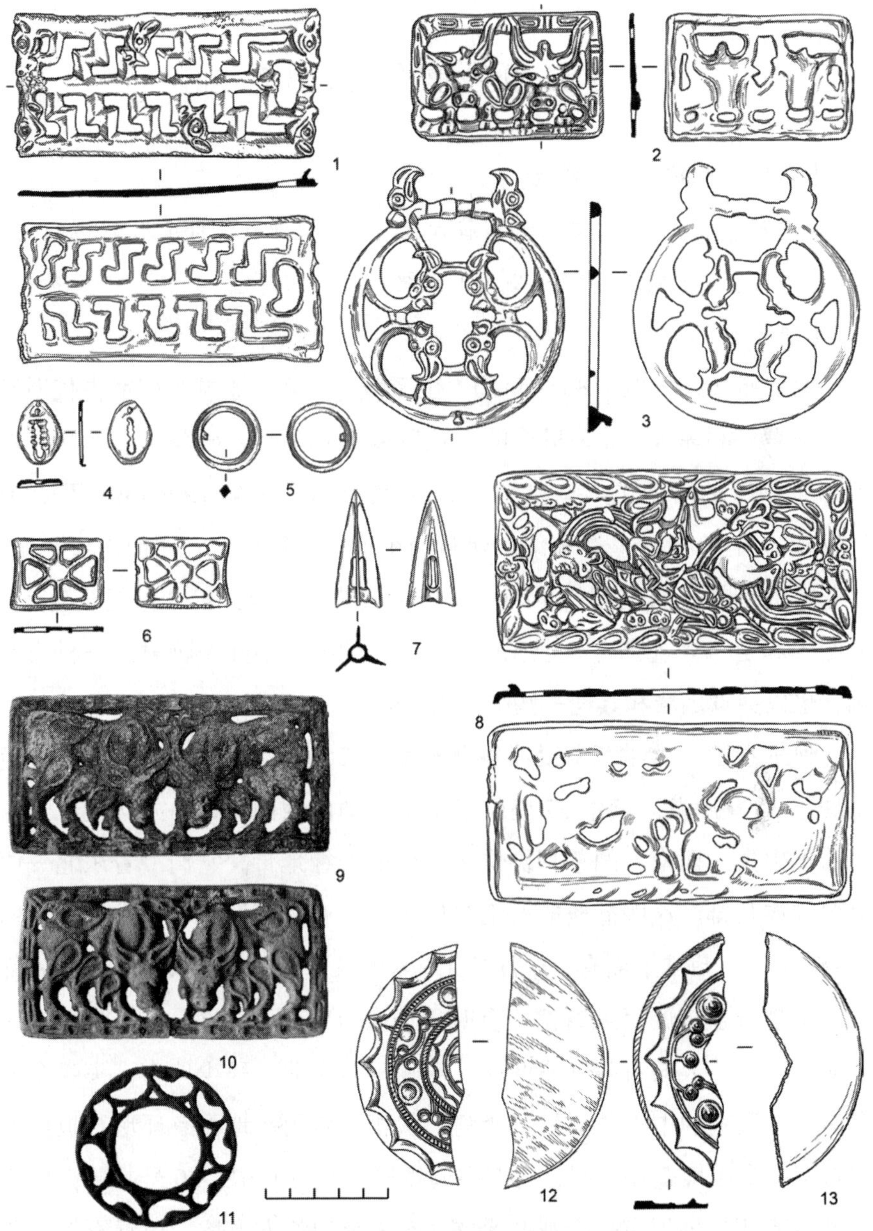

图五　捷列金墓地被扰乱墓葬中的出土物

1~2.M5 出土的青铜带扣和饰牌　3.M8 出土的青铜带扣　4.M12 出土的青铜贝壳仿制品　5.M12 出土的青铜带环　6、8.M12 出土的青铜饰牌　7.M8 出土的铜镞　9.M13 出土的青铜饰牌　10、11.M14 出土的青铜饰牌和带环　12. 采集的铜镜残片　13.M12 出土的铜镜残片

（引自 П. М. Леус, С. В. Бельский, *Терезин 1 - могильник эпохи Хунну в Центральной Туве*.c. 100）

15. 亚罗曼 2 号墓地

【名称】亚罗曼 2 号墓地

【位置】俄罗斯阿尔泰共和国翁古代斯基区大亚罗曼村东北 9.8 公里处

【年代】公元前 2 世纪～公元 1 世纪

【解题】

亚罗曼 2 号墓地（Яломан-Ⅱ）位于俄罗斯阿尔泰共和国翁古代斯基区大亚罗曼村东北 9.8 公里处的大亚罗曼河口附近，坐落于卡吞河左岸第四个漫滩的阶地上。该墓地由 A.A. 提什金（A.A. Тишкин）于 2001 年发现，由 90 多处墓葬和纪念建筑群组成，东依山峦，西面沟壑陡峭。其墓葬分别属于布兰族的早期乌斯季－埃迪干（公元前 2 世纪至公元 1 世纪）和上乌蒙晚期（4 世纪下半叶至 5 世纪上半叶）阶段——科宾文化，也以突厥围墙和其他一些结构为代表。

阿尔泰国立大学亚罗曼考察队先后于 2002~2005 年、2007~2008 年发掘了 34 座冢墓。其中 27 座位于整个墓地的西南方，另外 7 座位于墓地的正中央。西南方的墓葬群位于台地的边缘地带，它们沿着东北—西南向排成几排。这些低矮的石土封堆，周边有环形石围（封堆旁边偶尔立有石柱），封堆下面有一个深达 1.5 米的坟墓。墓为竖穴土坑墓，底部为一个带有盖板的巨大石棺（有时里面会有一个石柱），里面陪葬有一匹或数匹马。人向右侧卧或仰卧，双腿略微弯曲，很少伸直，头朝东或东南向。调查的中央墓群呈“蜂窝”状相互依附。地面有环形石板构成的石围，多层堆叠在一起，内部空间填充石土。其中，20 号冢单独位于一处。墓葬封堆下有一个或几个深 1.5~3 米的长方形坑，内置石棺。死者仰面平躺，头位于东北方向。石棺盖板上通常有一个或多个殉马坑。随葬品较多，包括武器、马具、工具、饰品、家用器皿以及动物风格的艺术品等。

亚罗曼 2 号墓地中经常可见殉马坑。迄今为止共发现 14 座带有殉马坑的冢墓，分别为 43、44、46、46 a 、48、51、52、54、57、59~63 号冢。殉马坑位于石棺墓上面的墓穴中，马骨普遍保存情况较差（图一，1）。另一种殉马坑被认为是葬有马的空冢，这里的石棺尺寸被大大压缩，里面没有葬人（图一，2）。

该墓地中出土了不少中国漆器。目前，主要对 3 座墓冢，即 43、51 和 57 号冢出土的漆器进行了较为系统的研究。43 号冢地面石堆的规模很大，在现代地表上清晰可见。在对墓穴进行清理时，在其西北部发现了一些马具和一匹公马的骨架。其下有一具石棺，里面葬有一具未受扰动但保存非常差的人骨（男性，年龄为 30~40 岁），人骨携带一套丧葬用具。可以看出，墓主是一名在社会上享有崇高地位的战士。棺内发现了一条全身涂漆的腰带残片。漆片很多，最宽的达到 2.5 厘米，一侧（内侧）呈黑色，另一侧（外侧）呈紫红色（图二）。国立艾尔米塔什博物馆科技鉴定部研究表明，该腰带很可能是由上漆的皮革“祖甲”制成（图二，1b）。腰带上装饰有金箔碎片（图二，1a），其中一些金片上有穿孔的痕迹。腰带的各种细节都得到了保留，包括由两条镀金板构成的镶边，上面描绘了一条长着胡须和眼睛的有角的“龙”，龙的眼睛由黑

图一　亚罗曼2号墓地的殉马坑

1.43 号冢　2.44 号冢

［引自 А.А. Тишкин, Н.А. Пластеева, П.А. Косинцев, *Лошади из курганов хуннуского времени памятника Яломан-II (Алтай): археологический контекст и археозоологические определения.// Древние культуры Монголии,Южной Сибири и Северного Китая*.Абакан: ИИМК РАН. 2021］

图二　亚罗曼2号墓地43号冢中出土漆器

（引自 О.Г. Новикова, Л.С. Марсадолов, А.А. Тишкин, *Китайские лаковые изделия в Забайкалье и на Алтае в хуннуское время*.Теория и практика археологических исследований. 2018.Том 21. № 1）

色石头制成，这是一幅典型的中国龙的形象。在石棺东角颅骨的正对面发现了一片中国制造的漆杯碎片（图二，2）。该碎片展示了漆杯的各种细节特征，通体施红衣绘黑彩平行线条纹或连续弧纹（图二，2、3）。类似的漆器装饰图案在中国战国至秦汉时期的漆器艺术中经常可见。① О.Г. 诺维科娃（О.Г. Новикова）等人研究后指出，这个漆杯碎片与湖北省博物馆馆藏的一件出土于睡虎地 M9 墓地的彩绘凤形漆勺上面的装饰图案类似。② 该勺为木胎，雕刻。勺体挖成凤身，勺炳雕成头颈，用红、褐漆绘出凤的眼、鼻、耳及羽毛。③

51 号冢属于匈奴时期，填土中发现了一匹马的骸骨和若干马具。在墓底石棺中，埋葬着一名 20~25 岁的女性，由于石棺的结构设计合理，棺内的有机材料制品保存状况较好。棺内发现了一条长约 1.1 米、宽约 0.36 米的腰带（图三，1）。腰带下部保存状况很差，由几条裁剪而

① 陈振裕：《战国秦汉漆器群研究》，文物出版社，2007。

② О.Г. Новикова, Л.С. Марсадолов, А.А. Тишкин, *Китайские лаковые изделия в Забайкалье и на Алтае в хуннуское время*.Теория и практика археологических исследований. 2018.Том 21. № 1.

③ 湖北省博物馆编《秦汉漆器：长江中游的髹漆艺术》，文物出版社，2007，第 83~84 页。

成的皮条连接而成，腰带外侧涂漆。专家研究认为，腰带中含有大麻纤维，推测这条腰带是采用中国传统漆工艺的“祖甲”皮革制成。这种工艺是将一层薄薄的纻麻或大麻纤维等织物贴在腰带上，接着在其上依次涂上一层黑漆和红漆。[①] 此外，腰带上还有一个青铜带扣，呈蜥蜴咬尾状。动物不仅蜷缩成椭圆形，并且其上部以数字“8”的形式呈现。在石墓盖板上方的墓坑中，发现一具马的骨骼和一些马具。墓室底部有一具20~25岁女性的骨架。随葬品主要位于头骨附近。其中，由牛角和木头制成的梳子值得注意，旁边是一些中国制造的漆器残件，漆器上绘制有中国秦汉漆器上经常可见的一些图案。

与腰带有关的人工制品发现于23a、43、51、57和60号冢，除了皮革制作的带身外，还有4类具有不同功能和用途的物品，分别为饰牌带扣、带环、饰牌和銙尾。

饰牌带扣有2件，均为前圆后方的椭圆形饰牌带扣。其中一件出土于51号冢，在女性死者腰带的端部发现带有透雕动物纹的青铜带扣，动物纹呈蜥蜴咬尾状（图三，1、2）。另外一件出土于57号冢，与前者材质和结构均类似，但质量较前者为轻，尺寸也较小（图三，3）。通过X射线荧光分析发现，上述两件带扣的合金成分几乎完全相同，包括铜和各种金属元素，其中砷的含量最多。这两件带扣均是将龙简化为蜥蜴，这些纹饰与内蒙古西沟畔墓地M4出土的汉代中国仿玉石配饰上的蜷曲龙纹类似（图四）。M4为一座南匈奴高级贵族墓葬，年代应在西汉中晚期至东汉晚期，很可能接近东汉偏晚的时期。[②] 通过类型学分析可知，这些腰带在公元前2~前1世纪（匈奴时期）的中亚和北亚地区（叶尼塞河中游除外）最为流行。

带环共发现3件，均出土于60号冢。60号冢是一座空冢，随葬有

---

① О.Г. Новикова, Л.С. Марсадолов, А.А. Тишкин, *Китайские лаковые изделия в Забайкалье и на Алтае в хуннуское время.* Теория и практика археологических исследований. 2018. Том 21. № 1.

② 潘玲：《西沟畔汉代墓地四号墓的年代及文化特征再探讨》，《华夏考古》2004年第2期，图一，4-5。

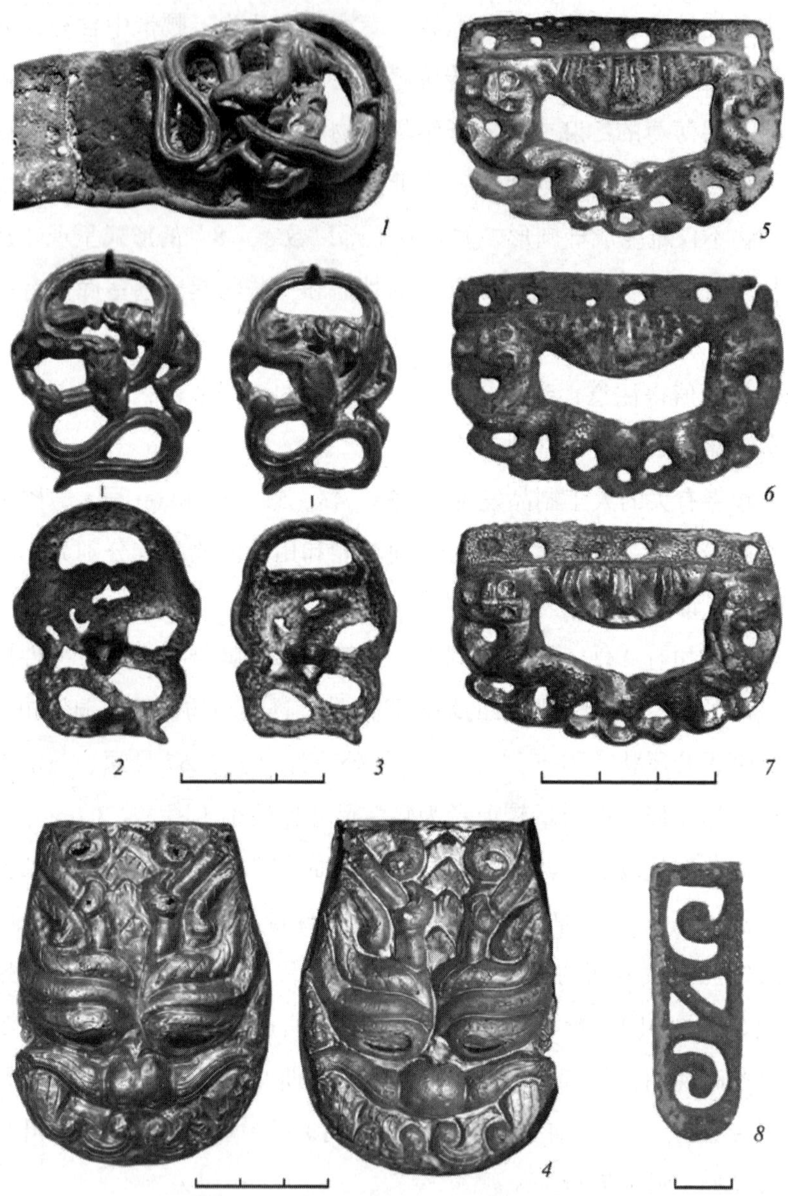

图三　亚罗曼2号墓地出土各类金属制品

1.51 号冢出土腰带及金属带扣　2.51 号冢出土金属带扣　3.57 号冢出土金属带扣　4.43 号冢出土金属带扣　5~8.60 号冢出土金属带扣

［引自 А. А. Тишкин, С. С. Матренин, *Изделия из художественного металлав поясных гарнитурах кочевников Алтая хуннуского времени(по материалам памятника Яломан-Ⅱ)*. Краткие Сообщения Института Археологии. Вып. 247. 2017］

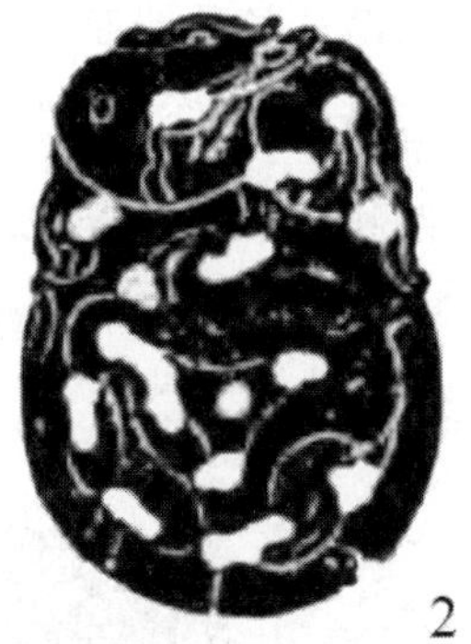
1　　2

图四 内蒙古西沟畔墓地M4出土的仿玉石配饰

1. 石环 2. 石璧形配饰

（引自潘玲《西沟畔汉代墓地四号墓的年代及文化特征再探讨》，《华夏考古》2004 年第 2 期）

一些男性用品，其中包括 3 件几乎相同的有色金属带环（图三，5~7）。带环轮廓不规整，上缘笔直，侧面向下弯曲，下缘呈弧线状。每个带环的中间都有一个“凹”字形孔。带环正面镀金，有两个猫科猛兽的浮雕图像，后腿站立，背对彼此。带环周围都点缀有小孔，通过位于上部的 6 个小孔将其固定在腰带上。

饰牌有一件，出土于 43 号冢。这是一块龙头形的青铜浮雕饰牌，而龙是典型的中国元素（图三，4）。

銙尾有一件，出土于 60 号冢，为带有镂孔的铜器（图三，8）。俄罗斯学者 A.A. 提什金认为这是从腰带一端伸出的系结腰带用的皮带条末端的饰物。[①] 潘玲认为，这种皮带条端饰是汉代以后腰带上的銙尾的早期形态。[②]

此外，墓葬中还出土了数量众多的木制品（图五）。其中一些木制品为墓内构件，如成排木杆构成的棺盖板，石木混合制成的棺椁；用整

---

① A. A. Тишкин, С. С. Матренин, *Изделия из художественного металлав поясных гарнитурах кочевников Алтая хуннуского времени(по материалам памятника Яломан-Ⅱ)*. Краткие Сообщения Института Археологии. Вып. 247. 2017.

② 潘玲：《两汉时期北方系统腰带具的演变》，《西域研究》2018 年第 2 期。

棵树的树干制成的棺；各种器皿，包括有足和无足的盘子、圆形和罐形容器；武器，包括弓、箭镞、箭袋、箭杆及斧钺模型；马具，包括马衔和马镳、带有鞍架和鞍桥的复合鞍；斧柄、锥柄等工具的构件；木梳等盥洗用品；用于存放工具的带有盖子的容器。此外，还发现了桦树皮制

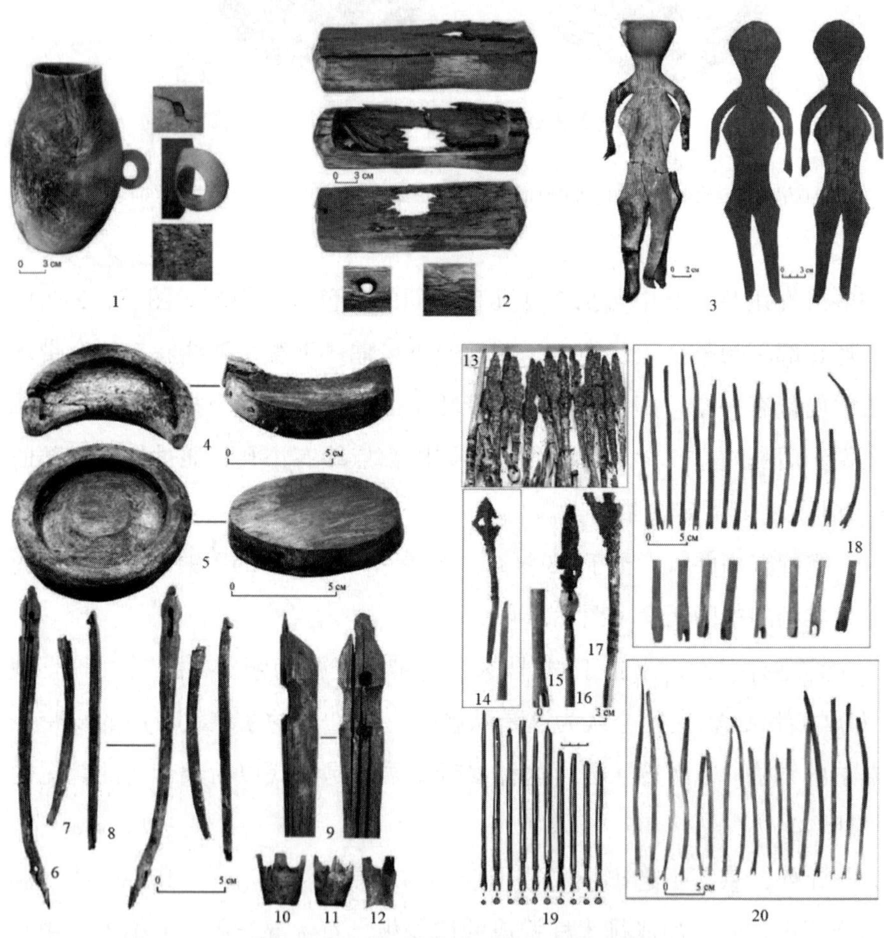

图五　亚罗曼2号墓地31号冢出土木器

1~2. 木制容器　3. 桦树皮人像　4~9. 木制箭筒构件　10~12. 树皮饰品　13~20. 有镞箭和箭杆

［1~2引自 А. А. Тишкин, В. П. Мыльников, *Деревянные изделия из кургана 31 памятника Яломан II на Алтае*. Археология, этнография и антропология Евразии. 2008 (1); 3~20引自 А.А. Тишкин, В.П. Мыльников, *Деревообработка на Алтае во II в. до н.э. V в. н.э. (по материалам памятников Яломан-II и Бош-Туу-I)*.Барнаул: Алтайский государственный университет, 2016. С. 163-171］

品、金属部件的木衬、桦树皮人像及其他木制品。

墓葬中出土的金属器包括箭镞、动物纹饰牌、带扣和铜镜等。铜镜主要见于51、52、56、57、61号冢，除了极少数较为完整外，其余均为残片（图六，2~5）。此外，在俄罗斯阿尔泰地区的陈德克（Chendek）（图六，1）和费尔索沃—14号冢（Firsovo- XⅣ）（图六，6）中也发现了匈奴时期的铜镜碎片。通过对上述墓葬出土的金属镜合金成分的研究可以确定，这些铜镜绝大多数起源于中国，属于中国工匠制造的产品。

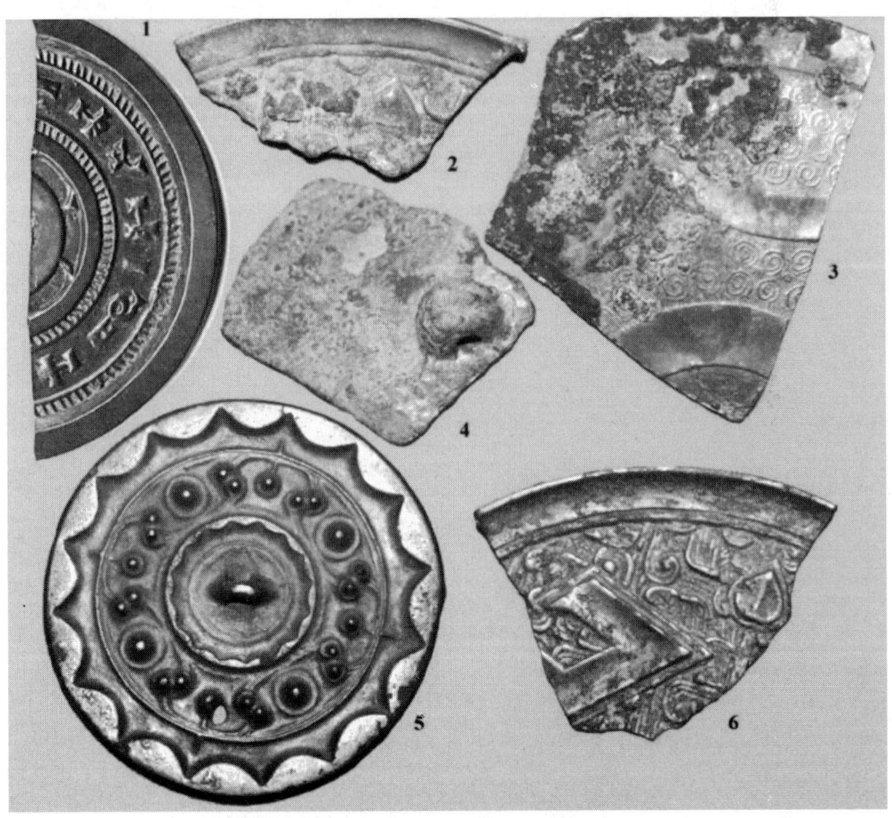

图六　阿尔泰地区匈奴时期墓葬出土的铜镜

1. 陈德克　2. 亚罗曼2号墓地61号冢　3. 亚罗曼2号墓地52号冢　4. 亚罗曼2号墓地56号冢　5. 亚罗曼2号墓地57号冢　6. 费尔索沃—14

（引自A.A. Tishkin, N.N. Seregin, *Metal Mirrors from Altai Sites of the Xiongnu Time: Results of a Complex Analysis.* Ancient Civilizations from Scythia to Siberia. 2019. V. 25. № 2）

其年代基本在汉代之前，但是流传到阿尔泰的时间较晚，可能是在匈奴时期进入阿尔泰。这些铜镜不仅在外部特征上有所区别，而且在化学成分上也不同。除了从中国引进成品外，亚罗曼居民也曾尝试仿造。在57号冢中，发现了一块完整的镜子（图六，5），与中国产品类似。然而，X射线荧光分析的结果显示，这是一件仿品，合金成分和制造工艺均有所不同。亚罗曼工匠以典型的中国铜镜为模型，制作模具并尝试使用另一种合金来保持表面的颜色。工匠们用砷代替锡，高浓度的砷使铜的颜色变为银灰色，但是这面镜子的生产地点还很难确定。（肖波）

16. 库德尔格突厥墓地

【名称】库德尔格突厥墓地

【位置】俄罗斯阿尔泰山区东部的库德尔格

【年代】583~630 年

【解题】

库德尔格突厥墓地（могильник Кудыргэ），南西伯利亚东突厥汗国时期（583~630）墓地。位于今俄罗斯阿尔泰山区东部的库德尔格，1924~1925 年和 1948 年先后由苏联考古学家 С.И. 鲁金科、А.А. 加夫里洛娃主持发掘。共有 21 座墓葬，墓上有椭圆形的平顶积石，墓穴面积不大，深 0.6~1.6 米，系长方形或椭圆形土圹，墓内多无葬具。死者为单人葬，仰身直肢，头多向南。多以马匹或马具随葬，但也有仅见马匹、马具而无死者的。一套典型的随葬品包括弓箭、饰有素面饰牌的腰带及辔头、马鞍、马镫。其他出土物有铁制的剑和短剑，青铜、红铜或银制的水滴形耳坠，包金的红铜发坠，彩色玻璃或宝石制串珠，红铜或银制戒指等，还有绵羊腿骨等祭肉残余。死者衣服以毛皮或毛织物缝制，有的为各种绸料。出土的刻有狩猎场面的前鞍桥骨片和 1 块刻有人物与马匹图案的石头，反映了当时服饰的式样和马具的若干细节，是很有价值的艺术品。墓地的文化面貌反映出游牧的经济生活。死者衣着和饰物的差别表明部落内部已有较大程度的贫富分化。

随葬品很丰富。墓葬中发现有衣服和鞋子碎片，衣服材质包括丝绸、羊毛和皮革，而鞋子的材质主要是皮革。丝织品在几座墓葬中均有发现，均被染成亮黄色和金色。其中，M5 中发现有非常致密和耐用的羊毛织品残片，从其位置来看，很可能是裤子的一部分。皮革包括紫貂皮及其他动物的毛皮，从残存的若干碎片来看，衣服的各个部分是用丝线缝合在一起的。织品碎片太小，很难通过它们来了解衣服的式样和特征。此外，还有大量的装饰品，由于材质的原因，这些装饰品保存得相当好。代表性的装饰品是铜环，铜环经常出现在人手的中指上，由薄而窄的铜条制成。耳环包括青铜耳环和金耳环两种。在死者颈部周围和衣服上发现一些玛瑙和玻璃制成的珠子。每座墓葬都有大量的铁刀，但保存状况较差。

墓葬中发现了大量铁制三刃箭镞。所有箭镞都有细长的铤，可以装入箭杆；其中一些箭镞装饰有带开口的空心骨球，当箭镞飞行时会发出哨声。此外，出土物中还有几个箭袋，多用桦树皮制成。其中一个箭袋保存较好，里面装着一束箭。M5 出土的箭袋外表饰有 5 块青铜牌饰，每块牌饰均为 4 个圆圈连接在一起，上下各 2 个，呈正方形排列。仅在一座墓葬中发现一把带有剑柄的双刃铁剑，木鞘已腐烂。马匹装饰非常丰富。马被整体埋葬，背部朝上，双腿蜷缩，颈部和头部伸展。所有被埋葬的马都被戴上马嚼和马鞍。缰绳由制作精良的粗带制成，通常装饰有青铜和金银饰品。此外，随葬品中还发现有马衔和木制马鞍。马鞍上覆盖着动物和狩猎场景的图像。除了虎之外，还有骑士用弓箭狩猎鹿、亚洲野驴、山羊、熊、兔子和狐狸的场景，而鹿则分为雄鹿和雌鹿。骑士骑乘的马匹修剪了鬃毛，加了缰绳和马鞍。其中一名骑手的旁边有一条狗，狗身体细长，尾巴末端有流苏，耳朵紧贴身体，呈奔跑状。另一名骑手的下方还有两条鱼的图案。

古代库德尔格人很可能已经定居，其主要从事狩猎，同时也兼营畜牧业，但不清楚是否从事农业生产。在许多坟墓中发现了绵羊尸体的臀部、三到四根肋骨和后腿，均是作为随葬品出现。库德尔格人靠摩擦取火，不熟悉陶器，能熟练地加工木材，经常用桦木制作各种类型的工艺品，同时也能制作骨制品，此外，他们可能也掌握了制铁工艺。在服装方面，他们使用毛皮、羊毛和薄丝绸面料，穿皮鞋。他们可能已掌握毛皮和皮革制作技术，至于织品，特别是丝绸以及金属饰品，尤其是腰带和马具来自外部。

与西方的文化联系主要表现在金属带饰和马饰、金属扣环、耳环和珠子上。马鞍上的骨制镶边及其装饰的起源问题非常重要。共发现 3 件弓形马鞍的骨制镶边及若干骨制装饰品。其中一件马鞍的镶边很光滑，边缘有线条状装饰。第二件镶边是一块骨板，上面布满装饰物。第三件镶边上则雕刻有狩猎场景。

M15 出土的 1 枚 575~577 年所铸的北周“五行大布”钱，确凿地说明了同汉族文化的联系。人骨特点同铁器时代广泛分布于西阿尔泰和东欧的欧罗巴人种颇为接近，并与阿尔泰的现代居民相似。随葬“五行大布”钱的为 15 号冢，该墓在地表有呈椭圆状的堆石，长 2.75 米，宽 1.35 米。墓圹长 2.29 米，宽 1.25 米，深 1.34 米。在墓圹东壁附近发现了用松木板制成的棺，棺长 2.05 米，宽 0.65 米，高 0.26 米。棺内有一具摆放散乱的男性尸骨，从颅骨和股骨所处的位置来判断，死者应为头南脚北（图一，A）。在棺盖上发现了一个银耳环（图一，1），“五行大布”钱（图一，2）位于死者颅骨附近，在死者左肩附近有一颗马鹿的乳牙，而在棺的中央位置，则发现了一件铜器的口沿部分（图一，3），在棺的西壁附近有一件铁器残块（图一，4）和一枚角制的镞（图一，5）。墓中还有一匹殉马，在其肋骨附近发现了角制的马鞍镶边（图一，6），而在殉马的背上有角制的鞍桥镶面（图一，7），在殉马和棺西壁之间发现了两个用于鞍带上的角制扣环，其中一个还饰有线形纹饰（图一，8），另一个为素面（图一，9），此外在殉马的肋骨附近还发现了一对铁马镫（图一，10、11）。

M16 的石封堆呈椭圆形，尺寸接近该墓地其他墓葬的平均大小。墓穴上方有一块椭圆形的棕绿色砂岩石柱（高 0.4 米），三面都覆盖着精美的雕刻图案（图二）。在其中的一个宽面上刻有一个男性的脸部形象，眼睛细长，呈蝌蚪状；眼睛上方有两条连在一起的眉毛状线条；鼻子用两条竖线表示，带有鼻孔；嘴巴上方有向上微翘的两撇胡须，下颌处还有较为浓密的胡须。该幅人面像与石柱组合成一件石雕像，与突厥石人

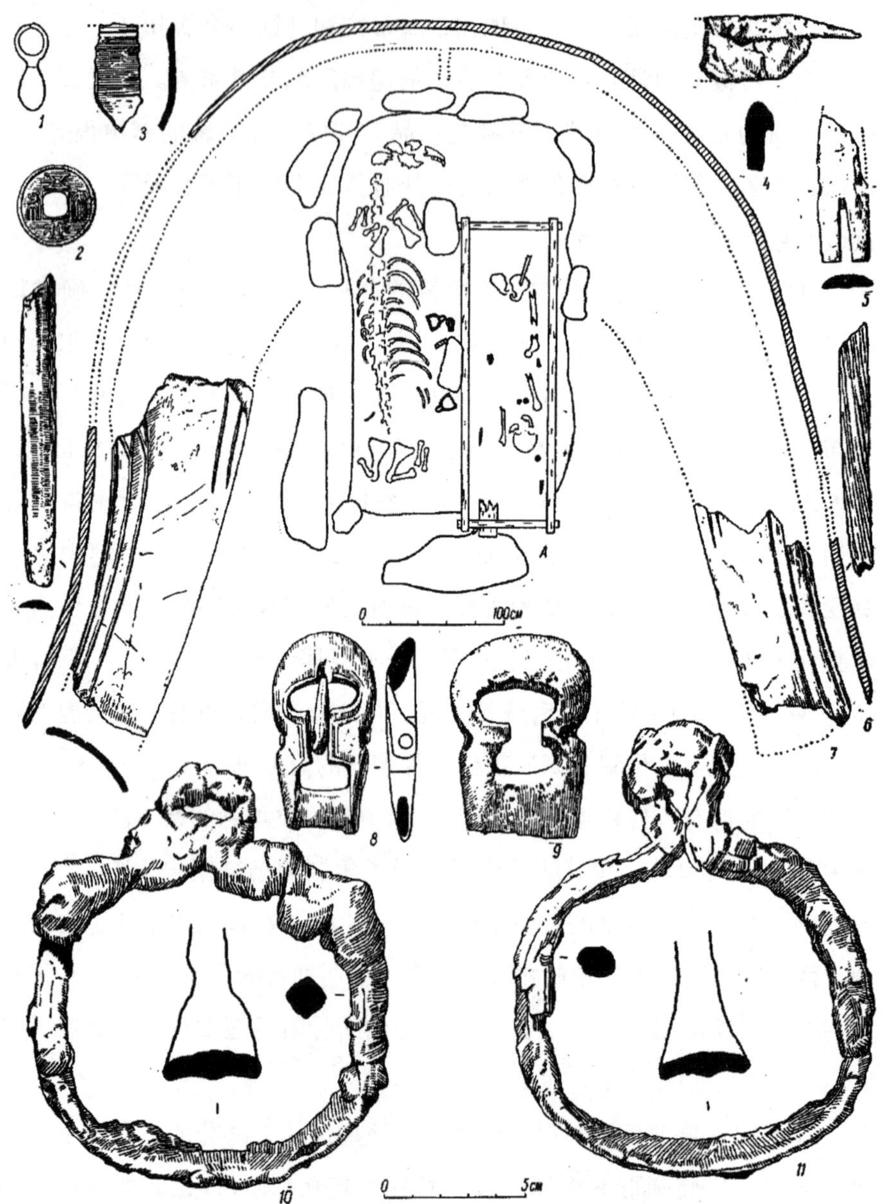

图一　库德尔格突厥墓地M15平面图及出土的随葬品

A.M15平面图　1. 银耳环　2.“五行大布”钱　3. 铜器口沿　4. 铁器残块　5. 镞　6. 马鞍镶边　7. 鞍桥镶面　8、9. 扣环　10、11. 马镫

（引自 Гаврилова А.А. *Могильник Кудыргэ как источник по истории алтайских племён*. М.-Л.: Наука. 1965.табл. XXI）

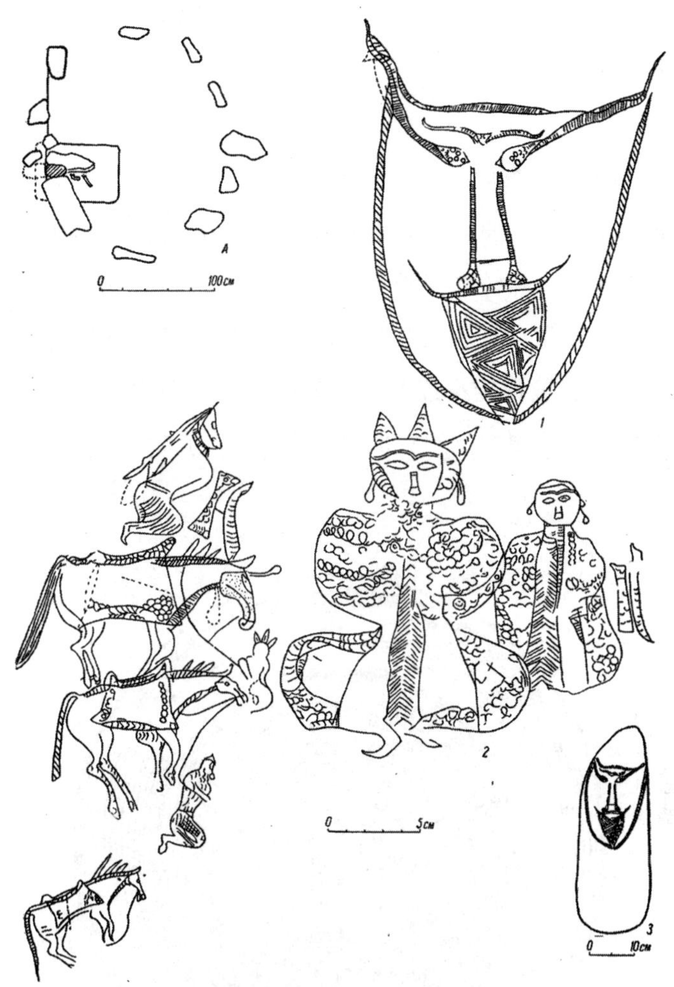

图二 带有“刻有雕像”的巨石的M16

A. 墓葬平面图 1.“雕像”面部 2. 跪着的场景 3. 巨石带有人脸的一面

（引自 А.А.Гаврилова,【X】Могильник Кудыргэ как источник по истории алтайских племён【Z】. М.-Л.: Наука. 1965.табл. VI）

类似。另外一个宽面刻有一个端坐的女人形象，身着华服，耳朵上戴着耳环。女人旁边是一个孩子，与女人穿着相同，戴有耳环。其中一个窄面上描绘了三个呈跪姿的骑士，其中两个骑士右手握着缰绳，第三个骑士没有马，但画面下方有一匹没有主人的马。骑士的头部特别引人注目。其中两人的侧面不像人类，而类似兽面。石柱位于墓葬西墙的石堆中，在其西南部的下方有一个 48×72 厘米的墓葬。在距地表 0.82 米处有一个婴儿的头骨及一些压碎的骨头，婴儿头部朝西。石柱位于婴儿头骨上方 0.58 米处。

M17 为一座女性墓葬，里面出土了一面来自中国的青铜镜（图三），其位于死者大腿附近，原先很有可能是系在死者腰间的。此镜一面平坦，另一面中央有钮，虽然铸造得较为粗糙，但仍表现出了一些传统的形象，如青龙、白虎、朱雀和玄武。苏联学者 М. П. 拉芙洛娃研究后认为，从镜上的圆形棱边、镜钮较小以及具有象征意义的动物浮雕形象来看，此镜当为四神兽镜，且属中国唐代的铜镜系统。（肖波）

图三　库德尔格突厥墓地出土的汉式青铜镜

（引自 А. А.Гаврилова,*Могильник Кудыргэ как источник по истории алтайских племён*. М.-Л.: Наука. 1965. табл. XXVI , 4）

17. 科比内 M2

【名称】科比内 M2

【位置】米努辛斯克盆地西部

【年代】公元 7 世纪后期～公元 8 世纪中期

【解题】

科比内 M2 位于米努辛斯克盆地西部、濒临叶尼塞河上游。墓葬中出土了两件錾花的折肩金罐，其中一件器身满布缠枝卷草（图一，1），在颈部和腹部以枝蔓簇结成两排类似“开光”的莲瓣形，莲瓣之内填以凤衔绶带，带有中原地区装饰艺术的气息。不过上面的凤鸟形象较呆板，头大腿短，不类唐风，曾被苏联考古学家误认为是“怪枭啄鱼纹”，可见并非出自唐人之手；其器形也仍然保持着突厥的传统式样。但环状把手顶部装有錾花的垫指板，具有典型的粟特风格。这类金银罐的体积不大，是一种饮器。南西伯利亚阿尔泰库赖草原发现的突厥石人像常手持小罐，应代表此类金银罐。①

值得注意的是，折肩罐在内蒙古地区也曾被发现。如赤峰市敖汉旗李家营子 M1 出土的折肩小银罐，装有带垫指板的环状把手，肩部的折棱很明显，应为突厥银器。②而在哲里木盟奈林稿东南的木头营子 M2 中出土的鎏金折肩单环状把手錾花银罐残器，③复原后与科比内 M2 所出的金罐极为相似，这件残器有可能是一件突厥银器。

突厥金银器中不仅有带环状把手的折肩罐，还有不带把手的折肩杯。科比内 M2 的出土物中就有一件折肩金杯（图一，2）。除了没有把手外，

---

① 孙机:《近年内蒙古出土的突厥与突厥式金银器》，氏著《中国圣火——中国古文物与东西文化交流中的若干问题》，辽宁教育出版社，1996，第 263 页。

② 邵国田:《敖汉旗李家营子出土的金银器》，《考古》1978 年第 2 期。

③ 内蒙古文物工作队:《内蒙古哲里木盟奈林稿辽代壁画墓》，《考古学集刊》第 1 集，中国社会科学出版社，1981。

它和折肩罐的造型基本相同，体型也比较小，所以也是饮器；以前多称之为壶，今从功能上考虑，宜称为杯。这件折肩金杯底部也刻有突厥文铭记，意思是“黄金，饿支的礼物”。韩儒林先生认为此饿支即木马三突厥之一部。《新唐书·黠戛斯传》：“东至木马突厥三部落，曰都播（Tuba）、弥列哥（Belig？）、饿支（Ach）。”①这件折肩金杯既来自饿支部，自可被视为突厥器物。

循其地望，科比内大墓应属黠戛斯，对此学术界没有不同的看法。但墓中的珍物并非尽为黠戛斯所制。黠戛斯位于远北高寒之地，若干物资不足自给，须由外部输入。《新唐书·黠戛斯传》说这里的妇女“衣毳毼、锦、罽、绫，盖安西、北庭、大食所贸售也”，可见一斑。纺织品犹如此，珍货宝物更不待言。所以黠戛斯的疆土不仅与木马三突厥犬牙交错，交往频繁，其与突厥汗国的关系也很密切，故墓中有突厥器物；②而且科比内 M2 出土的一银盘、一金盘（图一，3），当为唐代内地的产品。银盘光素，呈六角菱花形。菱花这种式样是唐人所创，陕西礼泉麟德元年（664）郑仁泰墓中已出菱花铜盘。③菱花形的铜镜在 8 世纪前期也相当盛行。金盘为圆形，平底厚唇，盘心在圆形轮廓中錾四出卷草纹，周围为六朵桃形花结，其中填以对立在莲花上共衔一绶的双凤，颇精致。在中心的圆框外环绕一圈桃形花结的图案，通常称为宝相花，韩国庆州仁旺洞雁鸭池遗址出土的调露二年（680）花纹方砖上已经见到，后在西安何家村唐代窖藏出土的银盒上更一再出现。④这种图案于纺织品和建筑装饰（如石窟藻井彩画）中延续的时间较长，但在金银器中则和菱花形盘一样，中唐以后就很少见了。

---

① 韩儒林：《唐代都波新探》，《穹庐集——元史及西北民族史研究》，上海人民出版社，1982，第 35 页。

② 孙机认为黠戛斯文化可以包括在广义的突厥文化之内。参见氏著《近年内蒙古出土的突厥与突厥式金银器》，第 266 页。

③ 陕西省博物馆等：《唐郑仁泰墓发掘简报》，《文物》1972 年第 7 期。

④ 镇江市博物馆、陕西省博物馆：《唐代金银器》，文物出版社，1985，图 72~75。

科比内M2中还发现了带穿的素面铜方銙（图一，4）。式样相同的方銙曾在辽宁朝阳贞观九年（635）张秀墓中出过，[①]但在山西平鲁屯军沟窖藏中，此式金銙与乾元元年（758）金铤同出，[②]可见其流行的时间涵盖了7世纪中后期与8世纪前期。这和上文所考察的唐金银盘之年代正可互相印证。孙机综合相关情况，据此认为科比内M2年代的上限不能早于7世纪后期，下限纵使比8世纪中期稍晚一些，但也不会相去太远。[③]

由科比内M2的出土情况可知，突厥文化是当时东西文化交流背景下的重要产物，这在兼收并蓄且保留自身特色的突厥式金银器上体现得尤为明显。它们不仅可以作为东西文化交流史上的重要实物资料，其背后更能体现出当时活跃于欧亚大陆北端的少数民族开放而包容的精神底蕴。（付承章）

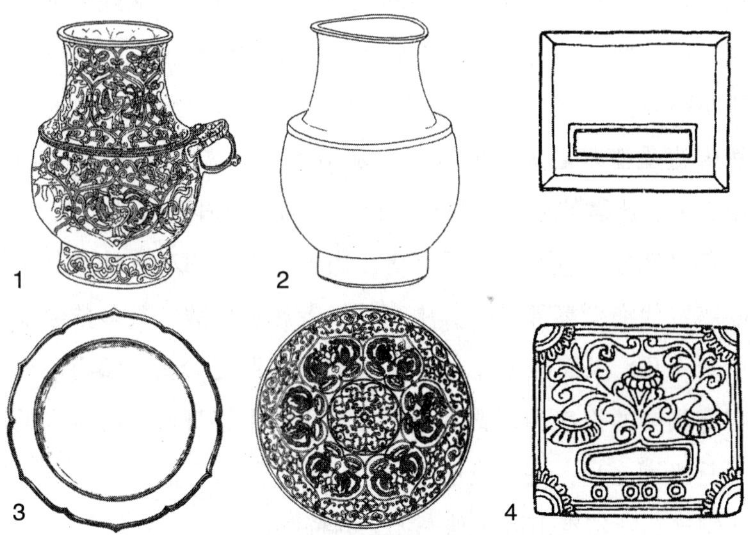

图一　科比内M2出土的随葬品

1. 折肩罐　2. 折肩杯　3. 银盘（左）、金盘（右）　4. 带具

（引自孙机《中国圣火——中国古文物与东西文化交流中的若干问题》，辽宁教育出版社，1996，第262~266页，图二、四、五、七）

① 辽宁省博物馆文物队：《辽宁朝阳隋唐墓发掘简报》，《文物资料丛刊》1982年第6辑。

② 陶正刚：《山西平鲁出土一批唐代金铤》，《文物》1981年第4期。

③ 参见孙机《近年内蒙古出土的突厥与突厥式金银器》，第266页。

18. 巴里克－苏克墓地突厥贵族墓葬 M11

【名称】巴里克－苏克墓地突厥贵族墓葬 M11

【位置】俄罗斯阿尔泰共和国昂古戴地区

【年代】公元 7 世纪～公元 9 世纪

【解题】

巴里克－苏克（Balyk-Sook）墓地位于俄罗斯阿尔泰共和国昂古戴地区的乌尔苏尔河谷。其中 M11 与其他几座突厥时期的墓葬分布于数座巴泽雷克文化巨型坟丘的东侧，附近还发现有石柱。

M11 在地表有高 0.5 米的新月形石堆，整座封冢直径为 3.5 米，其上发现盗洞痕迹。墓主遗骨位于墓的北部，呈仰卧状，从残存的骸骨来判断，其面朝东南，颅骨缺失，左臂部分因盗扰而移位。在墓的南侧还出土了四匹殉马。

虽然曾遭受盗墓之灾，但该墓还是出土了丰富的随葬品：银靴扣、铁制火镰、带有族徽的银壶、整组带饰、铁刀、金耳环、铁矛头、箭头、铁马镫、角弓残件、铁甲片和甲环等。由于在南西伯利亚地区共发掘了超过 250 座古代突厥墓葬，但其中高等级者屈指可数，且多数经盗扰后随葬品所剩无几，因而巴里克－苏克墓地 M11 弥足珍贵。缀有珍珠的金耳环、带有族徽的银壶和银腰带彰显了墓主的贵族身份，而殉马的数量更说明了其级别之高，许多突厥墓葬中仅有一至二匹殉马，三匹已属罕见，四匹殉马在阿尔泰山区属独一无二的特例。

墓主的银腰带由带銙及其配套的扣环组成，用于系垂其他物件，是突厥和粟特人的常见用品，类似物品在片治肯特遗址中曾有出土，且在阿尔泰地区的突厥墓葬中较为常见。此物在传入我国后被称为蹀躞带，并逐渐成为等级标志之一，其用料及带銙数量都有所规定。

墓中出土的 102 铁甲片依尺寸可分为四类：第一类长 7~7.5、宽

2~2.7 厘米；第二类长 9~10、宽 2.3~3 厘米；第三类长 6.5~7、宽 0.7~1 厘米；第四类长约 18、宽 3~3.7 厘米，呈弧形，为头盔所用。甲环分为铜环和铁环两类，尺寸较小，值得注意的是，在锁子甲靠近下端的部分有中国丝织品的残余。（茆安然）

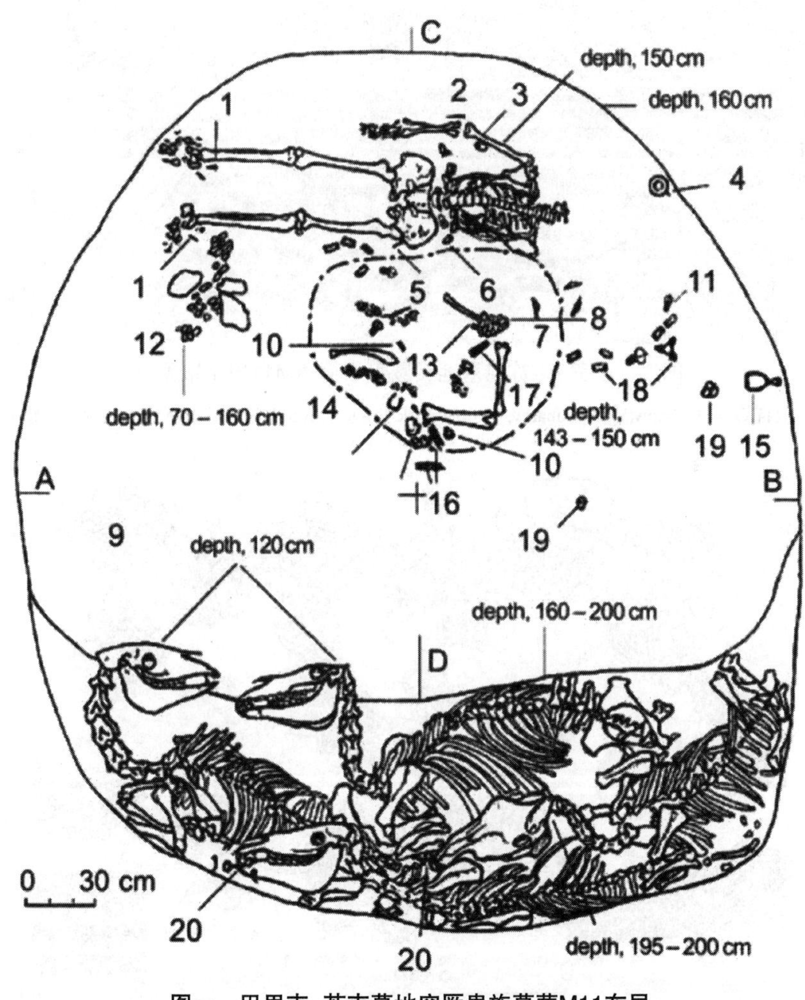

图一　巴里克-苏克墓地突厥贵族墓葬M11布局

（引自 G. V. Kubarev & V. D. Kubarev,"Noble Turk Grave in Balyk-Sook," In ASES, Vol. 1, p. 20）

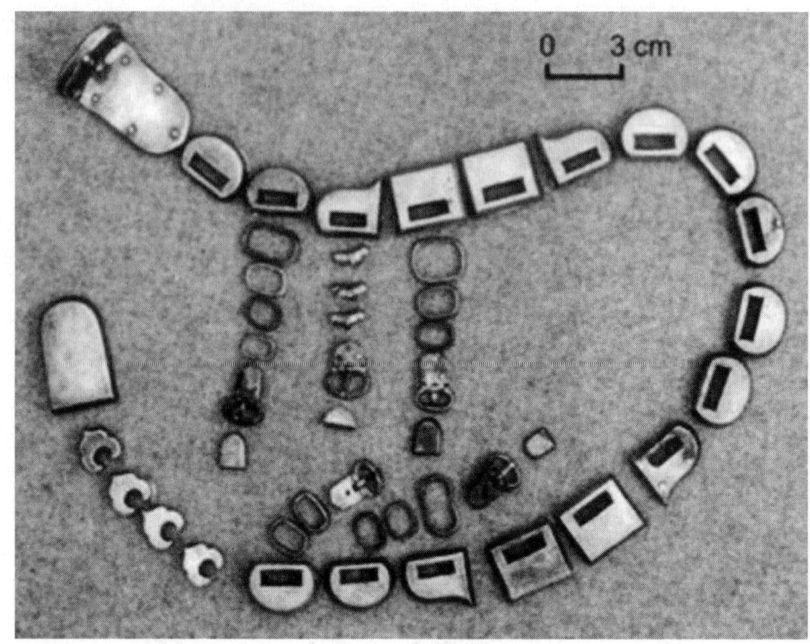

图二　巴里克-苏克墓地突厥贵族墓葬M11出土银腰带

（引自 G. V. Kubarev,V. D. Kubarev, “Noble Turk Grave in Balyk-Sook,” In ASES,Vol. 1, p. 20）

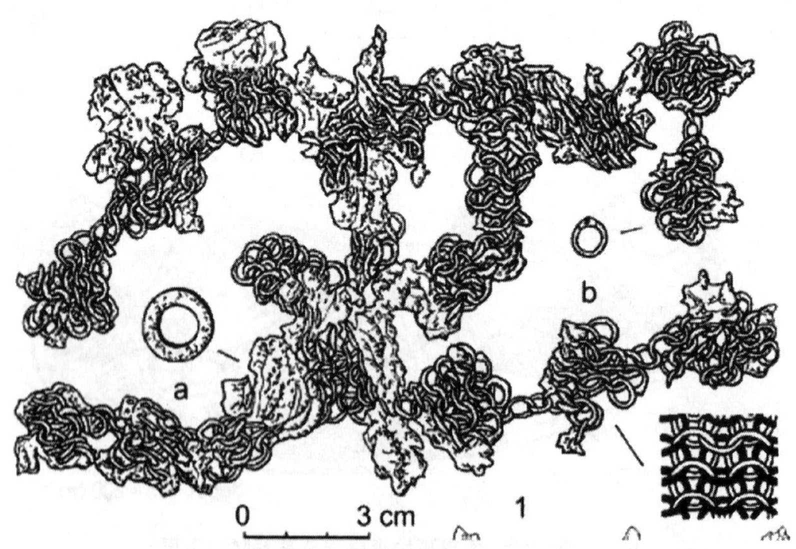

图三　巴里克-苏克墓地突厥贵族墓葬M11出土带有丝织物残余的甲环

（引自 G. V. Kubarev & V. D. Kubarev, “Noble Turk Grave in Balyk-Sook,” In ASES, Vol. 1, p. 20）

五　俄罗斯西西伯利亚地区*

1. 辛塔什塔墓地

【名称】辛塔什塔墓地

【位置】俄罗斯联邦车里雅宾斯克州布雷丁斯基区

【年代】公元前2200年~公元前1900年

【解题】

辛塔什塔墓地是青铜时代辛塔什塔文化的代表性墓地，位于车里雅宾斯克州布雷丁斯基区，托博尔河的左支流辛塔什塔河右岸。整个考古区域包含大辛塔什塔库尔干、小辛塔什塔库尔干、辛塔什塔墓地、辛塔什塔Ⅲ库尔干以及辛塔什塔遗址。[①] 由乌拉尔国立大学发现于1968年，V.F. 格宁戈等带队发掘到1986年。2006年开始车里雅宾斯克大学G.B. 斯丹诺维奇重启发掘研究工作。

---

*　东界叶尼塞河，西抵乌拉尔山脉，南接哈萨克丘陵、萨彦岭，北濒喀拉海，包括秋明州、鄂木斯克州、新西伯利亚州、托木斯克州及阿尔泰边疆区、克麦罗沃州的部分地区。

①　А. В. Епимахов, Ранние комплексные общества севера Центральной Евразии. Челябинск, 2005. Кн. 1.

图一　辛塔什塔墓地M30

（引自 https://antropogenez.ru/article/1002/，图片作者：Андрей Владимирович Епимахов）

图二　辛塔什塔墓地30号坑两轮战车遗迹

（引自 https://antropogenez.ru/article/1002/，图片作者：Андрей Владимирович Епимахов）

图三　辛塔什塔墓地M5随葬的马

（引自 https://antropogenez.ru/article/1002/，图片作者：Андрей Владимирович Епимахов）

图四　辛塔什塔墓地出土的青铜战斧

（引自 https://antropogenez.ru/article/1002/，图片作者：Андрей Владимирович Епимахов）

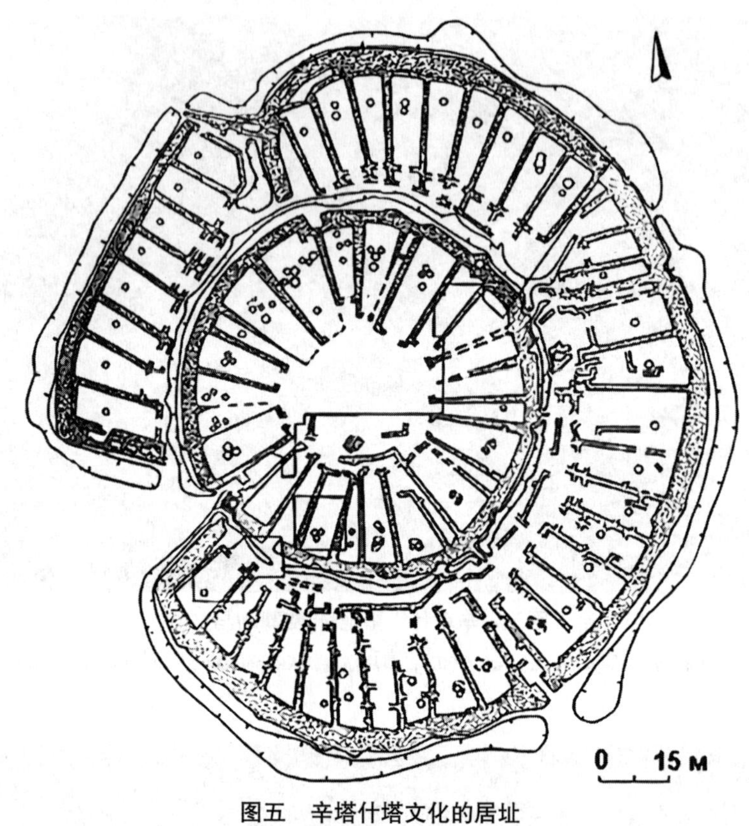

图五　辛塔什塔文化的居址

（引自 https://antropogenez.ru/article/1002/，图片作者：Андрей Владимирович Епимахов）

辛塔什塔墓地包含有 40 座大墓，9 座小墓。男性墓葬中，随葬有马，马的摆放姿势模仿奔跑的状态，马骨的测年数据为公元前 2026 年，此外还发现车轮。

在辛塔什塔考古遗存的发掘研究基础上提出了辛塔什塔文化。辛塔什塔文化是分布于西西伯利亚地区的青铜时代文化，年代为公元前 2200~ 前 1900 年。后与文化内涵相同的彼德罗夫卡文化并称“辛塔什塔 - 彼德罗夫卡文化”。分布地域主要在俄罗斯南乌拉尔山东部，哈萨克斯坦北部车里雅宾斯克以南，托博勒河与伊辛河之间草原地带，南北长

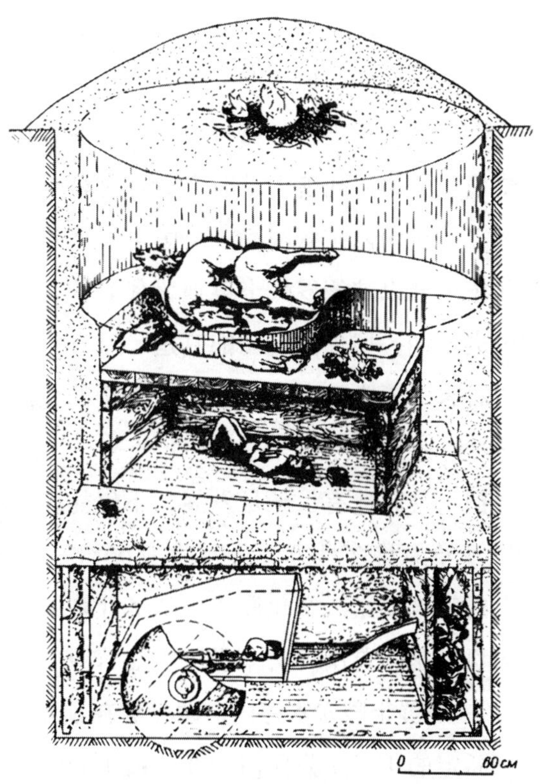

图六 辛塔什塔文化墓葬的复原图

（引自 https://aquilaaquilonis.livejournal.com/369316.html）

400 公里，东西宽 150~200 公里。①

该文化可分为三个发展阶段：早期为形成期，多种文化因素相互融合，在乌拉尔山以西颜那亚文化强烈影响下，最终创造出独具特色的辛塔什塔 – 彼德罗夫卡文化。有防御措施的椭圆形居址首次出现，独特的葬仪初步形成，铜矿冶炼进一步发展，经济形态是牧业与农业相结合的混合型经济。中期为该文化发展的鼎盛阶段，亦称辛塔什塔期。出现多处具有强大防御功能的居址，布局严谨，有完善的供水和排水设施，采用多重防御墙。

① Н. Б. Виноградов, Степи Южного Урала и Казахстана в первые века II тыс. до н.э. (памятники синташтинского и петровского типа). Челябинск: «Абрис», 2011.

大型墓地以辛塔什塔墓地为代表，墓葬排列有序。大型墓葬位于石冢中部，通常是两座竖穴并排，地表有大型土木和日晒土坯混合构筑的地面建筑。墓葬分为多层，殉牲习俗盛行，往往随葬家马和马车。一些墓室顶部发现火烧痕迹，说明死者下葬时举行过某种点火仪式。原始国家初步形成，出现第一次向西扩张浪潮，势力可达伏尔加河流域。晚期为衰落期，辛塔什塔东部以彼德罗夫卡墓地为代表的文化因素西侵，构成该文化的彼德罗夫卡期。城址防御功能衰退，原有宗教意义减弱。埋葬礼仪变得简单，石冢下通常只有一座墓葬，复杂的地面建筑消失，殉牲数量减少，殉马习俗不复流行。①

铜矿开采和青铜工具制造有了长足发展，不仅能满足本地需要，而且还长途贩运到欧亚草原许多地方。公元前 1600 年，辛塔什塔 – 彼德罗夫卡文化被新兴的安德罗诺沃文化取代。辛塔什塔 – 彼德罗夫卡文化对中亚文明的重大贡献是：首次将马车引进中亚草原。正式发掘的殉葬马车墓已达 14 座，一般置于竖穴木椁内，两轮放在预先挖好的墓底沟槽中。即便按照马车断定的年代（公元前 1800~ 前 1700 年），辛塔什塔 – 彼德罗夫卡马车仍不失为中亚乃至东亚最早的双轮马车，为研究中亚战车的起源与传播提供了重要依据。此外，辛塔什塔 – 彼德罗夫卡文化用土坯构筑城墙和居址，流行圆形城垣。②

辛塔什塔文化为探讨中国马车的起源与发展问题提供了重要的参考资料。（权乾坤）

---

① М. В. Онищенко, Проблема изучения Синташтинской культуры // Историко-культурное наследие Северной Азии: Итоги и перспективы изучения на рубеже тысячелетий (Материалы XLI Региональной археолого-этнографической студенческой конференции. Барнаул, 25-30 марта 2001 г.) / Под ред. А. А. Тишкина. — Барнаул: Изд-во Алт. ун-та, 2001. — С. 220-223. — 600 с. — 400 экз.

② Н. Б. Виноградов, Степи Южного Урала и Казахстана в первые века II тыс. до н. э. Челябинск, 2011.

2. 季米里亚泽夫 1 号墓地

【名称】季米里亚泽夫（Тимирязевский）1 号墓地

【位置】俄罗斯联邦托木斯克州托木斯克市

【年代】公元 5 世纪 ~ 公元 10 世纪

【解题】

该墓地是西西伯利亚地区中世纪最具代表性的墓地之一，位于托木河下游，其左岸对面是托木斯克市。季米里亚泽夫 1 号墓地是 5~10 世纪西西伯利亚地区规模最大的墓葬。2009 年，托木斯克地区历史文化古迹保护利用中心对墓地进行了整体保护，在墓地范围内，有超过 800 件文物被用于保护展示。

季米里亚泽夫 1 号墓地是俄罗斯考古学家玛秋申科（В.И. Матющенко）于 1954 年首次发现的，[①]1956 年，由玛秋申科主持，发掘了其中的 M1 和 M2。[②]大规模的发掘，使得该墓地在俄罗斯科学界声名鹊起。1973 年，考古学家普莱涅娃（Л.М. Плетнева）又发掘了 M12。[③]

2014 年，在托木斯克国立大学别里科娃（О.Б. Беликова）教授的主持下，在墓地的北侧区域进行了新一轮的考古发掘，这次发掘是配合基础设施建设而进行的，但是不同于 20 世纪玛秋申科的发掘工作。即之前对于该墓地的发掘多是针对单个墓中的个别墓葬进行的，而此次发掘则是对北侧区域进行连续性、整体性的揭露。发掘工作共分两次来进行，第一次发掘面积为 114 平方米，虽然没有发现墓葬，但是发现了很多祭

---

① В.И. Матющенко, Отчет о работе археологической экспедиции Музея истории материальной культуры при Томском государственном университете летом 1954 года.[Томск, 1954] // МАЭС ТГУ. Д. 133.

② В.И. Матющенко, Отчет о полевых работах Музея истории материальной культуры летом 1956 года. [Томск, 1956] // МАЭС ТГУ. Д. 136.

③ Л.М. Плетнева, Курганный могильник у деревни Могильники // Из истории Сибири.Вып. 5. Томск: Изд во Том. ун-та, 1973. С. 94–102.

祀坑，并出土了大量的祭祀用品。第二次发掘面积共156平方米，发掘了3座墓葬，出土了9具人骨以及丰富的随葬品。

M1，封土高约1米，在封土的南部下方发现一座墓葬，墓口长1.2米，宽0.65米。该墓为东西向，墓室内有焚烧痕迹。墓中出土的随葬品较少，共发现了4件骨镞和1件带扣（图一）。其中4件骨镞均保存较好，长度不一，分别为4、5.5、6.3、7.9厘米，与其相似的骨镞在西西伯利亚南部地区5~9世纪的中世纪早期墓葬中十分常见。

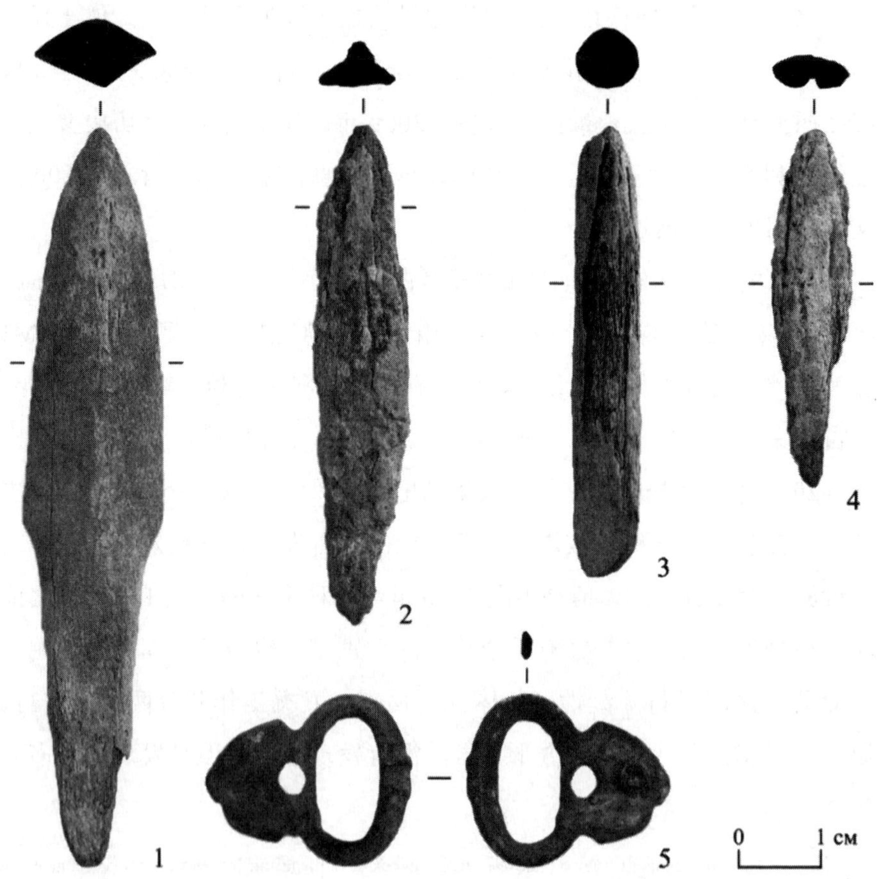

图一　季米里亚泽夫1号墓地M1中出土的随葬品

1~4. 骨镞　5. 带扣

（引自 О.В. Зайцева, О.Б. Беликова, Е.В. Водясов, Забытые комплексы и китайские монеты Тимирязевского-1 могильника // Сибирские исторические исследования. 2016. № 4. С. 281–301）

带扣为铜质，长 2.6 厘米，宽 2.1 厘米，在 6~7 世纪的库德尔格墓地中，曾发现类似的带扣。

M2，发掘者玛秋申科认为其未被盗掘，所发现的墓坑长 3.3 米，宽 1.3 米，东北—西南向。墓中共发现两具人骨，人骨置于墓室的西南部，保存较差。

M2 中的随葬品较为丰富，主要有骨镞、磨石、石磨盘、耳环、戒指、牌饰、鸟形饰、珠饰、钱币等（图二）。

骨镞共 3 件，相似的骨镞曾见于尤尔特 – 阿克巴雷克 8 号墓地的 M27 中。

磨石长 7.5 厘米，宽 1.9 厘米，厚 0.9 厘米。

石磨盘长 8 厘米，宽 6.8 厘米，厚 2.4 厘米，有明显的加工使用痕迹。

耳环共有 2 件，铜质，分别长 3.6、3.7 厘米，宽 1.6 厘米。与其相似的出土物很少，仅在 7~8 世纪的波切瓦什文化墓葬中发现过。

戒指为铜质，椭圆形，长径 1.6 厘米，短径 1.4 厘米。

牌饰共有 2 件，铜质，形制相似，较薄，近三角形，有一圆孔，发现于人骨下肢骨附近，有可能是墓主人鞋上的装饰品。

鸟形饰共 2 件，铜质，长 3.7 厘米，宽 1.2 厘米，高 3.2 厘米。这两件饰品均有一穿孔，应是用于穿绳悬挂，形制所表现的是呈静止状态的鸟，翅膀折叠，双脚站立。

珠饰数量较多，根据质地可分为三类，分别为石质、骨质、玻璃质（图三）。

钱币为“开元通宝”铜币。

除此以外，在 1973 年和 2014 年的发掘中，也都发现了中国古代的钱币，具体来说，在 1973 年发掘的 M12 中发现了“开元通宝”铜币，而在 2014 年的发掘中则发现了一枚上下打孔的隋代“五铢”钱（图四）。

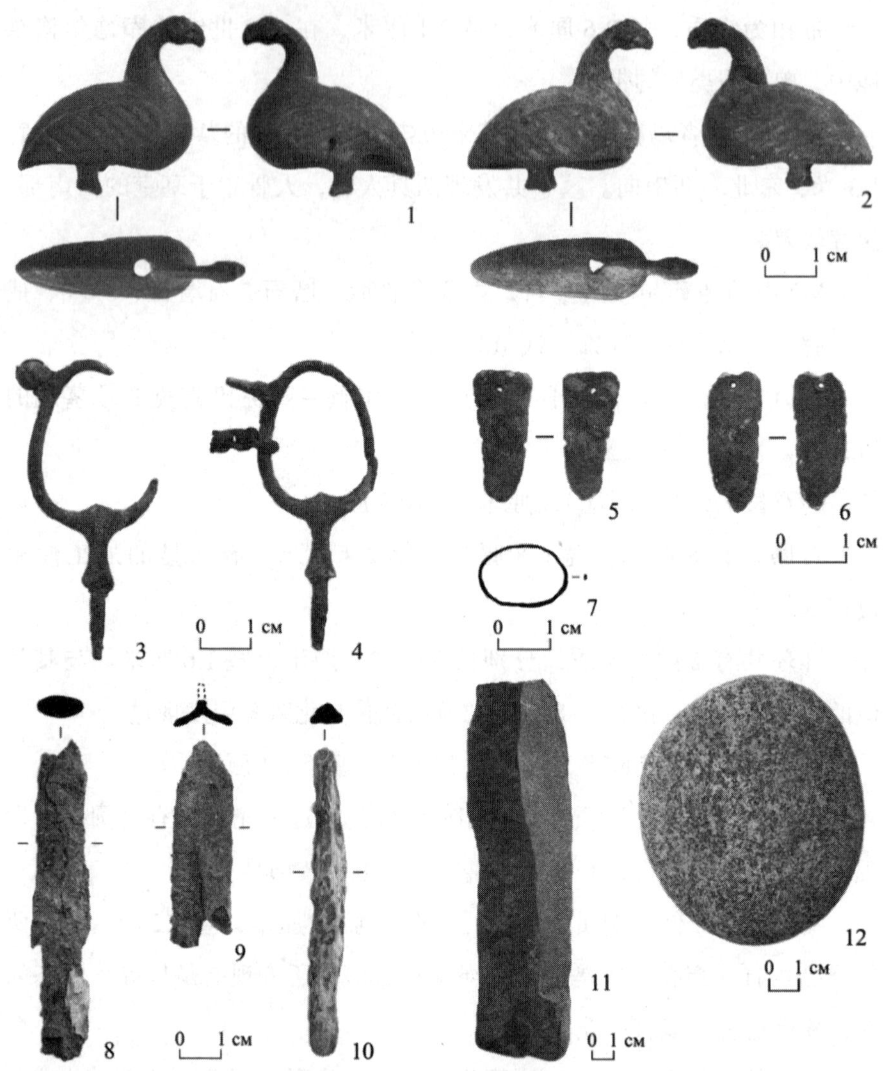

图二　季米里亚泽夫1号墓地M2中出土的随葬品

1、2. 鸟形饰　3、4. 耳环　5、6. 牌饰　7. 戒指　8~10. 骨镞　11. 磨石　12. 石磨盘

（引自 О.В. Зайцева, О.Б. Беликова, Е.В. Водясов, Забытые комплексы и китайские монеты Тимирязевского-1 могильника // Сибирские исторические исследования. 2016. № 4. С. 281–301）

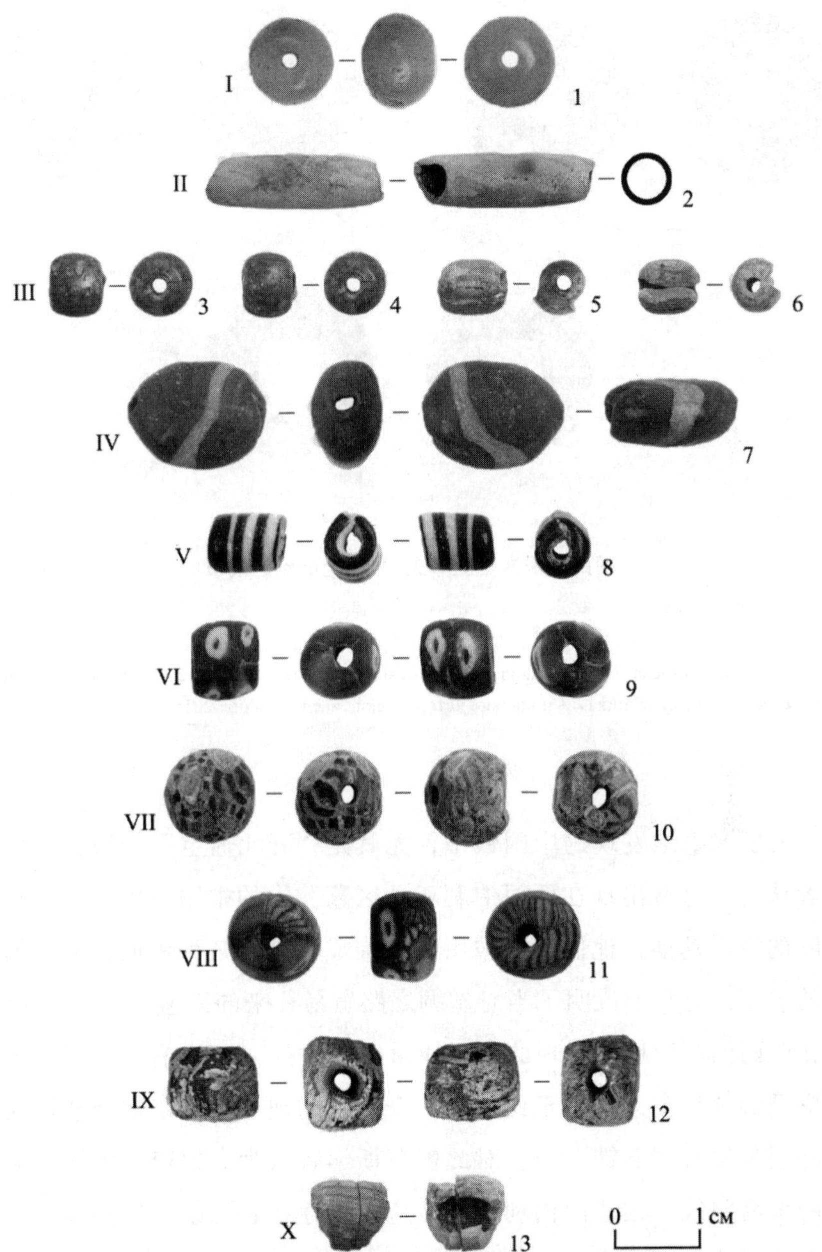

图三　季米里亚泽夫1号墓地M2中出土的珠饰

1. 石质　2. 骨质　3~13. 玻璃质

（引自 О.В. Зайцева, О.Б. Беликова, Е.В. Водясов, Забытые комплексы и китайские монеты Тимирязевского-1 могильника // Сибирские исторические исследования. 2016. № 4. С. 281–301）

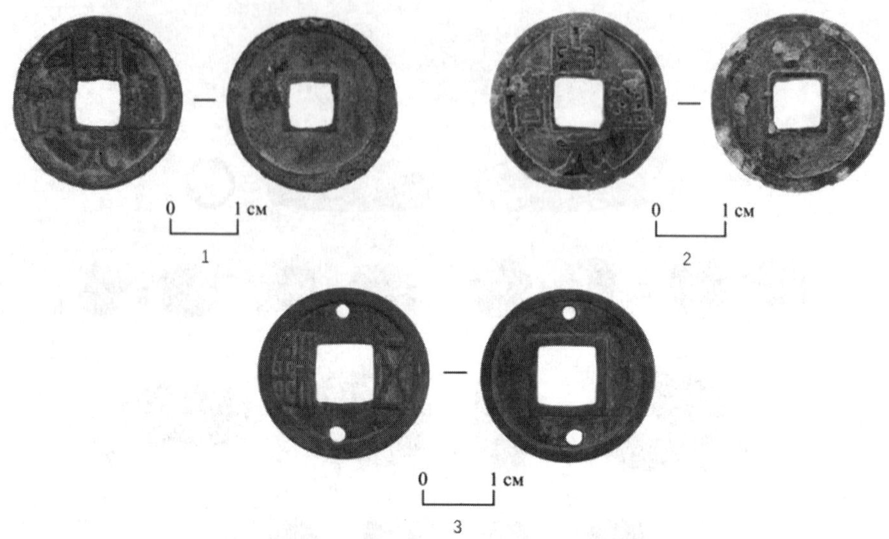

图四　季米里亚泽夫1号墓地出土的钱币

1. M1 出土“开元通宝”铜币　2. M12 出土“开元通宝”铜币　3.2014 年发掘 1 号地点出土“五铢”铜币

（引自 О.В. Зайцева, О.Б. Беликова, Е.В. Водясов, Забытые комплексы и китайские монеты Тимирязевского-1 могильника // Сибирские исторические исследования. 2016. № 4. С. 281–301）

关于该墓地发现的中国钱币，尤其是“开元通宝”铜币，俄罗斯学者认为，这些出现在西西伯利亚地区墓葬中的中国钱币，已不具有实际的货币功能，他们多半被用于装饰或者具有某种象征意义，但它们的出土，有力地说明了当时丝绸之路贸易往来的兴盛。① 而“五铢”钱在西西伯利亚地区发现的中国钱币中占比在 30% 左右，很可能由采购皮毛的粟特商人携带至此。有一个有趣的现象是，在米努辛斯克盆地却很少发现“五铢”钱。对此俄罗斯学者认为，相较于传统丝绸之路的贸易路线，在西西伯利亚地区应该还存在着一条替代路线，而活跃在这条路线上的商人，他们主要贩卖的是皮草、麝香等物品，而非

① О.В. Зайцева, О.Б. Беликова, Е.В. Водясов, Забытые комплексы и китайские монеты Тимирязевского-1 могильника // Сибирские исторические исследования. 2016. № 4. С. 281–301.

珠宝或金银器等。[①]同时，由于文献史料的相对缺乏，这些中国钱币对于中世纪西西伯利亚地区遗迹的年代判定也具有重要意义。（兰博、茆安然）

① О.В. Зайцева, О.Б. Беликова, Е.В. Водясов, Забытые комплексы и китайские монеты Тимирязевского-1 могильника // Сибирские исторические исследования. 2016. № 4. С. 281–301.

六　北高加索及邻近地区

1. 库拉 - 阿拉克斯文化墓葬

【名称】库拉 - 阿拉克斯文化墓葬

【位置】北高加索地区

【年代】公元前 3 千纪

【解题】

库拉 - 阿拉克斯文化与叙利亚、巴勒斯坦这两地之间有一定的联系。其住宅常用石块和砖坯构建。墓葬具有多样性的特征，分为无土葬的墓、墓葬群、竖穴土坑墓和石室墓，有时也包括火葬，葬式为屈肢葬。阿洪朵夫在分析时指出：单一文化框架内墓葬呈现多样性非常罕见，因为丧葬习俗通常几乎不受外界影响，并且深刻反映一种文化的核心。①

遗物主要有陶器、青铜物品、石斧以及石磨盘。

---

① Севда Сулейманова, Древнейшие экономические и культурные связи в ближневосточно-кавказском ареале, Баку 2011. А. И. Мартынов, *Кавказский центр металлургии. Культуры долин и гор* 5-е изд., перераб. — М.: Высш. шк., 2005.

早期陶器比较单调：装饰的演变从凸凹凸凹到雕刻或微凹到强烈几何化；形状多为大型广口器皿、圆形、卵形、底部狭窄以及圆柱形，中间有一个把手；特征为半球形。装饰图案有连接的凸凹双螺旋、连线、圆形、菱形、矩形以及鸟、动物、蛇等，也有带鹿的凸形图像以及几何形状，甚至出现了象形文字。青铜（主要是铜－砷，也有铜－镍）和带柄的铜镰刀、斧头、四面锥子、叶柄匕首、矛头（带弯钩和带柄）一个直的四面杆，四面长矛。（黛吉）

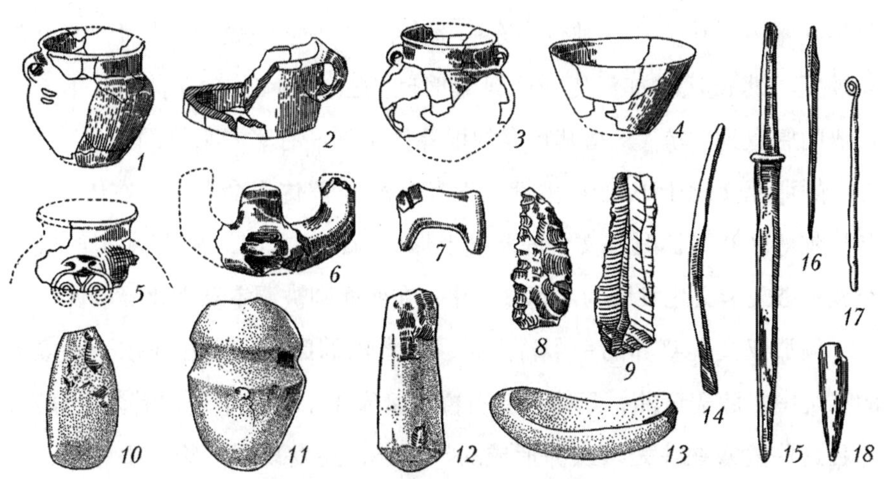

图一　来自Kul-Tepe定居点的发现

1~7. 陶瓷　8~13. 石器　14~17. 砷青铜　18. 骨头

（引自 K. Kh. Kushnareva, T. N. Chubin，https://bigenc.ru/archeology/text/2125751）

2. 颜那亚文化墓葬

【名称】颜那亚文化墓葬

【位置】东欧南部草原地带

【年代】公元前3千纪初～公元前2千纪初

【解题】

颜那亚文化也称竖穴墓文化，是东欧南部草原地带的铜石并用时代至早期青铜时代文化。其分布东起南乌拉尔，西到德涅斯特河，南至北高加索，北抵伏尔加河中游。延续时间为公元前3300~前2600年。颜那亚的原意为“坑”，指其特有的埋葬传统——有竖穴墓坑的库尔干。

颜那亚文化于1905年由俄国学者B.A.戈罗佐夫命名，是在伏尔加－乌拉尔地区新石器时代文化的基础上形成的，至末期，在伏尔加河地区，经波尔塔夫卡文化发展为木椁墓文化，在西面则被洞室墓文化等取代。①

颜那亚文化墓葬的一个特点是，死者以仰卧位埋葬在库尔干封堆下的墓坑中，膝盖弯曲，尸体被赭石覆盖。库尔干封堆下通常有多个墓穴，并且这些墓穴往往是多次葬形成的。此外，还发现了动物（牛、猪、绵羊、山羊和马）的殉葬坑。

在西部多瑙河至东部曼奇河上游的草原地带，有约160座颜那亚文化墓葬，发现很多关于车轮和马车及其泥塑模型和图案等遗存。在摩尔多瓦西南部的亚勒布赫河，下德涅斯特河左岸的马亚克村，因古列茨河上的索菲耶夫卡村附近，都发现过属于颜那亚文化的四轮马车。此外，在梅利托波尔地区的阿克尔门村附近，以及第聂伯罗镇附近的斯达洛日瓦亚墓地均发现两轮马车，车轮是用实木制成的。普遍认为颜那亚人是

---

① Н. Н. Третьяков, А. Л. Монгайт (ред.), Очерки истории СССР — М.: Академия наук СССР, 1956. — 633 с.

图一　颜那亚文化墓葬之覆盖有赭石的案例

（引自 https://anapacity.com/istoriya-krasnodarskogo-kraya/kuban-v-epoxu-bronzy.html/yamnaya-kultura）

目前所知最早使用车轮的群体。①

在该文化分布的西部地区，发现中、晚期的定居聚落。第聂伯河下游右岸的米哈伊洛夫卡遗址，面积达 15000 平方米。住所为半地穴式和平地起建的石基草泥房，内有草泥炉灶。晚期出现多间的房屋，聚落建有防御用的石墙和壕沟。②

颜那亚文化的陶器多卵形罐，从中期起也有平底器，晚期见有带足的钵。纹饰一般是由划纹、篦纹、戳刺纹组成的饰带，其间以波浪纹、“之”字纹和平行线纹分隔开来。石器有用燧石压制的刀、匕首、镞、镰刃、刮削器，还有锄和磨盘。骨器有鱼镖、鱼钩、锥、针、串珠等。从

① В. Ю. Мурзин, Города на колёсах // Мелітопольский краеведческий журнал, 2018, № 12, с. 26-31.

② В. Кульбака, В. Качур, Індоєвропейські племена епохи палеометалу. — Маріуполь: Рената, 2000. — 80 с.

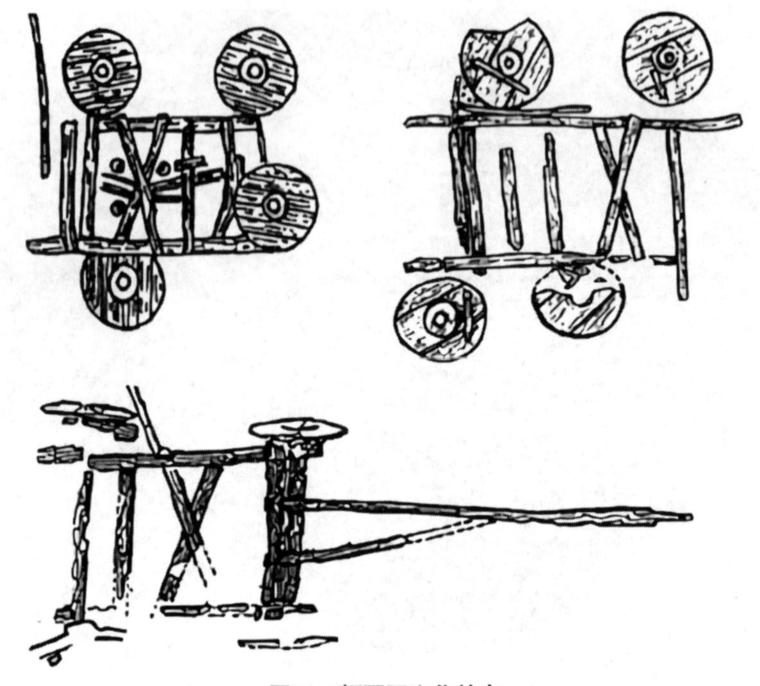

图二　颜那亚文化的车

（引自 https://libmir.com/book/113234/image，图片作者：Игорь Рассоха）

中期开始出现红铜器，有刀、锥、斧、凿、锛、螺旋形鬓环等。晚期发现青铜的刀、锥，以及加工金属的锻锤和熔炉的风嘴，证明已有本地的青铜铸造业。目前，学界认为颜那亚文化是最早掌握青铜冶炼技术的人群。该文化人群主要的生业方式是畜牧，渔猎也较重要。

该文化受到迈科普文化的强烈影响，东面与中亚的扎曼巴巴文化、南西伯利亚的阿凡纳谢沃文化在一定程度上相似，西面则与特里波利耶－库库泰尼文化有密切的联系。该文化有数个地方类型，亦有人将它们视为独立的文化，而将竖穴墓文化作为文化群来看待。

颜那亚人的物质文化，与和他们同时代、位于阿尔泰山脉的阿凡纳谢沃文化非常相似，而且基因测试也表明，这两组文化的人群在遗传学上无法区分。颜那亚人与后来青铜时代的许多文化的居民都密切相关，遍及整个欧洲和亚洲中部。后续人群保留了许多颜那亚文化的特点，例

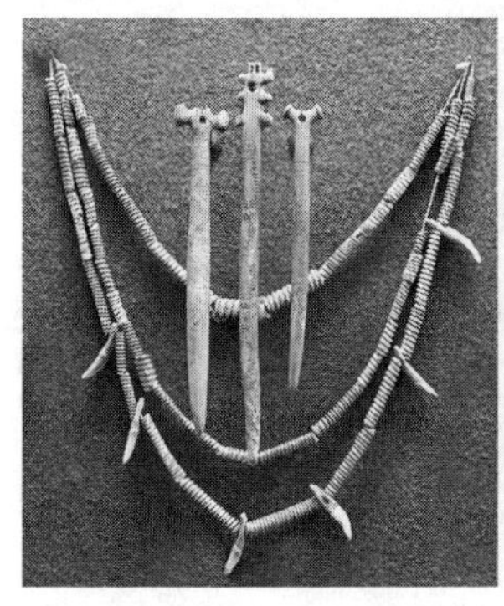

图三　颜那亚文化的遗物

（引自 https://en.wikipedia.org/wiki/Yamnaya_culture，图片作者：Evgeny Genkin）

如养马、埋葬风格、畜牧经济等。另有学者认为颜那亚人群很有可能是原始印欧语人群的祖先。[①]

颜那亚文化人群作为目前所知最早掌握青铜冶炼技术和马车使用的人群，很难说与中国青铜器及马车的出现是否有直接的关系。但其随着文化的扩张及影响必定通过间接人群，如阿凡纳谢沃文化人群等与中国境内人群产生交流和影响。[②]（权乾坤）

---

① Н. Л. Моргунова, Приуральская группа памятников в системе волжско-уральского варианта ямной культурно-исторической области. Оренбург: Издательство ОГПУ, 2014. 348 с.

② M. Allentoft, M. Sikora, K.G. Sjögren, et al., “Population Genomics of Bronze Age Eurasia,” *Nature* 522, 167–172 (2015).

3. 铁米尔苏－阿依纳布拉克－1号墓地

【名称】铁米尔苏－阿依纳布拉克－1号（Темирсу-Айнабулак-1）墓地

【位置】东哈萨克斯坦省仔桑区

【年代】公元前29世纪～公元前26世纪

【解题】

铁米尔苏－阿依纳布拉克－1号墓地[①]分布于哈萨克斯坦东部省北阔尔坡山以南3公里铁米尔苏河左岸阿依纳布拉克村。2017年，哈萨克斯坦希力克提恩－塔尔巴哈台考古队在该墓地进行了调查与发掘，发现140余座墓葬，以圆形石堆墓为主，小型墓葬封堆直径5~12米，高0.3~0.8米，大中型墓封堆13~21米，高0.8~1.7米。发掘了4座墓葬，其中M11和M22为阿凡纳谢沃文化墓葬；M16竖穴土坑，仰身直肢葬，出土骨珠若干，M17未出遗物，从封堆和墓室结构以及葬俗看，后两者不属于阿凡纳谢沃文化墓葬。

M11地表有圆形土石混合封堆，直径15米，高0.62米（图一）。墓室位于石堆中部，圆角长方形竖穴土坑，尺寸为2.6×2米，深1.5米，仰身屈肢，安葬2人，头部附近发现赭石粉，头朝西，北侧人骨颈椎附近出土有2件铜刀、2件铜环（左肩处）、2件螺旋铜环（北侧人骨颈部，图二）、1件橄榄形圜底陶罐、1件豆形器。M22地表封堆为圆形土石混合封堆，竖穴土坑，未发现人骨，早年被盗扰，葬式不详，出土橄榄形陶器碎片若干（图一）。根据发掘者记述，日本爱媛大学冶金专家曾认为该铜刀和铜环是锻造而成，同时也指出阿凡纳谢沃文化金属器主要是锻造而成，并非铸造。除此之外，俄罗斯联邦哈卡斯共和国叶尼塞河中

① А.Т. Толеубаев, Р.С. Жуматаев, С.Т. Шакенов, Новые оригинальные памятники энеолитической эпохи в Зайсанском районе Восточно-Казахстанской области // Мир Большого Алтая. 2017. № 3 (4). С. 611-625.

图一　铁米尔苏-阿依纳布拉克-1号墓地M11封堆平面图和出土陶器

［引自 А.Т.Толеубаев，Р.С.Жуматаев，Шакенов С.Т. Новые оригинальные памятники энеолитической эпохи в Зайсанском районе Восточно-Казахстанской области // Мир Большого Алтая. 2017. № 3 (4).668 с］

上游地区阿凡纳谢沃山墓地（加固木器的铜薄片和铜丝）[①]、阿尔泰共和国戈尔诺－阿尔泰地区耶洛—Ⅱ墓地 M2（1 件铜刀）[②]、蒙古国阿尔泰巴彦乌列盖省发现的胡热戈壁墓地（1 件铜刀）[③]、尼勒克县Ⅲ M5（扁平和圆形红铜薄片）[④] 均出土铜器。这些铜器的化学成分分析结果显示均为红铜，夹杂微量的其他杂质。这些金属遗物可证明阿凡纳谢沃人群已经掌握利用自然矿石打制简单金属器物的技术，但还未掌握利用模具冶炼铜器的合金技术。

阿凡纳谢沃文化墓葬主要在东哈萨克斯坦州塔尔巴哈台山北麓地区发现，发掘数量较少，除铁米尔苏－阿依纳布拉克—1 号墓地 M11、萨帕墓地 M2[⑤] 外，塔尔巴哈台山南麓山区中国新疆和布克赛尔县境内松树沟墓地（M16、M17）也发现了阿凡纳谢沃文化墓葬。从分布地点看，这三处墓地均属分布于塔尔巴哈台山系地区的阿凡纳谢沃文化墓葬。除此之外，塔城地区额敏县霍吉尔特墓地（M9）、尼勒克县Ⅲ M5 均发现阿凡纳谢沃类型墓葬。根据松树沟墓地的碳 14 测年数据，这两座墓葬年代为公元前 29~ 前 27 世纪。[⑥] 从年代上看，比戈尔诺－阿尔泰地区的阿凡纳谢沃墓葬稍晚，可推断这些遗迹是戈尔诺－阿尔泰地区阿凡纳谢沃文化人群向南扩张到塔尔巴哈台山之后留下的。

---

① Э.Б. Вадецкая, А.В. Поляков, Н.Ф. Степанова, Свод памятников афанасьевской культуры : монография / под ред. В.И. Молодина. – Барнаул : АЗБУКА, 2014.с.124.рис.73.5-10.

② С.В. 哈吾林：《戈尔诺－阿尔泰古代冶金》，特尔巴依尔译，《北方民族考古》第 10 辑，科学出版社，2020。

③ А.А. 科瓦列夫、Д. 额尔德涅巴特尔：《蒙古青铜时代文化的新发现》，邵会秋、潘玲译，杨建华校，《边疆考古研究》第 8 辑，科学出版社，2009，第 246~279 页。

④ 新疆文物与考古研究所等：《新疆伊犁州墩那高速公路尼勒克段沿线古代墓葬的发掘》，《考古》2020 年第 12 期。

⑤ И. В. Мерц, В. К. Мерц, С. А. Шакенов, Могильник Сапа — первый памятник афанасьевской культуры в Тарбагатае (первые результаты исследований) // Ⅻ Оразбаевские чтения: Материалы междунар. науч.-метод. конф. по теме«Историко-культурное наследие древних и традиционных обществ Центральной Азии: проблемы изучения, интерпретации и сохранения» / Отв. ред. Р. С. Жуматаев. Алматы: Қазақ-университеті, 2020. С. 47–52.

⑥ 新疆文物考古研究所：《和布克赛尔县 219 国道松树沟墓地发掘报告》，《新疆文物》2018 年第 1、2 期。

图二　铁米尔苏–阿依纳布拉克–1号墓地M11墓室平面图和出土铜器

［引自 А.Т.Толеубаев , Р.С.Жуматаев , Шакенов С.Т. Новые оригинальные памятники энеолитической эпохи в Зайсанском районе Восточно-Казахстанской области // Мир Большого Алтая. 2017. № 3 (4).669-670 с］

图三　铁米尔苏–阿依纳布拉克–1号墓地出土陶豆形器（香炉）

［引自 А.Т.Толеубаев，Р.С.Жуматаев，Шакенов С.Т. Новые оригинальные памятники энеолитической эпохи в Зайсанском районе Восточно-Казахстанской области // Мир Большого Алтая. 2017. № 3 (4).671 с］

这些墓葬的发现和发掘有力地证明了阿凡纳谢沃文化从戈尔诺–阿尔泰向西南扩散到了哈萨克斯坦阿尔泰、中国新疆环准噶尔盆地西缘地区。同时为研究欧亚草原人群迁徙、文化交流与融合以及金属冶炼和生业模式的转变等一系列重大问题提供了有力的实物材料。（特尔巴依尔）

4. 萨帕墓地

【名称】萨帕墓地（Могильник Сапа）

【位置】哈萨克斯坦东部省塔尔巴哈台区加纳吾勒村以南 3 公里，冬营地萨帕以北 0.5 公里。

【年代】公元前 29 世纪～公元前 25 世纪

【解题】

萨帕墓地 M2① 位于哈萨克斯坦东部省塔尔巴哈台区加纳吾勒村以南 3 公里，冬营地萨帕以北 0.5 公里。该墓表面用扁平石块（尺寸 0.6~1 米）侧立插入地面围成石围圈，其内侧堆满低矮的石堆，石圈中部发现圆形墓室痕迹，尺寸为 1.7 × 1.45 米。发掘墓室填土时发现下颌骨缺失的儿童头骨（年龄大约 3~4 岁），两块大石板呈 45° 角陷入墓室内，该墓安葬 1 名女性，约 20~25 岁，仰身屈肢，盆骨处有赭石粉，头朝西，脚部随葬 1 件陶器，侈口、直领、橄榄形鼓腹圜底，右手边安葬有 1 具婴儿个体，年龄约 0~2 个月，仅存头骨，左手边也安葬 1 具婴儿个体，年龄约 0~3 个月。石围圈外南侧用石块围成半圆形建筑，清理内侧时发现 1 座儿童墓，尺寸 0.65 × 0.4 米，深 0.34 米，长方形竖穴土坑，墓底安葬 1 儿童，仰身屈肢，骨骼上发现赭石粉，1 件圜底陶器，1 件黄羊骨，也有涂抹赭石粉的痕迹。

发掘者根据墓葬的封堆结构和丧葬方式推断，该墓为典型的阿凡纳谢沃文化墓葬，圆形石封堆外侧用石块侧立插入地面围成圆形石圈，墓室在石堆中部下方，圆角竖穴土坑、仰身屈肢葬式以及脚部发现的鼓

① И. В. Мерц, В. К. Мерц, С. А. Шакенов, Могильник Сапа — первый памятник афанасьевской культуры в Тарбагатае (первые результаты исследований) // Ⅻ Оразбаевские чтения: Материалы междунар. науч.-метод. конф. по теме«Историко-культурное наследие древних и традиционных обществ Центральной Азии: проблемы изучения, интерпретации и сохранения» / Отв. ред. Р. С. Жуматаев. Алматы: Қазақ-университеті, 2020. С. 47–52.

图一　萨帕墓地M2封堆

［引自 И.В.Мерц, В.К.Мерц, С. А. Шакенов, Могильник Сапа — первый памятник афанасьевской культуры в Тарбагатае (первые результаты исследований) // Ⅻ Оразбаевские чтения: Материалы междунар. науч.-метод. конф. по теме«Историко-культурное наследие древних итрадиционных обществ Центральной Азии: проблемы изучения, интерпретации и сохранения» / Отв. ред. Р. С. Жуматаев. Алматы: Қазақ-университеті, 2020,48с］

腹圜底罐等均与戈尔诺－阿尔泰地区阿凡纳谢沃文化墓葬相同。2017年，新疆文物考古研究所在塔尔巴哈台山南麓中国新疆和布克赛尔县境内松树沟墓地发掘两座（M16、M17）此类墓葬，① 除封堆形制稍有区别外，墓室和葬式与萨帕墓地 M2 相同。从地理位置来看，这两处墓地处在同一个山系塔尔巴哈台山南北两侧山系，属分布在塔尔巴哈台山地区阿凡纳谢沃文化人群的墓葬。根据松树沟墓地 M16、M17 以及尼勒克县

① 新疆文物考古研究所：《和布克赛尔县 219 国道松树沟墓地发掘报告》，《新疆文物》2018 年第 1、2 期。

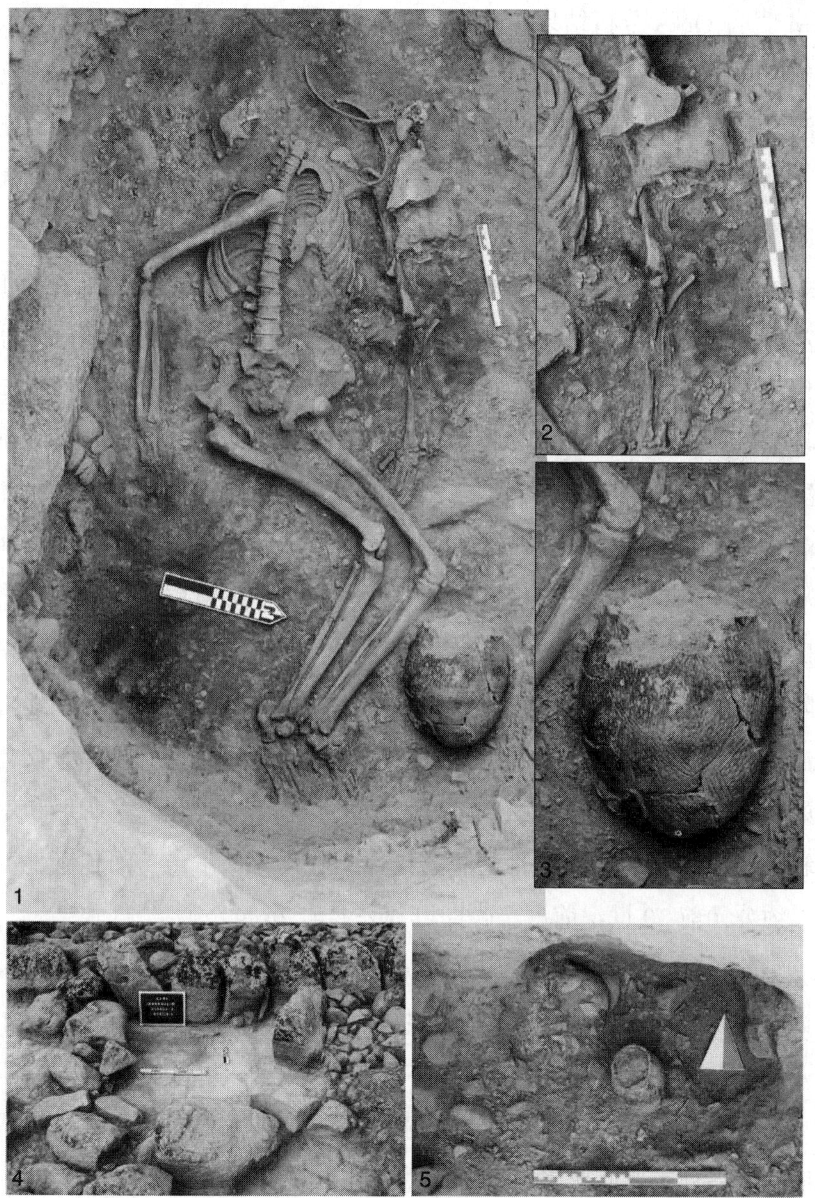

图二　萨帕墓地M2墓室和出土遗物情况

［引自 И.В.Мерц, В.К.Мерц,С. А. Шакенов, Могильник Сапа — первый памятник афанасьевской культуры в Тарбагатае (первые результаты исследований) // Ⅻ Оразбаевские чтения: Материалы междунар. науч.-метод. конф. по теме«Историко-культурное наследие древних итрадиционных обществ Центральной Азии: проблемы изучения, интерпретации и сохранения» / Отв. ред. Р. С. Жуматаев. Алматы: Қазақ-университеті, 2020,49с］

Ⅲ M5[①]古 DNA 分析结果，环准噶尔西缘分布的阿凡纳谢沃人群在人种成分上由北向南逐渐降低，也就是说靠近戈尔诺－阿尔泰地区的阿凡纳谢沃人群在成分上较纯，向南则当地世居居民的成分占比较高。文化因素上也有一定的变化，地表封堆可分为圆形石堆、圆形土丘和侧立插入地面围成石圈石堆三种，墓室结构以圆角竖穴土坑为主，但也有竖穴侧偏室，这种墓葬结构在阿凡纳谢沃文化主要分布的戈尔诺－阿尔泰和叶尼塞河中上游均未发现，因此可以认为是与当地世居居民融合后的外来文化因素，葬式与典型的阿凡纳谢沃文化相同，均为仰身屈肢葬，随葬遗物也以典型的卵形鼓腹尖底罐为主，但也出现微敞口、宽肩斜收小平底罐。这种形制的陶器和侧偏室墓室结构在东欧平原上的颜那亚晚期－偏洞室墓文化早期遗存中可找到相似之处，或许也有一波颜那亚晚期－偏洞室墓文化早期人群迁徙至环准噶尔盆地西缘中南部地区与当地世居居民融合之后被从北向南扩张的阿凡纳谢沃文化人群所同化，因此出现以阿凡纳谢沃文化因素为主夹杂外来文化因素的阿凡纳谢沃文化地方类型遗迹。根据碳 14 测年结果，环准噶尔盆地西缘地区阿凡纳谢沃文化墓葬的年代可推断为公元前 30~ 前 27 世纪。分布在东哈萨克斯坦和中国新疆地区的阿凡纳谢沃文化墓葬的年代上限均与戈尔诺－阿尔泰地区相当，约公元前 30 世纪前后，晚期可到公元前 26 世纪。

萨帕墓地 M2、松树沟墓地 M16 和 M17、尼勒克县Ⅲ M5 的发现与发掘，对确定阿凡纳谢沃人群从戈尔诺－阿尔泰地区向西南环准噶尔盆地西缘扩散的路线，以及为我们研究阿凡纳谢沃人群与新疆铜石并用时代土著人群间文化交流、融合，欧亚草原冶金技术的传播和生业模式的转变等一系列重要问题提供了有力的实物史料。（特尔巴依尔）

---

① 新疆文物与考古研究所等:《新疆伊犁州墩那高速公路尼勒克段沿线古代墓葬的发掘》,《考古》2020 年第 12 期。

5. 迈科普文化墓葬

【名称】迈科普文化墓葬

【位置】北高加索地区

【年代】公元前 3 千纪下半叶

【解题】

东欧南部的青铜时代早期文化，分布于北高加索山前地带，西起库班河畔，东到里海沿岸。约公元前 3 千纪与前 2 千纪之交，被北高加索文化所取代。因 1897 年俄国考古学家韦谢洛夫斯基在迈科普市发掘的巨冢而得名。该文化的遗址发现得不多。纳尔奇克的多林斯克遗址有长方形抹泥篱笆墙茅舍，草泥居住面上有火塘和窖穴。别拉亚河右岸的梅绍科遗址则有土坯房和防御石墙。

墓葬有冢，墓底铺石。死者为屈肢葬，头向南，身上撒红色颜料。有时在一个墓中发现不止一个死者（最多五个）。非普通的坟墓可以伴随墓葬祭坛：人类或家畜的一部分。①

属早期的迈科普冢封土高 10.6 米，墓穴作圆角方形，隔成 3 个墓室。南半部为主室，葬一男子，出有许多珍贵饰物、金银容器、陶器和金属工具，还出土 6 根管形银柱，推测系殡仪中棺上帐篷的支柱，其中 4 根的上端，有分别用金银铸成的公牛雕像。晚期墓葬以有冢石棚为代表。如阿迪格共和国的新斯沃博德内墓地中，较大的两座石棚，封土高 9.6 米，内部隔成两间，死者葬于大间，随葬有珍贵首饰、陶器和工具等。这种厚葬大墓，反映当时当已处于父系氏族社会。

迈科普文化的陶器多手制，部分轮制。胎为泥质或掺砂，颜色不一。

① С. Н. Кореневский, Древнейшие земледельцы и скотоводы Предкавказья: Майкопско-новосвободненская общность, проблемы внутренней типологии. — М.: Наука, 2004. — 243 с. — С. 15—21, 150—168. Перейти обратно: 1 2 Трифонов В. А. Дольмен «Шепси» и ранние формы коллективных мегалитических гробниц на Северо-Западном Кавказе в эпоху бронзы

图一　迈科普文化墓葬（公元前4千纪）

［引自 https://ru.wikipedia.org/wiki/Майкопская_культура#/media/Файл:Погребение_Майкопской_культуры_(IV_тыс._до_н.э.)_10.JPG］

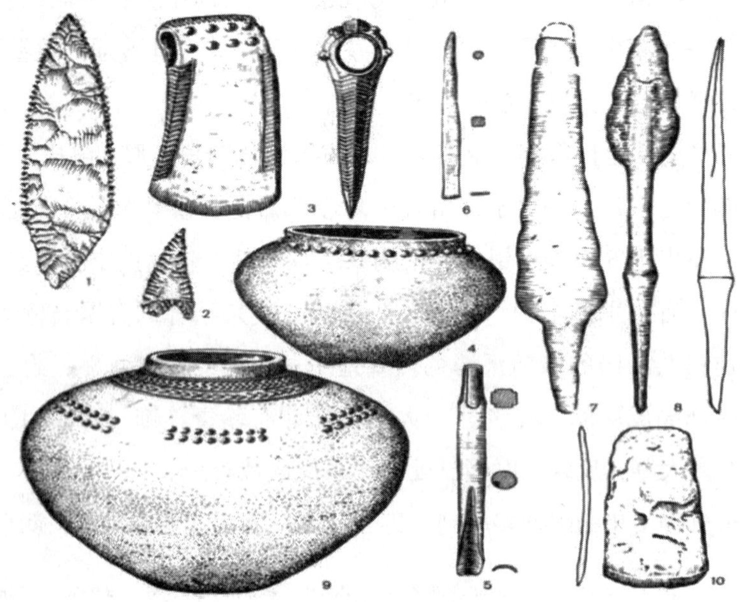

图二　迈科普文化遗物

（引自 https://en.ppt-online.org/269178）

器形有深腹或球腹小底罐和钵。素面磨光或局部施乳钉纹、杉针纹。金属容器则有金、银和红铜制的锅、勺、瓶、罐等，有些银瓶上有表现本地山川景色及走兽的图像。居民经营农业和畜牧，也从事狩猎。工具和武器有斧、锄、杵、镰刀、磨盘、箭镞等石器，也有红铜或青铜的锄、刀、斧、锛、凿、矛、短剑、钩、锥等。居址中发现牛、猪等家畜的骨骼和兽骨。装饰品主要有花瓣纹金冠，狮子和公牛纹金饰牌，金银和宝石的串珠、项链和耳饰，弯头的金银别针，长条双圆锥形银穿饰，等等。

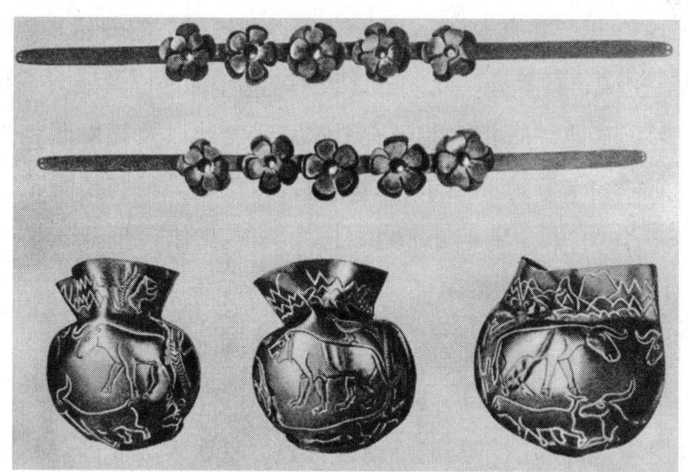

图三　金色王冠和银色容器（北高加索，公元前3千纪）

（引自 http://www.archaeoglobus.sfu-kras.ru/event/raskopki-majkopskogo-kurgana-oshad-n-i-veselovskim/）

从出土遗物分析，这一文化同小亚细亚、美索不达米亚、伊朗以及克里特、多瑙河流域等地均有联系。有人认为，该文化系由来自南高加索的畜牧部落所创造。（黛吉）

6. 塞伊玛墓地

【名称】塞伊玛墓地

【位置】俄罗斯下诺夫哥罗德市塞伊玛站附近

【年代】公元前 2 千纪中叶

【解题】

塞伊玛墓地是一处青铜时代墓地，位于俄罗斯下诺夫哥罗德市塞伊玛站附近，奥卡河左岸的山丘地上，墓地时间约为公元前 2 千纪中叶。① 墓地发现于 1912 年，共有 59 座墓葬，墓葬埋藏较浅，随葬品非常丰富，有青铜武器、手镯、石矛头、斧－锛、玉环、琥珀饰品以及燧石工具。②

与塞伊玛墓地性质相似的还有图尔宾诺墓地以及托木斯克州托木河附近的罗斯托夫卡墓地。图尔宾诺墓地，位于卡马河与楚索瓦亚河交汇处。发现于 1891 年，发掘于 1924~1960 年。其年代推测为公元前 15~前 14 世纪。墓葬埋藏情况不佳，骨骼没有被保存下来。随葬品包含石制品（燧石箭头、矛头、刮削器、玉环）、青铜制品（斧、矛、刀、装饰品）和银制品（矛、手镯），整个墓地大约有 200 座墓葬。③

以塞伊玛墓地和图尔宾诺墓地为代表，欧亚大陆北部森林和森林草原区存在一系列考古遗迹，以墓地为主，发现类似的特殊类型的青铜器，典型者有弯钩形倒刺的矛头、单刃刀和有几何纹饰的空首斧等，显示出背后有一个共同的文化渊源，但因其覆盖的地理范围极广，已经远远超出一个正常考古学文化所影响的区域，所以后期学者将其归纳为一类跨

---

① Z. V. Marchenko, S. V. Svyatko, V. I. Molodin, A. E. Grishin, “Radiocarbon Chronology of Complexes With Seima-Turbino Type Objects (Bronze Age) in Southwestern Siberia,” *Radiocarbon*. October 2017, 59:5: 1381–1397.

② О. Н. Бадер, Древнейшие металлурги Приуралья, М., 1964.

③ И. В. Ковтун, Предыстория индоарийской мифологии. — Кемерово: Азия-Принт. 702 с.

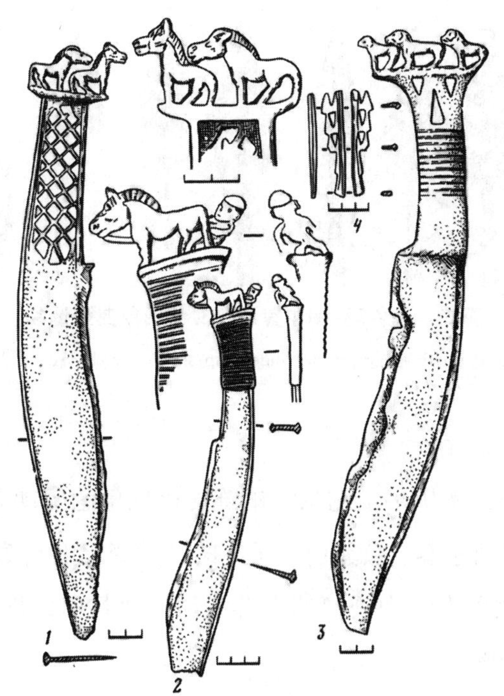

图一　塞伊玛墓地出土遗物

（引自 https://www.balto-slavica.org/forum/index.php?showtopic=19330，图片作者：Е.Н. Черных, С.В. Кузьминых）

文化现象考古遗迹的总称，命名为塞伊玛 – 图尔宾诺跨文化现象。①

塞伊玛 – 图尔宾诺跨文化现象背后的人群显然掌握着先进的金属冶炼加工技术，他们能够驾驭马或车辆，具备快速移动的能力，活跃在森林和草原地带，但没有率先发展农业技术。他们的墓地往往位于大型河流的河口区域，极少发现相关的定居点。学者们认为，这种跨文化现象基于两个来源，分别是阿尔泰（阿尔泰草原、森林草原和山麓）的冶金者和养马者部落，以及泰加森林部落即居住在从叶尼塞河到贝加尔湖地区的流动型针叶林猎人和渔民部落，这些部落与丰富的石制品和骨制品

① Е. Н. Черных, О. Н. Корочкова, Л. Б. Орловская, Проблемы календарной хронологии сейминско-турбинского транскультурного феномена // Археология, этнография и антропология Евразии. 2017. Т. 45, № 2. С. 45-55.

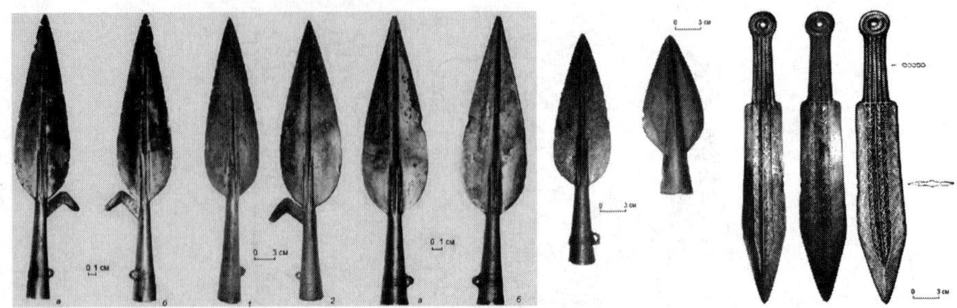

图二　塞伊玛–图尔宾诺跨文化现象典型遗物

（引自 https://www.balto-slavica.org/forum/index.php?showtopic=19330，图片作者：Е.Н. Черных, С.В. Кузьминых）

以及玉器等装饰品有关。①

有研究认为，塞伊玛－图尔宾诺跨文化现象的原动力来自亚洲中部的高山地区，如阿尔泰。公元前 2 千纪的气候变化以及随之而来的生态、经济和政治变化引发了大规模的人群流动，使其向西进入欧洲东北部，向东进入中国和南方。②

在早期的研究中有人将其命名为“塞伊玛－图尔宾诺文化”，但后来被普遍认为是站不住脚的，因为塞伊玛－图尔宾诺青铜器同时覆盖了具有完全不同考古文化的大片区域，并迅速消失，但这些地方性文化却继续存在。③

塞伊玛－图尔宾诺现象的遗存在中国也有类似发现，如新疆和甘青地区，所见铜器在形态上有类似之处，但因缺乏在遗址和墓葬上的印证，目前只能认为是文化交流性质。④（权乾坤）

① E.N. Chernykh, “Formation of the Eurasian ‘Steppe Belt’ of Stockbreeding Cultures,” *Archaeology, Ethnology and Anthropology of Eurasia*. 2008, 35(3): 36–53.

② И. В. Ковтун, Сейминско-турбинские древности и индоарии // Вестник археологии, антропологии и этнографии. — 2012. — № 4 (19). — С. 53-70.

③ В .И. Молодин, А.В. Нескоров. СЕЙМИНСКО-ТУРБИНСКИЕ БРОНЗЫ В ОДИНОВСКОЙ И КРОТОВСКОЙ КУЛЬТУРАХ. Вестник Томского государственного университета. История, (68), 49-56.

④ 邵会秋：《关于塞伊玛—图尔宾诺遗存的几点思考——从〈塞伊玛图尔宾诺文化与史前丝绸之路〉谈起》，《西域研究》2021 年第 1 期，第 141~151 页。

7. 木椁墓文化墓葬

【名称】木椁墓文化墓葬

【位置】东欧南部草原地带，东起乌拉尔，西到第聂伯河，北起卡马河、奥卡河，南到亚速海、黑海沿岸

【年代】公元前 15 世纪～公元前 8 世纪

【解题】

木椁墓文化由竖穴墓文化经波尔塔夫卡文化发展而来，继而向西发展取代洞室墓文化。20 世纪初，由 B.A. 戈罗佐夫发现。最初称为木椁墓期，作为东欧南部青铜文化的第三期。其本身大致以公元前 13 世纪和前 12 世纪之交为界分为早晚两期。晚期地域扩大，形成若干地方类型。该文化的遗址位于河岸，早期面积不大，晚期可达几十公顷，有的以土墙和壕沟防御。住所为长方形半地穴居址，也有原木或石基泥墙的地面房屋，面积 25~300 平方米不等。房内有土榻、窖穴和灶。间或发现畜圈。墓葬有冢，往往利用从前的旧冢。墓穴结构以一排或二排原木构成的木椁为特点，但仍常见简单的竖穴。流行单人葬，死者向左屈肢，头向不一，有的以赭红土染色。随葬陶器、青铜器、食物。有的巨冢下葬有几十个死者，围绕一个老年男子埋成两圈，外圈为男子，内圈为妇女和儿童。见有女子殉葬现象，证明社会已处于父系氏族阶段。发现青铜、宝石、金银制品窖藏，表明个别人物已积聚大量财富。陶器为手制，胎中掺耐火黏土和贝末。器形有缸形器和折肩罐。① 纹饰有划纹、窝纹、押捺的几何形纹等，部分缸形器为素面，晚期流行附加堆纹。青铜制品种类繁多，工具有锄、镰、柴刀、锛、斧、凿、刀，武器有短剑、矛、镞，饰物有鬓环、饰牌、手镯，还有焊接的圈足鍑、马具等。各地普遍

① Мэллори, Дж.П., Адамс, Дуглас К. (1997). “Срубная культура”. *Энциклопедия индоевропейской культуры*. Тейлор и Фрэнсис. Стр. 541-542.

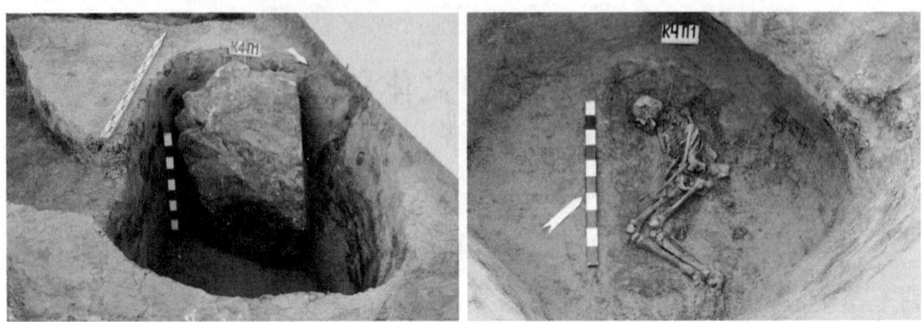

图一　M4的1号墓室

（引自 http://www.hist.vsu.ru/archmus/expedition/elan.htm）

图二　“木椁文化”的陶器、斜对头斧头和青铜武器

（引自 https://www.istoriia.ru/iv-seredina-i-tysyacheletiya-do-nashej-ery/plemena-andronovskoj-i-srubnoj-kultur.html）

发现铸铜遗迹、遗物，包括作坊遗址、石范、熔炉风嘴、成品和半成品窖藏等。铜料除本地采矿冶炼外，还从乌拉尔、中亚和喀尔巴阡山地区输入。晚期见有铁刃短剑，石、骨器数量减少。

经济以畜牧业为基础，局部地区有农业。饲养牛、马、羊、猪、狗及骆驼，种植黍和大麦，渔猎起辅助作用。该文化与安德罗诺沃文化、法季扬诺沃文化及高加索、多瑙河地区和波兰境内的青铜文化均有联系，对金麦里文化和斯基泰文化的形成起了重要作用。（黛吉）

8. 库利奥巴冢墓

【名称】库利奥巴冢墓

【位置】克里米亚半岛东侧的刻赤半岛上

【年代】公元前 4 世纪

【解题】

在俄罗斯的历史文献中，在 1784 年关于克里米亚的描述中首次提到库利奥巴村。库利奥巴冢墓是当代发掘的第一个斯基泰皇家墓葬，墓内出土了大量的黄金饰物等随葬品。该墓建于公元前 400~ 前 350 年，出自希腊石匠之手。平面几乎是正方形，尺寸为 4.6 × 4.2 米，呈阶梯式，最高可达 5.3 米。木制天花板的设计可能模仿了斯基泰的帐篷，还带有金饰的顶棚。

国王的遗体被置于东墙附近的豪华木床上。他的社会地位以头顶上的王冠为标志，上面带有金坠子的尖头饰。他的脖子上装饰着一块重 461 克的大金碟。每个手腕上都装饰一个、两个或三个手镯。床的专门隔间中放着一个小器皿、一条鞭子、一把刀和一个箭袋，全部用金子或宝石镶嵌。在床的左边放着一个用柏木和象牙来装饰的石棺，旁边有一个女人，可能是国王的妻子或妃子。她不仅身着锦缎连衣裙，而且还戴着王冠、大型金吊坠、一对渔网耳环、金圆盘、一个金吊坠和两个金手链；侧面还有一个镀金把手的青铜手持镜；双腿之间放置了一个描绘斯基泰神话场景的金杯。

在南墙附近发现了一具奴隶的遗骸。墙上一个缝隙中发现马骨、头盔、青铜剑鞘和两个矛头。沿着坟墓的墙壁放置了几个装有羊骨的银碗和青铜大锅。在器皿中发现了葡萄酒的痕迹；一排青铜箭头散落在地板上。

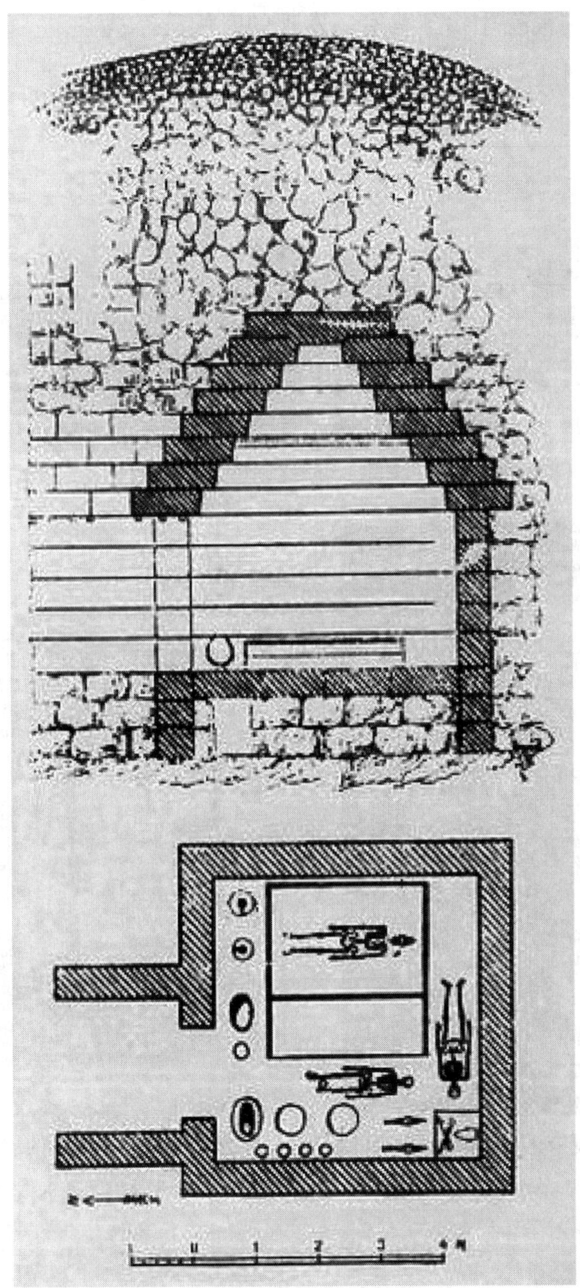

图一　库利奥巴冢墓平、剖面图

（引自 http://edu.hermitage.ru/catalogs/ 1418203874/themes/ 1418244952/article/ 1418301131）

考古学家很晚才找到墓室，发现的时候已经被盗，一些失踪的珠宝随后被俄罗斯政府追回。[①]（黛吉）

图二　彩绘石棺的碎片

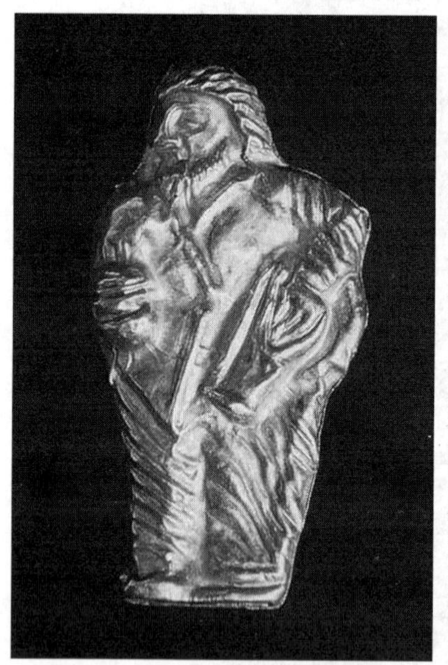

图三　斯墓泰人形象的牌匾

图四　带鸭子图案的器皿

（引自 http://edu.hermitage.ru/catalogs/1418203874/themes/1418244952/article/1418301131）

① И. Б. Брашинский, Куль-Оба // В поисках скифских сокровищ / Отв. ред. Б. Б. Пиотровский. — Л.: Наука, 1979. — С. 38—60. — (Страницы истории нашей Родины).http://edu.hermitage.ru/catalogs/1418203874/themes/1418244952/article/1418301131.

9. 罗斯哈瓦 – 德拉加冢 M2

【名称】罗斯哈瓦 – 德拉加（Roshava Dragana）冢 M2

【位置】保加利亚斯塔拉 – 扎戈拉地区

【年代】公元 1 世纪末～公元 2 世纪初

【解题】

该墓位于保加利亚斯塔拉 – 扎戈拉（Stara Zagora）地区的查塔尔卡河附近。20 世纪初，这处巨冢就引起了学者的注意，1965 年由于查塔尔卡河泛滥，考古学家对其进行了抢救性发掘。经勘察，这处墓冢高约 21 米，直径 90 米，其中最早的墓葬可追溯至公元 1 世纪下半叶，而最晚的墓葬为公元 2 世纪上半叶，所埋藏的死者是附近罗马时期的居民。

M2 距地表深度可达 10 米，其级别要高于其他墓葬。该墓中发现了一个石棺，其上方放着一个橡树叶形状的金花环，棺内放着盛有骨灰的锡瓮。墓主随葬品被安放于石棺周围，包括 2 把铁剑、6 个铁矛头、55 个铁镞、1 个带覆面的青铜头盔、盔甲残片以及各类贵重的日用品。经过研究后可确定，随葬品的来源多样，部分盔甲为帕提亚或萨尔马泰式样，可能是墓主的战利品，家具和香油等日用品则来自东方或意大利。结合附近别墅遗址中出土的物品来判断，墓主是一位曾在罗马军中服役的色雷斯贵族，其可能参与了罗马皇帝图拉真指挥的达西亚战争并拥有了罗马公民权。进一步参考碑文信息，学者推测墓主可能是奎里那部落的提图斯・弗拉维斯・迪尼斯。

随葬的两柄铁剑中的一柄为萨尔马泰式长剑，其由以下部分组成：剑柄首、带装饰的剑柄、剑鞘和剑鞘首。金质剑柄首镶嵌有圆形贝壳，周围有金丝组成的几何图案，包括萨尔马泰部落的族徽，金丝之间嵌有绿松石色的玻璃。

值得注意的是，在剑鞘中部发现了一枚汉代玉剑璏，其尺寸为

图一　罗斯哈瓦–德拉加冢M2出土的随葬品

［引自 A. Negin & M. Kamisheva, “Armour of the Cataphractarius from the ‘Roshava Dragana’ Burial Mound,” *Archaeologia Bulgarica*, 22(1), 2018，pp. 45-70］

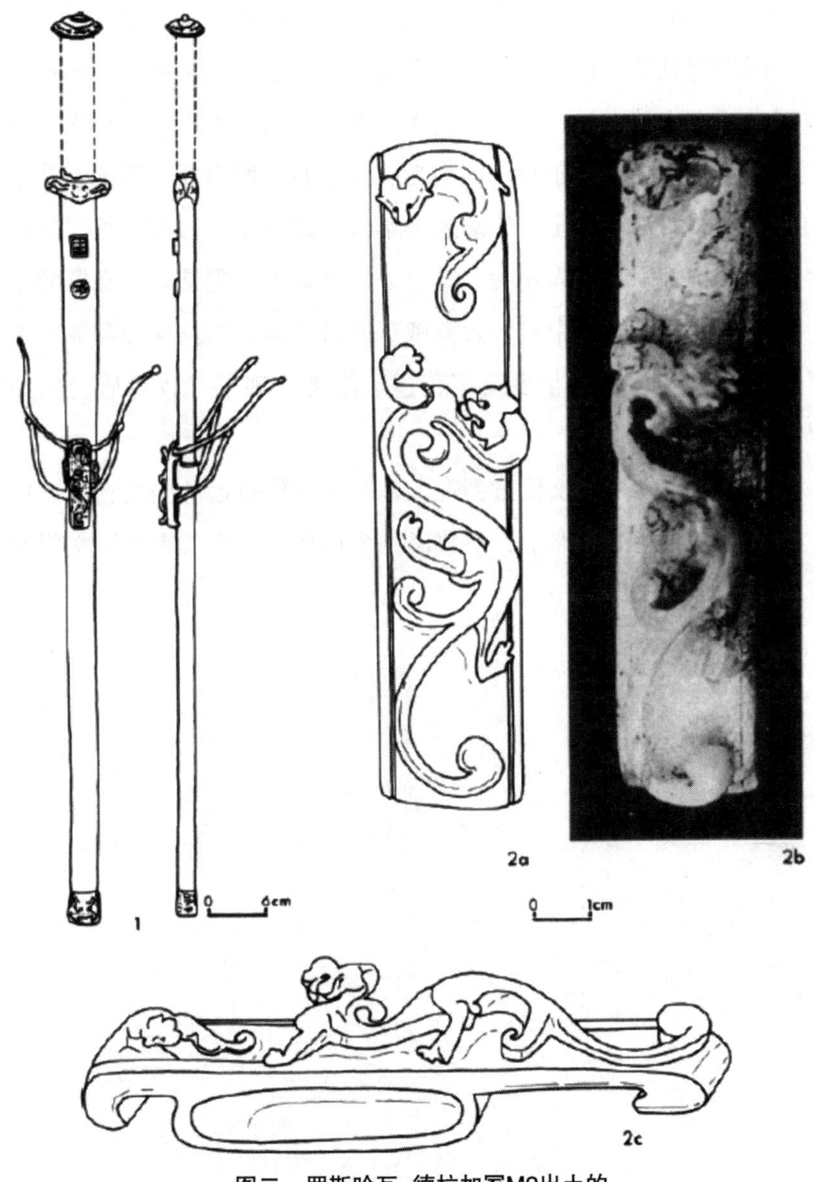

图二　罗斯哈瓦-德拉加冢M2出土的
萨尔马泰铁剑与玉剑璏细部

［引自 É. Gonthier, R. I. Kostov & E. Strack, "A Han-dated 'hydra' -Type Nephrite Scabbard Slide Found in Chatalka (Bulgaria): the Earliest and Most Distant Example of Chinese Nephrite Distribution in urope," *Arkéolog*, 65, 2014, pp. 5-12］

11×2.5×3 厘米，材质为半透明的白玉，由于埋藏环境作用产生了钙化痕迹，沉积物呈象牙白色。剑璏上雕刻有中国中原风格的神兽图案。类似发现在西方比较少见，多数发现于俄罗斯境内，如库班、刻赤、波克罗夫斯克－沃绍德、阿尔特－魏玛丘、彼尔姆和罗斯托夫等地，其中库班与罗斯托夫的玉制品出土于萨尔马泰人的墓葬中。由此可见，这枚玉剑璏应该也与萨尔马泰人相关。结合萨尔马泰与巴克特里亚金器的相似性，这件玉剑璏可能由中亚传入南俄草原后又辗转来到保加利亚。除此之外，保加利亚的诺瓦伊罗马军营遗址附近发现了一枚骨质的剑璏仿制品。

在保加利亚发现的汉代玉剑璏，是已知流传最远的同类物品。这表明，在早期草原丝绸之路上，游牧民作为传播者，将代表中原文明的物品远传至欧洲。（茆安然）

10. 莫谢瓦亚·巴勒卡墓地

【名称】莫谢瓦亚·巴勒卡墓地

【位置】北高加索地区

【年代】公元 8 世纪～公元 9 世纪

【解题】

在北高加索地区，库班河（Kuban River）的上源之一大拉巴河（Bolshaya Laba）的一条支流巴勒卡流经莫谢瓦亚·巴勒卡（Moshchevaya Balka）墓地。此地的海拔在 1000 米以上，空气清新，土壤干燥，保存文化遗迹的条件良好。具体位置位于拉巴通道的入口处，是翻越大高加索山通往阿布哈兹地区的最西部的通道迈欧梯安－科耳喀斯（the Meotian-Colchis road）通道的一部分（图一）。调查和发掘表明，该墓地的墓葬存在两种类型：一种是用天然的石穴或者单个的大石块凿成墓室；另外一种是用大石条砌成的石室墓。这些石室墓属于西北高加索传统的墓葬形式，在该地区的其他峡谷地带也发现不少，持续有上千年。[①]

1967 年，此墓地出土了 143 件丝织物，墓地以东的哈萨乌特墓葬群也出土了 65 件。据苏联学者耶鲁撒利姆斯卡娅（A.A.Lerusalimskaja）研究，墓中汇集了本地区出产及来自东西方的纺织品，其中属于昭武九姓安国（今布哈拉）的占 60%，属于中国和拜占庭的各占 20%，年代为 8~9 世纪。从出土的残片判断，当地贩运丝织品的规模是巨大的。其中有一件簇四联珠森莫夫（Senmurv）锦袍，其锦采用萨珊王朝以后的波斯锦，内衬沿边缝上了有兰花纹样的昭武九姓丝绸，领口前方镶以小块

① 仝涛：《北高加索的丝绸之路》，罗丰主编《丝绸之路上的考古、宗教与历史》，文物出版社，2011，第 102~114 页。

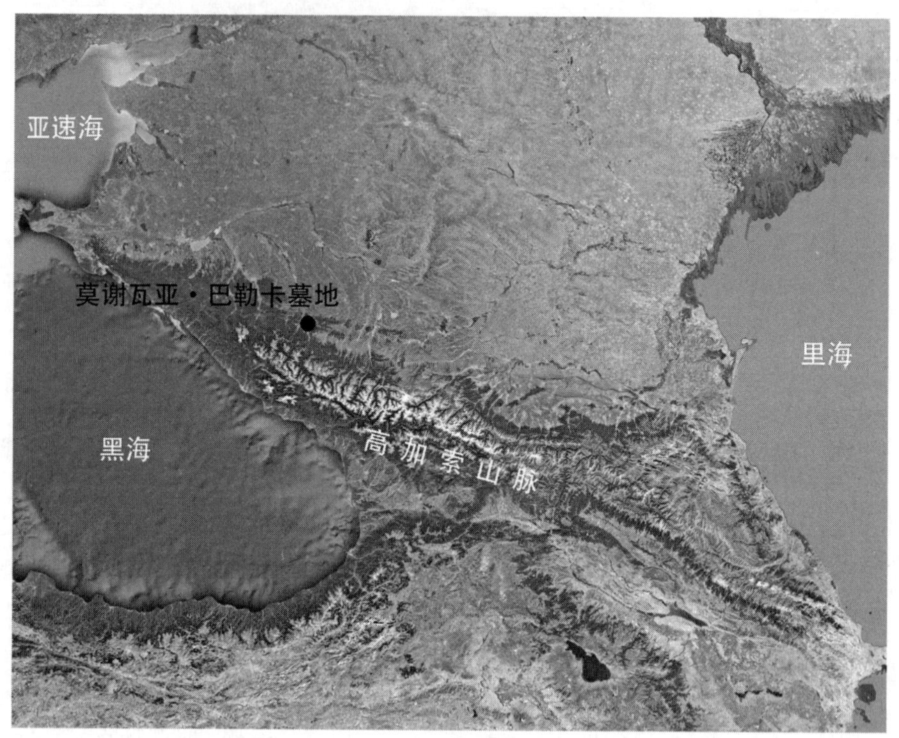

图一　墓地位置图

（改绘自谷歌卫星图，制图人：于柏川）

直角形的拜占庭丝料，袍带或饰纽是用中国产的黑底浅花的绫制作的。[①]这一发现充分显示了这一地区文化的多元性。

国立艾尔米塔什博物馆所藏莫谢瓦亚·巴勒卡墓地丝绸中，可归入唐锦的约 100 片，多为素面的平纹组，少数为有纹饰的绫。绫的纹饰很简单，大多为精致的菱形网格纹，还有玫瑰花、卷草纹和其他唐代的植物纹（图二）。这些发现表明唐绫曾被欧洲大量进口，但从数量上看，平纹组是最受欢迎的。该墓地发现的所有唐代织物在敦煌和吐鲁番都有发现，其中最典型的织物是一片夹缬绢的残片（图三），使用了三到四

① 张广达:《论隋唐时期中原与西域文化交流的几个特点》,《北京大学学报》1985 年第 4 期。

种色彩，与敦煌所出团窠格里芬夹缬绮应该属于同类纹饰题材和印染工艺，其时代在中晚唐。[①]

图二 莫谢瓦亚·巴勒卡墓地出土唐绫图案

（引自仝涛《北高加索的丝绸之路》，罗丰主编《丝绸之路上的考古、宗教与历史》，第108~109页，图三、图四）

图三 莫谢瓦亚·巴勒卡墓地出土唐夹缬绢残片

（引自仝涛《北高加索的丝绸之路》，罗丰主编《丝绸之路上的考古、宗教与历史》，第109页，图五）

① 赵丰主编《敦煌丝绸艺术全集（英藏卷）》，东华大学出版社，2007，第195页。

除了来自中国唐朝的丝织品外，莫谢瓦亚 · 巴勒卡墓地还出土了一些汉文文书，包括账历和佛经残片，文书内容虽然支离破碎，但仍可大致分析出其内容，并对其持有者身份进行一些推测。此外，还有唐代中国常见的绢画残片、佛教旌幡和纸花工艺品。墓地的发掘者没有注明这些物品确切的出土墓葬，报告中仅仅提到与一些中国的丝绸混杂在一起。即便如此，它们在北高加索地区的出现也是非同寻常的，对于东西方文化交流尤其是唐朝与拜占庭之间的关系的研究具有相当重要的价值。

两件账历可能是记录了其持有者在唐境内经商的情况，与吐鲁番所出《唐支用钱练帐一》性质颇似（图四）。[①] 这些残片说明其持有者曾在大唐行商，而其在唐境内经营的可能是包括木材之类的杂物，由于它们与唐代丝织物并出，说明该商人在从事唐境内贸易的同时，也从事远距离的国际贸易，其主要的经营项目可能就是中国的丝绸。

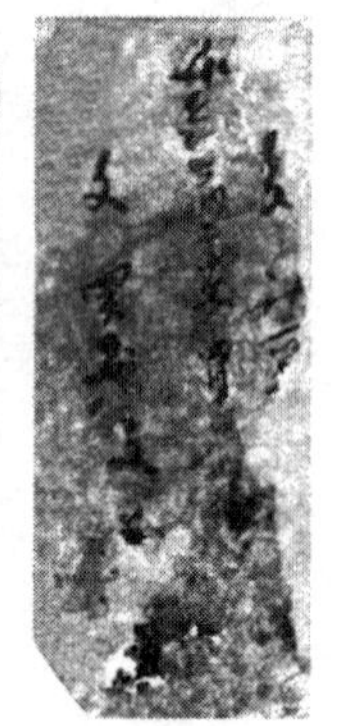

图四　莫谢瓦亚 · 巴勒卡墓地出土唐人账历

（引自仝涛《北高加索的丝绸之路》，罗丰主编《丝绸之路上的考古、宗教与历史》，第 110 页，图六、图七）

据发掘者报道，根据同一墓地出土的金属饰物和陶器的形制判断，墓主当属 8~9 世纪的阿兰人。墓葬中的死者覆盖面衣，这种葬俗也见于

① 姜伯勤:《敦煌吐鲁番文书与丝绸之路》，文物出版社，1994，第 18 页。

新疆吐鲁番阿斯塔那的 7 世纪墓葬中。阿兰人为北高加索的奥谢梯人的祖先，奥谢梯源于阿思，与阿兰本为姐妹部落。他们是张骞西行时所知道的奄蔡，中国以后的史书称之为阿兰那、阿兰聊、阿兰・阿思，也就是希腊作家斯特拉波记载的阿兰，这种比证大概已不存在疑问。阿兰的一支于 371 年被西迁匈奴人击溃后曾与汪达尔人一道西迁法兰西和西班牙，并与后者在北非建国（418~534）；留在高加索以北的阿兰人先后与保加尔人、突厥人、哈萨尔人(当是汉籍中的突厥曷萨或突可萨人)为邻，后者把他们从平原赶入山间。正因如此，高加索山脉中最著名的山口——达列阿尔山口在历史上曾被称为“阿兰之门”。①

与汉代的丝绸之路相比，唐代的丝绸贸易似乎较多地采用一条偏北迂回的道路。正如一些中外关系史专家认为的那样，因为罗马“其王常欲通使于汉，而安息欲以汉缯彩与之交市，故遮阂不得自达”，② 故而丝绸贸易的商队开辟了一条新的商道，以避免与波斯人冲突，引起麻烦并造成损失。③ 而商队的构成很可能也与粟特商人有关。在西突厥强盛时，掌握东西方丝绸贸易的粟特商人，为了避开伊朗萨珊王朝在西亚的贸易控制，往往从撒马尔罕或布哈拉向西北行，进至里海以北，再西进至北高加索以及里海港口。这本是欧亚草原之路与沙漠中绿洲之间的一条南北通道。莫谢瓦亚・巴勒卡墓葬出土的遗物表明，在 8、9 世纪时，这一通道在东西文化沟通中仍起着显著的作用。（付承章）

① 张广达:《论隋唐时期中原与西域文化交流的几个特点》,《北京大学学报》1985 年第 4 期。

② 《后汉书》卷八八，中华书局，1965，第 2919~2920 页。

③ 赵丰等:《中国古代物质文化史：纺织》(上)，开明出版社，2014，第 314 页。

11. 洛梅尼斯卡－波尔谢夫墓葬

【名称】洛梅尼斯卡－波尔谢夫墓葬

【位置】第聂伯河流域和顿河中上游地区

【年代】公元 8 世纪～公元 10 世纪

【解题】

10 世纪初，该文化的很多村落有火烧的痕迹，这可能与佩彻涅格人的入侵有关。所发掘的墓葬为土坑且带有坟冢，横着的墓葬非常罕见。

在洛梅尼斯卡文化地区，火葬一度非常盛行。在有或没有土的情况下，骨灰都会被放置在墓葬的上部，开始使用灰泥罐作为骨灰盒，后来改用陶器。死者的珠宝和物品等随葬品也随之被焚烧。因此几乎所有的墓葬都没有实物出土。仅偶尔发现被烧毁的青铜器和玻璃熔化的物体：金属环、皮带扣、玻璃珠等。第一批土葬骨灰墓开始于 10 世纪晚期。①

顿河中游的波尔谢夫墓葬的特点是：火化之后放置在木房和围墙中。除陶瓷外，墓葬几乎没有其他物品。顿河上游的墓葬呈现多样性，如果已经在墓葬外火化，则将剩余物品放置在墓葬里，将骨灰放置在木室里，在墓里进行二次火化。（黛吉）

① В. В. Седов, Восточные славяне в Ⅵ - ⅫⅠ вв. / под ред. Б. А. Рыбаков. — М.: Наука, 1982. — 328 с.

图一　陶器

（引自 http://генофонд.рф/?page_id=26001）

图二　颞环

（引自 http://генофонд.рф/?page_id=26001）

图书在版编目(CIP)数据

"一带一路"沿线国家殡葬文化遗产名录和谱系. 国外部分. 北亚卷 / 民政部一零一研究所研创 ; 刘锋总主编 ; 魏坚, 孙危本卷主编. -- 北京 : 社会科学文献出版社, 2022.12

ISBN 978-7-5228-0695-2

Ⅰ. ①一… Ⅱ. ①民… ②刘… ③魏… ④孙… Ⅲ. ①葬俗-文化遗产-亚洲-名录 Ⅳ. ①K891.22-61

中国版本图书馆CIP数据核字(2022)第170867号

"一带一路"沿线国家殡葬文化遗产名录和谱系（国外部分·北亚卷）

研　　创 / 民政部一零一研究所
总 主 编 / 刘　锋
执行主编 / 王永阔　郑庆寰
本卷主编 / 魏　坚　孙　危

出 版 人 / 王利民
责任编辑 / 赵　晨　宋　超
责任印制 / 王京美

出　　版 / 社会科学文献出版社·历史学分社（010）59367256
地址：北京市北三环中路甲29号院华龙大厦　邮编：100029
网址：www.ssap.com.cn
发　　行 / 社会科学文献出版社（010）59367028
印　　装 / 三河市东方印刷有限公司

规　　格 / 开　本：787mm×1092mm　1/16
印　张：27.75　字　数：384千字
版　　次 / 2022年12月第1版　2022年12月第1次印刷
书　　号 / ISBN 978-7-5228-0695-2
定　　价 / 168.00元

读者服务电话：4008918866